# SHŌBŌGENZŌ

Die Schatzkammer
des wahren Dharma-Auges

Band 4

Meister Dōgen
beim Betrachten des Mondes
(mit freundlicher Genehmigung des Hōkyō-ji, Fukui, Japan)

MEISTER DŌGEN

# SHŌBŌGENZŌ

## DIE SCHATZKAMMER DES WAHREN DHARMA-AUGES

BAND 4: KAPITEL 73–95

AUS DEM JAPANISCHEN URTEXT
INS DEUTSCHE ÜBERTRAGEN VON
RITSUNEN GABRIELE LINNEBACH
UND
GUDŌ WAFU NISHIJIMA-RŌSHI

WERNER KRISTKEITZ VERLAG

ISBN 978-3-921508-93-0

www.kristkeitz.de • www.shobogenzo.de

# Inhalt

# Anmerkungen zur Übertragung ins Deutsche

*von Ritsunen Gabriele Linnebach*

Meister Dōgens *Shōbōgenzō* ist eine der wichtigsten und tiefgründigsten Schriften des Zen und sicher auch des gesamten Buddhismus. Zudem ist es zweifellos das philosophisch am besten begründete Werk, das je von einem Zen-Meister geschrieben wurde. Es wurde von Meister Dōgen in der Zeit von 1231 bis 1253 erarbeitet und ist die Aufzeichnung seiner tiefen Erfahrung, die er vor allem in China erlebte, und deren sprachliche Formulierung. Diese profunden und vielschichtigen Lehrreden, die Dōgen seinen Schülern – Mönchen, Nonnen und Laien – als philosophisch fundierte und konkrete Anleitungen vorgetragen hat, sind leider nach seinem Tod fast ganz in Vergessenheit geraten. Sie waren lange nur in einem kleinen Kreis von Experten der Sōtō-Schule bekannt und wurden dort studiert. Erst seit dem Ende des 19. Jahrhunderts wurde der unerschöpfliche Wert dieses großen Werks wiederentdeckt. In den letzten Jahren nahm das Interesse an Dōgens *Shōbōgenzō* in weiten Kreisen zu, sodass wir hoffen, mit dieser Übertragung dem dringenden Bedarf nach einer verlässlichen und möglichst verständlichen Fassung nachzukommen.

Diese erste deutsche Übertragung des *Shōbōgenzō* aus dem japanischen Urtext in vier Bänden ist dem Zusammentreffen verschiedener glücklicher Umstände zu verdanken. Zum einen lebte ich viele Jahre in Tōkyō und begegnete dort dem hervorragenden Dōgen-Kenner Zen-Meister Gudō Wafu Nishijima, dessen Schülerin ich wurde und der mir die Dharma-Übertragung gab. Er führte mich 20 Jahre lang geduldig und einfühlsam durch die z. T. schwer verständlichen Kapitel dieses Werkes. Zum anderen konnte ich mich mehr als ein Jahrzehnt in dieses Werk vertiefen und mich ausschließlich der schwierigen Arbeit des Übertragens dieses alten japanischen Textes widmen. So war es möglich, die von mir aus dem Japanischen übertragenen Passagen und Kapitel mit Nishijima-Rōshi selbst durchzuarbeiten und offene Fragen direkt mit ihm zu klären. Ohne sein tiefes, in sechzig Jahren gewachsenes Verständnis des Werkes von Dōgen wäre dies nicht möglich gewesen.

Unser Quellentext ist die originale japanische Ausgabe des *Shōbōgenzō* von Dōgen, die in neuerer Zeit zum ersten Mal zwischen 1935 und 1943 im Verlagshaus Iwanami in Tōkyō erschien und heute als die »Iwanami-Ausgabe« bezeichnet wird. Diese Ausgabe enthält in drei Bänden die 95 Kapitel des *Shōbōgenzō* sowie 5 weitere Kapitel im Anhang. Die Iwanami-Ausgabe basiert ihrerseits auf den Manuskripten des *Shōbōgenzō*, die Meister Hangyō Kōzen, der fünfunddreißigste Abt des Eihei-ji, um 1690 gesammelt und in chronologischer Ordnung zusammengestellt hat. Von den verschiedenen Ausgaben des *Shōbōgenzō*, die sich im Inhalt, in der Zahl und in der Anordnung der Kapitel teilweise unterscheiden, sieht Nishijima-Rōshi die von Meister Kōzen als die authentische und vollständigste an, denn sie enthält u. a. die wichtigen Teile wie z. B. das Kapitel 1, »Ein Gespräch über die Praxis des Zazen«, und das Kap. 17, »Die Blume des

Dharmas dreht die Blume des Dharmas«, die in den anderen Ausgaben fehlen. Außerdem ist diese Ausgabe die erste, die in der Ära Bunka (1804–1818) im Holzdruck erstellt und so im Inhalt festgelegt wurde.

In dieser Übertragung ging es uns einerseits darum, den japanischen Quellentext inhaltlich so genau wie möglich zu übertragen, und andererseits diesen Text trotz seiner Schwierigkeit in eine möglichst klare und verständliche Sprache zu bringen. Es war immer das besondere Anliegen von Nishijima-Rōshi, dass die Beschäftigung mit Meister Dōgens *Shōbōgenzō* nicht nur auf den engen Kreis der Experten beschränkt bleibt, sondern breiteren Gruppen von praktizierenden und am Buddha-Dharma interessierten Menschen zugänglich gemacht wird. Man darf die Tatsache nicht übersehen, dass Meister Dōgen selbst das *Shōbōgenzō* in der Sprache seiner Zeitgenossen, dem Japanisch des 13. Jahrhunderts, formuliert hat, während die gelehrten Buddhisten seiner Zeit sich fast ausschließlich in Chinesisch geäußert haben. Zweifellos wollte Dōgen sein Werk über diesen engen Kreis hinaus zugänglich machen. Die Tiefe und Vielschichtigkeit von Dōgens Ausführungen können allerdings nur im Licht der buddhistischen Erfahrung verstanden werden. Daher ist es auch für ihre Übertragung notwendig, einen Interpreten zu finden, dem diese Erfahrung vertraut ist.

In jedem Fall besitzen die Texte Dōgens auch nach 800 Jahren eine erstaunliche Frische und Kraft, die wir in die deutsche Sprache zu übertragen hatten und die durch ihre Dichte und Qualität für sich selbst sprechen. Nishijima-Rōshis wichtige Kommentare und Auslegungen der Texte findet der Leser deshalb am Ende der jeweiligen Kapitel, um die Ausführungen Dōgens nicht zu unterbrechen und es dem Leser zu erlauben, sein eigenes Verständnis zu entwickeln. Alle Quellenangaben und Erklärungen buddhistischer Fachbegriffe in den Anmerkungen entnehmen wir Nishijima-Rōshis Kommentarwerk *Gendaigoyaku shōbōgenzō* (»Das Shōbōgenzō in modernem Japanisch«). Da die Grundbegriffe des Mahāyāna aus dem Sanskrit stammen, haben wir die meisten der sino-japanischen Begriffe, die Dōgen im Text verwendet, auch durch die entsprechenden Worte in Sanskrit ergänzt. Wir stützen uns dabei auf das Sanskrit-Glossar der englischen Ausgabe des *Shōbōgenzō* von Nishijima-Rōshi und Chōdō Cross. Bestimmte Worte aus dem Sanskrit wie z. B. »Samādhi«, »Prajñā« und »Bodhi«, die Meister Dōgen im Text phonetisch mit den chinesischen Schriftzeichen *zanmai, hannya* und *bodai* wiedergibt, haben wir in der ursprünglichen Sanskritform wiedergegeben, denn wir nehmen an, dass sie dem westlichen Leser im Allgemeinen vertraut sind. Das Gleiche gilt für einige japanische Begriffe wie *hō*, den wir meist mit »Dharma« oder »Dharmas« wiedergeben, oder *nyorai* (»Tathāgata«) und *shōmon* (»Śrāvaka«). Die Schreibweise der Worte in Sanskrit folgt der üblichen Transkription.

Die kursiv gedruckten Zusammenfassungen der Kapitel, die vor dem Originaltext stehen, wurden mit Nishijima-Rōshi abgestimmt und sollen den Zugang zu den Texten erleichtern. Die eckigen Klammern kennzeichnen Worte, Namen oder Titel, die im japanischen Original stillschweigend impliziert sind und die wir einer stilistisch einwandfreien und verständlichen Übertragung halber hinzugefügt haben. Besonders lange und schwierige Passagen des Originaltextes haben wir manchmal in mehrere Abschnitte unterteilt.

Um seine Sicht des Buddha-Dharmas anhand konkreter Beispiele zu untermauern, greift Dōgen auf die gesamte buddhistische Überlieferung zurück. Er zitiert zahlreiche Schriften aus dem Theravāda und den großen Mahāyāna-Sūtren. Oft geht er detailliert auf die chinesischen Aufzeichnungen der späten Tang- (618–907) und Songzeit (960–1279) ein. Dōgen sammelte auch 301 *kōan* in chinesischer Sprache (das *Shinji shōbōgenzō*), die ihm als Quelle für seine Darlegungen dienten und die er im Licht seiner Erfahrung erläuterte und neu interpretierte. Alle Zitate aus den Lehrschriften und *kōan* gibt Dōgen im Urtext im chinesischen Kanbun-Stil wieder. Kanbun ist eine Form des Chinesischen, das von den Japanern abgewandelt wurde und anders ausgesprochen wird als das heutige Japanisch. Ortsbezeichnungen aus China sowie die Namen chinesischer Zen-Meister haben wir wie im Quellentext in der japanischen Form belassen, da Meister Dōgen sie in dieser Form seinen japanischen Zuhörern übermittelt hat. Zur Orientierung findet der Leser jeweils im Anhang der vier Bände eine Liste der Namen dieser Meister in der Pinyin-Umschrift. Verweise in den Anmerkungen auf heutige Ortsnamen aus China stehen ebenfalls in Pinyin.

Der weitaus schwierigste Teil dieser Übertragung waren zweifellos die Zen-Geschichten oder *kōan* der alten Meister, die Dōgen oft als konkreten Ausgangspunkt oder zur Erläuterung seiner Gedanken verwendet. Diese Meister drückten sich nämlich nicht in klassischem Chinesisch, sondern in einer sehr bodenständigen Sprache aus, die mit ihren oft kräftigen Vulgär-Ausdrücken und vielschichtigen Wendungen von jeher zu den größten Herausforderungen der Übertragung gehört. Hinzu kommt die Tatsache, dass Dōgen auch mit seiner eigenen japanischen Sprache sehr schöpferisch umgeht. Wenn es ihm nützlich erscheint, bildet er neue Worte oder übernimmt einfach Ausdrücke aus der chinesischen Umgangssprache der Songzeit ins Japanische, sodass sich sein Japanisch sowohl von der zu seiner Zeit üblichen japanischen Sprache als auch vom modernen Japanisch durchaus unterscheidet. Da meine philologischen Kenntnisse diesbezüglich leider begrenzt sind und unsere Übertragung nicht allein wissenschaftlichen Kriterien genügen, sondern ein viel weiter reichendes tieferes Verständnis des Buddha-Dharmas wiedergeben soll, habe ich mich bei diesen schwierigen Passagen vor allem auf die jahrzehntelange Erfahrung von Nishijima-Rōshi mit Dōgens Schriften gestützt.

Obwohl wir uns in dieser Übertragung um sprachliche Klarheit und bestmögliche Verständlichkeit bemüht haben, nehmen wir an, dass es kaum jemanden geben wird, der ein so vielschichtiges Werk auf Anhieb versteht. So ist es zu Anfang für den Leser vielleicht am besten, sich von schwierigen Kapiteln oder Sätzen nicht entmutigen, sondern sie einfach reifen zu lassen. Diesbezüglich sagte mir Nishijima-Rōshi einmal, dass er selbst für manche Sätze zwanzig Jahre brauchte, um sie ganz zu erfassen. Ein guter Ansatz wäre es außerdem, erst einmal vieles zu vergessen, was man weiß, und neu mit dem *Shōbōgenzō* zu beginnen. Bildlich ausgedrückt könnte man dieses komplexe Werk als einen sehr großen Teppich der Wahrheit ansehen. Dieser Teppich ist aus vielen ineinander verflochtenen Mustern gewebt, und die wiederkehrenden Themen sind wie Muster in anderen Mustern oder wie Juwelen in einem Juwel gestaltet. Durch gründliches und wiederholtes Lesen ist es möglich, auch in die subtileren Muster Dōgens einzudringen. Wir sind sicher, dass der Leser dabei reichlich belohnt wird und dass er den ganzen Teppich sehen und in seiner Fülle zu erfassen lernt, um schließlich das *Shōbōgenzō* als ein Ganzes zu verstehen und zu würdigen. Dass dazu sehr viel Geduld und Einfühlungsvermögen gehört, versteht sich von selbst.

Im *Shōbōgenzō* entfaltet Meister Dōgen die Sicht der Wirklichkeit, die er selbst erfahren und gelebt hat, eine Sicht, die alle Dogmen und Systeme überschreitet. Er erinnert uns daran, wie unerlässlich es ist, die Wahrheiten und den Augenschein, denen wir in unserem Leben begegnen, selbst zu erfahren, fortwährend zu prüfen und nicht nur das zu sehen, was wir zu sehen gelernt haben, und nicht nur das zu glauben, was man uns zu glauben gelehrt hat. Eine solche weit ausgelegte Sicht, die sich nicht in Zukunftsträumen und gedachten Idealen verliert, sondern dazu anregt, das Leben in seiner ganzen Fülle zu erkennen, wie es ist, und zu begreifen, was wir sind und was wir hier tun, hat eine ursprüngliche, ja kosmische Kraft und Bedeutung, die alle Menschen über zeitliche und kulturelle Grenzen hinweg angeht. Und es ist eine umfassende Sicht, die heute mindestens so aktuell ist wie im 13. Jahrhundert in Japan – vielleicht ist erst heute die Zeit wirklich reif für Dōgens großes Werk.

Es ist mir eine große Freude, dass ich allen danken darf, die mir geholfen haben, meine große Lebensaufgabe, die manchmal weit über meine physischen und geistigen Fähigkeiten ging, zu bewältigen. Allen voran möchte ich natürlich dem Initiator dieser Übertragung, meinem sehr verehrten Lehrer und Freund, Nishijima-Rōshi, danken, der sein ganzes Leben der Klärung von Meister Dōgens Schriften gewidmet hat. Ich danke ihm vor allem dafür, dass er mir in zahllosen persönlichen Gesprächen nicht nur sein profundes Wissen, sondern seine eigene authentische Erfahrung von Dōgens Lehren weitergegeben und vorgelebt hat.

Auch möchte ich Herrn Werner Kristkeitz dafür danken, dass er den Mut hatte, sich als Verleger für dieses schwierige und langwierige Projekt zu engagieren. Es ist seiner Sachkenntnis zu verdanken, dass die der japanischen Sprache kundigen Leser und Leserinnen anhand der Schriftzeichen in den Anmerkungen tiefer in den Text eindringen können.

Für hilfreiche Anregungen und Hinweise bei der Redaktion dieser neu überarbeiteten Texte des vierten Bandes möchte ich mich besonders bei Herrn Werner Kristkeitz und Herrn Dr. Hauke Harder bedanken. Herrn Kokugyō Kuwahara-Sensei danke ich dafür, dass er uns großzügig vier Kalligrafien von seiner Hand überlassen hat, von denen jeweils eine in jedem Band erscheint. Danken möchte ich auch Herrn Eidō Michael Luetchford und Herrn Chōdō Cross, die uns freundlicherweise viele Dokumente und Vorlagen aus der englischen Ausgabe zur Verfügung gestellt haben.

Es wäre sehr schön, wenn möglichst viele Leserinnen und Leser durch diesen neu überarbeiteten dritten Band des *Shōbōgenzō* Freude und Bereicherung erfahren würden. Für mögliche Fehlerhinweise und Anregungen wäre ich sehr dankbar. Es ist ein großes Glück für mich, dieses wunderbare Werk immer weiter und tiefer erforschen und übertragen zu dürfen.

Dresden, im September 2015

Anmerkung zur Aussprache japanischer Worte:
Die Umschrift japanischer Worte und Namen erfolgt nach dem international überwiegend verwendeten Hepburn-System. Vokale werden ähnlich wie im Italienischen oder Deutschen, Konsonanten wie im Englischen ausgesprochen. Insbesondere gilt: Vokale ohne Längenstrich sind kurz, diejenigen mit Längenstrich (z. B. in *Dōgen*) lang. Doppelte Konsonanten (z. B. in *hokke*) werden ebenfalls *lang* gesprochen.

| | |
|---|---|
| s | scharfes (stimmloses) 's' wie deutsch 'ss' oder 'ß'. |
| z | weiches (stimmhaftes) 's' wie in deutsch 'Sonne', *nicht* wie das deutsche 'z'. |
| ch | wie in engl. 'macho' oder deutsch 'tsch'. |
| fu | gehaucht, das 'f' zwischen deutschem 'f' und 'h'. |
| y | wie deutsch 'j', auch in Kombination mit Konsonanten (z. B. *Kyōto* sprich: 'Kjoo-to' [2 Silben], *nicht* 'Ki-oo-to' [3 Silben]). |
| j | wie in engl. 'Jack' oder das 'g' in ital. 'Gina'. |
| ei | 'ee' wie in 'See', *nicht* wie 'ai'. |

只管打坐

*Shikantaza*

Kalligrafie von Kokugyō Kuwahara

## 開経偈

無上甚深微妙法
百千萬劫難遭遇
我今見聞得受持
願解如来真実義

## Kai kyō ge

mu jō jin shin mi myō hō
hyaku sen man go nan sō gu
ga kon ken mon toku ju ji
gan ge nyo rai shin jitsu gi

## Vers beim Öffnen der Sūtren

Dieser Dharma, unvergleichlich tiefgründig und wunderbar,
Ist selbst in Millionen Zeitaltern nur selten anzutreffen.
Jetzt, da ich ihn sehen, hören, annehmen und bewahren kann,
Möge ich den wahren Sinn der Lehre des Tathāgata verstehen.

# 73
# 三十七品菩提分法
# Sanjūshichibon bodai bunpō
# Die siebenunddreißig Faktoren des Erwachens

*SANJŪSHICHIBON bedeutet »siebenunddreißig«.*[1] *BODAI gibt sanskr. ›bodhi‹ wieder, was »Erwachen« bedeutet. BUNPŌ bedeutet »Elemente« oder »Faktoren«. So bedeutet SANJŪSHICHIBON BODAI BUNPŌ »die siebenunddreißig Faktoren des Erwachens«. In diesen siebenunddreißig Faktoren des Erwachens wird praktisch die ganze buddhistische Praxis und Geistesschulung zusammengefasst. Sie gliedern sich in sieben Bereiche: 1. die vier Bereiche der Bewusstheit, 2. die vier Arten rechter Anstrengung, 3. die vier Pfeiler übernatürlicher Kraft, 4. die fünf Wurzeln, 5. die fünf Kräfte, 6. die sieben Glieder des Erwachens und 7. den achtfachen edlen Pfad. Die siebenunddreißig Faktoren des Erwachens werden im Allgemeinen dem frühen Buddhismus (Hīnayāna) zugeschrieben, da sie im Abhidharma aufgelistet und besprochen werden, das eine der grundsätzlichen Abhandlungen des Hīnayāna ist. Meister Dōgen hatte jedoch seine eigene Sicht des Hīnayāna und des Mahāyāna. Für ihn gab es nur einen einzigen Buddha-Dharma, den Gautama Buddha gelehrt hat. Und so schlägt Meister Dōgen in diesem Kapitel eine Brücke zwischen Hīnayāna und Mahāyāna, indem er die siebenunddreißig Faktoren des Erwachens auf der gemeinsamen Grundlage der Praxis des Zazen erläutert.*

Die Wirklichkeit[2] der ewigen Buddhas existiert; es ist die Lehre, die Praxis und die Erfahrung der siebenunddreißig Faktoren des Erwachens.[3] Die tiefgründigen Verflechtungen im Fortschreiten und Zurückfallen auf den verschiedenen Ebenen[4] [des Erwachens] sind nichts anderes als die der Wirklichkeit selbst, und wir nennen sie »die Buddhas« und »die Vorfahren«.

*Die vier Bereiche der Bewusstheit*[5] *sind*
*1. das Gewahrsein der Unreinheit des Körpers,*
*2. das Gewahrsein der Leidhaftigkeit der Gefühle,*
*3. das Gewahrsein der Unbeständigkeit des Geistes und*
*4. das Gewahrsein der Selbst-losigkeit aller Dharmas.*

»Das Gewahrsein[6] der Unreinheit des Körpers.« Dieser individuelle Hautsack, den wir klar als einen Körper in der Gegenwart wahrnehmen, ist das ganze Universum der zehn Richtungen. Da dieser Körper unser wahrer Körper ist[7], ist das Gewahrsein seiner Unreinheit nichts anderes, als unmittelbar in die kraftvoll lebendige Welt des Handelns hineinzuspringen.[8] Wenn es dieses Hineinspringen nicht gäbe, wäre Gewahrsein unmöglich. Es wäre so, als hätten wir keinen Körper; in diesem Fall wäre es unmöglich, zu handeln, andere zu lehren oder irgendeiner anderen Sache gewahr zu sein. Dieses Gewahrsein hat sich bereits [durch die Handlung des Hineinspringens] verwirklicht: Ihr solltet wissen, dass das Hineinspringen selbst die Verwirklichung ist. Was wir hier »die Verwirklichung des Hineinspringens« nennen, ist nichts anderes als euer tägliches Tun und Handeln. Es ist den Fußboden zu wischen und die [Zazen-]Plattform zu reinigen. Die ganze Erde ist das nicht Erfassbare, ob ihr den Fußboden wischt und die [Zazen-]Plattform reinigt und euch dabei nicht bewusst seid, in welchem Monat ihr dies tut, und die ganze Erde ist das nicht Erfassbare, ob ihr den Fußboden wischt und die [Zazen-]Plattform reinigt und euch dabei bewusst seid, dass ihr es im zweiten Monat [im Februar] tut. Das Gewahrsein des Körpers ist einfach das Gewahrsein des Körpers. Ihr könnt das Gewahrsein des Körpers nicht benutzen, um einer anderen Sache gewahr zu sein. Gerade in dem Augenblick, wenn ihr eures Körpers gewahr seid, ist das Höchste schon gekommen. Wenn sich das Gewahrsein des Körpers verwirklicht, ist es unmöglich, nach dem Gewahrsein des Geistes zu greifen, denn Letzteres verwirklicht sich nicht [als etwas vom Körper Getrenntes]. Deshalb ist [das Gewahrsein des Körpers] der Samādhi des Diamanten[9] und der Samādhi der Lebenskraft.[10] In beiden Samādhis seid ihr dessen gewahr, dass der Körper nicht rein ist.

Im Allgemeinen wird die Wahrheit, dass [Śākyamuni Buddha] um Mitternacht den hellen Stern sah, so erklärt, dass Śākyamuni der Unreinheit des Körpers gewahr wurde. Hier geht es nicht um die relative Reinheit und Unreinheit. Euer gegenwärtiger Körper ist nicht rein und euer wirklicher Körper ist nicht rein.[11] In der konkreten Praxis und Erfahrung verhält es sich daher so, dass ein Dämon, wenn er Buddha wird, den Dämon selbst benutzen muss, um ihn zu besiegen und Buddha zu werden. Wenn ein Buddha Buddha wird, benutzt er den Buddha selbst, um nach Buddha zu streben und Buddha zu werden. Wenn menschliche Wesen Buddhas werden, benutzen sie den Menschen selbst, um ihn zu zähmen und Buddha zu werden. Der Weg wird durch nichts anderes als durch diese Handlung des Benutzens verwirklicht. Diese Grundwahrheit müsst ihr erfahren und gründlich untersuchen.

Dies ähnelt zum Beispiel der Art und Weise, wie wir das Kesa waschen: [Beim Waschen] wird das Wasser durch das Gewand beschmutzt und das Gewand wird durch das Wasser durchnässt. Ob wir nun das [schmutzige] Wasser benutzen oder das Wasser erneuern, wir benutzen immer Wasser und wir waschen immer das Gewand. Haltet nicht inne oder hört auf zu waschen, wenn das Gewand nach der ersten und zweiten Wäsche immer noch nicht sauber aussieht. Denn wenn das ganze Wasser verbraucht ist, fahren wir weiter fort, Wasser zu benutzen, und selbst wenn das ganze Gewand sauber ist, hören wir nicht auf, es zu waschen. Wir verwenden alle Arten von Wasser, denn Wasser eignet sich für das Waschen der Gewänder. Ihr solltet die folgende Grundwahrheit erforschen: Wenn das Wasser schmutzig ist, wissen wir, dass Fische darin schwimmen.[12] Alle Gewänder müssen gewaschen werden. Genau diese Anstrengung [des Waschens] ist die Wirklichkeit des Waschens, und nur so erkennt ihr, was Reinheit ist. Das Wesentliche dabei ist, [zu verstehen,] dass es nicht unser eigentliches Ziel ist, das Gewand mit dem Wasser zu durchnässen oder das Wasser mit dem Gewand zu beschmutzen, sondern dass unsere wirkliche Aufgabe darin besteht, das Gewand zu reinigen, indem wir schmutziges Wasser dafür benutzen.

Ferner gibt es die Methode, Gewänder oder Dinge zu waschen, indem wir das Feuer, die Luft, die Erde, das Wasser und den Raum benutzen, und es gibt Methoden, die Erde, das Wasser, das Feuer, die Luft und den Raum zu waschen, indem wir die Erde, das Wasser, das Feuer, die Luft und den Raum benutzen. Der Sinn des gegenwärtigen »Gewahrseins der Unreinheit des Körpers« ist derselbe. Deshalb ist das Ganze des Körpers, das Ganze des Gewahrseins und das Ganze der Unreinheit nichts anderes als das Gewand, mit dem unsere Mütter uns geboren haben.[13] Wenn das Kesa nicht das Kesa wäre, das eine Mutter geboren hat, hätten es die Buddhas und Vorfahren niemals getragen. Wie wäre es möglich, dass Śāṇavāsa der Einzige gewesen ist? Diese Grundwahrheit solltet ihr gründlich in eurem Herzen bedenken, ihr solltet sie erfahren, erforschen und vollkommen verwirklichen.

»Das Gewahrsein der Leidhaftigkeit der Gefühle« bedeutet, dass das Leiden ein Gefühl IST. Gefühle sind nicht »unsere« Gefühle, und sie kommen auch nicht von außen; sie sind weder greifbar noch nicht-greifbar, sondern einfach die Gefühle eines lebendigen Körpers und das Leiden eines lebendigen Körpers. Sie bedeuten, dass eine süße Melone plötzlich zu einem bitteren[14] Kürbis geworden ist und dass dies leidhaft für die Haut, das Fleisch, die Knochen und das Mark ist und dass es leidhaft für den bewussten und den unbewussten Geist usw. ist. [Dessen gewahr zu sein,] ist eine Praxis, eine Erfahrung und eine übernatürliche Kraft, die noch eine Stufe höher steht[15], weil sie über den ganzen Stiel [der Melone] und die ganze Wurzel [des Kürbisses] hinausspringt. Deshalb heißt es: »Lebende Wesen leiden, und das Leiden der lebenden Wesen existiert.«[16] Obwohl das Leiden der lebenden Wesen existiert, sind die lebenden Wesen ohne ein Selbst und sie sind auch nicht die Welt; letztlich ist es unmöglich, andere [diesbezüglich] zu täuschen. Obwohl süße Melonen bis zu ihrem Stil süß und bittere Kürbisse bis zu ihrer Wurzel bitter sind, ist es nicht leicht, sich wirklich klar darüber zu sein, was Leiden ist. Fragt euch selbst: Was ist das, dieses Leiden?

»Das Gewahrsein der Unbeständigkeit des Geistes.« Der ewige Buddha Sōkei sagte: »Die Buddha-Natur dauert nicht an.«[17] Deshalb ist dieses Nichtandauern, das von den verschiedenartigen Wesen [auf ihre Weise] verstanden wird, nichts anderes als die Buddha-Natur. Der große Meister Yōka Shinkaku sagte: »Alles Tun ist vergänglich, alles ist leer. Das ist das große und runde Erwachen des Tathāgata.«[18] Dessen gewahr zu sein, dass der Geist unbeständig ist, ist an sich schon das große und runde Erwachen des Tathāgata. Es ist des Tathāgatas großes und rundes Erwachen. Selbst wenn der Geist der Gegebenheiten dieser Welt nicht gewahr sein wollte, ist er doch vollkommen mit der Welt verbunden. Deshalb gibt es ohne Zweifel Gewahrsein, wenn es einen Geist gibt.[19] Im Allgemeinen verhält es sich so: Wenn [ein Mensch] bei der höchsten Wahrheit angelangt ist und sich das höchste rechte und ausgeglichene Erwachen verwirklicht, ist dies Unbeständigkeit und das Gewahrsein des Geistes. Der Geist ist nicht unbedingt beständig, und weil er weit über die Vierzeilengedichte[20] hinausgeht und die hundert

Negierungen[21] überschreitet, ist dieser Geist die Hecken, die Mauern, die Ziegel, die Kiesel, die großen und die kleinen Steine. Er ist die Unbeständigkeit und das Gewahrsein selbst.

»Das Gewahrsein der Selbst-losigkeit aller Dharmas.« Was lang ist, hat einen langen Dharma-Körper, und was kurz ist, einen kurzen. Weil alle Dinge und Phänomene [Augenblick für Augenblick] die Dynamik [des ganzen Universums] verwirklichen, sind sie ohne ein Selbst.[22] Ein Hund hat nichts derartiges wie »die Buddha-Natur«, und doch hat er sie.[23] Alle Lebewesen sind ohne Buddha-Natur[24] und jeder [Augenblick der] Buddha-Natur hat nichts mit den Lebewesen zu tun.[25] Buddhas sind keine »Lebewesen« und auch keine »Buddhas«. Alle Buddha-Naturen sind keine »Buddha-Naturen« und alle Lebewesen keine »Lebewesen«. Weil dies alles so ist, erlernen und erfahren wir, dass alle Dharmas ohne »alle Dharmas« sind, und so erlernen und erfahren wir, dass alle Dharmas ohne ein Selbst sind. Ihr solltet wissen, dass [dessen gewahr zu sein] bedeutet, über den ganzen Körper der Verstrickungen mit euch selbst hinauszuspringen.

Śākyamuni Buddha sagte: *»Alle Buddhas und Bodhisattvas werden immer in dieser Lehre ruhen und sie als ihren heiligen Schoß ansehen.«*

Deshalb haben alle Buddhas und Bodhisattvas diese vier Bereiche der Bewusstheit als ihren heiligen Schoß angesehen. Ihr solltet wissen, dass sie der heilige Schoß des ausgeglichenen Erwachens[26] und des wunderbaren Erwachens[27] sind. [Der Buddha] sprach bereits von allen Buddhas und Bodhisattvas, und so könnten sich [seine Worte] nicht nur auf das wunderbare Erwachen [der Bodhisattvas] beschränken. Sogar die Buddhas betrachten diese vier Bereiche der Bewusstheit als ihren heiligen Schoß. Die Bodhisattvas, welche die Stufen vor dem ausgeglichenen Erwachen überschritten haben oder jenseits des wunderbaren Erwachens sind, betrachten die vier Bereiche der Bewusstheit als ihren heiligen Schoß. In Wahrheit sind diese vier Bereiche nichts anderes als die Haut, das Fleisch, die Knochen und das Mark der Buddhas und Vorfahren.

*Die vier Arten rechter Anstrengung*[28] (auch die vier Arten rechten Bemühens genannt) *sind*

*1. das Unrechte, das noch nicht entstanden ist, am Entstehen zu hindern,*
*2. zu bewirken, dass das Unrechte, das bereits geschehen ist, vernichtet wird,*
*3. zu bewirken, dass das Rechte, das noch nicht da ist, entsteht,*
*4. das Rechte, das bereits da ist, zu vermehren.*

»Das Unrechte, das noch nicht entstanden ist, am Entstehen zu hindern.« Was wir das Unrechte nennen, hat nicht immer festgelegte Formen oder Grade, sondern definiert sich von Land zu Land und von Sphäre zu Sphäre. Dennoch ist es der Buddha-Dharma, der uns authentisch weitergegeben wurde, das noch nicht entstandene [Unrechte] am Entstehen zu hindern. Im Verständnis derer, die sich vom Buddha-Weg entfernt haben, wird ein Selbst, das sich noch nicht manifestiert hat, als die Wurzel und der Ursprung angesehen, aber im Buddha-Dharma sollten wir dies nicht behaupten. Stellt euch einmal die Frage, wo sich das Unrechte befinden soll, wenn es noch nicht entstanden ist. Zu sagen, dass es irgendwann in der Zukunft existieren wird, ist für immer die nihilistische Sichtweise[29] derer, die nicht auf dem Buddha-Weg sind, und zu sagen, dass es aus der Zukunft irgendwann in die Gegenwart kommen wird, ist ebenfalls keine Theorie des Buddha-Dharmas, sondern eher wohl eine unklare und verworrene Sicht der drei Zeiten [Vergangenheit, Gegenwart und Zukunft]. Wenn die drei Zeiten unklar und verworren sind, werden auch alle Dharmas verworren. Wenn alle Dharmas unklar und verworren sind, wird auch die wirkliche Form [der Dharmas] unklar. Wenn die wirkliche Form [der Dharmas] unklar und verworren ist, wird auch die Beziehung der Buddhas untereinander unklar und verworren.[30] Aus diesem Grund sagen wir nicht, dass die Zukunft später einmal Gegenwart sein wird.

Außerdem solltet ihr euch fragen, wie wir dieses Unrechte, das noch nicht entstanden ist, beschreiben sollen, und wer es erkannt und gesehen hat. Um [dieses Unrechte] zu erkennen und es zu sehen, müsste es neben der Zeit, in der es noch nicht entstanden ist, eine Zeit geben, in der es etwas anderes war als »noch nicht entstanden«. Und in diesem Fall könnten wir es nicht das Unrechte nennen, das noch nicht entstanden ist, sondern wir müssten sagen, dass etwas[, was vorher das Unrechte war,] bereits verschwunden ist. Ihr solltet nicht die Sichtweise derer erlernen, die außerhalb des Buddha-Weges stehen, und auch nicht die der Śrāvakas des kleinen Fahrzeugs usw., sondern ihr solltet in der Praxis lernen, das noch nicht entstandene Unrechte am Entstehen zu hindern. Alles Unrechte im ganzen Universum wird »das Unrechte, das noch nicht entstanden ist« genannt, und es ist das Unrechte, das nicht entsteht. »Nicht-Entstehen« bedeutet, dass wir gestern eine allgemeine Regel gelehrt haben, aber heute die Ausnahme lehren.[31]

»Zu bewirken, dass das bereits geschehene Unrechte vernichtet wird.« Die Aussage »bereits geschehen« beschreibt das ganze Geschehen. Das ganze Geschehen ist ein halbes [konkretes] Geschehen und das konkrete Geschehen ist genau das, was hier und jetzt geschieht. Was hier und jetzt geschieht, wird einzig durch das Geschehene selbst begrenzt.[32] Es ist längst über [die Vorstellung] irgendeines Geschehens hinausgesprungen. Zu bewirken, dass [das Unrechte,] das bereits geschehen ist, vernichtet wird, beschreibt Devadattas lebendigen Körper, der in die Hölle fährt, und es beschreibt Devadattas lebendigen Körper, der die Bestätigung erhält[33][, dass er ein Buddha wird]. »Bereits geschehen« ist ein lebendiger Körper, der in den Schoß eines Esels hineingeschlüpft ist[34], und es ist ein lebendiger Körper, der Buddha wird. Auf der Grundlage dieser Wahrheit solltet ihr den Sinn der Worte »zu bewirken, dass das bereits geschehene Unrechte vernichtet wird« erfahren und erforschen. »Vernichten«[35] bedeutet, dass ihr durch die Vernichtung hindurchgehen und über sie hinausspringen müsst.

»Zu bewirken, dass das Rechte, das noch nicht da ist, entsteht« bedeutet, dass ihr vollkommen zufrieden seid mit dem Gesicht, das ihr vor der Geburt eurer Eltern hattet. Es ist die Klarheit vor dem Entstehen der Dinge und das Verstehen vor dem Klang der majestätischen Stimme.

»Zu bewirken, dass das Rechte, das bereits da ist, vermehrt wird.« Ihr solltet wissen, dass wir hier nicht davon sprechen, zu bewirken, dass das Rechte, das bereits da ist, entsteht, sondern davon, dieses Rechte eine lange Zeit zu vermehren. Dies ist [Buddha], der den Morgenstern selber sah und dann hinging und andere unterwies, sodass auch sie ihn sehen; es sind Augen, die zu einem hellen Stern werden; es sind [Baso Dōitsus] dreißig Jahre [Klosterleben], die seiner Verwirrung folgten und in denen es ihm weder an Salz noch an Essig mangelte.[36] Ein Beispiel: Da wir [das Rechte] eine lange Zeit vermehren können, muss es bereits da gewesen sein. Deshalb [sagte der Hüttenmeister]: »Die Schlucht ist tief und der Stiel meiner Kelle lang.«[37] Weil [das Rechte] bereits [da war], kam [Bodhidharma aus dem Westen].[38]

*Die vier Pfeiler übernatürlicher Kraft*[39] *sind*
*1. der Entschluss,*
*2. der Geist,*
*3. die Anstrengung und*
*4. das Denken.*

»Der Entschluss« als ein Pfeiler übernatürlicher Kraft ist ein Körper und Geist, der fest entschlossen ist, Buddha zu werden. Entschluss bedeutet, dass man sich auf ein ruhiges Schläfchen freut[40] oder [sagt: »Weil ihr Buddhas seid,] verneige ich mich vor euch.«[41] Im Allgemeinen ist ein solcher Entschluss, wenn er ein Pfeiler übernatürlicher Kraft ist, völlig jenseits der [gewöhnlichen] Absichten und Ziele von Körper und Geist. Er ist vielmehr [wie] die Vögel, die im grenzenlosen Himmel fliegen und [wie] die Fische, die im Wasser schwimmen, das klar ist bis zum tiefsten Grund.[42]

»Der Geist« als ein Pfeiler übernatürlicher Kraft sind die Hecken, die Mauern, die Ziegel und die Kieselsteine[43]; er ist die Berge, die Flüsse und die Erde; er ist jeder Augenblick der drei Welten und das Purpurrot des Zeremonienstuhls.[44] Weil wir das ganze [Universum] benutzen und es [als unseren Geist] erfahren können, gibt es den Geist der Buddhas und Vorfahren, den Geist der gewöhnlichen und den der heiligen Menschen, es gibt den Geist der Gräser und Bäume und den Geist mystischer Veränderungen. Das Ganze dieses Geistes ist ein Pfeiler übernatürlicher Kraft.

»Die Anstrengung«[45] als ein Pfeiler übernatürlicher Kraft ist es, noch einen Schritt vorwärts zu machen, wenn ihr schon auf der Spitze einer hundert Fuß hohen Stange steht.[46] Wo befindet sich die Spitze der hundert Fuß hohen Stange? Es heißt, dass man sie nicht finden kann, ohne gleich einen [weiteren] Schritt zu machen. Dieser eine Schritt vorwärts lässt sich nicht bestreiten; aber genau dieser Ort hier ist der Ort, wo etwas nicht Erfassbares existiert. Ihr könnt es als einen Schritt vorwärts oder als einen Schritt zurück erklären, wie ihr wollt![47] Gerade in dem Augenblick der Anstrengung kommt das ganze Universum der zehn Richtungen schon hierher, denn es folgt der Anstrengung, die ein Pfeiler übernatürlicher Kraft ist.

»Das Denken«[48] als ein Pfeiler übernatürlicher Kraft ist alle Buddhas und Vorfahren, es ist ihr karmisches Bewusstsein[49], das unübersehbar und ohne Basis ist, um sich darauf zu stützen.[50] Es gibt das Denken des Körpers, das Denken des Geistes und das Denken des Bewusstseins; es gibt das Denken der Strohsandalen und das Denken des [namenlosen] Selbst, das vor dem Zeitalter der Leerheit existierte.

Diese [vier Pfeiler übernatürlicher Kraft] werden auch die vier Pfeiler wunderbarer Freiheit[51] genannt. [Freiheit] bedeutet hier: [Handeln] ohne auch nur zu zögern.

Śākyamuni Buddha sagte: »Noch nichts bewegt haben und schon angekommen sein!« Dies ist die Basis wunderbarer Freiheit. Letztlich ist das Spitze spitz wie eine Nadelspitze und das Viereckige wie die Ecke eines Meißels.

*Die fünf Wurzeln [des Erwachens]*[52] *sind*
*1. Vertrauen,*
*2. Hingabe,*
*3. Bewusstheit,*
*4. Gleichgewicht und*
*5. Weisheit.*

Ihr solltet wissen, dass »Vertrauen« als eine Wurzel [des Erwachens] jenseits euer selbst und der anderen ist. Es entsteht nicht aus eigener Absicht und ist nicht das Produkt des eigenen Geistes. Es unterliegt auch keinen äußeren Einflüssen oder von uns selbst bestimmten Regeln. Weil dies so ist, wurde es »direkt [von Meister zu Schüler] von Westen nach Osten weitergegeben.«[53] Wenn der ganze Körper uneingeschränktes Vertrauen IST, sprechen wir von »Vertrauen«. Ein solches Vertrauen ist immer die Frucht eines Buddhas, das heißt, es folgt ganz den Gegebenheiten und ganz sich selbst. Vertrauen verwirklicht sich nicht, solange die Buddhaschaft nicht erlangt ist. Deshalb heißt es: »Durch das Vertrauen geht man in den großen Ozean des Buddha-Dharmas ein.«[54] Kurz gesagt, wo dieses Vertrauen Wirklichkeit wird, verwirklichen sich die Buddhas und Vorfahren.

»Hingabe« als eine Wurzel bedeutet, sich unermüdlich dem »Nur-Sitzen«[55] hinzugeben. Das heißt, dass ihr ruht, ohne [im gewöhnlichen Sinn] ruhen zu können. Es bedeutet, dass ihr ruhen und immer wieder von Neuem ruhen könnt; es ist, fleißig bei der Arbeit zu sein, und gleichzeitig jemand zu sein, der nicht so fleißig ist.[56] Es ist der erste und der zweite Mond von jemandem, der fleißig und doch nicht so fleißig ist.[57]

Śākyamuni Buddha sagte: »Stetig und mit allen meinen Kräften habe ich mich hingegeben, und deshalb habe ich Anuttarā-samyak-saṃbodhi schon verwirklicht.«[58] »Sich stetig hinzugeben« ist die ganze Vergangenheit, Gegenwart und Zukunft, die von Kopf bis Fuß recht ist. »Stetig und mit allen meinen Kräften habe ich mich hingegeben« bedeutet, dass ich [Śākyamuni Buddha] das höchste Erwachen schon verwirklicht habe, und weil ich es schon verwirklicht habe, ist mein Erwachen die unermüdliche Hingabe selbst.[59] Wie hätte ich mich sonst stetig und mit allen meinen Kräften hingeben und [anuttara-samyak-sambodhi] schon verwirklichen können? Die Lehrer der Kommentare und der Sūtren können den Sinn dieser Worte weder hören noch ihnen begegnen; wie könnten sie ihn selbst erfahren und erforscht haben?

»Bewusstheit«[60] als eine Wurzel ist eine Ansammlung roten Fleisches, [ein Mensch, der] wie ein kahler Baum ist.[61] Eine Ansammlung roten Fleisches nennen wir »einen kahlen Baum«, und ein kahler Baum zu sein, ist die Wurzel der Bewusstheit. Ihr seid diese Bewusstheit, wenn ihr euch selbst im Dunkeln ertastet. Es gibt eine Bewusstheit des Körpers[62] und eine Bewusstheit, in der ihr euch euer selbst nicht bewusst seid.[63] Es gibt eine Bewusstheit, in der Gedanken und Empfindungen auftreten[64], und eine Bewusstheit, in der ihr euch eures Körpers nicht bewusst seid.[65]

Bewusstheit [Geistesgegenwart] ist ohne Zweifel die Lebensgrundlage aller Menschen auf der ganzen Erde, und sie ist die Lebensgrundlage aller Buddhas der zehn Richtungen. In einem Augenblick der Bewusstheit mag es viele Menschen geben, und in einem Menschen gibt es viele Augenblicke der Bewusstheit. Dennoch gibt es Menschen, die Bewusstheit haben, und solche, die sie nicht haben. Ein Mensch lebt nicht unbedingt im Zustand der Bewusstheit und die Bewusstheit selbst hat nicht unbedingt etwas mit einem Menschen zu tun. Selbst wenn dies so ist, ist die Tugend der vollkommenen Verwirklichung da, wenn ihr in der Lage seid, eure natürliche Bewusstheit zu bewahren.

»Gleichgewicht« als eine Wurzel[66] ist beides: sowohl sich seiner selbst bewusst zu sein als auch sich selbst zu vergessen. Deshalb bedeutet »Gleichgewicht«, dass ihr euch völlig im Klaren über Ursache und Wirkung seid und doch keinen Ursachen und Wirkungen anheimfallt.[67] Deshalb müsst ihr in den Schoß eines Esels und in den Schoß eines Pferdes hineinschlüpfen.[68] Gleichgewicht ist wie ein Stein, der in ein Juwel eingehüllt ist. Man kann weder sagen ›[hier] ist der Stein‹ noch ›[dort] ist das Juwel‹. Gleichgewicht ist wie der Erdboden, der den Berg trägt. Man kann weder sagen ›[hier] ist der Erdboden‹, noch ›[dort] ist der Berg‹. [Im Zustand des Gleichgewichts] könnt ihr aus dem Gehirn heraus- und wieder hineinspringen.

»Weisheit« als eine Wurzel ist, nicht zu wissen, ob die Buddhas der drei Zeiten wirklich existieren, und doch zu wissen, dass es hier weiße Ochsen und Katzen gibt.[69] Ihr solltet nicht fragen: Warum ist das so? Man kann es mit Worten nicht erklären. Ein- und Ausatmen geschieht durch die Nasenlöcher, und [wenn ihr eine Faust macht,] befinden sich die Fingerspitzen in der Faust. Ein Esel verlässt sich auf einen Esel und ein Brunnen begegnet einem Brunnen.[70] Letztlich ist jede [der zuvor beschriebenen] Wurzeln in den [vier] anderen enthalten.

*Die fünf Kräfte*[71] *[, die aus den fünf Wurzeln hervorgehen,] sind*

*1. Vertrauen,*
*2. Hingabe,*
*3. Bewusstheit,*
*4. Gleichgewicht und*
*5. Weisheit.*

»Vertrauen« als eine Kraft ist, von uns selbst getäuscht zu werden und keinen Ort zu haben, um dem zu entrinnen. Es ist, den Kopf zu wenden, wenn uns jemand beim Namen ruft und [die Tatsache,] dass es von der Geburt bis zum Tod nichts anderes gibt![72] Vertrauen ist, sieben Mal zu stolpern und doch weiterzugehen. Es ist, acht Mal hinzufallen und sich wieder aufzuraffen. Deshalb ist die Kraft des Vertrauens [wie] ein Kristall. Wir nennen »Vertrauen als eine Kraft« die Übertragung des Dharmas und die Weitergabe des Gewandes. Sie ist das, was die Buddhas und Vorfahren weitergegeben haben.

»Hingabe« als eine Kraft ist, das zu erklären, was wir nicht praktizieren können, und das zu praktizieren, was wir nicht erklären können.[73] Deshalb ist die Fähigkeit, die Länge eines Zolls erklären zu können, nicht mehr als die Fähigkeit, die Länge eines Zolls erklären zu können, und ein Wort in die Praxis umsetzen zu können, ist nicht mehr, als ein Wort in die Praxis umsetzen zu können. Eure Kraft zu bekommen, indem ihr die Kraft als solche praktiziert, dies ist »Hingabe als eine Kraft«.[74]

»Bewusstheit« als eine Kraft ist ein brutaler Kerl, der jemanden an der Nase zieht.[75] Deshalb ist Bewusstheit eine Nase, die einen Menschen anzieht, und sie ist [wie] ein Juwel, das man wegwirft und wieder zurückbekommt[76], oder [wie] ein Ziegel, den man wegwirft und wieder zurückbekommt. Außerdem gibt es dreißig Stockschläge, wenn man gar nichts wegwirft. Auch wenn alle Menschen unter dem Himmel sie benutzen, wird Bewusstheit doch niemals aufgebraucht.

»Gleichgewicht« als eine Kraft ist wie ein Kind, das seine Mutter findet, und wie eine Mutter, die ihr Kind findet. Sie ist wie ein Kind, das sich selbst findet, und eine Mutter, die sich selbst findet. Dennoch ist es etwas völlig anderes als euer Gesicht mit dem Kopf zu verwechseln oder Gold mit Gold zu kaufen. Die Kraft des Gleichgewichts ist wie ein Gesang, der langsam an Volumen zunimmt.

»Weisheit« ist die Tiefe und Weite unendlich langer Jahre. Sie ist eine Fähre, mit der man [zum anderen Ufer] hinübersetzen kann. Deshalb wurde seit alten Zeiten gesagt, dass sie wie eine Fähre sei, mit der man hinübersetzen kann. Dies bedeutet, dass das Hinübersetzen unausweichlich die Fähre selbst ist. Wir sprechen von einer Fähre, wenn das Hinübersetzen nicht durch das Hinübersetzen behindert wird. Das Eis des Frühlings selber schmilzt das Eis.

*Die sieben Glieder des Erwachens*[77] *sind*
*1. die Entscheidung für den Dharma,*
*2. die Anstrengung,*
*3. die Freude,*
*4. die Geistesruhe,*
*5. der Gleichmut,*
*6. das Gleichgewicht und*
*7. die Bewusstheit.*

»Die Entscheidung für den Dharma«[78] als ein Glied des Erwachens bedeutet: Wenn es nur die kleinste Unterscheidung gibt, ist die Trennung so groß wie zwischen Himmel und Erde.[79] Deshalb ist es weder leicht noch schwer, zur Wahrheit zu gelangen. Ihr müsst nur selbst entscheiden.[80]

»Die Anstrengung« als ein Glied des Erwachens bedeutet, dass ihr noch nie einen Straßenmarkt geplündert habt.[81] Ganz gleich, ob ihr selbst kauft oder verkauft, es gibt immer einen festgelegten Preis, und man kennt den Wert der Dinge. Auch wenn ihr scheinbar freundlich und höflich zu den anderen seid, kann ein harter Schlag auf den ganzen Körper euch nicht verletzen. Auch wenn ihr nicht aufhört, nach einem Wort der Verwandlung zu suchen, könnt ihr glücklicherweise einem Menschen [euch selbst] begegnen, der selber seinen Geist durch ein Wort verwandeln kann. Die Eselsgeschäfte sind noch nicht erledigt, und schon kommen die Pferdegeschäfte herein.[82]

»Die Freude« als ein Glied des Erwachens ist das warme Herz der Großmutter, wenn ein Blutstropfen fließt. Die tausend Hände und Augen des [Bodhisattvas des] großen Mitgefühls[83] sind ohne Zahl und Grenzen. Lasst sie so, wie sie sind, nämlich ungeheuer beschäftigt! Die Pflaumenblüten spitzen schon aus dem Dezemberschnee[84] hervor. Wenn der Frühling kommt, fühlt der große Meister noch die Kälte. Dennoch ist er voller Leben, und sein Lachen schallt laut.

»Die Geistesruhe«[85] als ein Glied des Erwachens ist, nicht mit mir selbst verstrickt zu sein, wenn ich bei mir selbst bin, und nicht mit den anderen verstrickt zu sein, wenn ich bei den anderen bin.[86] Sie ist etwas, was [nur] ich erlangen kann, und nicht etwas, was ihr [für mich] erlangen könnt. Geistesruhe bedeutet, mit Enthusiasmus zu sprechen und imstande zu sein, unter Menschen zu leben, die völlig anders sind als ich.

»Der Gleichmut«[87] als ein Glied des Erwachens ist: »Ganz gleich, was ich ihnen bringe, sie [die anderen] nehmen es nicht an.«[88] Gleichmut ist [natürlich,] wie ein Chinese, der immer den Gang eines Chinesen hat, auch wenn er barfuß läuft. Er ist wie ein Perser vom südlichen Meer, der nach den Elfenbeinartikeln [seines Landes] sucht.

»Das Gleichgewicht« als ein Glied des Erwachens ist, das Auge zu bewahren, das schon vor dem Augenblick sieht.[89] Es bedeutet, dass ihr eure Nasenlöcher selber putzen müsst und dass ihr selbst die Zügel in die Hand nehmen und euch führen müsst. Gleichzeitig solltet ihr aber auch in der Lage sein, [euren Geist] so frei weiden zu lassen wie einen kastrierten Wasserbüffel.[90]

»Bewusstheit« als ein Glied des Erwachens ist wie die Säulen im Freien, die im Raum spazieren gehen. Deshalb ist sie [da], wenn eure Münder [stumm] wie Eicheln und eure Augen [blind] wie Augenbrauen sind. Sie ist [aber auch da], wenn ihr die Räucherstäbchen anzündet und Buddhas Lehren zuhört.

*Der achtfache edle Pfad*[91] *ist*
*1. rechte Sicht,*
*2. rechtes Denken,*
*3. rechte Rede,*
*4. rechtes Handeln,*
*5. rechter Lebenswandel,*
*6. rechte Anstrengung,*
*7. rechte Bewusstheit und*
*8. rechtes Gleichgewicht.*

»Die rechte Sicht« als ein Glied des achtfachen Pfades ist der ganze Körper in den Augen.[92] Sie ist das Auge, das schon vor dem Körper sieht.[93] Selbst wenn diese Sicht sich in der Vergangenheit bereits klar verwirklicht hat, verwirklicht sie sich jetzt als das ganze Universum immer wieder neu, und ihr könnt sie direkt erfahren. Kurz: Wenn die rechte Sicht nicht das Auge wäre, das nichts anderes als der ganze Körper ist, gäbe es keine Buddhas und keine Vorfahren.

»Rechtes Denken«[94] als ein Glied des achtfachen Pfades ist ein Denken, bei dem alle Buddhas der zehn Richtungen erscheinen. Deshalb offenbaren sich alle zehn Richtungen und alle Buddhas genau in dem Augenblick, wenn ihr dieses Denken freisetzt.[95] Es ist nicht »euer« Denken, und es überschreitet diese Welt. Selbst wenn ihr in diesem Moment an konkrete Dinge denkt, seid ihr schon in Vārāṇasī[96] angekommen[, wo der

Buddha den Dharma lehrte]. Vārāṇasī ist genau dort, wo dieses Denken existiert. Ein ewiger Buddha [Meister Yakusan] sagte: »Ich denke aus dem Grund des Nicht-Denkens heraus.« Auf die Frage »Wie kann man aus dem Grund des Nicht-Denkens heraus denken?« antwortete der Meister: »Es ist jenseits des Denkens.«[97] Dieses »Jenseits-von-Denken« ist das rechte Denken, und es ist die rechte Anschauung. Rechtes Denken ist nichts anderes als ein verschlissenes Zazen-Kissen.

»Rechte Rede« als ein Glied des achtfachen Pfades ist, wenn ihr kein Wort sagt und doch nicht stumm seid. Die Stummen unter den gewöhnlichen Menschen [sind zwar stumm, aber sie] könnten die Wahrheit niemals ausdrücken. Menschen wie ihr, die ihr in der Welt der Stummen [des Zazen] lebt, sind nicht wirklich stumm: Sie streben nicht danach, Heilige zu werden, und nehmen keine spirituellen Posen ein. Sie erfahren und erforschen bis zum Grund, ihre Münder an die Wand zu hängen[98], und sie erfahren und erforschen bis zum Grund, alle Münder an alle Wände zu hängen. Es ist das Hängen aller Münder an allen Wänden.

»Rechtes Handeln« als ein Glied des achtfachen Pfades ist, Haus und Familie zu verlassen[99], um die Wahrheit zu erlernen, oder in die Berge zu gehen, um seine Erfahrung zu vertiefen. Śākyamuni Buddha sagte: »Die siebenunddreißig Faktoren [des Erwachens] sind das Handeln eines Mönchs.« Das Handeln eines Mönchs ist jenseits von Hīnayāna und Mahāyāna. Es gibt Mönche, die Buddhas sind, Mönche, die Bodhisattvas sind, Mönche, die Śrāvakas sind usw., aber es gibt niemanden, dem das rechte Handeln im Buddha-Dharma übermittelt wurde und der den großen Weg authentisch weitergegeben hätte, der nicht sein Haus und seine Familie verlassen hat. In der Vergangenheit gibt es kein einziges Beispiel dafür, dass männliche oder weibliche Laien[100] die Wahrheit verwirklicht hätten, auch wenn sie den Weg ein wenig erforscht haben. Wenn jemand die Wahrheit wirklich bis zum tiefsten Grund erforscht hat, verlässt er ausnahmslos Haus und Familie. Wie wäre es möglich, dass Menschen, die nicht einmal fähig sind, ihr Haus und ihre Familien zu verlassen, Nachfolger im Rang eines Buddhas werden?

In den letzten zwei- oder dreihundert Jahren haben viele Menschen, die sich selbst als Zen-Priester bezeichnen, behauptet, dass es dasselbe sei, wenn ein Laie[101] oder ein Mönch[102] die Wahrheit erforscht. Aber diejenigen, die so etwas behaupten, gehören zu der Art von Menschen, die Hunde geworden sind, um Ruhm und Ehren[103] der Laien zu genießen. Manchmal sagen sie sogar zu den Königen und Ministern, dass der Geist der Staatsgeschäfte derselbe sei wie der der Buddhas und Vorfahren, und behaupten, dass es keinen anderen Geist gebe als diesen. Die Könige und Minister, die keine Einsicht in die authentische Lehre und den wahren Dharma haben, machen ihnen dann hocherfreut Geschenke wie z. B. die Verleihung von Titeln.[104] Priester, die so sprechen, sind wie Devadatta.[105] Da sie [Ansehen und Titel so leicht] wie andere Tränen oder Speichel bekommen wollen, führen sie solche kindischen und verrückten Reden. Dies ist so bedauerlich, dass man weinen könnte. Diese Priester gehören nicht zur Familie der sieben Buddhas. Sie sind Dämonen und Tiere. Sie sind so, weil sie die Wahrheit niemals mit ihrem Körper und Geist erlernt haben, weil sie [den Weg] nicht erfahren und erforschen, weil sie nicht wissen, dass man Haus und Familie mit dem Körper und dem Geist verlässt. Sie sind so, weil sie die Gesetze der Könige und Minister ignorieren und weil sie die große Wahrheit der Buddhas und Vorfahren noch nicht einmal im Traum gesehen haben.

Der Laie Vimalakīrti[106] begegnete dem Buddha zu seinen Lebzeiten, dennoch gibt es viele Dinge, die er nicht ausdrücken konnte, und nicht wenig, was er versäumt hatte zu lernen. Der Laie Hō-on[107] praktizierte in den Orden unserer Vorfahren, aber es war ihm nicht möglich, den Kern der Lehren von Meister Yakusan zu erfassen, und er konnte Kōzei [Meister Baso Dō-itsu] nicht das Wasser reichen. Obwohl er sich den Ruf erwarb, [die Wahrheit] erfahren und erforscht zu haben, hat er sie in Wirklichkeit nicht erfahren und erforscht. Andere Laien wie Ri Fuma[108] und Yō-Bunkō meinten zwar, dass sie die Zufriedenheit [im Buddha-Dharma] erfahren hätten, aber sie haben niemals einen Milchreiskuchen oder das Bild eines Reiskuchens gekostet. Wie viel weniger noch hätten sie die Suppe und den Reis[109] der Buddhas und Vorfahren kosten können? Sie hatten nicht einmal Ess-Schalen. Es ist bedauerlich, dass ihr ganzes Leben als Hautsäcke unnütz gewesen ist.

Daher möchte ich allen Göttern im Himmel, allen menschlichen Wesen, Drachen-Wesen und Lebewesen in den zehn Richtungen, die Sehnsucht nach dem entfernten Dharma des Tathāgata empfinden, ausdrücklich empfehlen, sogleich ihr Haus und ihre Familien zu verlassen, den Weg zu praktizieren und auf diese Weise Nachfolger im Rang eines Buddhas und im Rang unserer Vorfahren zu werden. Hört nicht auf die unausgegorenen Worte der so genannten »Zen-Meister«. Sie reden so, weil sie weder ihren Körper noch ihren Geist kennen. Anders ausgedrückt, haben sie kein Mitgefühl für die Lebewesen und auch kein Verlangen, den Buddha-Dharma zu bewahren, sondern wollen nur den Ruhm und das Ansehen der Laien genießen. Deshalb sind sie zu einer bösen Horde von Hunden geworden, und solche Hunde mit menschlichen Gesichtern und menschlicher Haut sprechen derartige Worte. Setzt euch nicht zu ihnen und sprecht nicht mit ihnen. Haltet euch nicht dort auf, wo sie leben. Ihre lebenden Körper sind bereits im Zustand der Tiere. Wenn Mönche Ansehen und Titel im Überfluss hätten, dann würden sie sagen, dass Mönche [den Laien] überlegen sind. Weil aber Ansehen und Titel der Mönche diesen Tieren nicht genügen, sprechen sie solche Worte.

In den mehr als fünftausend Sūtren[110] können wir weder einen Beweis noch eine Grundlage finden, welche die Behauptung stützen würde, dass der Geist der Laien und der Geist derjenigen, die Haus und Familie verlassen haben, derselbe sei. Es gibt kein einziges solches Beispiel in mehr als zweitausend Jahren. In fünfzig Generationen und vierzig Zeitaltern[111] der Buddhas und Vorfahren hat niemand so gesprochen. Sogar jemand, der Mönch geworden ist, aber die Gebote nicht kennt oder sie bricht, oder einer, der ohne Lehre und Weisheit lebt, möge Laien übertreffen, welche die Gebote halten und weise sind. Ich sage dies, weil das Handeln eines Mönches die Weisheit, die Verwirklichung, der Weg und die Lehre selbst ist. Ein Laie mag gute Wurzeln haben[112] und Tugenden, die seiner Situation entsprechen, aber er schätzt die guten Wurzeln und Tugenden seines Körpers und seines Geistes gering. Die Lehre [des Buddha] war zu allen

Zeiten, dass es niemals Laien gegeben hat, welche die Wahrheit erlangten. Dies kommt daher, dass das Leben der Laien kein guter Ort für das Erlernen von Buddhas Wahrheit ist, weil das Leben der Laien ihnen viele Hindernisse in den Weg legt. Wenn wir den Körper und Geist der Menschen betrachten, die behaupten, dass der Geist der Staatsgeschäfte und der Geist der Buddhas und Vorfahren derselbe sei, [erkennen wir klar,] dass ihr Körper und Geist nicht der Körper und Geist des Buddha-Dharmas sein kann und dass ihnen Haut, Fleisch, Knochen und Mark der Buddhas und Vorfahren niemals weitergegeben wurde. Es ist bedauerlich, dass sie Tiere geworden sind, obwohl sie dem wahren Buddha-Dharma begegnet sind.

Gerade weil es sich so verhält, verließ Sōkei [Meister Daikan Enō, als er die Wahrheit hörte] sogleich seine Familie und machte sich auf die Suche nach einem Meister. Dies ist das rechte Handeln. Davor lebte er als Holzsammler mit seiner Familie. Aber als er das Diamant-Sūtra hörte, wurde sein Geist von dem wunderbaren Duft des Buddha-Dharmas berührt; er verließ seine Familie und ließ diese schwere Last fallen. Bedenkt, dass es unmöglich ist, das Leben eines Laien zu führen, wenn Körper und Geist im Buddha-Dharma leben. Dies haben alle Buddhas und Vorfahren selbst erfahren. Wir können sagen, dass die Menschen, die behaupten, es sei unnötig, seine Familie zu verlassen, eine Sünde begehen, die schlimmer ist als eine Todsünde, und dass sie sogar schlimmer sind als Devadatta. Da ihr nun erkannt habt, dass die Vergehen dieser Menschen schwerer wiegen als die der Gruppe der sechs Mönche, der sechs Nonnen und der achtzehn Mönche, [die durch ihr schlechtes Verhalten auffielen,] solltet ihr nicht mit solchen Menschen reden. Die Zeit eines Lebens ist zu kurz; verschwendet sie nicht damit, mit Dämonen und Tieren zu sprechen. Überdies ist euer menschlicher Körper Teil des ganzen Universums. Ihr habt ihn empfangen, weil ihr den Buddha-Dharma schon in der Vergangenheit gehört und erkannt habt. Deshalb solltet ihr diesen Körper weder zu einem Dämon machen noch solltet ihr euch mit einem Dämon anfreunden. Ihr solltet niemals die Güte und das Wohlwollen der Buddhas und Vorfahren vergessen und die Tugend und das Verdienst der wunderbaren Dharma-Milch bewahren. Hört also nicht auf das Heulen dieser bösen Hunde, setzt euch nicht mit ihnen zusammen oder esst mit ihnen.

Als [Bodhidharma], unser großer Vorfahre und ewiger Buddha vom Berg Sū, Buddhas Königreich Indien weit hinter sich ließ und sich vom Westen zum entfernten Osten nach China begab, wurde der authentische Dharma der Buddhas und Vorfahren durch ihn weitergegeben. Wenn Bodhidharma nicht sein Haus verlassen und die Wahrheit erlangt hätte, wäre dies niemals möglich gewesen. Bevor unser Vorfahre vom Westen kam, haben die Menschen und himmlischen Wesen in China den authentischen Dharma weder gesehen noch von ihm gehört. Deshalb solltet ihr wissen, dass der wahre Dharma nur deshalb authentisch weitergegeben werden konnte, weil Bodhidharma die Kraft und Tugend hatte, sein Land und sein Haus zu verlassen.

Der große Meister Śākyamuni verzichtete nicht deshalb auf die Thronfolge seines Vaters, weil die Position eines Königs wertlos gewesen wäre, sondern weil er die Nachfolge der höchsten Position antreten wollte, nämlich der eines Buddhas. Die Position eines Buddhas ist die eines Menschen, der sein Haus und seine Familie verlassen hat. Es ist eine Position, vor der sich alle himmlischen und menschlichen Wesen ehrfürchtig verneigen. Sogar die Könige Brahma und Śakra können nicht zu dieser Position aufsteigen. Wie viel weniger ist es möglich für Menschen- oder Drachen-Könige, dahin zu gelangen? Die Position [eines Buddhas] ist die des höchsten, rechten und ausgeglichenen Erwachens. Ein Mensch dieses Erwachens ist fähig, den Dharma zu lehren und die Lebewesen zu befreien, und er ist imstande, Licht und Klarheit zu offenbaren. Alles Handeln auf der Ebene eines Menschen, der Haus und Familie verlassen hat, ist rechtes Handeln, und es ist ein Handeln, das seit Langem von den sieben Buddhas gewünscht und ersehnt wurde. Ein solches Handeln wurde von niemandem anders als nur von einem Buddha zusammen mit einem anderen Buddha vollkommen verwirklicht. Die Menschen, die Haus und Familie noch nicht verlassen haben, sollten sich vor denjenigen verbeugen, die bereits Mönche oder Nonnen geworden sind, und sich ihrer annehmen. Sie sollten ihr Haupt ehrfürchtig vor ihnen zu Boden neigen und ihnen Gaben und Geschenke darbringen und ihren eigenen Körper und ihr eigenes Leben wegwerfen. Śākyamuni Buddha sagte: »Ihr sät einen Buddha, wenn ihr euer Haus und eure Familien verlasst und die Gebote annehmt. Damit seid ihr ein Mensch, der schon Befreiung erlangt hat.« Bedenkt also, dass Befreiung zu erlangen bedeutet, Haus und Familie zu verlassen. Diejenigen, die ihr Haus und ihre Familie noch nicht verlassen haben, leben in einem elenden Zustand, und wir sollten sie bedauern.

Grundsätzlich ist es unmöglich, die Gelegenheiten aufzuzählen, bei denen der Buddha zu seinen Lebzeiten das Verdienst, Mönch zu werden, gelehrt und gepriesen hat; der ehrwürdige Śākyamuni hat dies mit großer Dringlichkeit gelehrt, und alle Buddhas haben den Beweis dafür erbracht. Menschen, die ihr Haus und ihre Familie verlassen haben, um Mönch zu werden, können die Wahrheit erlangen, auch wenn sie die Gebote brechen oder die Praxis vernachlässigen, aber kein Laie kann jemals die Wahrheit erlangen. Wenn die Kaiser sich vor Mönchen niederwerfen, erwidern die Letzteren diese Niederwerfungen nicht. Wenn Götter sich vor Menschen niederwerfen, die ihr Haus verlassen haben, erwidern die Letzteren diese Niederwerfungen nicht. Dies verhält sich so, weil das Verdienst, Mönch zu werden, alles übertrifft. Wenn Mönche die Niederwerfungen [von Göttern] erwidern würden, würden ihre Paläste sofort einstürzen und ihre Klarheit und guten Geschicke zerstört werden, und deshalb gibt es diesen Brauch.

Kurz, seitdem der Buddha-Dharma sich im Osten [China] verbreitet hat und viele Menschen Mönche geworden sind und die Wahrheit erlangt haben, hat nicht ein einziger Laie die Wahrheit verwirklicht. Sobald der Buddha-Dharma Augen und Ohren eines Menschen erreicht hat, wird dieser sich sogleich beeilen, sein Haus zu verlassen und Mönch zu werden. Ihr solltet euch klar darüber sein, dass das Leben eines Laien kein Ort ist, wo sich der Buddha-Dharma aufhält. Diejenigen, die sagen, dass der Körper und Geist der Staatsgeschäfte nichts anderes als der Körper und Geist der Buddhas und Vorfahren ist, haben den Buddha-Dharma niemals gesehen oder von ihm gehört. Sie sind Sünder in der dunkelsten Hölle und unverständige Menschen, die nicht einmal ihre eigenen Worte hören und sehen; sie sind die Feinde der Nation. Der Grund, dass sie sich so verhalten, liegt einfach darin, dass die Kaiser hocherfreut sind, wenn sie hören, dass der Geist der Staatsgeschäfte und der Geist der Buddhas und Vorfahren sich gleichen würden. Die Kaiser sind deshalb hocherfreut, weil der Buddha-Dharma alles übertrifft. Ihr solltet wissen, dass der Buddha-Dharma wirklich das Höchste ist. Es mag vorkommen, dass der Geist beim Erledigen der Staatsgeschäfte derselbe Geist wie der der Buddhas und Vorfahren ist, jedoch in dem seltenen Fall, dass der Körper und Geist der Buddhas und Vorfahren sich im Körper und Geist der Staatsgeschäfte aufhält, kann dies niemals der gewöhnliche Geist der Staatsgeschäfte sein. So genannte »Zen-Meister« und ihresgleichen, die sagen, dass es sich um denselben Geist handle, haben auch nicht die geringste Ahnung davon, was der Geist [im Buddha-Dharma] bedeutet und wie er funktioniert. Wie viel weniger noch könnten sie, nicht einmal im Traum, den Geist der Buddhas und Vorfahren erkennen?

Grundsätzlich empfehle ich daher den Königen Brahma und Śakra, den Königen der Menschen und Drachen, den Königen der Dämonen und allen anderen Königen, sich nicht um die direkten oder indirekten Wirkungen ihres Handelns in den drei Welten[113] zu kümmern, sondern umgehend ihr Haus zu verlassen, Buddhas Gebote anzunehmen und den Weg der Buddhas und Vorfahren zu erlernen und zu praktizieren. Dies wird die Ursache ihrer Buddhaschaft für endlose Weltzeitalter sein.

Könnt ihr nicht erkennen, dass wir Vimalakīrti als Mönch begegnen könnten, und daher einem noch herausragenderen Vimalakīrti, wenn der alte Mann sein Haus verlassen hätte und Mönch geworden wäre? Heute können wir kaum [Mönchen wie] Subhūti, Śāriputra, Mañjuśrī und Maitreya begegnen, aber niemals begegnen wir einem wirklichen [halben] Vimalakīrti. Wie viel weniger noch könnten wir drei, vier oder fünf Vimalakīrtis begegnen? Da es unmöglich ist, den drei, vier oder fünf Vimalakīrtis zu begegnen, können wir auch niemals den Vimalakīrti [als Mönch] erkennen, ihn bewahren und uns auf ihn stützen. Wenn wir uns nicht auf diesen Vimalakīrti [als Mönch] stützen können, dann begegnen wir niemals dem Vimalakīrti als Buddha. Wenn wir Vimalakīrti als Buddha niemals begegnet sind, kann es auch den Vimalakīrti als Mañjuśrī, den Vimalakīrti als Maitreya, den Vimalakīrti als Subhūti und den Vimalakīrti als Śāriputra usw. nicht geben. Wie viel weniger noch könnte es dann den Vimalakīrti geben, der den Bergen, den Flüssen, der Erde, dem Gras, den Ziegeln und den Kieselsteinen gleicht? Wie viel weniger noch könnte es den Vimalakīrti geben, der wie der Wind, der Regen, das Wasser und das Feuer ist und der das Vergangene, Gegenwärtige und Zukünftige verkörpert? Der Grund, warum wir einer solchen Klarheit und Tugend bei Vimalakīrti nicht begegnen können, ist, dass er sein Haus und seine Familie nicht verlassen hat und nicht Mönch geworden ist. Wäre Vimalakīrti Mönch geworden, könnten wir solche Tugenden bei ihm erkennen.

So genannte »Zen-Meister« und ihresgleichen aus der Zeit der Tang- und Song-Dynastien, die der obigen Wahrheit nicht auf den Grund gegangen sind, haben Vimalakīrti ohne Sinn und Verstand zitiert und behauptet, dass Vimalakīrtis Handeln und Reden richtig gewesen sei. Solche Menschen sind zu bedauern, sie kennen [Buddhas] wörtliche Lehre nicht und sie verdrehen den Buddha-Dharma. Hinzu kommt, dass viele von ihnen meinen und auch sagen, dass Vimalakīrtis Worte und Śākyamunis Worte das Gleiche ausdrücken würden. Solche Menschen können weder den Buddha-Dharma noch die Wahrheit unserer Vorfahren und nicht einmal Vimalakīrti erkennen und ermessen. Sie sagen, dass Vimalakīrti die Bodhisattvas durch sein Schweigen gelehrt hätte[114], wie auch der Tathāgata die Menschen durch sein Schweigen unterwies. So etwas zu sagen bedeutet, dass man den Buddha-Dharma nicht kennt und auch nicht fähig ist, den Buddha-Weg zu erlernen. Die Lehrreden des Tathāgata unterscheiden sich zweifellos von denen anderer [Lehrer], und demnach können wir sein Schweigen auch niemals mit dem eines anderen vergleichen. Weil dies so ist, sollte das absolute Schweigen des Tathāgata und das absolute Schweigen des Vimalakīrti niemals verglichen werden. Wenn wir die Fähigkeiten dieser Unverständigen erwägen, die behaupten, dass die Lehrreden des Tathāgata und die des Vimalakīrti sich zwar unterschieden, ihr Schweigen jedoch das Gleiche ausdrücken würde, können wir sagen, dass solche Menschen noch nicht einmal in die Nähe des Buddha gelangt sind. Es ist bedauerlich, dass sie die Formen und Töne [der Wirklichkeit] niemals gesehen und gehört haben. Wie viel weniger noch könnten sie das Licht und die Klarheit jenseits der Formen und Töne erfahren haben? Sie wissen noch nicht einmal, dass sie das Schweigen im Schweigen selbst erlernen müssen, und haben noch nicht einmal gehört, dass es ein solches Schweigen gibt.

Grundsätzlich gibt es zwischen [diesen und jenen] Gruppen Unterschiede in Bezug auf ihr Handeln und ihr Schweigen. Wie wäre es möglich, zu sagen, Śākyamuni und andere Gruppen würden sich gleichen, oder darüber zu diskutieren, dass sie sich nicht gleichen? Solche Reden führen [nur] die Menschen, die das Innerste der Buddhas und Vorfahren niemals erfahren und erlernt haben. Wiederum gibt es verkehrt denkende Menschen, die sagen, dass die Lehre und Handlungen [des Buddha] nur Notbehelfe gewesen seien, während die Stille und sein Schweigen die wahre Wirklichkeit wären. Dies zu sagen, ist ebenfalls nicht der Buddha-Dharma, sondern nur die Spekulation derer, die die Sūtren und Lehren von Brahmadeva, Īśvara[115] und dergleichen gehört haben. Wie könnte der Buddha-Dharma von der Bewegung oder Nicht-Bewegung [des Mundes] abhängen? Ihr solltet sehr gründlich erfahren und erforschen, ob es auf dem Buddha-Weg Bewegung und Stille gibt oder nicht. Berührt ihr die Bewegung und die Stille, oder werdet ihr von der Bewegung und der Stille berührt? Dies solltet ihr sehr gründlich erfahren und erforschen. Ihr heutigen Praktizierenden, die ihr spät angefangen habt, seid nicht träge in euren Untersuchungen!

Wenn wir uns im heutigen großen Königreich der Song umsehen, scheint es, dass die Menschen, die die große Wahrheit der Buddhas und Vorfahren erlernt haben, im Aussterben begriffen sind. Es gibt nicht einmal zwei oder drei, sondern nur solche, die meinen, dass Vimalakīrtis Schweigen richtig gewesen sei, und dass diejenigen, die heute nicht schweigen, [sondern reden,] sich nicht mit Vimalakīrti messen könnten. Solche Menschen gehen nicht den kraftvollen Weg des Buddha-Dharmas. Andere wiederum sagen, dass Vimalakīrtis absolutes Schweigen nichts anderes als das absolute Schweigen des Weltgeehrten gewesen sei, aber solche Menschen sind sich nicht im Klaren über den

Unterschied. Dazu kann man nur sagen, dass die Menschen, die dies glauben und so sprechen, den Buddha-Dharma niemals erfahren und erforscht haben, und dass sie niemals vom Buddha-Dharma gehört oder ihn gesehen haben. Ihr solltet nicht meinen, dass solche Menschen nur deshalb, weil sie im großen Königreich der Song leben, den Buddha-Dharma durchdrungen hätten.

Die folgende Grundwahrheit könnte einfach zu verstehen sein: Das rechte Handeln ist genau das Handeln eines Mönchs. Dies ist jenseits des Verständnisses derer, die die Sūtren und Kommentare lehren. Das Handeln eines Mönchs, das sind die Anstrengungen in der Zazen-Halle, die Niederwerfungen in der Buddha-Halle, das Waschen des Gesichtes usw. Das Handeln eines Mönchs bedeutet, die Hände zusammenzulegen und sich zu verbeugen, Räucherwerk zu verbrennen und heißes Wasser [für den Sangha] zu bereiten. Dies ist das rechte Handeln. Es bedeutet nicht nur, dass man den Schwanz an den Platz des Kopfes setzt[116], sondern dass man den Kopf genau an den Platz setzt, wo er hingehört. Es bedeutet, den Geist an den Platz des Geistes zu setzen, Buddha an den Platz Buddhas und die Wahrheit an den Platz der Wahrheit. Dies ist genau das rechte Handeln als ein Glied des rechten Pfades. Wenn ihr ein falsches Verständnis des Buddha-Dharmas habt, werden euch die Augenbrauen und das Barthaar ausfallen, und eurer Gesicht wird sich plötzlich verfinstern.

»Rechter Lebenswandel« als ein Glied des achtfachen Pfades ist die Reissuppe früh am Morgen und der Reis zu Mittag. Es bedeutet, in einem Kloster zu leben und mit der Seele zu spielen[117] und dies[en Zustand] direkt auf dem runden Holzstuhl[118] zu demonstrieren. Im Orden des alten Jōshū gab es weniger als zwölf Schüler, die den rechten Lebenswandel verwirklicht haben, und im Orden von Yakusan waren es weniger als zehn. Dennoch waren sie das Herzblut des rechten Lebens. Die sieben oder acht Schüler in Fun-yōs[119] Orden waren die starken und beständigen Säulen, auf die sich der rechte Lebenswandel stützt, eben weil sie sich von allen Formen des falschen Lebens entfernt haben.

Śākyamuni Buddha sagte: »Die Śrāvakas sind niemals zum rechten Lebenswandel erwacht.« Daher können die Lehre, die Praxis und die Erfahrung eines Śrāvakas nicht der rechte Lebenswandel sein. Obwohl dies so ist, sagen die unglaubwürdigen Menschen von heute, dass wir nicht zwischen Śrāvakas und Bodhisattvas unterscheiden sollen. Wenn sie also sagen, dass wir dem würdevollen Handeln und den Geboten beider folgen sollen, dann beurteilen sie die Regeln des Handelns und der Gebote des Mahāyāna aus der Sicht des Hīnayāna. Aber Śākyamuni Buddha sagte: »Wenn ein Śrāvaka die Gebote einhält, ist es das gleiche, wie wenn ein Bodhisattva die Gebote verletzt.« Wenn wir daher die Gebote der Bodhisattvas mit denen der Śrāvakas vergleichen, verstoßen die Gebote, die die Śrāvakas glauben einhalten zu müssen, alle gegen die der Bodhisattvas. Das Gleiche kann von anderen buddhistischen Übungen, wie denen des Samādhis und der Weisheit[120], gesagt werden. Obwohl [Gebote] wie »kein Leben zu zerstören« usw. sich für die Śrāvakas und die Bodhisattvas formal ähneln, gibt es zweifellos einen grundsätzlichen Unterschied, der so groß ist und beide so weit voneinander entfernt wie Himmel und Erde. Wie viel weniger könnte der Sinn [der Gebote], die authentisch von einem Buddha zum anderen und von einem Vorfahren zum anderen weitergegeben wurden, dieselben sein wie die der Śrāvakas? Es gibt nicht nur einen rechten, sondern auch einen reinen Lebenswandel. Kurz gesagt könnte es das rechte Leben sein, nichts anderes zu tun als die Buddhas und Vorfahren zu erfahren und zu erforschen. Verlasst euch nicht auf die Sicht und das Verständnis der Lehrer der Sūtren und der Kommentare. Die Śrāvakas sind niemals zum rechten Lebenswandel erwacht – ihr Leben ist nicht das wirkliche.

»Rechte Anstrengung« als ein Glied des achtfachen Pfades ist, aus dem ganzen Körper heraus zu handeln und euer [wahres] menschliches Gesicht aus dem ganzen Körper herauszuschlagen.[121] Eine solche Anstrengung ist [so undenkbar wie] ein, zwei, drei, vier oder fünf Mal mit dem Kopf nach unten um die Buddha-Halle herum zu reiten, sodass neun mal neun [nicht einundachtzig, sondern] zweiundachtzig ergeben. Rechte Anstrengung bedeutet, tausend und zehntausend Mal [die Güte] der anderen zu vergelten; sie bedeutet, die Bilder und Vorstellungen [in eurem Kopf] vertikal und horizontal zu drehen und das Gesicht vertikal und horizontal in alle Richtungen hin zu verändern.[122] Es bedeutet, in den Raum [des Meisters] einzutreten und die [Lehrreden] in der Dharma-Halle zu hören. Es bedeutet, sich im Bōshū-Pavillon, auf dem Gipfel des Useki, vor der Mönchs-Halle und in der Buddha-Halle zu begegnen.[123] Es ist die Begegnung zweier Spiegel, die sich im dritten Spiegel begegnen.[124]

»Rechte Bewusstheit« als ein Glied des achtfachen Pfades ist ein Zustand, in dem ihr euch zu achtzig oder neunzig [Prozent] euer selbst nicht bewusst seid.[125] Wenn ihr lernt, dass das [verstandesmäßige] Wissen[126] sich im Gefolge der Bewusstheit offenbart, bedeutet das, dass ihr euren Vater verlassen habt und von ihm weggelaufen seid.[127] Wenn ihr lernt, dass dieses Wissen sich in der Bewusstheit selbst offenbart, ist dies ein Fehler, der euch bindet. Wenn ihr sagt, rechte Bewusstheit sei, sich überhaupt nichts bewusst zu sein, dann seid ihr Menschen außerhalb des Buddha-Weges. Auch solltet ihr die Seelen und Geister der Erde, des Wassers, des Feuers oder der Luft nicht als die rechte Bewusstheit ansehen. Die auf den Kopf gestellte Sicht des Geistes, des Willens und des Bewusstseins bezeichnen wir ebenfalls nicht als rechte Bewusstheit. Rechte Bewusstheit als ein Glied des achtfachen Pfades ist [nach Bodhidharmas Worten]: »Ihr habt meine Haut, mein Fleisch, meine Knochen und mein Mark erlangt.«[128]

»Rechtes Gleichgewicht«[129] als ein Glied des achtfachen Pfades heißt die Buddhas und Vorfahren und das rechte Gleichgewicht selbst fallen zu lassen. Es gibt andere, die das sehr gut erklären können; es bedeutet, aufzuhören zu denken und zum wirklichen Leben zurückzukehren.[130] Das rechte Gleichgewicht ist eine Uḍumbara-Blume, die in der Schatzkammer des wahren Dharma-Auges gedreht wird, in der Hunderte und Tausende von Mahākāśyapas lächelndem Gesicht erscheinen. Es bedeutet, dieses kraftvolle Handeln sehr lange zu üben und den hölzernen Schöpflöffel zu brechen.[131] Deshalb erwachte [Gautama Buddha] in einer Nacht[132], nachdem er sechs Jahre lang in der Wildnis gesucht hatte.[133] Rechtes Gleichgewicht bedeutet, dass man die Umstände zulassen kann, auch wenn das ewige Feuer am Ende eines Weltzeitalters kommt und die große zehntausendfache Welt in Brand setzt.[134]

Diese siebenunddreißig Faktoren des Erwachens sind nichts anderes als die Augen und die Nasenlöcher der Buddhas und Vorfahren. Sie sind ihre Haut, ihr Fleisch, ihre Knochen, ihr Mark, ihre Hände, ihre Füße und ihr Gesicht. Durch diese siebenunddreißig Faktoren habt ihr jetzt den ganzen Menschen unseres Vorfahren, des Buddha, erlernt und erfahren. Gleichzeitig sind diese Faktoren die Verwirklichung der eintausenddreihundertneunundsechzig[135] Universen, von denen jedes ein Faktor des Erwachens ist. Ihr solltet sie wegsitzen und euch von ihnen befreien.

Shōbōgenzō Sanjūshichibon bodai bunpō

Dargelegt vor einer Versammlung im Kloster Kippō in Etsu-u[136] am vierundzwanzigsten Tag des zweiten Mondmonats im zweiten Jahr der Ära Kangen [1244].

# Anmerkungen

1 Das Zählsuffix *-bon* 品 hat hier keine eigene Bedeutung, sondern bezeichnet lediglich die Art der gezählten Dinge.

2 *Kōan* 公案. Siehe Kap. 3, *Genjō kōan.*

3 *Sanjūshichibon bodai bunpō* 三十七品菩提分法, aus dem Sanskrit *saptatriṃśad-bodhipakṣa-dharma.* Die ursprüngliche Bedeutung von *pakṣa* ist »Flügel«, »Seite« oder »Flanke«. *Bodhipakṣa-dharma* bedeutet also »Dinge oder Faktoren, die die Flügel zum Erwachen sind«.

4 Möglicherweise spricht Meister Dōgen hier die Ebenen oder Stadien auf dem Weg des Śrāvakas, Pratyekabuddhas, Bodhisattvas usw. an.

5 *Shi-nenjū* 四念住, wörtl. »die vier Wohnstätten der Bewusstheit«. Im Theravāda werden sie im Allgemeinen als »die vier Grundlagen der Achtsamkeit« übersetzt, in Sanskrit sind dies: 1. *kāya-smṛtyupasthāna,* »der Körper als ein Bereich der Bewusstheit«, 2. *vedanā-smṛtyupasthāna,* »die Gefühle als ein Bereich der Bewusstheit«, 3. *citta-smṛtyupasthāna,* »der Geist als ein Bereich der Bewusstheit« und 4. *dharma-smṛtyupasthāna,* »die Dharmas als ein Bereich der Bewusstheit«.

Im Urtext gibt es eine klein gedruckte Anmerkung, die möglicherweise von Meister Dōgen oder auch von einem späteren Herausgeber hinzugefügt wurde, dass die vier Bereiche der Bewusstheit auch *shi-nenjō* 四念処, wörtl. »die vier Orte der Bewusstheit« genannt werden. Sanskr. *smṛti* (jap. *nen* 念) bedeutet »Bewusstsein«, »Gewahrsein« oder »Geistesgegenwart«.

6 *Kan* 観 bedeutet »nach innen blicken und sehen« oder »intuitiv gewahr sein«. Der Ausdruck enthält sowohl intuitive als auch rationale Elemente der Bewusstheit im Zustand des Gleichgewichts.

7 *Shinjitsutai* 真実体. Meister Chōsa Keishin sagte: *Jin juppō kai shinjitsu nintai* 尽十方界真実人体, *»Das ganze Universum in den zehn Richtungen ist der wahre Körper des Menschen.«* Siehe Kap. 50, *Shohō jissō.*

8 »Unmittelbar in die Welt des Handelns hineinzuspringen« beschreibt die körperliche Erfahrung des Sichvergessens und Einswerdens mit der Gegenwart. Es bedeutet nicht »Achtsamkeit« im Sinn zielgerichteten Beobachtens. In den folgenden Sätzen beschreibt Meister Dōgen die Ambivalenz unserer täglichen Handlungen, die uns manchmal bewusst und manchmal nicht bewusst ist.

9 *Kongōjō* 金剛定, wörtl. »Diamant-Gleichgewicht«, sanskr. *vajra-samādhi,* ist der Samādhi, der fest und unerschütterlich ist.

10 *Shuryō gonjō* 首楞厳定 ist das Gleichgewicht oder der Samādhi der Kraft und Lebensenergie.

11 *Fujō* 不淨, »nicht rein«, drückt hier die lebendige Wirklichkeit jenseits der Begriffe »rein« und »unrein« aus.

12 *Sui daku chi u gyō* 水濁知有魚. Ein Fisch kann nur im trüben Wasser leben, denn das Essbare, das den Fisch am Leben hält, macht das Wasser trüb. Das Trübe des Wassers steht hier als Metapher für die menschlichen Schwächen und Illusionen, die wir benutzen bzw. brauchen, um zu erwachen. Ohne Illusion kein Erwachen.

13 *Jōshō gesa* 孃生袈裟, »das Kesa aus der Mutter geboren«, bezieht sich auf eine Legende, nach der Meister Śāṇavāsa, der dritte Vorfahre in Indien, seit seiner Geburt ein Gewand

hatte. Es war ein gewöhnliches Kleidungsstück, solange er Laie war, und verwandelte sich in ein Kesa, als er Mönch wurde. Siehe Kap. 12, *Kesa kudoku.*

14 Das Schriftzeichen *nigai* 苦, »bitter«, wird auch *ku*, »leidhaft«, ausgesprochen.

15 *Ichijō no jinzū* 一上の神通, »eine übernatürliche Kraft, die noch eine Stufe darüber steht«, beschreibt das intuitive Gewahrsein der beiden Schüler von Meister Isan Reiyū, die in Kap. 25, *Jinzū*, beschrieben werden.

16 Dies sind die Worte von Meister Kyōsei Dōfu, zitiert im *Rentō eyō*, Kap. 24.

17 Sōkei [Meister Daikan Enō vom Berg Sōkei] sagte: »Die Buddha-Natur dauert nicht an. Nur der [denkende] Geist, der alle Dinge und Phänomene in gut und schlecht unterteilt, dauert an.« Siehe Kap. 22, *Busshō.*

18 Dies ist ein Zitat aus dem *Shōdōka* von Meister Yōka Genkaku.

19 Weil der Geist und das ihm innewohnende Gewahrsein nicht getrennt werden können.

20 *Shiku* 四句, die vier Zeilen eines buddhistischen Gedichtes, sanskr. *gāthā.*

21 *Hyappi* 百非 sind die hundert Negierungen der buddhistischen Philosophie.

22 *Muga* 無我, wörtl. »ohne Ich«, weil alle Dinge und Phänomene in einem Augenblick entstehen und gleich wieder vergehen, also keinen festen und beständigen Wesenskern haben können. Die Ichlosigkeit aller Wesen und Dinge im Universum ist die Grundlage der Buddha-Lehre.

23 Dies bezieht sich auf Meister Jōshūs zwei Antworten, als er gefragt wurde: »Hat ein Hund die Buddha-Natur oder nicht?« Einmal antwortete er mit *mu* 無, »nein, er hat nichts dergleichen«, und das zweite Mal antwortete er mit *u* 有, »ja, er hat sie«. Siehe Kap. 22, *Busshō.*

24 *Issai shujō mu busshō* 一切衆生無仏性, »alle Lebewesen sind ohne Buddha-Natur«. Dies sind die Worte von Meister Isan Reiyū, die Meister Dōgen in Kap. 22, *Busshō*, sehr eingehend kommentiert.

25 Jeder Augenblick der Buddha-Natur ist nichts anderes als ein Augenblick der Buddha-Natur. Er hat nichts mit den Lebewesen zu tun.

26 *Tōkaku* 等覚, »das ausgeglichene Erwachen«, ist die einundfünfzigste Stufe der zweiundfünfzig Stufen, die ein Bodhisattva durchlaufen muss, um ein Buddha zu werden.

27 *Myōkaku* 妙覚, »das wunderbare Erwachen«, ist die zweiundfünfzigste und letzte Stufe eines Bodhisattvas auf dem Weg zur Buddhaschaft.

28 *Shishōdan* 四正断, »die vier Arten rechter Durchtrennung«, sanskr. *catvāri samyakprahāṇaṇi*, auch die »vier Arten rechten Bemühens«, *shishōgon* 四正勤 genannt. Sanskr. *samyak* bedeutet »recht«, »wahr« oder »korrekt«, und *prahāṇa* »sich zügeln« oder »sich anstrengen«.

29 *Danmetsuken* 断滅見, wörtl. »die Sicht der Vernichtung«, sanskr. *uccheda-dṛṣṭi*, das die Sichtweise des materialistischen Determinismus wiedergibt, die die Ursache und Wirkung des Rechten und Unrechten in der Zukunft negiert. Siehe auch Kap. 89, *Shinjin inga.*

30 Wörtl. »wird auch ›nur ein Buddha zusammen mit einem Buddha‹ verworren«.

31 *Fushō* 不生, »Nicht-Entstehen«, beschreibt einen Zustand im gegenwärtigen Augenblick. Der Ausdruck »gestern eine allgemeine Regel lehren und heute die Ausnahme zur allgemeinen Regel lehren« findet sich auch in Kap. 4, *Ikka no myōju.*

32 Das Geschehene ist einfach das, was geschehen ist.

33 Devadatta war ein Vetter des Buddha. Es heißt, dass er in die Hölle gefahren ist, weil er die fünf schwersten Sünden begangen hatte. In Kap. 12 des Lotos-Sūtras sagt der Buddha über Devadatta: »Auch Devadatta wird nach unendlich langen Zeitaltern ein Buddha werden.«

34 »In den Schoß eines Esels hineinschlüpfen« ist eine Metapher für das Tun und Handeln im Alltag.

35 *Metsu* 滅 bedeutet »Auslöschen« oder »Vernichten«, was manchmal ein Synonym für das Nirvāṇa ist. In der Sicht des Mahāyāna sind das tägliche Leben (Saṃsāra) und Nirvāṇa ein und dasselbe.

36 Meister Baso Dō-itsu beschrieb seine Zufriedenheit mit dem Klosterleben mit den Worten: »In den dreißig Jahren, die meiner Verwirrung folgten, hat es mir niemals an Salz oder an Essig gemangelt.« Siehe *Keitoku dentō roku*, Kap. 9.

37 *Keishinshaku heichō* 谿深杓柄長. Die Geschichte des Hüttenmeisters ist im *Shinji shōbōgenzō*, Buch 2, Nr. 83, aufgezeichnet. Der Stiel seiner Kelle musste lang sein, um bis zum Wasser der tiefen Schlucht zu reichen. Das Rechte muss schon da sein, damit man es vermehren kann.

38 *Shi-i ushō irai* 只為有所以来. Dies sind Meister Yakusan Igens Worte, die in Kap. 14 des *Keitoku dentō roku* aufgezeichnet sind. Meister Yakusan will mit diesen Worten sagen, dass Meister Bodhidharma keine neue Religion nach China brachte. Er lehrte seinen chinesischen Schülern, dass der Dharma bzw. das Rechte bereits da ist.

39 *Shijinsoku* 四神足, wörtl. »die vier Füße des Übernatürlichen«, sanskr. *catur-ṛiddhi-pāda*, sind vier innere Fähigkeiten, die die Grundlage zur Bildung so genannter übernatürlicher Kräfte sind. Meister Dōgen behandelt dieses Thema in Kap. 25, *Jinzū*, und in Kap. 80, *Tashintsū*. Im Sanskrit sind sie 1. *chanda*, 2. *citta*, 3. *vīrya* und 4. *mīmāṃsā*. Sanskr. *ṛiddhi* bedeutet »übernatürliche Kraft« und *pāda* »Fuß«.

40 *Tōsuikai* 図睡快. Dies sind Meister Sekitō Kisens Worte: »Wenn ich mit dem Essen fertig bin, freue ich mich auf ein ruhiges Schläfchen.« Meister Dōgen zitiert sie in Kap. 64, *Kajō*.

41 *Inga raiji* 因我礼儞 kommt aus einem Gedicht von Meister Tendō Nyojō: *»Es ist [Buddhas] goldene und wunderbare Form, sich anzuziehen und die Mahlzeiten zu essen. Deshalb verneige ich mich vor euch.«* Siehe ebenfalls Kap. 64, *Kajō*.

42 Dies bezieht sich auf Meister Wanshi Shōkakus Gedicht, das Meister Dōgen in Kap. 27, *Zazenshin*, kommentiert. Sich für den Dharma zu entscheiden, ist nicht vergleichbar mit gewöhnlicher Willensstärke.

43 In Kap. 44, *Kobusshin*, fragt ein Mönch den Landesmeister Nan-yō Echū: »Was ist der Geist der ewigen Buddhas?« Der Meister antwortete: *»Die Zäune, Mauern, Ziegel und Kieselsteine.«* »Der Geist« bedeutet hier das natürliche Bewusstsein oder den universellen Geist, der mit allen konkreten Dingen und geistigen Phänomenen dieser Welt identisch ist.

44 Der Stuhl des Meisters, der für die buddhistischen Zeremonien, wie z. B. für die Ordination verwendet wird, hat eine purpurrote Farbe.

45 *Shin* oder *susu[mu]* 進, wörtl. »Vorwärtsschreiten« oder »einen Schritt vorwärts machen«. Hier steht es für *shōjin* 精, sanskr. *vīrya*, die »Energie«, die der unermüdlichen Anstrengung zugrunde liegt.

46 Dies ist eine sehr berühmte Redewendung im chinesischen Zen, deren Quelle aber unbekannt ist.

47 Dies ist Meister Dōgens Variante eines Kōan zwischen Meister Rinzai Gigen und Meister Chinshū Fuke. Als Rinzai ihm eine philosophische Frage stellte, stieß Fuke den Esstisch mitsamt den Speisen um. Rinzai sagte: *»Was für ein grober Mensch!«* Fuke entgegnete: *»Das nicht Erfassbare existiert an diesem Ort hier. Bezeichne es als grob oder fein, wie du willst.«* Siehe *Shinji shōbōgenzō*, Buch 1, Nr. 96, sowie Kap. 22, *Busshō*, und Kap. 56, *Senmen*.

48 *Shi-i* 思惟. *Shi* 思 bedeutet »denken« und *i* 惟 »erwägen«, »überlegen« oder »genau prüfen«.

49 *Gōshiki* 業識, »das karmische Bewusstsein«, ist das Bewusstsein, das vom Karma, das heißt, von den Handlungen der Vergangenheit bestimmt ist. Hier bedeutet es das Bewusstsein im gegenwärtigen Augenblick.

50 Meister Isan Reiyū sagte: »Wenn alle Lebewesen nur ein Bewusstsein haben, das von ihren vergangenen Handlungen (Karma) bestimmt ist, also unübersehbar und ohne Basis, um sich darauf zu stützen ...« Siehe *Shinji shōbōgenzō*, Buch 2, Nr. 30.

51 *Nyo-i* 如意 ist ein kurzer gebogener Holzstab, der von einem buddhistischen Meister benutzt wird. *Nyo* 如 bedeutet »so, wie es ist« und *i* 意 »Wunsch«, »Wille«, »Sinn« oder »Absicht«. Der Stab symbolisiert ein Leben, das dem Willen oder Wunsch des Meisters entspricht.

52 *Gokon* 五根, wörtl. »die fünf Wurzeln«, sanskr. *pañcendriyāṇi*. Dies sind fünf innere Kräfte oder Fähigkeiten, die die Grundlage der nachfolgenden fünf Kräfte (*goriki* 五力) bilden, in Sanskrit: 1. *śraddhendriya*, 2. *vīryendriya*, 3. *smṛtindriya*, 4. *samādhindriya*, 5. *prajñendriya*. Sanskr. *indriya* bedeutet »innere Kraft« oder »Fähigkeit«.

53 Das *Sandōkai* von Meister Sekitō Kisen beginnt mit den Worten: *»Der Geist des großen Weisen aus Indien wurde direkt von Westen nach Osten weitergegeben.«*

54 Dies ist ein Zitat aus dem *Daichido ron*, einer chinesischen Übersetzung des *Mahāprajñā-pāramitopadeśa*.

55 *Shikantaza* 只管打坐 im Text.

56 »Fleißig bei der Arbeit sein« und »jemand sein, der nicht fleißig ist« bezieht sich auf einen Dialog zwischen Meister Ungan Donjō und Meister Dōgo. Siehe *Shinji shōbōgenzō*, Buch 1, Nr. 83.

57 Dies ist Meister Dōgens eigene Variante des obigen Kōan.

58 Lotos-Sūtra, Kap. 9, »Die Bestätigung für die lernenden und nicht mehr lernenden Menschen«. Vgl. Borsig, S. 206.

59 Nach Meister Dōgen ist die unermüdliche Hingabe an das »Nur Sitzen« identisch mit dem Erwachen.

60 *Nenkon* 念根, wörtl. »Bewusstheit« als eine Wurzel. *Nen* 念 bedeutet wörtl. »Bewusstheit« oder »Gewahrsein«. Das heißt, ein Zustand natürlicher Bewusstheit, in dem wir wach und offen für das Gegenwärtige sind. Bewusstheit bedeutet beim Zazen, ungeteilt DA zu sein.

61 *Koboku no shakunikudan* 枯木の赤肉団, wörtl. »Eine Ansammlung roten Fleisches, die wie ein kahler Baum ist«. *Koboku* 枯木 bedeutet »kahler Baum« und beschreibt einen Menschen beim Zazen. Deshalb wird die Zazen-Halle in einem Kloster manchmal als »Halle der kahlen Bäume« bezeichnet. Siehe Kap. 65, *Ryūgin*.

62 *Ushin* 有身, wörtl. »den Körper besitzen« oder »im Körper sein«.

63 *Mushin* 無心, wörtl. »Nicht-Geist« oder »Nicht-Selbst-Bewusstheit«.

64 *Ushin no nen* 有心の念, wörtl. »eine Bewusstheit, in der es Geist gibt«.

65 *Mushin no nen* 無身の念, »eine Bewusstheit, in der es keinen Körper gibt«.

66 *Jōkon* 定根, »Gleichgewicht als eine Wurzel«. *Jō* 定, »Gleichgewicht«, wird oft mit »Samādhi« übersetzt, was »fest zusammengefügt sein« bedeutet und die Einheit von Körper und Geist beschreibt.

67 *Fumai inga* 不昧因果, »sich im Klaren über Ursache und Wirkung sein«, und *Furaku inga* 不昧因果, »Ursache und Wirkung nicht anheimfallen«, sind zwei Aussagen zum Gesetz von Ursache und Wirkung, die sich scheinbar widersprechen. Meister Dōgen kommentiert sie eingehend in den Kapiteln 76, *Dai shugyō*, und 89, *Shinjin inga*.

68 In den Schoß eines Esels oder eines Pferdes hineinzuschlüpfen bedeutet, dass wir als Menschen in dieser Welt handeln und leben müssen.

69 Meister Nansen Fugan sagte: »*Ich weiß nicht, ob die Buddhas der Vergangenheit, Gegenwart und Zukunft existieren oder nicht. Aber ich weiß, dass es Katzen und weiße Ochsen gibt.*« Im *Kenzei ki* (»Die Aufzeichnungen von Kenzei«), einer Biografie von Meister Dōgen, die der dreizehnte Abt von Eihei-ji schrieb, sagte Meister Eisai diese Worte zu Meister Dōgen, als dieser in jungen Jahren Zweifel bezüglich der Buddha-Natur befielen.

70 Dies ist Meister Dōgens Variante der Geschichte von einem Esel, der in einen Brunnen hinabblickt und dem Brunnen, der zu dem Esel hinaufschaut. Siehe *Shinji shōbōgenzō*, Buch 2, Nr. 25.

71 *Goriki* 五力, »die fünf Kräfte«, sanskr. *pañca-balāni*. Dies sind fünf starke innere Kräfte, die aus den fünf vorher zitierten gleichen Wurzeln hervorgehen. In Sanskrit sind diese: 1. *śraddha-bala*, 2. *vīrya-bala*, 3. *smṛti-bala*, 4. *samādhi-bala*, und 5. *prajñā-bala*. Sanskr. *bala* bedeutet »Kraft« oder »Macht«.

72 Wörtl. »von der Geburt bis zum Tod ist es nur dies!« Siehe *Shinji shōbōgenzō*, Buch 1, Nr. 4. Siehe dort auch Buch 3, Nr. 100. Eine einfache Handlung wie den Kopf zu wenden, wenn uns jemand beim Namen ruft, ist natürlich und wirklich, während die Gedanken in unserem Gehirn meistens nur Bilder sind, die der Verstand erzeugt.

73 Dies sind die Worte von Meister Tōzan, aufgezeichnet im *Shinji shōbōgenzō*, Buch 1, Nr. 77. Sie bedeuten, dass Erklärungen des Buddha-Dharmas nicht glaubhaft sind, wenn sie nicht durch die Praxis untermauert sind.

74 *Riki-ri toku-ri* 力裏得力. *Riki* (oder *chikara*) 力 bedeutet »Kraft« oder »Bemühung«.

75 Dies bezieht sich auf eine Geschichte, in der Meister Shakkyō Ezō den Meister Seidō Chizō an der Nase zieht, um ihm Sinn und Bedeutung des leeren Raumes zu demonstrieren. Sie ist im *Shinji shōbōgenzō*, Buch 3, Nr. 49, aufgezeichnet, und Meister Dōgen erläutert sie eingehend in Kap. 77, *Kokū*.

76 *Hōgyoku ingyoku* 抛玉引玉, wörtl. »ein Juwel wegwerfen und es wieder zurückbekommen«. Dies ist Meister Dōgens Variante des Ausdrucks *hōsen ingyoku* 抛甎引玉, »einen Ziegel wegwerfen und ein Juwel zurückbekommen«, der im *Keitoku dentō roku*, Kap. 10, steht. Siehe Kap. 27, *Zazenshin*. »Bewusstheit« heißt für Meister Dōgen, völlig in der Gegenwart zu sein. Das heißt, blitzschnell und ohne zu überlegen Dinge und Situationen so sehen, wie sie wirklich sind, ein Juwel als ein Juwel und einen Ziegel als einen Ziegel.

77 *Shichi tōkakushi* 七等覚支, wörtl. »die sieben Glieder des ausgeglichenen Erwachens«, manchmal auch kurz *shichi-kakushi* 七覚支, »die sieben Erleuchtungsglieder« genannt, aus dem Sanskrit *sapta bodhyaṅgāni*. In Sanskrit sind dies: 1. *dharmapravicaya-saṃbodhyaṅga*, 2. *vīrya-saṃbodhyaṅga*, 3. *prīti-saṃbodhyaṅga*, 4. *praśrabdhi-saṃbodhyaṅga*, 5. *upekṣā-saṃbodhyaṅga*, 6. *samādhi-saṃbodhyaṅga* und 7. *smṛti-saṃbodhyaṅga*.

78 *Takuhō* 択法, wörtl. »den Dharma wählen«. Dharma ist hier gleichbedeutend mit Buddhas Lehre. Das heißt, wir sollten fähig sein, das Wahre vom Falschen zu unterscheiden, Buddhas Lehre zu beurteilen und uns dafür zu entscheiden.

79 Dies ist ein Zitat aus dem *Shinjinmei* (»Die Meißelschrift vom Glaubensgeist«) von Meister Kanchi Sōsan.

80 Im *Shinjinmei* heißt es: »*Shidō munan, yuiken kenjaku* 至道無難、唯嫌揀択。 – *Der höchste Weg ist nicht schwer, wenn du nur aufhörst zu wählen.*« Meister Dōgens Variante ist: »*Shidō funan-i, yui yōji kenjaku* 至道不難易、唯要自揀。 – Zur Wahrheit zu gelangen ist weder leicht noch schwer. Ihr müsst nur selbst entscheiden.«

81 Dies bezieht sich auf Meister Gensas Worte: »*Es ist verboten, einen Straßenmarkt zu plündern.*« Siehe *Shinji shōbōgenzō*, Buch 1, Nr. 38. Hier könnte der Ausdruck bedeuten,

dass man etwas bekommen will, ohne sich anzustrengen.

82 Meister Chōkei Eryō fragte Meister Reiun Shigon: »*Was ist der große Sinn des Buddha-Dharmas?*« Meister Reiun antwortete: »*Die Eselgeschäfte sind noch nicht erledigt und schon kommen die Pferdegeschäfte herein.*« Der Satz veranschaulicht die endlosen Anstrengungen im Alltag. Siehe *Shinji shōbōgenzō*, Buch 2, Nr. 56.

83 *Dai-hi* 大悲, »das große Mitgefühl«, sanskr. *mahākaruṇā*, ist ein anderer Name für den Bodhisattva Avalokiteśvara. Siehe Kap. 36, *Kannon*.

84 *Rō* 臘 ist der zwölfte Mondmonat, der im alten chinesischen Kalender der kälteste Monat war. Heute blühen die Pflaumenblüten zu Anfang des Monats Februar, der im heutigen Kalender der kälteste Monat ist.

85 *Jō* oder *nozo[ku]* 除 bedeutet »beseitigen« oder »entfernen«. Hier steht *jō* 除 für sanskr. *praśrabdhi* (Pāli: *passaddhi*), »Gestilltheit«, »Gemütsruhe« oder »Geistesruhe«.

86 Wohl ein Mensch, der sich nicht mit der Vorstellung identifiziert, die er von sich selbst und von den anderen hat. Ein unabhängiger Mensch, der weiß, von sich selbst und anderen Abstand zu nehmen.

87 *Sha* (oder *suteru*) 捨, wörtl. »Aufgeben«, »verzichten«, sanskr. *upekha*. Für Meister Dōgen ist Gleichmut oder »an nichts haften« identisch mit einer normalen und natürlichen Situation. Man nimmt die Dinge so an, wie sie sind, ohne anzuhaften oder zu bewerten.

88 Aus einem Vers von Meister Tōzan Ryōkai, aufgezeichnet im *Rentō eyō*, Kap. 30.

89 *Kisen no gen* 機先の眼, »das Auge vor dem Augenblick«. Durch das Gleichgewicht und die Stabilisierung der Bewusstseinskräfte beim Samādhi ist es möglich, eine Situation intuitiv und blitzschnell zu erfassen.

90 Dies bezieht sich auf die Worte von Meister Enchi Dai-an. Siehe Kap. 64, *Kajō*.

91 *Hasshō dōshi* 八正道支 oder *hasshōdō* 八聖道, wörtl. »die acht Glieder des rechten Pfades« oder »der achtfache edle Pfad«, in Sanskrit *āryāṣtānga-mārga*. Dies ist der achtfache edle Pfad, den der Buddha in seiner ersten Lehrrede nach seiner Verwirklichung der Wahrheit dargelegt hat. In Sanskrit besteht er aus 1. *samyag-dṛṣti*, 2. *samyag-saṃkalpa*, 3. *samyag-vāc*, 4. *samyak-karmānta*, 5. *samyag-ājīva*, 6. *samyag-vyāyāma*, 7. *samyak-smṛti* und 8. *samyak-samādhi*.

92 Die rechte Sicht ist eine nicht-dualistische Sichtweise, bei der Subjekt und Objekt, Körper und Wahrnehmung, eine Einheit bilden. Eine solche Sicht wird in Kap. 63, *Ganzei*, beschrieben.

93 *Shinsen [no] gen* 身先眼, »das Auge, das dem Körper vorangeht«, deutet auf die Fähigkeit hin, unser körperliches Handeln auf natürliche Weise zu harmonisieren, schon bevor wir uns unseres Handelns bewusst sind.

94 *Shōshi-i* 正思惟. *Shi* (oder *omou*) 思 umfasst ein breites Spektrum geistiger Aktivitäten, das viel weiter reicht als das deutsche Wort »denken«. Rechtes Denken ist für Meister Dōgen »*hi-shiryō* 非思量«, das heißt, ein Denken, das »jenseits des Denkens« ist.

95 *Saze shi-i* 作是思惟 oder in der japanischen Leseart *kono shi-i o nasu* bedeutet wörtl. »diesen Gedanken haben«. Meister Dōgen verwendet den Begriff *sa* (oder *nasu*) 作 hier, um darauf hinzuweisen, dass das rechte Denken aus der Zazen-Praxis hervorgeht und dass dieses Denken der Maßstab sein sollte.

96 Vārāṇasī ist einer der Orte, wo der Buddha seine Lehrreden hielt.

97 *Hi-shiryō* 非思量. Dies sind die berühmten Worte von Meister Yakusan Igen, die Meister Dōgen in Kap. 27, *Zazenshin*, eingehend kommentiert.

98 »Den Mund an die Wand hängen« ist eine Metapher für die Praxis des Zazen.

99 *Shukke* 出家, wörtl. »das Haus« oder »die Familie verlassen«, um Mönch oder Nonne zu werden. Das Wort »Mönch« umfasst hier sowohl Männer als auch Frauen. Siehe

auch Kap. 83, *Shukke*, und Kap. 86, *Shukke kudoku*.

100 *Gonji nannyo* 近事男女 ist die Wiedergabe von sanskr. *upāsaka* (männlicher Laie) und *upāsikā* (weiblicher Laie). Die ursprüngliche Bedeutung von *upāsaka* ist »Diener« oder »Anhänger«.

101 *Zaike* 在家, wörtl. »ein im Haus oder in der Familie Verweilender«.

102 *Shukke* 出家, »einer, der das Haus verlassen hat« oder »ein Mönch«.

103 *Shi-nyō o onjiki* 屎尿を飲食, wörtl. »Schmutz und Urin essen und trinken«, bedeutet, Ruhm und Ehre der Laien zu genießen, die nicht zu einem Leben als Mönch oder Nonne gehören.

104 Zum Beispiel »Zen-Meister Soundso« oder »Großer Meister Soundso«.

105 Devadatta war ein Vetter des Buddha, der acht Jahre vor Buddhas Tod versuchte, Oberhaupt des Ordens zu werden, und den Buddha zu ermorden plante.

106 *Yuima koji* 維摩居士. *Yuima* 維摩 ist das sino-japanische Äquivalent für Vimalakīrti, einen der bekanntesten Laienschüler des Buddha. Er ist die Hauptfigur des *Vimalakīrti-nirdeśa-sūtra. Koji* 居士 bedeutet wörtl. »Haushalter«. Damit wurde in China ein gelehrter und tugendhafter Mensch beschrieben, der nicht im Dienst der Regierung stand. Der Ausdruck wurde auch für die Laienschüler des Buddha verwendet. Der Betonung der Gleichwertigkeit des Lebens als Laienanhänger und als Mönch verdankt dieses Sūtra seine Popularität, besonders im chinesischen und japanischen Zen.

107 Der Laie Hō-on (starb 808) praktizierte zuerst im Orden von Meister Sekitō Kisen und wurde letztlich der Dharma-Nachfolger von Meister Baso Dō-itsu. Er wird in Kap. 25, *Jinzū*, erwähnt. Siehe auch *Shinji shōbōgenzō*, Buch 1, Nr. 5, 88 und 99.

108 Ri Fuma (starb 1038) praktizierte zuerst im Orden von Meister Koku-on Unsō, dessen Nachfolger er wurde. Später stand er in enger Verbindung zu Meister Jimyō So-en. Er gab das *Tenshō kōtō roku* heraus, eine Fortsetzung des *Keitoku dentō roku*.

109 Das Frühstück und das Mittagessen bestand in den chinesischen Klöstern der damaligen Zeit aus Suppe und Reis.

110 *Gosen-yo jiku* 五千余軸, wörtl. »fünftausend und mehr Schriftrollen«, beschreibt den ganzen Schatz der Sūtren. Im *Kaigen shakkyō roku*, das 730 von dem Mönch Chishō (658–740) zusammengestellt wurde, werden 5048 buddhistische Sūtren aufgelistet.

111 »Fünfzig Generationen« bezieht sich auf fünfzig Generationen von Meistern, angefangen von Meister Mahākāśyapa bis Meister Tendō Nyojō. »Die vierzig Zeitalter« bezieht sich auf die Zeitalter der sieben Buddhas und der dreiunddreißig Vorfahren, angefangen von Meister Mahākāśyapa bis zu Meister Daikan Enō.

112 *Zenkon* 善根, »die Wurzeln des Guten«, steht für sanskr. *kuśala-mūla*, »rechtes Handeln als die Wurzel eines guten Lebens«.

113 Die drei Welten des Begehrens, der Form und der Nicht-Form werden in Kap. 47, *Sangai Yuishin*, eingehend behandelt.

114 Im Vimalakīrti-Sūtra ist aufgezeichnet, wie Vimalakīrti den Bodhisattvas durch sein Schweigen die Nicht-Dualität der Wirklichkeit erklärt.

115 *Jisaiten* 自在天, »der Gott der Freiheit« oder »der Allmächtige«, ist die Wiedergabe von sanskr. *Īśvara*, im Hindu-Kanon ein Beiname von Śiva, dem Gott der Zerstörung und Regeneration.

116 *Itō kanbi* 以頭換尾, »den Schwanz mit dem Kopf vertauschen«, bedeutet hier, dass jemand aus der Welt der Gedanken in die Welt des praktischen Tuns zurückkommt.

117 *Rōzeikon* 弄精魂, »mit der Seele spielen« oder »die Seele spielen lassen«, ist ein Ausdruck, der im *Shōbōgenzō* oft in Verbindung mit Zazen verwendet wird. In Kap. 68, *Udonge*, sagt Meister Dōgen: »*Mit der Seele zu spielen bedeutet, einfach zu sitzen und*

*Körper und Geist fallen zu lassen. Ein Buddha und ein Vorfahre zu werden wird auch ›das Spielen mit der Seele‹ genannt. Sich anzuziehen und zu essen, wird ›das Spielen mit der Seele‹ genannt. Das Spielen mit der Seele ist zweifellos der höchste Maßstab der Buddhas und Vorfahren.«*

118 *Kyoku bokuza* 曲木座, »der runde Holzstuhl«, ist im Kloster der Stuhl für die formellen Darlegungen.

119 Meister Fun-yō Zenshō (947–1024), ein Nachfolger von Meister Sūzan Shōnen und der Nachkomme von Meister Rinzai in der vierten Generation.

120 Dies bezieht sich hier auf »die drei Übungen« (*sangaku* 三学, sanskr. *tisraḥ śikṣāḥ*): 1. die Gebote (*śīla*), 2. das Gleichgewicht beim Samādhi und 3. die Weisheit (*prajñā*).

121 Die rechte Anstrengung bedeutet, uns durch die körperliche Schulung zu einem wahren Menschen zu machen. Meister Tendō Nyojō benutzte ein ähnliches Bild in Kap. 63, *Ganzei*, als er sagte: »Ich löffle Bodhidharmas Auge aus, knete mir einen Schlammball daraus und schlage die Menschen damit.«

122 Diese Sätze beschreiben sehr ungewöhnliche Dinge, die nicht mit dem gewöhnlichen Bewusstsein zu erfassen sind.

123 Dies bezieht sich auf ein Kōan, in dem Meister Seppō Gison vor einer Versammlung lehrte: *»Ich bin euch im Bōshū-Pavillon begegnet, ich bin euch auf dem Gipfel des Useki begegnet. Und vor der Mönchshalle bin ich euch allen begegnet.«* Meister Hofuku fragte Meister Gakō: *»Lassen wir vorerst die Mönchshalle beiseite. Aber was meint er mit ›im Bōshū-Pavillon‹ und ›auf dem Gipfel des Useki‹?«* Meister Gakō ging rasch in seinen eigenen Raum zurück. Meister Hofuku verbeugte sich und betrat die Zazen-Halle. Siehe *Shinji shōbōgenzō*, Buch 3, Nr. 91. Das Kōan legt dar, dass die allen Mönchen gemeinsame Körper-Geist-Verfassung in den Handlungen ihres wirklichen Lebens zu finden ist.

124 »Zwei Spiegel« weisen auf Subjekt und Objekt hin. Der dritte Spiegel ist die Einheit beider oder die lebendige Wirklichkeit des gegenwärtigen Augenblicks.

125 Bewusstheit oder Gewahrsein ist weitgehend unbewusst. z.B. in einer Notsituation handeln wir intuitiv und spontan, ohne unser dabei uns selbst bewusst zu sein. Um dies auszudrücken, verwendet Meister Dōgen den Ausdruck *jiman* 自瞞. *Ji* 自 bedeutet »wir selbst« und *man* 瞞 »(halb) dunkel«, »verschwommen« und »sich täuschen«.

126 *Hotsu-chi* 発智. *Hotsu* 発 bedeutet »auftreten«, »sich offenbaren«. *Chi* 智 ist sowohl »Wissen« als auch »Weisheit«. Hier ist die erste Bedeutung relevant, denn Meister Dōgen bezieht sich hier auf den Unterschied zwischen intellektuellem Wissen und intuitiven Gewahrsein.

127 *Shafu tōzei* 捨父逃逝. Dies ist ein Zitat aus dem Lotos-Sūtra, Kap. 4, »Erkenntnis durch den Glauben«. Borsig, S. 125.

128 Mit diesen Worten gab Bodhidharma seinen Schülern den Dharma weiter. Siehe Kap. 46, *Kattō*.

129 »Rechtes Gleichgewicht« ist ein Symbol für die Zazen-Praxis.

130 Wörtl. »das Gehirn (*chōnei* 頂額) abschneiden und Nasenlöcher (*biku* 鼻孔) daraus machen«.

131 *Boku shakuha* 木杓破, »der hölzerne Schöpflöffel bricht«, bedeutet, dass man sich nach vielen Jahren der Zazen-Praxis von allen Hindernissen befreit hat.

132 *Kakai ichiya* 花開一夜, »das Öffnen der Blume in einer Nacht«, beschreibt Gautama Buddhas Erwachen.

133 *Rakusō rokunen* 落艸六年, wörtl. »sechs Jahre in die Gräser fallen«, bezieht sich auf die sechs Jahre der Askese des Buddha.

134 Ein Mönch fragte Meister Daizui Hōshin: *»Wenn das ewige Feuer kommt und das ganze*

*Universum zerstört, wird dann dies auch zerstört, oder nicht?«* Meister Daizui erwiderte: *»Es wird zerstört werden.«* Der Mönch sagte: *»Sollte man dann die Umstände zulassen?«* Meister Daizui sagte: *»Ja, lasse sie zu.«* Siehe *Gotō egen*, Kap. 4, und *Shinji shōbōgenzō*, Buch 1, Nr. 24. »Die Umstände zulassen« ist ein berühmter Ausspruch des chinesischen Meisters Jōshū Jūshin. Er besagt, dass wir der kosmischen Ordnung folgen sollten, wie auch immer die Lebensumstände sind.

135 *Issen sanbyaku rokujūkubon no kōan genjō* 一千三百六十九品の公案現成. Die Zahl 1369 ergibt sich, wenn man die 37 Glieder mit 37 multipliziert, und dies soll darauf hinweisen, dass das Ganze der 37 Glieder des Erwachens in einem einzigen Glied enthalten ist.

136 Die heutige Präfektur Fukui.

# 74

# 転法輪

# Tenbōrin

## Das Drehen des Dharma-Rades

*TEN bedeutet »drehen«, HŌ »der Dharma« oder »Buddhas Lehre«. RIN ist »das Rad« (sanskr. ›cakra‹). Im alten Indien war der Cakra ein Rad mit spitzen Speichen, das als Waffe benutzt wurde. Deshalb wurde das Drehen des Rades von Buddhas Lehre dem Drehen des Cakras gleichgesetzt, denn es dreht sich ständig und zerstört alle Illusionen. In diesem Kapitel erklärt Meister Dōgen die Bedeutung und den Wert der Darlegungen von Buddhas Lehre. Zuerst zitiert er die Worte verschiedener Meister, die sich in ihren Lehrreden auf ein Zitat aus dem Śūraṃgama-Sūtra beziehen, in dem gesagt wird, was geschieht, wenn »ein Mensch die Wahrheit enthüllt und zur Quelle zurückkehrt«. Damit möchte Meister Dōgen den Wert der Sūtren aufzeigen, die in China geschrieben wurden. Zu seiner Zeit sagten nämlich manche, dass nur die Sūtren, die in Indien geschrieben wurden, authentische buddhistische Schriften seien, während die in China übersetzten Sūtren nicht dem wahren Buddha-Dharma entsprächen. Meister Dōgens Sicht geht aber viel weiter: Er sagt, dass jeder Satz, den ein wahrer Meister zitiert und erläutert, Buddhas Lehre wiedergibt, auch wenn er außerhalb Indiens geschrieben wurde. Auf dieser Grundlage erläutert Meister Dōgen, dass Buddhas Lehre universell ist und überall und zu allen Zeiten von einem wahren Meister dargelegt werden kann. Gleichzeitig betont er, dass nur jemand, der ein ganzes Leben lang Zazen praktiziert, das Dharma-Rad drehen, das heißt, Buddhas wahren Dharma lehren kann.*

Mein früherer Meister Tendō, der ewige Buddha, lehrte eines Tages in der Dharma-Halle: »*Der Weltgeehrte sagte: ›Wenn ein Mensch die Wahrheit enthüllt und zur Quelle zurückkehrt, verschwindet der Raum der zehn Richtungen vollkommen.‹*« Dann kommentierte der Meister: »*Dies ist die Lehre des Weltgeehrten, der unmöglich etwas anderes lehren konnte als das Hervorragende. Tendō möchte dasselbe auf eine andere Weise ausdrücken. Wenn ein Mensch die Wahrheit enthüllt und zur Quelle zurückkehrt, zerbricht das Bettelkind [sogar] seine Ess-Schale.*«[1]

Meister Hō-en[2] vom Berg Goso sagte: »*Wenn ein Mensch die Wahrheit enthüllt und zur Quelle zurückkehrt, gibt es im ganzen Raum der zehn Richtungen Gedrängel und Aneinanderstoßen.*«[3]

Meister Busshō Hōtai[4] sagte: »*Wenn ein Mensch die Wahrheit enthüllt und zur Quelle zurückkehrt, ist der Raum der zehn Richtungen nichts als der Raum der zehn Richtungen.*«[5]

Meister Engo Kokugon[6] vom Berg Kassan sagte: *»Wenn ein Mensch die Wahrheit enthüllt und zur Quelle zurückkehrt, [gleicht] der Raum der zehn Richtungen Goldbrokat, dem man noch eine Blume hinzugefügt hat.«*[7]

Daibutsu[8] [Meister Dōgen] sagt: *»Wenn ein Mensch die Wahrheit enthüllt und zur Quelle zurückkehrt, enthüllt der Raum der zehn Richtungen die Wahrheit und kehrt zur Quelle zurück.«*

Die Aussage »Wenn ein Mensch die Wahrheit enthüllt und zur Quelle zurückkehrt, verschwindet der Raum der zehn Richtungen vollkommen«, die ich jetzt besprechen möchte, ist eine Aussage aus dem Śūraṃgama-Sūtra.[9] Dieser eine Satz wurde von verschiedenen Buddhas und Vorfahren erläutert, und deshalb ist er genau die Knochen, das Mark und die Sicht der Buddhas und Vorfahren. Ich sage dies, weil in Bezug auf die Zehn-Kapitel-Version des Śūraṃgama-Sūtras zwei verschiedene Meinungen entstanden sind: Manche sagen, das Sūtra sei erdichtet[10], während andere das Gegenteil behaupten. Diese zwei Meinungen sind aus der frühen Vergangenheit bis zu uns gelangt. Es gibt eine ältere[11] und eine neue[12] Übersetzung [dieses Sūtras]. Nicht diese Übersetzungen werden in Zweifel gezogen, sondern eine Übersetzung, die in der Ära Shinryū[13] entstanden ist. Trotz [solcher Meinungsverschiedenheiten] haben Meister Goso [Hō-]En, Meister Busshō [Hō-]Tai und mein früherer Meister [Tendō], der ewige Buddha, diesen Satz bereits [in ihren Lehrreden] aufgegriffen. Daher wurde er schon in den Dharma-Reden der Buddhas und Vorfahren verwendet, und er ist das Drehen des Dharma-Rades der Buddhas und Vorfahren. Dieser Satz hat die Buddhas und Vorfahren also schon gedreht und er hat die Buddhas und Vorfahren schon gelehrt. Weil dieser Satz bereits von den Buddhas und Vorfahren gelehrt wurde und weil er die Buddhas und Vorfahren lehrt, ist er ein Satz aus einem authentischen buddhistischen Sūtra. Selbst wenn er erdichtet wäre: Wenn die Buddhas und Vorfahren ihn zitieren und erläutern, ist er das Dharma-Rad, das den Buddhas und Vorfahren ganz und gar vertraut ist. Wenn die Buddhas und Vorfahren etwas [aus einem Sūtra] zitieren und erläutern, wird es zu Buddhas Dharma-Rad und zu Buddhas Schatzkammer des wahren Dharma-Auges, selbst wenn es Ziegel oder Kieselsteine, ein gelbes Blatt, eine Uḍumbara-Blume oder gar ein Gewand aus Goldbrokat wäre.

Denkt daran, dass ein Lebewesen, welches das rechte Erwachen verwirklicht hat und darüber hinausgegangen ist, ein Buddha-Vorfahre, ein Schüler und Lehrer der Buddhas und Vorfahren ist. Ein solches Wesen hat die Haut, das Fleisch, die Knochen und das Mark der Buddhas und Vorfahren, und es sieht seine früheren Brüder-Lebewesen nicht mehr als seine Brüder an, denn die Buddhas und Vorfahren sind nunmehr seine Brüder. In derselben Weise geht der jetzt [besprochene] Satz über alle [anderen] Sätze hinaus und wird zu einem Satz der Buddhas und Vorfahren, selbst wenn alle Buchstaben und Sätze der Zehn-Kapitel-Version [dieses Sūtras] erdichtet wären. Ihr solltet einen solchen Satz niemals anderen Sätzen gleichstellen. Selbst wenn der oben zitierte Satz [über andere Sätze] hinausgeht, so solltet ihr nicht denken, dass [alle] Sätze eines Sūtra-Bandes, was den Inhalt und die Form angeht, die Aussagen Buddhas oder die Worte der Vorfahren sind. Ihr solltet auch nicht [jeden Satz der Sūtren] als die Sicht des Buddha erfahren und erforschen.

Es gibt viele Gründe, weshalb ihr oben zitierten Satz nicht mit anderen Sätzen vergleichen solltet. Einen davon möchte ich hier erklären. Was wir »das Drehen des Dharma-Rades« nennen, ist genau das Tun und Handeln der Buddhas und Vorfahren, von denen keiner es jemals versäumt hat, das Dharma-Rad zu drehen. Konkret gesagt, drehen die Buddhas und Vorfahren das Dharma-Rad, indem sie Klang und Form benutzen, um sich von Klang und Form zu befreien, oder sie drehen das Dharma-Rad, indem sie völlig über Klang und Form hinausspringen. Sie drehen das Dharma-Rad, indem sie ihr Buddha-Auge benutzen, oder sie drehen das Dharma-Rad, indem sie unmittelbar handeln. Wenn sich das Dharma-Rad auf natürliche Weise selbst dreht, ist es das Ergreifen einer Nase oder des leeren Raums.[14] Den obigen Satz zu ergreifen ist daher, wie wenn ihr hier und jetzt den Morgenstern ergreift, eine Nase ergreift, Pfirsichblüten oder den leeren Raum ergreift – es ist ein und dasselbe. Es bedeutet, die Buddhas und Vorfahren und das Dharma-Rad selbst zu ergreifen – sie sind eins. Dies zu tun, ist unfehlbar das Drehen des Dharma-Rades. »Das Dharma-Rad drehen« bedeutet also, sich zu schulen und anzustrengen und ein Leben lang das Kloster nicht zu verlassen; es bedeutet, die Wahrheit zu erfahren und zu erforschen, um die Wohltat der Belehrungen zu bitten und sich auf der langen [Zazen-]Plattform zu bemühen.

Shōbōgenzō Tenbōrin

Dargelegt vor einer Versammlung im Kloster Kippō in Etsu-u am 27. Tag des zweiten Mondmonats im zweiten Jahr der Ära Kangen [1244].

# Anmerkungen

1 Siehe *Nyojō goroku*, Teil 2.

2 Meister Goso Hō-en (starb 1104) war ein Nachfolger von Meister Haku-un Shūtan.

3 *Hō-en Zenji goroku*, Teil 1. *Chikujaku gatsujaku* 築著磕著, wörtl. »drängeln und aneinanderstoßen«, ist ein lautmalender Ausdruck, der den knirschenden Laut beschreibt, wenn kleine Steine oder Kies aneinander reiben. Ein solcher Laut symbolisiert eine schwierige Situation, in der es Gedrängel und Aneinanderstoßen gibt und die im Gegensatz zu der idealistischen Idee der Harmonie steht.

4 Meister Busshō Hōtai (Daten unbekannt) war ein Nachfolger von Meister Engo Kokugon.

5 Siehe *Katai futō roku*, Kap. 26.

6 Meister Engo Kokugon (1063–1135), Nachfolger von Meister Goso Hō-en und der Herausgeber des *Hekigan roku*.

7 Goldbrokat ist an sich schon etwas sehr Schönes, und ihm noch eine Blume hinzuzufügen könnte bedeuten, dass der Raum der zehn Richtungen damit noch schöner wird. Man könnte aber auch sagen, dass es eigentlich unnötig sei, der Schönheit des Raums noch mehr Schönheit hinzuzufügen.

8 »Daibutsu-ji« war die ursprüngliche Bezeichnung des heutigen Klosters Eihei, das Meister Dōgen 1244 gründete. Dieses Kapitel wurde jedoch nicht im Eihei-ji, sondern im Kloster Kippō dargelegt.

9 *Shuryōgon kyō*, sanskr. Śūraṃgama-Sūtra, ist nur in der chinesischen Übersetzung von Kumārajīva erhalten. Der ursprüngliche Titel lautet *Shuryōgon zanmai gyō*, denn es preist die Kraft und Würde des Samādhis. Es hatte einen großen Einfluss auf den Mahāyāna-Buddhismus in China.

10 *Gikyō* 偽経, »gefälschte Sūtren«, bezeichnen chinesische Sūtren, von denen man sagt, dass sie erdichtet und keine Übersetzungen von Sūtren aus dem Sanskrit seien.

11 *Kuyaku* 旧訳, »die ältere Übersetzung«, bezieht sich möglicherweise auf die Übersetzung von Kumārajīva. Im Allgemeinen bezieht sich der Ausdruck *kuyaku* 旧訳, »ältere Übersetzungen«, auf die Kategorie buddhistischer Schriften, die zu Lebzeiten des Kumārajīva (344–413) und des Genjō (600–664) aus dem Sanskrit ins Chinesische übertragen wurden. Übersetzungen vor Kumārajīva werden *koyaku* 古訳, »Übersetzungen aus alter Zeit« genannt. Zu diesen Übersetzungen gehört die eines indischen Mönchs namens Lokakṣema, der im Jahr 147 nach China kam und das Śūraṃgama-Sūtra um 185 übersetzt haben soll.

12 *Shinyaku* 新訳, »neue Übersetzungen«, bezieht sich im Allgemeinen auf eine neue Epoche in den Übersetzungen aus dem Sanskrit ins Chinesische und im Besonderen auf einen chinesischen Mönch namens Xuanzang (jap. Genjō), der im Jahr 629 über Zentralasien und Afghanistan nach Indien reiste, um die ursprünglichen Schriften in Sanskrit zu erforschen. Als er im Jahr 645 mit 675 Manuskripten nach China zurückkehrte, übersetzte er über eintausend Kapitel ins Chinesische. Außerdem schrieb er das *Daitō sai-iki ki*, welches die umfangreichen Berichte seiner Reise nach Indien enthält.

13 Dies bezieht sich auf eine Übersetzung des Śūraṃgama-Sūtra, die ein gewisser Hanshi Mittai im Jahr 705, also im ersten Jahr der Ära Shinryū, vollendet haben soll.

14 Dies bezieht sich auf ein Kōan im *Shinji shōbōgenzō*, Buch 3, Nr. 49, welches sehr klar veranschaulicht, dass »das Dharma-Rad drehen« bedeutet, die konkrete Wirklichkeit des Raums hier und jetzt aufzuzeigen.

# 75
# 自証三昧
# Jishō zanmai
# Der Samādhi der Erfahrung des wahren Selbst

*Ji bedeutet »selbst«, SHŌ »erfahren« und ZANMAI »Samādhi« oder »der Zustand des Gleichgewichts«. So bedeutet JISHŌ ZANMAI »der Samadhi der Erfahrung des wahren Selbst«. In diesem Kapitel erklärt Meister Dōgen die Bedeutung des Ausdrucks JISHŌ ZANMAI und kritisiert in scharfen Worten das Verständnis von Meister Dai-e Sōkō und seinen Schülern. Nach deren Verständnis beschreibt der Ausdruck JISHŌ ZANMAI eine intellektuelle Erfahrung, die oft als »Erleuchtung« bezeichnet wird. Das Ziel der Anstrengungen im Buddha-Dharma sei es, zu dieser Erleuchtung zu kommen. Meister Dōgen schloss sich dieser Meinung nicht an und erklärt in diesem Kapitel die Bedeutung von JISHŌ ZANMAI aus seiner Sicht.*

Der Samādhi der Erfahrung des wahren Selbst ist, was seit den sieben Buddhas von einem Buddha zum anderen und von einem Vorfahren zum anderen authentisch weitergegeben wurde. Wir nennen ihn »manchmal einem guten Lehrer folgen und manchmal den Sūtren folgen«.[1] Er ist das Auge der Buddhas und Vorfahren. Deshalb fragte Sōkei, der ewige Buddha, einen Mönch, ob er sich auf die Praxis und Erfahrung stütze oder nicht. Der Mönch antwortete, dass es zweifellos die Praxis und Erfahrung gebe, es aber unmöglich sei, sie zu beflecken.[2] Denkt also daran, dass die Buddhas und Vorfahren diese unbefleckte Praxis und Erfahrung sind. Genau diese Praxis und Erfahrung ist der Samādhi des rollenden Donners, des Blitzes und des Sturms.

Gerade in dem Augenblick, in dem ihr »einem guten Lehrer folgt«, begegnet ihr einander, das heißt, manchmal begegnet ihr seinem halben Gesicht und manchmal seinem halben Körper. Manchmal begegnet ihr seinem ganzen Gesicht und seinem ganzen Körper, und manchmal begegnet ihr der Hälfte von euch selbst und manchmal der Hälfte des anderen.[3] Manchmal ist es die gemeinsame Erfahrung, dass der Kopf eines Gottes mit Haaren bedeckt ist oder dass auf dem Gesicht eines Dämons Hörner erscheinen. Manchmal passt ihr euch den Umständen an, während ihr unter fremden Menschen lebt, und manchmal verändert ihr die Umstände, während ihr unter Menschen eurer Art weilt. In all diesen Lebenslagen könnt ihr nicht wissen, wie viele tausend oder zehntausend Male ihr euren Körper um des Dharmas willen hingegeben habt, und ihr könnt nicht wissen, wie viele hundert Millionen Male ihr nach dem Dharma um eures Körpers willen gesucht habt. Solcherart ist das kraftvolle Handeln, wenn ihr einem guten Lehrer folgt, und es ist die tatsächliche Situation, wenn ihr euch selbst ergründet und euch selbst folgt. Wenn [Lehrer und Schüler] einander durch ein Zeichen mit den Augen begegnen, erscheint ein Lächeln, und wenn [der Schüler], der das Mark erlangt hat, sich [vor dem Lehrer] niederwirft, schneidet er sich einen Arm ab.[4] Grundsätzlich hat es vor und nach den sieben Buddhas und bis über den sechsten Vorfahren hinaus nicht nur ein oder zwei gute Lehrer gegeben, die ihrem wahren Selbst begegnet sind. Und gute Lehrer, die anderen [Menschen] begegnet sind, gehören weder der Vergangenheit noch der Gegenwart an. Wenn ihr manchmal den Sūtren folgt, ergründet und erforscht ihr eure eigene Haut, euer Fleisch, eure Knochen und euer Mark. Und wenn eure eigene Haut, euer Fleisch, eure Knochen und euer Mark von euch abfallen, seht ihr die Pfirsichblüten direkt aus euren Augen hervorkommen, und ihr hört den donnernden Klang des Bambus direkt aus euren Ohren heraus.[5]

Grundsätzlich werden die Sūtren lebendige Wirklichkeit, wenn ihr ihnen folgt und sie praktiziert. Was ich hier »die Sūtren« nenne, ist das ganze Universum der zehn Richtungen. [Die Sūtren] sind die Berge, die Flüsse und die Erde; sie sind das Gras und die Bäume, ihr selbst und die Welt. Die Sūtren sind das Gewand anziehen und Mahlzeiten essen, und sie sind euer Tun und Handeln in jedem Augenblick. Wenn ihr die Wahrheit erforscht, indem ihr diesen Texten folgt, von denen jeder ein Band mit Sūtren ist, dann werden tausend oder zehntausend nie dagewesener Sūtren vor euch Wirklichkeit. In diesen Sūtren gibt es Sätze der Affirmation, die [wirkliche Situationen] so beschreiben, wie sie sind, und es gibt Verse der Negation, die klar sind und der Wirklichkeit entsprechen. Wenn ihr die Fähigkeit erlangt, diesen Sūtren direkt zu begegnen, indem ihr die ganze Kraft eures Körpers und Geistes aufbietet, um sie zu erfahren und zu erforschen, werdet ihr das Höchste zweifellos durchdringen und sie verstehen, selbst wenn lange Zeitalter dabei vergehen und ihr lange Zeitalter dafür aufbraucht. Wenn ihr Körper und Geist aufgebt, um [die Sūtren direkt] zu erfahren und zu erforschen, werdet ihr zweifellos das Verdienst verwirklichen, sie empfangen und bewahrt zu haben, auch wenn ihr die Ewigkeit dafür ausmeißeln und aus der Ewigkeit emporstreben müsst.[6]

Die Zahl der indischen Sanskrit-Texte, die ins Chinesische übersetzt und Dharma-Schriften geworden sind, beläuft sich heute auf weniger als fünftausend.[7] Unter diesen Schriften gibt es [die Sūtren] der drei und der fünf Fahrzeuge und die der neun und der zwölf Lehrweisen.[8] Ihr solltet sie alle erforschen und ihnen folgen. Selbst wenn ihr ihnen nicht folgen und vor ihnen fliehen wolltet, wäre dies unmöglich. Deshalb sind diese Sūtren manchmal zu einem Buddha-Auge[9] und manchmal zum Mark [der Wahrheit][10] geworden. Sie sind recht vom Anfang bis zum Ende.[11] Obgleich ihr [die Sūtren] von anderen empfangt und wieder an andere weitergebt, ist dies nur das kraftvolle Herausspringen des Buddha-Auges selber, das sich von euch selbst und den anderen befreit hat, und es ist nur die Weitergabe des Marks, das frei von euch selbst und den anderen ist. Weil das Buddha-Auge und das Mark weder ihr selbst seid noch die anderen, haben die Buddhas und Vorfahren sie von der Vergangenheit bis zur Vergangenheit weitergegeben, und die Buddhas und Vorfahren geben sie von der Gegenwart zur Gegenwart weiter. Es gibt Wanderstöcke, die Sūtren sind, welche die Länge und Breite[12] des ganzen Universums lehren und auf natürliche Weise [alle Theorien über] Leerheit und Existenz sprengen. Es gibt die Fliegenwedel, die Sūtren sind und die Schnee und Frost reinigen. Es gibt ein oder zwei Begegnungen, die die Sūtren des Zazen sind, und es gibt einen Band, der zehn Rollen enthält, der das Sūtra des Kesa ist. Alle diese Sūtren werden von den Buddhas und Vorfahren behütet und bewahrt. Den Sūtren auf die obige Weise zu folgen bedeutet, dass ihr sie praktiziert und erfahrt und zur Wahrheit gelangt. Eure Anstrengungen den Sūtren zu folgen verwirklichen sich manchmal mit dem Gesicht eines Gottes oder eines Menschen und manchmal mit dem Gesicht der Sonne oder des Mondes.

Einem guten Lehrer und den Sūtren zu folgen bedeutet deshalb, euch selbst zu folgen. Die Sūtren sind auf natürliche Weise die Sūtren des wahren Selbst, und ein guter Lehrer ist auf natürliche Weise ein guter Lehrer des wahren Selbst. Wenn ihr einen Lehrer aufsucht und [die Lehre] umfassend erforscht[13], sucht ihr euch selbst auf, und ihr erforscht euch selbst. Die hundert Gräser zu benutzen bedeutet, dass ihr euch selbst benutzt, und die zehntausend Bäume zu benutzen bedeutet, dass ihr euch selbst benutzt. [Im Buddha-Dharma] erfahren und erforschen wir, dass ihr selbst nichts anderes seid als diese Anstrengung. In diesem Erforschen und Erfahren befreit ihr euch von euch selbst [als Person] und erfahrt euch im Einklang mit eurem wahren Selbst. Deshalb gibt es in der großen Wahrheit der Buddhas und Vorfahren konkrete Werkzeuge, um euer wahres Selbst zu erfahren und zu erkennen, [aber] ohne die rechtmäßigen Nachfolger der Buddhas und Vorfahren können sie nicht authentisch weitergegeben werden. So gibt es Methoden, die von einem rechtmäßigen Nachfolger zum nächsten empfangen und weitergegeben werden, aber ohne die Knochen und das Mark der Buddhas und Vorfahren können sie nicht authentisch weitergegeben werden.

Weil ihr [euch] auf diese Weise erfahrt und erforscht, [wurden Sätze wie] »Du hast mein Mark erlangt« und »Ich habe die Schatzkammer des wahren Dharma-Auges und gebe sie an Mahākāśyapa weiter« ausgesprochen, als sie von einem Menschen empfangen und an einen anderen weitergegeben wurden. Andere zu lehren hat nicht unbedingt etwas mit euch selbst und den anderen zu tun. Andere zu lehren ist letztlich nichts anderes als euer wahres Selbst zu lehren. Es ist ein Lehren und ein Hören, bei dem das wahre Selbst, das lehrt, und das wahre Selbst, das hört, sich gleichzeitig erfahren. Ein Ohr hört und ein Ohr lehrt; eine Zunge lehrt und eine Zunge hört, und dasselbe gilt für die Augen, die Ohren, die Nase, den Körper und den Geist, für die Sinne und ihre Objekte, für das Bewusstsein usw. Mit anderen Worten: Es gibt die Praxis und Erfahrung der Einheit von Körper und Geist. Dann sind es die Ohren selbst, die hören und lehren, und es ist die Zunge selbst, die hört und lehrt. Gestern habt ihr den anderen die Ausnahme von der Regel gelehrt und heute lehrt ihr die feste Regel für euch selbst.[14] Auf diese Weise reihen sich die Gesichter der Sonne und die Gesichter des Mondes aneinander. Den Dharma zu praktizieren und ihn anderen darzulegen bedeutet, dass ihr den Dharma in jedem Augenblick eures Lebens[15] hört, Klarheit über ihn erlangt und ihn selbst erfahrt.

Sogar in diesem Leben wird es für euch leichter, den Dharma zu erlangen, wenn ihr ihn den anderen mit einem aufrichtigen Geist lehrt. Oder wenn ihr anderen helft und sie ermutigt, den Dharma zu hören, wird es für euch selbst leichter sein, den Dharma zu erforschen. Den Dharma zu lehren, stützt und festigt euren Körper und Geist. Wenn ihr andere daran hindert, den Dharma zu hören, hindert ihr euch selbst daran, den Dharma zu hören. Den Dharma mit dem [ganzen] Körper und in eurem [ganzen] Leben Augenblick für Augenblick zu hören, und ihn Augenblick für Augenblick den anderen zu lehren, bedeutet, dass ihr in der jetzigen Lebenszeit den Dharma hört, der euch schon in der Vergangenheit authentisch weitergegeben wurde. Da ihr im Dharma geboren seid und im Dharma sterben werdet und der Dharma euch im ganzen Universum der zehn Richtungen authentisch weitergegeben wird, hört ihr den Dharma in jedem Augenblick eures Lebens und ihr praktiziert den Dharma in jedem Augenblick mit eurem Körper. Weil es möglich ist, den Dharma in jedem Augenblick eures Lebens zu verwirklichen und euren Körper in jedem Augenblick zum Dharma zu machen, verbindet ihr die Welt eines Staubkorns mit dem ganzen Universum, und ihr lasst sie den Dharma erfahren. Deshalb solltet ihr ein Wort, das ihr im Osten gehört habt, einem Menschen lehren, wenn ihr in den Westen kommt. Das heißt, dass ihr euch selbst für die Anstrengung benutzt, um aus dem Hören und Lehren eine einzige Handlung zu machen, und es bedeutet, dass ihr das östliche und das westliche wahre Selbst als ein einziges praktiziert und erfahrt. Auf jeden Fall solltet ihr euch glücklich schätzen, euch wünschen und euch danach sehnen, dass der Dharma der Buddhas und der Weg unserer Vorfahren eurem Körper und Geist so nah wie möglich kommt und ihr sie praktizieren könnt. Eure Praxis sollte sich von einer Stunde auf einen Tag und von einem Jahr auf ein ganzes Leben ausdehnen. Erfreut euch am Buddha-Dharma und lasst ihn mit eurer Seele spielen. Dies zu tun bedeutet, dass ihr kein einziges Leben verschwendet habt.

Andererseits solltet ihr nicht denken, dass ihr nicht fähig seid, andere Menschen zu lehren, wenn ihr selbst noch keine Klarheit erlangt habt. Wenn ihr auf die [endgültige] Klarheit warten wolltet, wird dies in unzähligen Zeitaltern nicht geschehen. Denn selbst wenn ihr Klarheit über die menschlichen Buddhas erlangt habt, müsst ihr noch Klarheit über die himmlischen Buddhas erlangen. Selbst wenn ihr den Geist der Berge geklärt habt, müsst ihr auch noch den Geist der Wasser klären. Selbst wenn ihr die Dharmas klärt, die aus Ursachen und Bedingungen entstehen, müsst ihr noch die Dharmas klären, die nicht aus Ursachen und Bedingungen entstehen. Und selbst wenn ihr Klarheit über die Sphäre der Buddhas und Vorfahren erlangt habt, müsst ihr noch Klarheit erlangen über das, was Jenseits der Buddhas und Vorfahren liegt. Solltet ihr beabsichtigen, in einem einzigen Leben Klarheit über alle diese Dinge zu erlangen und die anderen erst danach zu lehren, dann strengt ihr euch nicht an, dann seid ihr nicht stark, und ihr erfahrt und erforscht [den Dharma] nicht.

Im Allgemeinen lassen die Schüler, die den Weg der Buddhas und Vorfahren erforschen, ihren Willen, andere zu lehren, den Himmel durchbohren, und dies schon von der Zeit an, wenn sie eine Methode oder ein Prinzip [der Lehre] erfahren und erforscht haben. Auf diese Weise befreien sie sich von sich selbst und der Welt. Mit anderen Worten: Wenn ihr euch selbst wirklich bis zum Grund erfahren habt, habt ihr die Welt bereits bis zum Grund erfahren. Und wenn ihr die Welt bis zum Grund erfahren habt, habt ihr euch selbst bis zum Grund erfahren. Diese buddhistische Grundwahrheit könnt ihr nicht mit dem Körper verwirklichen, wenn ihr sie nicht von einem Lehrer empfangen habt. Dies gilt sogar dann, wenn ihr von Natur aus wissend seid.[16] Wenn die von Natur aus Wissenden nie einem Lehrer begegnet sind, wissen sie nicht, was jenseits ihres Wissens ist, und sie begreifen weder ihre Natur noch ihr Wissen. Auch wenn ein Mensch von Natur aus wissend ist, kann er den großen Weg der Buddhas und Vorfahren nicht dadurch verstehen. Erst nachdem er ihn erforscht und erlernt hat, wird er ihn verstehen. Der große Weg der Buddhas und Vorfahren ist die Verwirklichung eures wahren Selbst in der körperlichen Erfahrung und es ist die Verwirklichung des wahren Selbst der Welt in der körperlichen Erfahrung. Benutzt einfach euren Anfängergeist, der lernt und forscht, und erfahrt die Einheit mit dem Anfängergeist der Welt. Von diesem Anfängergeist auszugehen und fortzufahren, euch selbst und die Welt als eine Einheit zu erfahren, bedeutet, mit dem höchsten Zustand des Einsseins [von Selbst und Welt] in Berührung zu kommen. Und so, wie ihr an euch selbst arbeitet, so solltet ihr die Arbeit der Welt voranbringen.

Dennoch, wenn unreife Menschen Worte wie »sich selbst erfahren«, »sich selbst erkennen« usw. hören, denken sie, dass sie [den Dharma] nicht von einem Meister empfangen müssen, sondern ihn auf eigene Faust studieren können. Aber dies ist ein großer Irrtum. Diejenigen, die das unterscheidende Denken fälschlicherweise für das Erkennen ihrer selbst halten und [den Dharma] nicht von einem Meister erhalten haben, sind wie die Naturalisten in Indien, die außerhalb des Buddha-Weges sind. Wie könnten die Menschen, die diesen Unterschied nicht kennen, Menschen des Buddha-Weges sein? Andere wiederum meinen, wenn sie den Ausdruck »sich selbst erfahren« hören, dass es sich dabei um die fünf Skandhas[17] handle, und setzen diese Erfahrung mit der Selbst-Disziplin[18] des kleinen Fahrzeugs [Hīnayāna] gleich. Menschen, die nicht zwischen dem Hīnayāna und dem Mahāyāna unterscheiden können, erfahren sich selbst vielleicht als die Nachkommen der Buddhas und Vorfahren, aber welcher Mensch mit klarem Blick ließe sich von ihnen täuschen?

In der Ära Shōkō des großen Königreichs der Song[19] lebte Sōkō[20], der auch »Zen-Meister Dai-e vom Berg Kinzan« genannt wurde. Ursprünglich studierte er die Sūtren und Kommentare. Auf seinen Reisen durch die verschiedenen Bezirke [Chinas] folgte er Zen-Meister Ri[21] aus Senshū und studierte Unmons[22] »Aufzeichnungen der Worte und Handlungen der alten Meister«[23] sowie Meister Setchōs »Lobreden auf die alten Meister«.[24] Dies war der Anfang seines Studiums. Nachdem er Unmons Weg nicht begreifen konnte, praktizierte er schließlich im Orden von Meister Tōzan [Dō-]Bi[25], aber [Dō-]Bi erlaubte ihm letztlich nicht, in sein innerstes Heiligtum einzutreten. Meister [Dō-]Bi war der Dharma-Sohn von Meister Fuyō [Dōkai][26], und ihr solltet ihn niemals gleichrangig mit den Menschen ansehen, die in den letzten Reihen sitzen. Obwohl Zen-Meister Sōkō eine ziemlich lange Zeit bei [Dō-]Bi lernte und praktizierte, konnte er Dōbis Haut, sein Fleisch, seine Knochen und sein Mark nicht erfassen, und wie viel weniger noch konnte er wissen, dass das [Buddha-]Auge in einem einzigen Staubkorn existiert? Eines Tages, als er gerade davon gehört hatte, dass es auf dem Weg der Buddhas und Vorfahren den Dharma des Dokuments der Nachfolge[27] gibt, bei der Räucherwerk auf dem Arm verbrannt wird[28], machte er sich gleich auf, um das Dokument von Meister [Dō-]Bi zu erbitten. Aber Meister [Dō-]Bi wies ihn ab und sagte schließlich: »*Wenn du Dharma-Nachfolger sein willst, solltest du nicht hastig vorgehen. Du solltest einfach hier und jetzt deine Anstrengungen machen. Das Dokument der Buddhas und Vorfahren wird nicht leichtfertig weitergegeben. Ich enthalte es dir nicht vor, nur hast du noch nicht das Auge.*«

Daraufhin sagte Sōkō: »*Das richtige Auge habe ich von Anfang an. Ich erfahre mich selbst*[29] *und erkenne mich selbst. Wie könntet ihr mir die Dharma-Weitergabe vorenthalten?*«

Meister [Dō-]Bi lächelte und ließ es dabei bewenden.

Einige Zeit später suchte [Sōkō] den Orden von Meister Tandō [Bun-]Jun[30] auf, um bei ihm zu lernen. Eines Tages fragte ihn Tandō: »*Warum fehlt dir heute die Hälfte deiner Nase?*«

Sōkō antwortete: »*Ich bin ein Schüler in Tandōs Orden.*«[31]

Tandō sagte: »*Du unglaubwürdiger Zen-Priester!*«[32]

Während [Sō-]kō gerade ein Sūtra las, fragte ihn Tandō: »*Welches Sūtra liest du da?*«

Sōkō antwortete: »*Das Diamant-Sūtra.*«

Tandō sagte: »*Dieser Dharma ist ausgeglichen und eben, weder hoch noch tief.*[33] *Warum ist der Berg Ungo hoch und der Berg Hōbō tief?*«

Sōkō sagte: »*Dieser Dharma ist ausgeglichen und eben, weder hoch noch tief.*«

Tandō sagte: »*Du bist ein richtig gelehrter Bursche*[34] *geworden.*«

An einem anderen Tag, als Tandō gerade den Mönchen zuschaute, die die zehn Tempel-Hüter[35] reinigten, fragte er den Mönchsälteren Sōkō: »*Wie heißt dieser Eunuche?*«

Sōkō sagte: »*Ryō[, so wie Ihr].*«[36]

Tandō rieb seinen Kopf mit der Hand und sagte: »*Warum trage ich nicht die gleiche Kappe auf dem Kopf, obwohl ich auch Ryō heiße?*«

Sōkō sagte: »*Ihr tragt zwar keine Kappe, aber [seine] Nasenlöcher gleichen den Euren sehr.*«

Tandō sagte: »*Du unglaubwürdiger Zen-Priester!*«

Eines Tages fragte Tandō den Sōkō: »*Du erfahrener Mönch [Sō-]kō. Die Theorie meines Hier-und-Jetzt-Zen kannst du gleich verstehen. Du kannst sie lehren, wenn ich dir erlaube, es zu lehren. Du kannst sie erfahren, wenn ich dir erlaube, sie zu erfahren. Wenn ich es dir erlaube, kannst du Lobreden auf die alten Meister halten und Diskussionen über sie leiten, du kannst spontane Lehrreden*[37] *und Dharma-Vorträge*[38] *halten und einer Bitte nach Belehrung*[39] *nachkommen. Es gibt nur eine einzige Sache, die du noch nicht hast. Weißt du, was diese Sache ist?*«

Sōkō sagte: »*Was ist es, was ich noch nicht habe?*«

Tandō sagte: »*Es geht dir nur das eine Verständnis ab, wenn jemand ›Ah, so ist das!‹ ausruft. Solange du dieses eine Verständnis nicht hast, hast du zwar mein Zen, wenn ich dich in meinem Zimmer belehre, aber sobald du es verlässt, verlierst du es sofort wieder. Wenn du darüber nachdenkst, hast du mein Zen, aber sobald du einschläfst, verlierst du es sofort wieder. Wie könntest du Leben und Tod gegenübertreten, wenn du so bist!«*

Sōkō sagte: »*Das ist genau Sōkōs Zweifel!«*

Einige Jahre später wurde Tandō schwer krank. Sōkō fragte ihn: »*Wenn der Meister stirbt, auf wen soll ich mich stützen, um die große Sache zu vollenden?«*

Tandō vertraute ihm das Folgende an: »*Es gibt einen Mann, den Gon aus Ha.*[40] *Ich selbst kenne ihn nicht. Dennoch bin ich sicher, dass du die große Sache klären wirst, wenn du ihm begegnest. Wenn du ihm einmal begegnet bist, solltest du keinen anderen Meister mehr aufsuchen. Praktiziere Zen in einem späteren Leben!«*[41]

Wenn ihr diese Geschichte sorgfältig untersucht, [wisst ihr,] dass Tandō den Sōkō niemals bestätigt hat. Obwohl Sōkō immer wieder versucht hat zur Erleuchtung zu gelangen, fehlte ihm letztlich diese eine Sache. Er konnte sie weder erlangen noch konnte er sich davon befreien. Davor hatte Meister [Dō-]Bi ihm bereits das Dokument der Nachfolge verweigert und ihm vor Augen geführt, dass es etwas gab, was er noch nicht hatte. Ihr solltet Meister [Dō-]Bi zugestehen, dass er die Anlagen eines Menschen völlig durchschauen konnte. Sōkō sagte zwar [zu Tandō:] »Das ist ja gerade Sōkōs Zweifel«, aber er konnte nicht zum Grund seines Zweifels gelangen, er konnte sich nicht von ihm befreien und konnte ihn auch nicht durchbrechen. Sein Zweifel war nicht »der große Zweifel«, und sein Zustand änderte sich nicht durch den Zweifel.

Das Dokument der Nachfolge vorschnell zu erbitten, ist unbesonnen für einen Menschen, der die Wahrheit erfahren und erforschen will. Es zeigte sich, dass Sōkō nicht den Willen zur Wahrheit hatte und es den alten Meistern nicht gleichtun wollte.[42] Wir können sagen, dass es Sōkō an tiefer Einsicht mangelte und er keine Anlagen für die Wahrheit hatte. Er war ein extremes Beispiel für die Nachlässigkeit in der Praxis. Weil er gierig nach Ruhm war und seinen eigenen Vorteil liebte, wollte er in das Innerste der Buddhas und Vorfahren einbrechen. Seine Unkenntnis der Worte der Buddhas und Vorfahren ist bedauerlich. Er hat nicht verstanden, dass »sein wahres Selbst zu erfahren« nichts anderes ist, als die alten Meister zu verehren, und er hat weder gehört noch gelernt, dass »sich selbst zu erkennen« eben die überlieferten Vermächtnisse zehntausender Generationen sind.[43] Deshalb machte er einen solchen Fehler und verfiel einer derartigen Selbsttäuschung. Und deshalb gab es in der Linie von Zen-Meister Sōkō nicht einen, nicht einmal einen halben, echten Nasenring[44] und viele oberflächliche Menschen. Solche Leute sind nicht fähig, den Buddha-Dharma zu verstehen, [weil] sie nicht in der Lage sind, über ihr intellektuelles Verständnis des Buddha-Dharmas hinauszugehen. Ihr Mönche der heutigen Zeit müsst dies unbedingt bis in alle Einzelheiten erforschen und erfahren. Seid niemals nachlässig oder stolz.

Wie Tandō es ihm empfohlen hatte, wurde Sōkō nach dem Hinscheiden seines Meisters der Schüler von Meister Engo Kokugon im Kloster Tennei in der Hauptstadt. Eines Tages stieg Meister Engo auf den Sitz [des Meisters] in der Dharma-Halle. Sōkō erlebte ein mystisches Erwachen und sprach mit Meister Engo darüber. [En]go sagte:

*»Noch nicht. Obwohl du in diesem Zustand bist, hast du den großen Dharma noch nicht geklärt.«* An einem anderen Tag zitierte Engo in der Dharma-Halle Meister Goso Hō-ens[45] Sätze über die Existenz und die Nicht-Existenz.[46] Als Sōkō diese Worte hörte, erfuhr er den großen Frieden und die Freude im Dharma. Noch einmal legte er Engo sein Verständnis dar. Engo lachte und sagte: *»Habe ich dich denn hinters Licht geführt?«*[47]

Dies ist die Geschichte der Begegnung zwischen Zen-Meister Sōkō und Engo. In Engos Orden hatte Sōkō zwar den Posten eines hohen Verwaltungsmönchs[48] inne, aber wieder kann man nicht erkennen, dass er irgendetwas verwirklicht hat, weder davor noch danach. In seinen eigenen formellen oder spontanen Lehrreden hat er eine solche Verwirklichung nicht erwähnt. Ihr solltet wissen, dass er die Wahrheit niemals erfahren hat. Auch wenn die Chronisten darüber berichten, dass er ein mystisches Erwachen erfahren und den großen Frieden und die Freude im Dharma erlangt haben soll, solltet ihr nicht denken, dass er etwas Derartiges erlangt hat. Glaubt nicht, dass seine Erfahrung bedeutend war. Er war nur ein Schüler, der lernte und forschte. Nichts weiter. Zen-Meister Engo hingegen war ein ewiger Buddha und in der Welt der zehn Richtungen höchst verehrungswürdig. Seit Ōbaku[49] hat es keinen solchen verehrungswürdigen Vorfahren wie Engo gegeben. Er war ein ewiger Buddha, wie man ihn sogar in anderen Welten selten findet, nur gibt es wenige Menschen und Götter, die dies wissen. Diese Menschenwelt ist ein beklagenswerter Ort.

Ich habe jetzt die Dharma-Reden des ewigen Buddhas Engo zitiert und [die Erfahrung] des alten Mönchs Sōkō untersucht. Es ist offensichtlich, dass Sōkō niemals an die Weisheit seines Meisters herankam und dass er nicht auf derselben Ebene wie sein Meister war, wie viel weniger noch hätte er jemals, nicht einmal im Traum, die Weisheit seines Meisters übertreffen können? Deshalb solltet ihr wissen, dass Sōkō nicht einmal an die Hälfte der Verdienste seines Meisters herankam. Er konnte den anderen nur ein paar Worte aus dem Blumenglanz-Sūtra, dem Śūraṃgama-Sūtra oder anderen Sūtren zitieren; niemals hatte er die Knochen und das Mark der Buddhas und Vorfahren. Sōkō dachte, dass der Buddha-Dharma der Sicht und dem Verständnis der kleinen und großen Eremiten[50] gleichzusetzen sei, die vom Geist der Gräser und Bäume angezogen wurden und sich von ihnen leiten ließen. Wenn Sōkō meinte, dass diese Sicht der Buddha-Dharma sei, dann ist es sonnenklar, dass er die große Wahrheit der Buddhas und Vorfahren niemals gemeistert und erfahren hat.

Nach den Jahren mit Engo reiste Sōkō nicht mehr durch das Land. Er suchte auch keine anderen Lehrer mehr auf, sondern wurde sinnlos der Meister eines großen Klosters, wo er die Mönche anleitete. Die Worte, die er uns hinterlassen hat, kommen niemals auch nur an die Randzonen des großen Dharmas heran. Dennoch denken diejenigen, die das nicht wissen, dass sich Zen-Meister Sōkō im Vergleich mit den Alten nicht schämen müsse. Die Menschen aber, die sehen und wissen, sind sich zweifellos klar darüber, dass er nicht erleuchtet war. Da Sōkō den großen Dharma letztlich nicht geklärt hat, sind seine Reden nur unnützes Geschwätz. Deshalb solltet ihr wissen, dass Meister [Dō-]Bi vom Berg Tōzan, der in die Zukunft blicken konnte, sich nicht geirrt hat. Zen-

Meister [Sōkōs] Schüler haben ihm dies zeitlebens übel genommen, sogar die der späteren Zeit. Aber nicht nur Meister [Dō-]Bi weigerte sich, [Sōkō] zu bestätigen. Meister [Bun-]Jun trat ihm sogar noch mehr entgegen [als Dōbi], denn bei jedem Zusammentreffen hatte er etwas an Sōkō auszusetzen. Dennoch nehmen [Sōkōs Schüler] ihm dies nicht übel. Für wie dumm müssen wir die Menschen der Vergangenheit und Gegenwart halten, die [Meister Dōbi] angefeindet haben?

Im Allgemeinen halten sich viele im großen Königreich der Song für die Nachkommen der Buddhas und Vorfahren, aber nur wenige sind wirklich zum Grund der Wahrheit gelangt, und daher können nur wenige die Wahrheit lehren. Dies geht sehr klar aus der obigen Geschichte hervor. Sogar in der Ära Shōkō[51] war es schon so, aber heute ist es noch viel schlimmer als zu jener Zeit. Heute sind Menschen die Lehrer und Führer der Mönche geworden, die nicht einmal wissen, was der Buddha-Dharma sein könnte. Denkt daran, dass das Dokument der Dharma-Nachfolge authentisch in der Linie vom Berg Seigen[52] weitergegeben wurde. In dieser Linie wurde das Dokument der Dharma-Nachfolge von Indien nach China, von einem Buddha zum nächsten und von einem Vorfahren zum anderen unverfälscht weitergegeben. Von der Linie des Berges Seigen aus wurde das Dokument auf natürliche Weise zum Berg Tōzan weitergereicht. Niemand anderes in den zehn Richtungen wusste davon. Die Einzigen, die davon wussten, waren die Nachkommen von Tōzan, und diese lehren die Mönche durch die Stimme und das Wort. In seinem ganzen Leben hat Zen-Meister Sōkō die Worte »sein wahres Selbst erfahren« und »sich selbst erkennen« nicht begriffen. Wie viel weniger hätte er andere Dharmas in ihrer Tiefe erfahren können? Und wie viel weniger noch hätte auch nur einer der späteren Schüler des alten Sōkō begreifen können, was der Ausdruck »Selbst-Erfahrung« bedeutet? Deshalb sind die Worte der Buddhas und Vorfahren, die ihr wahres Selbst und die Welt zum Ausdruck bringen, zweifellos ihr Körper, ihr Geist, und sie sind ihr Buddha-Auge. Weil die Worte der Buddhas und Vorfahren nichts anderes als ihre Knochen und ihr Mark sind, sind ihre Worte nicht die der gewöhnlichen Menschen, welche [nur] die Haut erlangen.

Shōbōgenzō Jishō zanmai

Dargelegt vor einer Versammlung im Kloster Kippō in Etsu-u am neunundzwanzigsten Tag des zweiten Mondmonats im zweiten Jahr der Ära Kangen [1244].

# Anmerkungen

1 *Wakujū chishiki, wakujū kyōgan* 或従知識、或従経巻, »manchmal einem guten Lehrer folgen und manchmal den Sūtren folgen«, ist eine Aussage, die sehr oft im *Shōbōgenzō* vorkommt, wie z. B. in Kap. 10, *Shoaku makusa*, Kap. 20, *Kokyō*, Kap. 32, *Juki*, usw.

2 *Zenna suru* 染汚する, »befleckt« oder »unrein« sein, bedeutet, dass man die Praxis des Zazen als ein Mittel ansieht, um die Erleuchtung zu erlangen.

3 *Ta* 他 bedeutet »das andere« oder »die anderen«, das heißt, alles, was außerhalb von uns selbst ist: die Welt und die anderen Menschen, die uns umgeben. In diesem Kapitel kommen die zwei Pole, »(wir) selbst« (*ji* 自) und »das andere« (*ta* 他), sehr oft vor. Je nach Zusammenhang übersetzen wir *ta* 他 mit »das andere«, mit »die Welt«, und manchmal mit »die anderen« im Sinn von »die anderen Menschen«.

4 Gautama Buddha gab Mahākāśyapa ein Zeichen mit den Augen, und Meister Eka schnitt sich den Arm ab, um Meister Bodhidharma seine Entschlossenheit zu zeigen.

5 Dies bezieht sich auf die Erfahrung ihres wahren Selbst von Meister Reiun Shigon und Meister Kyōgen Chikan, die Meister Dōgen ausführlich in Kap. 9, *Keisei sanshiki*, erläutert.

6 *Chinchō* 朕兆, wörtl. »das erste leichte Auftauchen eines Merkmals«, scheint die Zeit seit dem Ursprung des Universums zu beschreiben, das heißt, die ewige Jetzt-Zeit.

7 *Hanman jiku* 半万軸, wörtl. »die Hälfte von zehntausend Rollen«.

8 Diese werden ausführlich in Kap. 24, *Bukkyō*, beschrieben.

9 *Ganzei* 眼睛, »das Buddha-Auge« oder die Sichtweise Gautama Buddhas. Siehe Kap. 63, *Ganzei*.

10 *Gozui* 吾随, wörtl. »mein Mark«, das heißt, das Mark der Wahrheit oder die Zazen-Praxis, die Meister Bodhidharma von Indien nach China gebracht hat. Siehe Kap. 46, *Kattō*.

11 *Zuikaku shō nari, bijo shō nari* 頭角正なり、尾条正なり, wörtl. »ein Horn auf dem Kopf, das recht, und ein Schwanz, der recht ist«. Dies ist eine Variante des Ausdrucks *zushin bishin* 頭正尾正, der aus dem Lotos-Sūtra stammt und »von Kopf bis Schwanz recht« oder »ein Zustand, der von Anfang bis Ende recht ist« bedeutet.

12 *Ōsetsu jūsetsu* 横説縦説, wörtl. »das Senkrechte und das Waagrechte darlegen«, bedeutet zu lehren, ohne sich auf irgendeine Richtung zu beschränken.

13 *Hensan chishiki* 遍参知識 bezieht sich auf eine alte Tradition, wonach die Mönche und Nonnen während ihrer Schulung öfter ihr Stammkloster verlassen und sich auf Reisen begeben haben, um die Meister anderer Klöster aufzusuchen, sie zu befragen und ihre Lehren zu erforschen. Siehe Kap. 62, *Hensan*.

14 Dies ist Meister Dōgens eigene Variante einer in China populären Redewendung, *sakujitsu setsu jōhō, konnichi setsu fujōhō* 昨日説定法、今日説不定法, wörtl. »gestern die feste Regel lehren und heute die Ausnahme von der Regel lehren«. Siehe Kap. 73, *Sanjūshichibon bodai bunpō*.

15 *Shōshō* 生生. *Shō* 生 bedeutet hier »Leben«. *Shōshō* 生生, »viele Leben« oder »das Leben in jedem Augenblick«, findet sich mehrere Male in diesem Absatz, in der gleichen Weise wie *shinshin* 身身, »viele Körper« oder »der ganze Körper in jedem Augenblick«.

16 *Shōchi* 生知, wörtl. »angeborenes Wissen«. Der Begriff wird in Kap. 26, *Daigo*, Anm. 2, erläutert.

17 *Go-un* 五蘊, »die fünf Daseinsgruppen«: Körper, Gefühle, Wahrnehmungen, geistige und physische Willenskräfte, die zum Handeln führen, und Bewusstsein.

18 *Jichō* 自調. Im *Daichido ron* wird der edle achtfache Pfad in drei Disziplinen aufgeteilt: 1. Selbstdisziplin und Einhaltung der Gebote: rechte Rede, rechtes Handeln und rechtes Leben. 2. Selbstläuterung und Zen-Praxis: rechte Achtsamkeit und rechtes Gleichgewicht. 3. Selbstkontrolle und Weisheit: rechte Sicht, rechtes Denken und rechte Anstrengung.

19 1131–1162.

20 Meister Dai-e Sōkō (1088–1163), ein Nachfolger von Meister Engo Kokugon. Er wird als der Initiator des Kōan-Zen angesehen. Sein posthumer Titel ist »Zen-Meister Fugaku«.

21 Meister Myōkō Shōri (Daten unbekannt).

22 Meister Unmon Bun-en (864–949) war ein Nachfolger von Meister Seppō Gison. Er wird als der Begründer der Unmon-Schule angesehen. Siehe Kap. 49, *Butsudō*.

23 *Nenko* 拈古 waren Aufzeichnungen über die Worte und Handlungen der alten Meister.

24 *Juko* 頌古 waren die Lobreden auf die Worte und Handlungen vergangener Meister in Versform. Meister Setchō (980–1052) war ein Nachfolger von Meister Chimon Kōso in der Linie von Meister Unmon. Er wählte einhundert der siebenhundert Kōan des *Keitoku dentō roku* aus und fügte ihnen Lobreden hinzu. Diese wurden später zur Grundlage für das berühmte *Hekigan roku* (»Aufzeichnungen vom blauen Fels«) von Meister Engo Kokugon.

25 Meister Tōzan Dōbi (Daten unbekannt), war ein Nachfolger von Meister Fuyō Dōkai.

26 Meister Fuyō Dōkai (1043–1118) war ein Nachfolger von Meister Tōsu Gisei. Er war der fünfundvierzigste Vorfahre in Meister Dōgens Linie. Siehe Kap. 15, *Busso*.

27 *Shisho* 嗣書, »das Dokument der Nachfolge«, wird eingehend in Kap. 16, *Shisho*, erklärt.

28 *Bikō* 臂香, das Verbrennen von Räucherwerk auf dem Arm oder Ellenbogen, war möglicherweise ein alter Brauch in der asketischen Praxis.

29 *Jishō* 自証. Im Titel des Kapitels ist *ji* 自, »das Selbst«, das Objekt von *shō* 証, »die Erfahrung«. Sōkō hingegen könnte *ji* 自 als Adverb benutzt haben, das dann »durch mich selbst« bedeutet. In diesem Fall würde *shō* 証 auf die Erfahrung der so genannten Erleuchtung hinweisen und in diesem Sinn würde *jishō* 自証 bedeuten: »Ich erfahre das Erwachen durch mich selbst.«

30 Meister Tandō Bunjun (1060–1115) war ein Nachfolger von Meister Shinjō Kokumon. Er wird auch in Kap. 66, *Shunjū*, erwähnt.

31 Hōbō war der Name des Berges, auf dem sich Meister Tandōs Orden befand, also ein anderer Name für Meister Tandō selbst. Sōkō fühlte sich nicht selbst verantwortlich für seinen Zustand.

32 *Zusan [no] zenna* 杜撰禅和. *Zusan* 杜撰 bedeutet wörtl. »herausgegeben von Tō Moku«. Dies war ein Herausgeber von Schriften, der für seine Unglaubwürdigkeit berüchtigt war. *Na* 和 steht für *oshō* 和尚, was »Lehrer« bedeutet und die respektvolle Anrede für einen Abt oder höhergestellten Zen-Priester ist.

33 *Zehō byōdō mu-u kōge* 是法平等無有高下. Meister Tandō zitiert direkt aus dem Diamant-Sūtra.

34 *Zasu-nu* 座主奴. *Zasu* 座主 wird der Abt eines Tempels genannt, der einer Linie angehört, in der der Buddha-Dharma intellektuell studiert wird. In der Rinzai-Schule steht *zasu* 座主 für einen Menschen, der den Dharma nur mit dem Verstand versteht. *Nu* oder *yatsu* 奴 bedeutet »Kerl« oder »Bursche«.

35 *Jū ō* 十王, »die zehn Könige«, die im »Sūtra der zehn Könige« (*Jū ō kyō*) erwähnt werden, sind farbenprächtige Tempelhüter.

36 »Ryō« war Meister Tendōs Name, bevor er Mönch wurde. Möglicherweise war Meister Tendōs Verhalten gewöhnlicher, als es Sōkō von einem Meister erwartete, und deshalb sprach Sōkō die Ähnlichkeit zwischen Meister Tendō und dem gewöhnlichen Aussehen des Tempelhüters an.

37 *Shōsan* 小参, wörtl. »kleine Teilnahme«, sind spontane Gespräche oder Antworten auf unvorhergesehene Fragen der Mönche, die im Allgemeinen im Raum des Abtes stattfinden.

38 *Fusetsu* 普説, wörtl. »Allgemeine Belehrung«, ist manchmal eine informelle Belehrung, manchmal auch ein täglicher Vortrag, der nicht unbedingt vorher angekündigt wird. *Fusetsu* 普説 ist förmlicher als *shōsan* 小参, aber nicht so förmlich wie *jōdō* 上堂, die offizielle »Lehrrede in der Dharma-Halle«.

39 *Shin-eki* 請益 ist die offizielle Bitte eines Mönchs, vom Meister belehrt zu werden.

40 *Gonhasu* 勤巴子, wörtl. »der Sohn des Landes Ha«, war der Spitzname von Meister Engo Kokugon (1063–1135), einem Nachfolger von Meister Goso Hō-en und Herausgeber des *Hekigan roku*.

41 Der Inhalt dieses Absatzes ist in dem Buch *Dai-e Fugaku Zenji shūmon buko*, »Das Rüstzeug der Schule von Zen-Meister Dai-e Fugaku«, enthalten, das von Dōken, einem Schüler Meister Sōkōs, herausgegeben wurde.

42 *Keiko* 稽古, wörtl. »die Vergangenheit bedenken« oder »es den Alten gleichtun«, bedeutet die tägliche Praxis auf der Grundlage der traditionellen Maßstäbe.

43 *Bandai o shōryō suru* 万代を渉猟する. *Bandai* 万代 bedeutet »alle (wörtl. ›zehntausend‹) Generationen«, das heißt, die vielen Generationen unserer buddhistischen Vorfahren. *Shō* 渉 bedeutet »das Wasser überqueren« und *ryō* 猟 »jagen«. Als Kompositum wird *shōryō* 渉猟 oft in der Literatur verwendet und bedeutet »ausgedehntes Lesen« oder »die schriftlich niedergelegten Quellen durchsuchen«.

44 *Habi* 巴鼻, »Nasenring«, bezieht sich auf den Ring in der Nase eines Wasserbüffels, um diesen zu führen. Er symbolisiert einen Menschen, der sich selbst meistert.

45 Meister Goso Hō-en (starb 1104) war ein Nachfolger von Meister Haku-un Shūtan. Er wird in Kap. 74, *Tenbōrin*, erwähnt.

46 *Uku muku* 有句無句 bezieht sich auf die Theorie der vier Argumentationen, die Meister Nāgārjuna erklärt hat. Danach argumentiert der Philosoph in vier Phasen: 1. die Existenz, 2. die Nicht-Existenz, 3. sowohl Existenz als auch Nicht-Existenz und 4. weder Existenz noch Nicht-Existenz.

47 Die beiden Geschichten sind im *Dai-e Zenji tōmei*, »Inschriften auf dem Stūpa von Zen-Meister Dai-e [Sōkō]«, aufgezeichnet.

48 *Shoki* 書記 ist einer der sechs höchsten Verwaltungsposten in einem großen Kloster.

49 Meister Ōbaku Ki-un (starb zwischen 855 und 859) war ein Nachfolger von Meister Hyakujō Ekai.

50 *Daishō no inrin* 大小の隠倫. Für die Chinesen gab es zweierlei Eremiten: *dai-in* 大隠, »die großen Eremiten«, die sich in Städten verbargen, und *shō-in* 小隠, »die kleinen Eremiten«, die in den Bergen und Wäldern lebten.

51 1132–1162.

52 Meister Daikan Enō, der sechste Vorfahre in China, hatte drei große Schüler, die Meister Dōgen sehr verehrte: Meister Nan-yō Echū, Meister Nangaku Ejō und Meister Seigen Gyōshi. Meister Nangaku Ejōs Nachfolger war Meister Baso Dō-itsu, der besonders in der Rinzai-Schule verehrt wird. Meister Seigen Gyōshis Linie führt zu den Meistern Sekitō Kisen, Yakusan Igen, Ungan Donjō und Tōzan Ryōkai. Meister Dōgen gehört dieser Linie an.

# 76
# 大修行
# Dai shugyō
# Die große Praxis

*DAI bedeutet »groß«, SHUGYŌ »Praxis« oder »Handeln«. DAI SHUGYŌ ist »die große Praxis« und bezieht sich auf die Praxis des Zazen und im weiteren Sinn auf das Handeln eines Menschen, der seinen Alltag auf der Grundlage dieser Praxis lebt. Im chinesischen Buddhismus gibt es eine berühmte Geschichte über Meister Hyakujō Ekai und einen wilden Fuchs, in der es um die Beziehung zwischen der buddhistischen Praxis und dem Gesetz von Ursache und Wirkung geht. In der Geschichte wird diese Beziehung auf zwei Weisen erklärt, die im Widerspruch zueinander stehen. Nach der einen Erklärung fiele ein Mensch der großen Praxis dem Gesetz von Ursache und Wirkung nicht anheim und nach der anderen Erklärung unterläge er ihm doch. Für Meister Dōgen kommt der Widerspruch zwischen den beiden Erklärungen durch das begriffliche Denken zustande, denn in der wirklichen Situation, das heißt, im Handeln oder in der Praxis selbst, gibt es keine solche Dualität. Die große Praxis ist der gegenwärtige Augenblick, und in diesem Augenblick lösen sich alle Erklärungen auf und es gibt nur die realen Ursachen und Wirkungen. Deshalb greift Meister Dōgen in diesem Kapitel die Geschichte von Hyakujo und dem wilden Fuchs auf, um zu zeigen, dass ein Mensch der großen Praxis, der in der wirklichen Welt lebt und handelt, über alle Theorien von Ursache und Wirkung hinausgeht.*

Wann immer Zen-Meister Daichi[1] vom Berg Hyakujō in Kōshū[2] (der ein Nachfolger von Baso war und zu seinen Lebzeiten Ekai genannt wurde) einen informellen Lehrvortrag hielt, war ein alter Mann anwesend, der gemeinsam mit der Versammlung zuhörte. Wenn die Mönche sich zurückzogen, tat er es ebenso. Eines Tages jedoch blieb er. Schließlich richtete der Meister eine Frage an ihn: *»Was ist das für ein Mensch, der vor mir steht?«*

Der alte Mann antwortete: *»Ich bin kein Mensch. Vor langer Zeit, in den Tagen des Kāśyapa Buddha[3], war ich Meister auf diesem Berg.[4] Eines Tages fragte mich ein Schüler: ›Fällt selbst ein großer Praktizierender Ursache und Wirkung anheim?‹ Ich antwortete ihm: ›Er fällt der Ursache und Wirkung nicht anheim.‹[5] Seitdem bin ich fünfhundert Leben lang immer wieder in den Körper eines wilden Fuchses hineingefallen. Nun bitte ich Euch, Meister, mir ein Wort zu sagen, das mich verwandelt.[6] Ich sehne mich danach, mich von dem Körper des Fuchses zu befreien.«* Und dann fragte der alte Mann den Meister: *»Fällt selbst ein großer Praktizierender Ursache und Wirkung anheim?«*

Der Meister antwortete: »*Sei dir über Ursache und Wirkung sehr wohl im Klaren!*«[7]

Bei diesen Worten verwirklichte der alte Mann das große Erwachen und sagte, nachdem er sich vor dem Meister niedergeworfen hatte: »*Ich bin bereits von dem Körper des wilden Fuchses befreit. Nun würde ich gern auf dem Berg hinter dem Kloster bleiben. Darf ich den Meister bitten, das Ritual für einen verstorbenen Priester auszuführen?*«

Der Meister ließ den Mönchsobersten[8] den Holzblock schlagen, um die Mönche zu versammeln. Dann sagte er ihnen, dass er nach dem Essen das Ritual für einen verstorbenen Priester abhalten würde.

Die Mönche besprachen dies unter sich und sagten: »*Wir sind doch alle bei guter Gesundheit und niemand befindet sich im Krankenzimmer. Weshalb gibt es diese Totenzeremonie?*«

Nach dem Essen führte der Meister die Mönche zum Berg hinter dem Kloster an den Fuß eines Felsens, wo er mit dem Stock einen toten Fuchs hervorzog. Sie äscherten den Fuchs nach der traditionellen Methode ein. Am Abend hielt der Meister seine formelle Lehrrede in der Dharma-Halle und erwähnte die Geschichte, von der zuvor die Rede war.

Daraufhin fragte Ōbaku[9]: »*Das Wort der Verwandlung, das der Mann in der Vergangenheit ausgesprochen hat, war die falsche Antwort für den Schüler, und so gelangte er fünfhundert Leben lang in den Körper eines wilden Fuchses. Hätte er in dem Augenblick keinen solchen Fehler gemacht, was wäre dann aus ihm geworden?*«

Der Meister sagte: »*Komm her, hier nach oben. Ich werde es dir sagen.*«

Ōbaku kam nach oben und versetzte dem Meister einen Schlag. Meister Hyakujō klatschte in die Hände, lachte und sagte: »*Du hast gerade ausgedrückt, dass der Bart eines Fremden rot ist, aber es ist genauso richtig, dass ein Mann mit einem roten Bart ein Fremder ist.*«[10]

Das Kōan[11], das sich jetzt gerade verwirklicht, ist nichts anderes als die große Praxis selbst. Nach den Worten des alten Mannes gibt es den Berg Hyakujō in Kōshū in der [ewigen] Vergangenheit, das heißt, in den Tagen des Kāśyapa Buddha[12], und es gibt den Berg Hyakujō in der gegenwärtigen Zeit des Śākyamuni Buddha. Dies ist ein wirkliches Wort der Verwandlung. Dennoch sind der Berg Hyakujō in den Tagen des Kāśyapa Buddha und der Berg Hyakujō der Gegenwart des Śākyamuni Buddha weder derselbe noch verschieden; sie sind nicht [konkret wie] drei und drei vorn und drei und drei hinten.[13] Der Berg Hyakujō der Vergangenheit kann nicht der Berg Hyakujō der Gegenwart geworden sein, und der heutige Berg Hyakujō kann auch nicht der vergangene Berg Hyakujō in den Tagen des Buddha Kāśyapa sein. Obwohl dies so ist, sagte [der alte Mann] im Kōan, dass er der Meister auf diesem Berg war, und die Belehrung, die er seinem Schüler gab, ähnelt der des heutigen Hyakujō für den alten Mann, und die Frage, die ein Praktizierender damals stellte, ist dieselbe wie die des alten Mannes jetzt. [Meister Kenpō sagte:] »Wenn wir eine Sache tun, können wir keine zweite tun; [es ist wie beim Go-Spiel:] Wenn wir den ersten Stein vernachlässigen, werden wir beim zweiten sofort geschlagen.«[14]

Der Schüler auf dem Berg Hyakujō der Vergangenheit fragte: »Fällt selbst ein großer Praktizierender Ursache und Wirkung anheim?« Diese Frage solltet ihr in Wahrheit nicht leicht oder hastig begreifen wollen. Dank der Worte des alten Fuchses können wir zum ersten Mal die Frage eines Praktizierenden der Vergangenheit hören. Dies konnte erst geschehen, nachdem der Buddha-Dharma in der Eihei-Periode[15] der späten Han-Dynastie im Osten [Chinas] verbreitet wurde und nachdem unser Vorfahre [Bodhidharma] in der Futsu-Periode[16] der Liang-Dynastie aus dem Westen [Indien] kam. Dies hat es vorher nie gegeben, und so können wir sagen, das solche Worte selten gehört werden. Wenn ihr die große Praxis erfasst und verwirklicht, ist dies selbst schon die große Ursache und Wirkung.[17] Weil diese [wirklichen] Ursachen und Wirkungen immer das Ganze der Ursachen und die vollständige Erfüllung der Wirkungen enthält, ist sie etwas völlig anderes als Diskussionen über das Anheimfallen oder Nicht-Anheimfallen oder Reden über die Klarheit oder Nicht-Klarheit. Wenn es ein Fehler ist, zu sagen, dass [ein großer Praktizierender] nicht der Ursache und Wirkung anheimfällt, ist es wohl ebenso ein Fehler, zu sagen, dass man sich sehr wohl im Klaren über Ursache und Wirkung sein sollte. Selbst wenn ihr einen Fehler als einen Fehler erkennt, existiert beides: das Hineinfallen in den Körper eines Fuchses und die Befreiung vom Körper eines Fuchses. Selbst wenn die Worte, dass [ein großer Praktizierender] nicht der Ursache und Wirkung anheimfalle, in den Tagen des Buddha Kāśyapa ein Fehler waren, gibt es auch die Grundwahrheit, wonach dieselben Worte zur Zeit des Buddha Śākyamuni kein Fehler gewesen sein könnten. Selbst wenn jemand sich in der Zeit des Buddha Śākyamuni [durch die Worte] »Seid euch über Ursache und Wirkung sehr wohl im Klaren« vom Körper des Fuchses befreit, könnte es sein, dass sich in den Tagen des Buddha Kāśyapa eine ganz andere Grundwahrheit verwirklicht.

Der alte Mann sagte: »Seitdem bin ich fünfhundert Leben lang immer wieder in den Körper eines Fuchses hineingefallen.« Aber was bedeutet dieses »Hineinfallen in den Körper eines Fuchses«? Es kann nicht sein, dass ein schon vorher existierender Fuchs den Hyakujō der Vergangenheit in eine Höhle gelockt hat, und es kann auch nicht sein, dass der Hyakujō der Vergangenheit schon immer ein Fuchs war. Außerdem ist es nicht buddhistisch, zu behaupten, dass die Seele des Hyakujō der Vergangenheit [seinen Körper] verlassen und in die Haut eines Fuchses hineingeschlüpft sei. Ein Fuchs kann nicht einfach kommen und plötzlich den früheren Hyakujō verschlucken. Wenn wir sagen, dass der Hyakujō der Vergangenheit später ein Fuchs geworden sei, dann hätte [Hyakujō] erst seinen früheren Körper ablegen müssen, um in den Körper des Fuchses hineinfallen zu können. Es ist aber unmöglich, dass [der Meister] des Berges Hyakujō sich in den Körper eines Fuchses verwandelt. Wie könnte dies Ursache und Wirkung sein?[18]

Ursache und Wirkung sind weder ursprünglich noch neu entstanden. Ursache und Wirkung warten nicht müßig auf einen Menschen[, um sich zu verwirklichen]. Selbst wenn es falsch wäre, zu sagen, dass [ein Mensch der großen Praxis] nicht Ursache und Wirkung anheimfalle, muss eine solche Aussage nicht unbedingt das Hineinfallen in den Körper eines Fuchses nach sich ziehen. Wenn es karmisch unvermeidbar wäre, dass jemand, der eine falsche Antwort auf die Frage eines Praktizierenden gibt, sogleich in den Körper eines Fuchses hineinfällt, müssten die Rinzais und Tokuzans der heutigen Zeit zusammen mit ihren Anhängern in [ich weiß nicht wie] viele Tausende oder Zehntausende von Fuchskörpern hineingefallen sein. Außerdem müssten die unglaubwürdigen alten Praktizierenden der letzten zwei- oder dreihundert Jahre unendlich viele Füchse geworden sein. Aber wir haben noch von keinem von ihnen gehört, dass er in den Körper eines Fuchses hineingefallen wäre. Bei so vielen [wilden Füchsen] wären es mehr als genug, um von ihnen zu hören und sie zu sehen. Ihr könntet argumentieren, dass ihre Fehler nicht [so schwerwiegend] waren, aber es hat tatsächlich sehr viele fremdartige und verwirrende Antworten [auf die Fragen ihrer Schüler] gegeben, die viel schlimmer waren als zu sagen, dass ein großer Praktizierender nicht der Ursache und Wirkung anheimfallen würde. In Wahrheit sind die Menschen, die nicht einmal bis zu den Randzonen des Buddha-Dharmas gelangt sind, sehr zahlreich. Ihr solltet sie mit dem Auge der Erfahrung und des Erforschens erkennen, denn solange ihr sie nicht mit diesem Auge betrachtet, könnt ihr sie nicht auseinanderhalten. Kurz: Ihr solltet niemals sagen, dass jemand in den Körper eines wilden Fuchses hineinfallen würde, weil er eine schlechte Antwort gegeben hat. Diese Geschichte sagt allerdings nichts darüber aus, wie es ist, wenn man sich vom Körper eines Fuchses befreit hat, aber vielleicht ist es eine echte Perle, die in einem Hautsack verborgen war.

Demgegenüber gibt es Menschen, die noch gar nichts vom Buddha-Dharma gehört und gesehen haben und die sagen: »Wenn wir uns vollständig vom Körper des Fuchses befreit haben, kehren wir zurück in den Ozean des ursprünglichen Erwachens.[19] Wegen unserer Täuschungen fallen wir eine Zeit lang in das Leben eines Fuchses hinein, aber wenn wir das große Erwachen verwirklicht haben, legen wir den Körper des Fuchses ab und kehren zurück zur ursprünglichen Essenz.« Dies ist die nicht-buddhistische Theorie der Rückkehr zu einem ursprünglichen Selbst, die niemals der Buddha-Dharma sein kann. Andererseits entspricht es auch nicht dem Buddha-Dharma, zu sagen, dass ein Fuchs keine ursprüngliche Natur habe und es im Fuchs kein ursprüngliches Erwachen gebe. Zu sagen, dass wir uns nach dem großen Erwachen vom Körper des Fuchses entfernen und ihn ablegen würden, bedeutet, dass es nicht das große Erwachen des Fuchses war, und der wilde Fuchs hätte keinem Zweck gedient. Ihr solltet dies niemals behaupten.

[In der Geschichte] heißt es, dass der Hyakujō der Vergangenheit, der fünfhundert Leben lang ein Fuchs war, sich plötzlich durch das Wort der Verwandlung des Hyakujō der Gegenwart vom Körper des Fuchses befreit habe. Diese Grundwahrheit solltet ihr genau klären. Wenn wir annehmen, dass irgendein Außenstehender einen anderen Außenstehenden durch ein Wort der Verwandlung vom Körper eines Fuchses befreien kann, [so bedeutet dies,] dass die Berge, die Flüsse und die Erde bereits in der Vergangenheit unzählige solcher Worte der Verwandlung ausgesprochen und solche Worte ständig wiederholt hätten. Aber [der alte Mann] konnte sich in der Vergangenheit nicht [durch ein Wort der Natur] vom Körper des Fuchses befreien, sondern er befreite sich aufgrund der Worte des Hyakujō der Gegenwart. Dies wirft einen tödlichen Zweifel auf unseren alten Vorfahren [den Hyakujō der Gegenwart].[20] Und wenn wir sagen, dass die Berge, die Flüsse und die Erde solche Worte der Verwandlung nie ausgesprochen haben, dann hätte auch der Hyakujō der Gegenwart nicht einmal seinen Mund aufmachen können.[21]

Außerdem hat es in der Vergangenheit viele Meister gegeben, die untereinander mit Worten darüber wetteiferten, dass die beiden Aussagen »nicht anheimfallen« und »sich wohl im Klaren sein« gleichermaßen richtig seien. Aber wenn diese Meister das »Nicht-Anheimfallen« und das »Sich-im-Klaren-Sein« nicht mit ihrem Körper und im lebendigen Puls der Worte selbst erfahren haben, dann können sie auch nicht die Haut, das Fleisch, die Knochen und das Mark des Hineinfallens in den Körper des Fuchses erfahren haben und auch nicht die Haut, das Fleisch, die Knochen und das Mark der Befreiung vom Körper des Fuchses. Wenn der Kopf nicht recht ist, ist der Schwanz auch nicht recht.

[In der Geschichte] sagte der alte Mann: »Seitdem bin ich fünfhundert Leben lang in den Körper eines Fuchses hineingefallen«, aber was ist das Subjekt des Hineinfallens und was das Objekt, in das er hineingefallen ist? Welche Formen und Grade hat das Universum, das seit der Vergangenheit [existiert], gerade im Augenblick des Hineinfallens in den Körper eines Fuchses? Weshalb sollten die lebendigen Worte »Er fällt Ursache und Wirkung nicht anheim« zu einer Serie von fünfhundert Wiederholungen geführt haben? Und woher sollte dieser eine Fetzen Fuchshaut gekommen sein, den [der Meister] gerade am Fuß eines Felsens auf dem Berg hinter dem Kloster gefunden hat? Wenn jemand sagt, dass ein großer Praktizierender nicht der Ursache und Wirkung anheimfällt, bedeutet das, dass er in den Körper eines Fuchses hineingefallen ist, und wenn jemand hört, dass man sich über Ursache und Wirkung sehr wohl im Klaren sein sollte, bedeutet das, dass er sich vom Körper eines Fuchses befreit. So gibt es das Hineinfallen und die Befreiung, und beide sind die Ursachen und Wirkungen eines wirklichen wilden Fuchses.[22]

Dennoch haben die Leute seit alten Zeiten gesagt: »Weil die Worte, [ein Mensch der großen Praxis] falle Ursache und Wirkung nicht anheim, Ursache und Wirkung zu negieren scheinen, fällt [derjenige, der sie ausspricht, in den Körper eines wilden Fuchses] hinein.« Aber diese Aussage ergibt keinen Sinn. Es ist die Aussage von Leuten, denen es an Klarheit fehlt. Denn selbst wenn der Hyakujō der Vergangenheit irgendwann einmal sagte, dass [ein großer Praktizierender] nicht der Ursache und Wirkung anheimfalle, ist es im Zustand der großen Praxis unmöglich, andere zu täuschen, und deshalb kann [Hyakujō] Ursache und Wirkung gar nicht negieren.[23] Andere Leute wiederum sagen, dass dieses »sich im Klaren über Ursache und Wirkung sein«, das heißt, Ursache und Wirkung nicht zu ignorieren, bedeute, dass die große Praxis selbst die alles überschreitende und befreiende Ursache und Wirkung sei und man sich deshalb vom Körper des wilden Fuchses befreie. In Wahrheit ist dies [nur] achtzig oder neunzig Prozent des Auges der Erfahrung und des Forschens. Dennoch:

*In der Zeit des Buddha Kāśyapa*
*Lebte [ein Meister] auf diesem Berg.*
*In der Zeit des Buddha Śākyamuni*
*Lebte [ein Meister] auf diesem Berg.*
*Der frühere und der jetzige Körper,*
*Das Gesicht der Sonne und das Gesicht des Mondes,*
*Manchmal verhüllen sie den Geist des wilden Fuchses*
*Und manchmal offenbaren sie ihn.*

Wie wäre es möglich, dass ein wilder Fuchs von seinem Leben aus fünfhundert Leben weiß? Wenn wir sagen, dass ein Fuchs weiß, was fünfhundert Leben sind, indem er das Wissen eines Fuchses benutzt, dann hat sein Wissen noch nicht ganz die Dinge eines Lebens erfasst, und dann ist ein Leben noch nicht in die Haut des Fuchses hineingeschlüpft. Wenn ein wilder Fuchs sein Hineinfallen in fünfhundert Leben jedoch unfehlbar erkennt, verwirklicht sich das ganze Universum. [Der Fuchs] kann das Ganze eines Lebens nicht vollständig überschauen, [denn] manchmal erkennt er es, und manchmal nicht. Da der Körper und das Erkennen nicht zusammen entstehen und vergehen, ist es unmöglich, fünfhundert Leben zu zählen. Und wenn es unmöglich ist, fünfhundert Leben zu zählen, könnte der Ausdruck »fünfhundert Leben« eine reine Erfindung sein. Wenn wir sagen, dass [ein Fuchs] weiß, was fünfhundert Leben sind, indem er ein Wissen benutzt, das nicht sein eigenes ist, dann ist es nicht das Wissen des Fuchses; aber wer könnte [fünfhundert Leben] für den Fuchs erkennen? Wenn es daher keinen Weg der Erkenntnis durch Wissen und Nicht-Wissen gibt, können wir auch nicht vom Hineinfallen in den Körper eines wilden Fuchses sprechen. Und wenn es kein Hineinfallen in den Körper eines Fuchses gibt, kann es auch keine Befreiung vom Körper eines Fuchses geben. Wenn es also weder das Hineinfallen noch die Befreiung gibt, kann es auch den Hyakujō der Vergangenheit nicht geben. Und wenn der Hyakujō der Vergangenheit nicht existiert, kann auch der Hyakujō der Gegenwart nicht existieren, und dies solltet ihr nicht blind akzeptieren.[24] Erforscht dies bis ins letzte Detail. Denkt auf eine solche Weise und testet genau die Irrtümer, die man immer wieder im China der Liang-, Chen-, Sui-, Tang- und Song-Dynastie[25] hören konnte, und macht sie zunichte!

Dieser Alte, der kein Mensch ist, sagte zudem noch zu dem Hyakujō der Gegenwart: »Darf ich den Meister bitten, das Ritual für einen verstorbenen Mönch auszuführen?« Dies hätte er nicht sagen dürfen. Seit Hyakujō hat es viele gute Lehrer gegeben, die nicht an diesen Worten gezweifelt haben und auch nicht überrascht waren, sie zu hören. Die wesentliche Frage ist hier: Wie wäre es möglich, dass ein toter Fuchs ein verstorbener Mönch ist, denn ein Fuchs empfängt nicht die Mönchs-Gebote, er nimmt an keinem Sommertraining teil[26], er offenbart kein würdevolles Handeln und lebt auch nicht nach den Regeln eines Mönchs. Wenn ein solches Wesen sich willkürlich dem Ritual für einen verstorbenen Mönch unterziehen kann, müsste allen Toten, die niemals Mönche oder Nonnen geworden sind, ein solches Ritual gewährt werden. In diesem

oder Śakra-devānām-indra wäre. Sagt ihm, er solle zurückkommen, wenn er Haus und Familie verlassen und die Gebote empfangen hätte und ordiniert worden wäre. Menschen, die die Belohnung ihrer Taten in den drei Welten lieben und daran festhalten und nicht die höchst verehrungswürdige Position ersehnen, nämlich die der drei Juwelen [Buddha, Dharma und Sangha], mögen kommen und tausend tote Hautsäcke herbringen und das Ritual für einen verstorbenen Mönch schänden. Dies wäre nur eine schwere Verletzung [der Regeln] und brächte niemals auch nur das geringste Verdienst. Wenn solche Menschen in eine heilsame und glückliche Verbindung mit den Verdiensten des Buddha-Dharmas treten möchten, sollten sie sogleich ihr Haus und ihre Familien verlassen, die Gebote empfangen und, dem Buddha-Dharma gemäß, ordinierte Mönche oder Nonnen werden.

[In der Geschichte heißt es:] »Am Abend hielt der Meister Hyakujō der Gegenwart seine Lehrrede in der Dharma-Halle und erwähnte die Geschichte, von der zuvor die Rede war.« Der Inhalt dieser Rede ist jedoch außerordentlich zweifelhaft. Welche Art der Rede mag dies gewesen sein? Er scheint gesagt zu haben, dass der alte Mann, der bereits fünfhundert Leben hinter sich hatte, sich von seinem früheren Körper befreit habe. Sollten wir die besagte Zahl »fünfhundert« als fünfhundert Leben in der Welt der Menschen ansehen oder als fünfhundert Leben eines Fuchses? Oder sollten wir sie als fünfhundert Leben auf dem Buddha-Weg betrachten? Wie wäre es möglich, dass die Augen des alten Fuchses auch nur einen Blick auf Meister Hyakujō werfen könnten? Die Augen eines Fuchses sehen den Geist eines Fuchses, aber das Auge des Hyakujō sieht die Buddhas und Vorfahren. Deshalb preist Zen-Meister Koboku Hōjō[29] [den Hyakujō] mit den Worten:

*Früher hat Hyakujō Begegnungen mit dem Fuchs unmittelbar erfahren.*
*Als der Fuchs ihn um Belehrung bat, fühlte er sich unangenehm berührt.*
*Jetzt frage ich euch alle, die ihr praktiziert,*
*Habt ihr den Unsinn[30] des Fuchses ganz ausgespuckt oder nicht?*

Deshalb ist ein wilder Fuchs das Auge von Hyakujōs früherer vertrauter Erfahrung.[31] Den Unsinn des Fuchses auszuspucken, selbst wenn es euch nur zur Hälfte gelingt, bedeutet, dass ihr die weite und große Zunge[32] [eines Buddhas] ausstreckt und für die anderen ein Wort der Verwandlung sprecht. Gerade in diesem Augenblick befreit ihr euch vom Körper des Fuchses, befreit euch vom Körper des Hyakujō, befreit euch vom Körper des alten Mannes, der kein Mensch ist, und ihr befreit euch vom Körper des ganzen Universums.

Daraufhin fragte Ōbaku: »Das Wort der Verwandlung, das der [alte] Mann in der Vergangenheit ausgesprochen hat, war die falsche Antwort für den Schüler, und so gelangte er fünfhundert Leben lang in den Körper eines Fuchses. Hätte er in diesem Augenblick keinen solchen Fehler gemacht, was wäre dann aus ihm geworden?« Mit dieser Frage verwirklichen sich die Worte der Buddhas und Vorfahren. Unter den verehrungswürdigen Nachkommen in Nangakus Linie[33] gibt es keinen, der so war wie

Ōbaku, weder vor ihm noch nach ihm. Der alte Mann [in der Geschichte] sagte jedoch nicht, dass er dem Schüler eine falsche Antwort gegeben habe, und Hyakujō sagte auch nicht, dass [der alte Mann] falsch geantwortet habe. Warum behauptet Ōbaku hier so unerwartet: »Das Wort der Verwandlung, das der Mann in der Vergangenheit ausgesprochen hat, war die falsche Antwort«? Hätte Ōbaku gesagt, dass [Hyakujō] die Ursache in einem Fehler wähnte, dann hätte er den weiten Sinn von Hyakujōs Worten nicht erfasst. Es scheint aber so, dass Ōbaku niemals die falschen Antworten und die Antworten jenseits von richtig und falsch, die die Buddhas und Vorfahren geben, wirklich erforscht hat. Ihr solltet deshalb wissen, dass weder der Hyakujō der Vergangenheit noch der Hyakujō der Gegenwart von einer falschen Antwort gesprochen haben. Vielmehr könnte es sein, dass [Hyakujō] vor langer Zeit auf diesem Berg lebte[34] und dies seinen Schülern konkret demonstrieren wollte, indem er fünfhundert Häute wilder Füchse mit jeweils einer Dicke von drei Zoll[35] dafür benutzte. Weil die Haut eines Fuchses wirkliche Haare der Befreiung hat, kann der Hyakujō der Gegenwart überhaupt erst ein lebendiger Mensch sein[36], und wenn ihr es erraten könnt, hat er die Haut eines halben [wirklichen] Fuchses, der gerade im Begriff ist sich zu befreien. Es gibt das Hineinfallen und das Sichbefreien, die in dem Augenblick ohne Fehler sind[37], und es gibt Ursachen und Wirkungen, die in diesem Augenblick Worte [der Verwandlung] für andere sprechen, und sie sind die Evidenz der großen Praxis selbst.

Würde Ōbaku jetzt hierher kommen und fragen: »Hätte [der alte Mann] in diesem Augenblick keinen solchen Fehler gemacht, was wäre dann aus ihm geworden?«, würde ich ihm antworten: »Er wäre ebenfalls in den Körper eines Fuchses hineingefallen.« Wenn Ōbaku dann fragen würde: »Weshalb?«, müsste ich ihm sagen: »Du Geist eines wilden Fuchses!« Und sogar dann wäre es keine Sache von Fehler oder Nicht-Fehler. Ihr solltet nicht akzeptieren, dass Ōbakus Frage die richtige wäre. Wenn Ōbaku noch einmal fragen würde, was aus ihm geworden wäre, würde ich ihn fragen: »Kannst du die Haut des Gesichtes ergreifen oder nicht?« Und ich würde weiter fragen: »Hast ›du‹ dich schon von dem Körper eines Fuchses befreit oder nicht?«, und: »Würdest ›du‹ dem Praktizierenden antworten, dass er Ursache und Wirkung nicht anheimfällt?« Aber Hyakujōs Aufforderung »Komm her, hier nach oben. Ich werde es dir sagen!« beinhaltet schon, was aus ihm geworden ist: nämlich dies! Ōbaku steigt [zu Hyakujō] hinauf, vergisst, was vorher war, und beachtet nicht, was nachher kommt. Der Schlag, den er Hyakujō versetzt, ist schon [eine] der zahllosen Verwandlungen des wilden Fuchses. Hyakujō klatscht in die Hände, lacht und sagt: »Du hast gerade ausgedrückt, dass der Bart eines Fremden rot ist, aber es ist genauso richtig, dass ein Mann mit einem roten Bart ein Fremder ist.«[38] Diese Worte haben nicht die Kühnheit des Geistes einer hundertprozentigen Verwirklichung[39], sie treffen die Sache nur zu achtzig oder neunzig Prozent.[40] Selbst wenn wir achtzig oder neunzig Prozent als Verwirklichung ansehen, sind es in der Regel noch keine achtzig oder neunzig Prozent, und wenn wir hundert Prozent anerkennen, bleibt von den achtzig oder neunzig Prozent nichts mehr übrig. Letztlich muss gesagt werden:

*Auch wenn Hyakujōs Worte im ganzen Land bekannt sind,*
*hat er noch nicht die Höhle des wilden Fuchses verlassen.*
*Selbst wenn Ōbakus Fersen den Boden berühren,*
*Auf dem Weg scheint er noch zu zögern.*[41]
*Ein Schlag und ein Händeklatschen*
*Sind eins und nicht zwei.*
*Der Bart eines Fremden ist rot und ein Mann mit einem roten Bart ist ein Fremder.*[42]

SHŌBŌGENZŌ DAI SHUGYŌ

Dargelegt vor einer Versammlung im alten Kloster Kippu in Etsu-u am neunten Tag des dritten Mondmonats im zweiten Jahr der Ära Kangen [1244].

# Anmerkungen

1 Meister Hyakujō Ekai (749–814) war ein Nachfolger von Meister Baso Dō-itsu. »Zen-Meister Daichi« ist sein posthumer Name. Der klein gedruckte Text könnte von einem späteren Herausgeber hinzugefügt worden sein.

2 Ein Bezirk in der Provinz Jiangxi in Südostchina.

3 Kāśyapa Buddha war der sechste der sieben Buddhas bis zu Śākyamuni Buddha. Der Ausdruck bedeutet also »in der ewigen Vergangenheit«.

4 *Jūsan* 住山, wörtl. »auf dem Berg Wohnstatt nehmen«, bedeutet, Meister eines Klosters zu sein.

5 *Furaku inga* 不落因果 bedeutet, dass er nicht der karmischen Vergeltung unterliegt.

6 *Ichi tengo* 一転語, wörtl. »ein Umkehrwort«. Das ist ein Wort, das die Macht hat, einen Menschen zu verwandeln, wenn es zur rechten Zeit und am rechten Ort gesprochen und gehört wird. Dieser Ausdruck findet sich auch in Kap. 61, *Kenbutsu*.

7 *Fumai inga* 不昧因果 bedeutet, nicht an dem Gesetz von Ursache und Wirkung zu zweifeln. Meister Dōgen verwendet den Ausdruck *furaku inga* 不落因果, »nicht dem Gesetz von Ursache und Wirkung anheimfallen«, und *fumai inga* 不昧因果, »sich nicht im Unklaren über Ursache und Wirkung zu sein«, als ein Beispiel zweier gegensätzlicher Sichtweisen zum Kausalprinzip. Er erläutert diese vor allem in Kap. 84, *Sanji no go*, Kap. 89, *Shinjin inga*, und Kap. 90, *Shizen biku*.

8 *Ino* 維那, der Mönchsoberste in der Zazen-Halle, war einer der Hauptverwalter des Klosters.

9 Meister Ōbaku Ki-un (starb zwischen 855 und 859) war ein Nachfolger von Meister Hyakujō.

10 Siehe *Tenshō kōtō roku*, Kap. 8, und *Shinji shōbōgenzō*, Buch 2, Nr. 2. Das Kōan wird auch in Kap. 89, *Shinjin inga*, zitiert.

11 *Kōan* 公案 ist die Kurzform von *kōfu antoku* 公府案牘, welches ursprünglich der Name für die Anschlagtafeln war, auf denen im alten China neue Verordnungen der Allgemeinheit bekannt gemacht wurden. Später änderte sich die Bedeutung des Wortes und wurde im chinesischen Buddhismus zu: 1. einer Geschichte, die universelle Grundwahrheiten des Buddha-Dharmas zum Ausdruck bringt und 2. der konkreten Manifestation des Dharmas im Jetzt. Siehe Kap. 2, *Genjō kōan*.

12 Siehe oben, Anmerkung 3.

13 *Zensansan gosansan* 前三三後三三, »drei und drei vorn, drei und drei hinten«, war eine in China verbreitete Ausdrucksweise, mit der eine konkrete und besondere Situation veranschaulicht werden sollte. Der Berg Hyakujō der Vergangenheit ist nur eine Vorstellung, der Berg Hyakujō hier und jetzt existiert wirklich. Siehe auch *Shinji shōbōgenzō*, Buch 2, Nr. 27.

14 Diese Worte von Meister Kenpō werden im *Rentō eyō*, Kap. 23, zitiert. Das Go-Spiel ist im *Shōbōgenzō* immer eine Metapher für das Handeln, bzw. das Sich-entscheiden-Müssen im gegenwärtigen Augenblick.

15 58–75. Dies ist in etwa die Zeit, als die ersten Sūtren aus dem Sanskrit ins Chinesische übersetzt wurden.

16 Etwa 520–526.

17 *Inga* 因果, »Ursache und Wirkung«, bezieht sich im *Shōbōgenzō* nicht nur auf das Ge-

setz der Kausalität, sondern auf das momentane Wirken unendlich vieler Ursachen und Wirkungen in der Praxis selbst.

18 In diesem und den folgenden Absätzen führt Meister Dōgen die ganze Geschichte der Verwandlung von Meister Hyakujō in einen wilden Fuchs ad absurdum. Für Meister Dōgen gibt es gar keinen wilden Fuchs. Er ist nur eine Metapher für Hyakujōs Täuschungen. Selbst wenn Hyakujō einen Fehler gemacht hat, blieb er immer noch Hyakujō.

19 *Hongaku* 本覚. *Hon* 本 bedeutet »ursprünglich« oder »angeboren«. *Kaku* 覚 ist sanskr. *bodhi* und bedeutet »Buddhas Erwachen«. In der Tendai-Schule geben die Begriffe *hongaku* 本覚, »Erwachen von Beginn an«, und *shikaku* 始覚, »allmählicher Prozess des Erwachens«, zwei sich widersprechende Sichtweisen der Buddha-Natur wieder. Es heißt, dass Meister Dōgen als junger Mönch der Tendai-Schule mit diesem Widerspruch gerungen habe und das Problem erst lösen konnte, nachdem ihm Meister Tendō Nyojō die Einheit von Praxis und Erwachen zur Wirklichkeit gelehrt hatte.

20 Der Hyakujō der Gegenwart ist ein Buddha. Deshalb sind seine Worte und seine Stimme auch die der Natur. Wenn wir denken, dass seine Worte eine übernatürliche Kraft der Verwandlung haben, müssen wir daran zweifeln, dass Hyakujō wirklich ein Buddha war.

21 Anders ausgedrückt: Wenn Meister Hyakujō im Zustand des natürlichen Gleichgewichts nicht aus sich selbst heraus die Kraft gehabt hätte, die Verwandlung zu bewirken, dann wäre er völlig machtlos gewesen. Hyakujōs Worte waren die Handlung eines Meisters, dessen Worte die der Natur sind.

22 *Yako no inga* 野狐の因果 bedeutet nicht nur das Karma des wilden Fuchses, sondern auch seine Wirklichkeit, das heißt, sein wirkliches Leben.

23 Da die große Praxis selbst die Wirklichkeit von Ursache und Wirkung ist, konnte Hyakujō das Gesetz von Ursache und Wirkung gar nicht leugnen.

24 Wir sollten die Zahl Fünfhundert nicht blind hinnehmen. Meister Dōgen benutzt die Geschichte von Hyakujō und dem wilden Fuchs dazu, um seine Interpretation von Ursache und Wirkung zu demonstrieren.

25 In der Liang-Dynastie kam Bodhidharma von Indien nach China und in der Song-Dynastie lehrte Meister Dōgen dieses Kapitel. Dōgen sagt hier, dass es in diesem Zeitraum viele falsche Interpretationen dieser Geschichte gegeben habe.

26 *Gerō nashi* 夏臘なし, wörtl. »ohne das Ende des Sommertrainings«. Traditionell wurden die Jahre eines Mönchs nach den Jahren berechnet, in denen er am Sommertraining teilgenommen hatte.

27 *Bodai en* 菩提園, wörtl. »der Bodhi-Garten«, ist der Friedhof hinter dem Kloster.

28 Dies ist eine Anspielung auf das Lotos-Sūtra, Kap. 14, »Wandel in friedvoller Festigkeit und Freude«: Es ist so wie ein König, der die strahlende Perle vom Haarknoten löste und sie als Geschenk verlieh. Dieses Sūtra ist verehrungswürdig und unter allen Sūtren das höchste. Vgl. Borsig, S. 264.

29 Meister Koboku Hōjō (starb 1150) war ein Nachfolger von Meister Fuyō Dōkai.

30 *Zen* oder *yodare* 涎 in der japanischen Leseart hat zwei Bedeutungen: 1. Speichel, und hier 2. etwas völlig Wertloses, Blödsinn. Anders ausgedrückt sagt Koboku: Habt ihr euch schon von der lächerlichen Geschichte mit dem Fuchs befreit?

31 Hyakujō ist sich vollkommen im Klaren über seine früheren Täuschungen, das heißt, der wilde Fuchs ist für ihn eine sehr vertraute Erfahrung.

32 *Kōchō zetsu* 広長舌, »die weite und lange Zunge«, ist eines der neununddreißig Merkmale eines Buddhas und bedeutet sein Verkünden der Lehre.

33 *Nangaku-ka no sonshuku* 南嶽下の尊宿 bezeichnet die Rinzai-Linie, die von Meister Nangaku Ejō (677–744) über Meister Baso Dō-itsu (704–788) und Meister Hyakujō

Ekai (749–814) bis zu Meister Ōbaku Ki-un (starb 855) geht. Der Nachfolger von Meister Ōbaku war Meister Rinzai Gigen (starb 867), der als der Begründer der Rinzai-Schule angesehen wird.

34 *Jōjū shisan* 曹住此山, in der Geschichte übersetzt mit: »Vor langer Zeit war ich der Meister auf diesem Berg.«

35 Ein *sun* ist der japanische »Zoll« und entspricht 3,03 cm.

36 Wörtl. »ein stinkender Hautsack sein«.

37 *Tenten fusaku* 転転不錯. Meister Dōgens Variante der Worte von Meister Ōbaku in der Geschichte: »Hätte er in dem Augenblick keinen solchen Fehler gemacht ...«

38 Ein und dieselbe Tatsache kann man auf zwei Weisen interpretieren.

39 *Jūjō no shiki* 十成の志気 ist eine ironische Bemerkung.

40 *Hakkujō* 八九成. Der Ausdruck findet sich in dem Dialog zwischen Meister Dōgo und Meister Ungan, der in Kap. 33, *Kannon*, erläutert wird.

41 Meister Dōgen scheint hier Ōbakus praktischen Standpunkt (»Ōbakus Fersen berühren den Boden«) zu schätzen, aber gleichzeitig fragt er sich, ob Ōbaku sich schon vom Dualismus des Richtig und Falsch frei gemacht habe.

42 »Eins und nicht zwei« ist die konkrete Situation von Ōbaku und Hyakujō. In diesem Gedicht zeigt Meister Dōgen, dass dies auch für Ursache und Wirkung gilt. Im Augenblick der großen Praxis sind Ursache und Wirkung eine Tatsache und nicht zwei. Ob man Ursache und Wirkung anheimfällt oder sich im Klaren über sie ist, im Augenblick der großen Praxis selbst gibt es nicht zwei, sondern nur eine konkrete Situation, was durch folgendes Beispiel ausgedrückt wird: Ein Mann hat einen roten Bart. Dass der Mann mit dem roten Bart ein Fremder ist, ist die Interpretation, die aus einer Tatsache zwei macht.

# 77
# 虚空
# Kokū
## Der leere Raum

*Ko bedeutet »weit« oder »offen« und kū bedeutet »Himmel«, »Raum« oder »Leerheit«. Hier steht kokū für den »Raum«. Raum und Zeit sind seit alten Zeiten wichtige Themen der Religion, der Philosophie und der Wissenschaft. Auch im alten Indien wurde oft über die Natur des Raums und der Zeit gesprochen. Diese Tradition wurde nach China weitergetragen, und so gibt es viele Geschichten oder Kōan chinesischer Meister, die sich mit dem Raum befassen. In diesem Kapitel erläutert Meister Dōgen, dass es nicht möglich ist, den weiten Raum nur mit dem abstrakten Begriff »Leerheit« zu erklären, sondern dass es wichtig ist, den Raum in uns selbst und in unserer alltäglichen Lebenswirklichkeit unmittelbar zu erfahren. Zu Anfang zitiert er ein Gespräch über den Raum, das zwischen Meister Shakkyō Ezō und Meister Seidō Chizō stattfand. Dann kommentiert Meister Dōgen diese Geschichte und zitiert ein Gedicht seines eigenen Meisters, Tendō Nyojō, über den Raum. Zuletzt erläutert er ein Gespräch über den Raum zwischen Meister Baso Dō-itsu und einem Meister namens Seizan Ryō und die Worte des indischen Meisters Vasumitra.*

Weil »es an diesem Ort hier etwas nicht Erfassbares gibt«[1], wurden [Menschen] durch die Verwirklichung dieser Worte zu Buddhas und Vorfahren. Und weil die Buddhas und Vorfahren diese Worte verwirklicht und sie getreu von einem Nachfolger zum nächsten weitergegeben haben, hängen ihre Haut, ihr Fleisch, ihre Knochen und ihr Mark wie ein ganzer Körper im leeren Raum.[2] Dieser Raum gehört zu keiner der Kategorien, die »die zwanzig Arten der Leerheit«[3] genannt werden. Wie wäre es möglich, dass sich der unendlich weite Raum auf nur zwanzig Arten beschränkte? In Wirklichkeit gibt es unzählige[4] Arten des Raums, und darüber hinaus könnte es noch viele weitere geben.

Zen-Meister Shakkyō Ezō[5] aus Bushū[6] fragte einst den Zen-Meister Seidō Chizō[7]: *»Verstehst du, wie man den leeren Raum erfasst?«*

Seidō sagte: *»Ich verstehe, wie man den leeren Raum erfasst.«*

Der Meister fragte: *»Wie erfasst du ihn?«*

Seidō griff mit seiner Hand nach dem leeren Raum.

Der Meister sagte: *»Du weißt nicht, wie man den leeren Raum erfasst.«*

Seidō fragte: *»Wie erfasst du ihn, Bruder?«*[8]

Der Meister packte Seidōs Nase und zog daran.

Vor Schmerz aufstöhnend, sagte Seidō: *»Es ist sehr brutal, jemanden an der Nase zu ziehen, aber ich bin unvermittelt frei geworden.«*

Der Meister sagte: *»So unvermittelt hättest du gleich nach dem leeren Raum greifen können.«*[9]

Shakkyō fragte: »Verstehst du, wie man den leeren Raum erfasst?« Das heißt, er fragte Seidō, ob seine Hände und Augen sein ganzer Körper sind.[10] Seidō antwortete: »Ich verstehe, wie man den leeren Raum erfasst.« Der leere Raum ist ein unbeflecktes Ganzes, das nicht mehr rein ist, wenn man es [mit dem Verstand] berührt. In dem Augenblick, wenn ihr ihn befleckt, fällt der leere Raum auf die Erde.[11] Shakkyōs Worte »Wie erfasst du ihn?« bedeuten: Selbst wenn du den leeren Raum [die Wirklichkeit] »so, wie er ist«[12] nennst, hat er sich in diesem Augenblick schon verändert. Und obwohl dies so ist, folgen wir dem Wandel der so-vergangenen Wirklichkeit.[13]

Seidō griff mit seiner Hand nach dem leeren Raum. Dies bedeutet, dass er nur verstand, den Kopf eines Tigers zu ergreifen, aber noch nicht, wie man seinen Schwanz ergreift. Shakkyō sagte: »Du weißt nicht, wie man den leeren Raum erfasst.« [Seidō] war sich also nicht nur im Unklaren darüber, wie man den leeren Raum erfasst, er hatte den leeren Raum nicht einmal im Traum gesehen. Obwohl [Seidō] so war, wollte [Shakkyō] ihm nicht die Tiefe und Weite [des leeren Raumes mit Worten] erklären. Seidōs Frage »Wie erfasst du den leeren Raum, Bruder?« bedeutet: »Meister, sagt selbst ein Wort oder die Hälfte. Lasst nicht nur mich reden.« Da packte Shakkyō Seidōs Nase und zog daran.

Vorerst solltet ihr [die Tatsache] erfahren und erforschen, dass Shakkyō mit seinem Körper [bereits] in Seidōs Nase war. Andererseits ist dies die konkrete Verwirklichung der Worte: »[Shakkyō] packte Seidōs Nase und zog daran.« Auch wenn es so ist, ist der leere Raum ein Ganzes, [in dem sich viele Dinge] drängeln und aneinanderstoßen.[14] Seidō stöhnte vor Schmerz auf und sagte: »Es ist sehr brutal, jemanden an der Nase zu ziehen, aber ich bin unvermittelt frei geworden.«[15] Vorher dachte [Seidō], dass er einem Menschen begegnet sei, aber plötzlich konnte er sich selbst begegnen. Ihr solltet euch selbst aber nicht beflecken, vielmehr solltet ihr euch selbst üben.[16]

Shakkyō sagte: »So unvermittelt hättest du gleich nach dem leeren Raum greifen können.« Ich leugne nicht die Tatsache, dass man den leeren Raum gleich so unvermittelt ergreifen kann, aber weil es kein Ergreifen gab, in dem Shakkyō und Shakkyō ihre Hand ausgestreckt hätten, und kein Ergreifen, in dem der leere Raum und der leere Raum die Hand ausgestreckt hätten, hat Shakkyō hier noch nicht auf seine eigene Kraft gesetzt. Grundsätzlich verhält es sich so, dass das Universum keine Zwischenräume hat, um den »leeren Raum« zu beherbergen, [das ganze Universum IST leerer Raum;] dennoch wurde diese Geschichte seit langer Zeit zu einem Donnerschlag des leeren Raums.

Seit den Tagen des Shakkyō und des Seidō haben viele, die sich selbst Meister der fünf Schulen[17] nennen, diese Geschichte erforscht. Aber nur wenige haben den leeren Raum tatsächlich gesehen, von ihm gehört oder ihn ergriffen. Vor und nach Shakkyō und Seidō haben ein paar Menschen versucht, [beim Zazen] mit dem leeren Raum zu spielen[18], aber nur wenige haben ihn konkret mit den Händen gepackt. Shakkyō war in der Lage, den leeren Raum zu ergreifen, während Seidō nicht einmal einen flüchtigen Blick darauf geworfen hat.

Nun möchte Daibutsu[19] [Meister Dōgen selbst] dem Shakkyō etwas sagen: »Bevor du an Seidōs Nase gezogen hast, um den leeren Raum zu ergreifen, hättest du an deiner eigenen Nase ziehen sollen, und du hättest verstehen sollen, wie man mit den Fingerspitzen an den [eigenen] Fingerspitzen zieht.« Trotzdem hat Shakkyō ein wenig das würdevolle Handeln verstanden, wenn ein Mensch den leeren Raum ergreift. Sogar jemand, der den leeren Raum sehr geschickt zu ergreifen weiß, muss [noch] das Innere und das Äußere des leeren Raums erforschen; er muss das Verschwinden und Wiederaufleben des leeren Raums erforschen, und er muss die Schwere und Leichtigkeit des leeren Raums erforschen. Ihr solltet unbedingt [die Lehre] bewahren und darauf vertrauen, dass euer Bemühen um die Wahrheit, euer Erwecken des [Bodhi-]Geistes, eure Praxis und Erfahrung und die Anstrengungen der Buddhas und Vorfahren nichts anderes sind, als diesen leeren Raum zu ergreifen.

Mein früherer Meister, der ewige Buddha Tendō Nyojō, sagte: *»Der ganze Körper [ist] wie ein Mund, der im leeren Raum hängt.«*[20]

Aus diesen Worten geht klar hervor, dass der ganze Körper der Leerheit im leeren Raum hängt.

Der Zasu[21] Ryō vom Berg Sei in Kōshū begab sich eines Tages zum Orden von Meister Baso.[22] Unser Vorfahre [Baso] fragte ihn: *»Was für ein Sūtra trägst du vor?«*

Ryō antwortete: *»Das Herz-Sūtra.«*[23]

Meister Baso fragte: *»Womit trägst du es vor?«*

Meister Ryō antwortete: *»Mit dem Geist.«*[24]

Meister Baso sagte: *»[Es heißt, dass] der Geist beim Lehren die Hauptrolle spiele. Der Wille ist der unterstützende Akteur und die sechs Arten des Bewusstseins sind die begleitende Besetzung. Wie wäre es möglich, dass diese [drei] das Sūtra vortragen?«*

Meister Ryō erwiderte: *»Wenn der Geist das Sūtra nicht vortragen kann, wie könnte dies der leere Raum*[25] *tun?«*

Meister Baso sagte: *»Der leere Raum ist sehr wohl fähig, das Sūtra vorzutragen.«*

Der Meister schwang die langen Ärmel seines Gewandes[26] und zog sich zurück.

Meister Baso rief ihm nach: *»Zasu!«*

Der Meister wandte den Kopf.

Meister Baso sagte: *»Von der Geburt bis zum Tod ist es nur dies!«*[27]

Nach diesen Worten hatte Ryō eine Einsicht. Danach hielt er sich auf dem Berg Sei verborgen, und nichts Weiteres ist über ihn bekannt geworden.[28]

Deshalb sind die Buddhas und Vorfahren Menschen, die die Sūtren vortragen. Ein Sūtra vorzutragen bedeutet ausnahmslos, den leeren Raum [im leeren Raum] vorzutragen. Ohne den leeren Raum wäre es unmöglich, auch nur ein einziges Sūtra vorzutragen. Wir lehren immer im leeren Raum, ganz gleich, ob es ein Sūtra über den Geist [wie das Herz-Sūtra] oder ein Sūtra über den Körper ist. Sowohl Denken als auch Nicht-Denken verwirklichen sich im leeren Raum. Die Weisheit, die entsteht, wenn wir einem Lehrer folgen, und die Weisheit, die entsteht, wenn wir keinem Lehrer folgen, das angeborene und das erlernte Wissen, all dies geschieht im leeren Raum. Ein Buddha und ein Vorfahre zu werden, muss daher auch im leeren Raum geschehen.

Der siebte Vorfahre [in Indien], der Ehrwürdige Vasumitra[29], sagte: »*Der Geist*[30] *ist dasselbe wie die Welt des leeren Raums. Er offenbart die Wirklichkeit, die wie der leere Raum ist. Wenn wir fähig sind, diesen leeren Raum zu erfahren, gibt es weder richtig noch falsch.*«

Der Moment, wenn ein Mensch vor der Wand und die Wand vor dem Menschen einander sehen und begegnen, der Geist der Zäune und Wände und der Geist eines kahlen Baumes[31]: Alles dies ist »die Welt des leeren Raums«. Für diejenigen, die durch einen anderen Körper befreit werden können, offenbaren [die Buddhas] sofort einen anderen Körper und lehren den Dharma[32], das heißt, sie offenbaren »die Wirklichkeit, die wie der leere Raum ist«. Die lebendige Erfahrung dieses leeren Raums ist genau die Zeit, wenn die zwölf Stunden [des Tages] euch benutzen, und sie ist die Zeit, wenn ihr selbst die zwölf Stunden benutzt. Wenn ein großer Stein groß und ein kleiner Stein klein ist[33], »gibt es weder richtig noch falsch«. Solcherart ist der leere Raum, den ihr gegenwärtig als die Schatzkammer des wahren Dharma-Auges und den wunderbaren Geist des Nirvāṇas erfahren und erforschen könnt.

Shōbōgenzō Kokū

Dargelegt vor einer Versammlung im Kloster Daibutsu[34] in Etsu-u am sechsten Tag des dritten Mondmonats im dritten Jahr der Ära Kangen [1245].

# Anmerkungen

1 *Shari[wa] ko[re] shimo [no] shozai[zo]* 這裏是什麼処在, wörtl. »was ist das, was an diesem Ort hier existiert?« Obwohl es sich hier um eine Frage handelt, wird diese im Text oft als eine Aussage zitiert. Diese besagt, dass dieser Ort, an dem wir existieren, nicht erfassbar, also mit Worten nicht zu beschreiben sei. Vgl. z. B. das Kōan zwischen Meister Rinzai und Meister Fuke im *Shinji shōbōgenzō*, Buch 1, Nr. 96.

2 *Kakokū* 掛虚空, wörtl. »im leeren Raum hängen«. Der Ausdruck findet sich in Meister Nyojōs Gedicht über die Windglocke, das Meister Dōgen im Folgenden erwähnt und kommentiert. Siehe Kap. 2, *Makahannya haramitsu.*

3 *Nijūkū* 二十空, »die zwanzig Arten des leeren Raums« oder »die zwanzig Leerheiten«, werden im *Dai hannya kyō*, der chinesischen Version des *Mahā-prajñā-pāramitā-sūtra*, erwähnt. Sie werden im Allgemeinen im Zusammenhang mit der Doktrin der absoluten Leerheit (*śūnyatā-śūnyatā*) zitiert.

4 Wörtl. »Vierundachtzigtausend«. Dies symbolisierte im alten Indien eine unendlich große Zahl.

5 Meister Shakkyō Ezō (Daten unbekannt) war ein Nachfolger von Meister Baso Dō-itsu. Früher war er Jäger gewesen und wurde Mönch, als er während einer Jagd auf Basos Hütte stieß.

6 Ein Bezirk der Provinz Jiangxi im Südosten Chinas.

7 Meister Seidō Chizō (735–814) trat mit acht Jahren in den Orden von Meister Baso Dōitsu ein und war einer seiner Nachfolger.

8 *Suhin* 師兄, wörtl. »Meister und älterer Bruder«, ist eine Form des Respekts für einen älteren Mönch.

9 Siehe *Keitoku dentō roku*, Kap. 6, und *Shinji shōbōgenzō*, Buch 3, Nr. 49.

10 *Tsūshin ze shugen* 通身是手眼, »Hände und Augen durchdringen den ganzen Körper«. Shakkyō fragte Seidō hier, ob er wie der Bodhisattva Avalokiteśvara sei, dessen Hände und Augen sein ganzer Körper sind. Siehe Kap. 33, *Kannon.*

11 Der gedachte leere Raum ist nicht der wirkliche leere Raum.

12 *Nyonyo* 如如. *Nyo* 如 bedeutet »Sosein« oder »wie es ist«, also die Wirklichkeit selbst.

13 *Nyoko* 如去 bedeutet »das So-Gegangene« und drückt die sich von Augenblick zu Augenblick wandelnde und damit bereits vergangene Wirklichkeit aus.

14 Dieser Satz beschreibt nun die andere Seite, das heißt, die Vielfalt der Menschen und Dinge im leeren Raum.

15 Frei von der Trennung zwischen ihm und dem leeren Raum, den er mit seiner Hand ergreifen wollte.

16 »Sich selbst beflecken« heißt sich in zwei Teile spalten: sich selbst und den leeren Raum. »Sich selbst zu üben« bedeutet, Zazen zu praktizieren.

17 *Goke* 五家, wörtl. »die fünf Häuser«. Dies bezieht sich auf die fünf Schulen: die Hōgen-, Igyō-, Sōtō-, Unmon- und Rinzai-Schule. Siehe Kap. 49, *Butsudō.*

18 *Rōkokū* 弄虚空, »mit dem leeren Raum spielen«, ist Meister Dōgens Variante des Ausdrucks *rōzei* 弄精, »mit der Seele (oder dem Geist) spielen«, der im *Shōbōgenzō* oft die Praxis des Zazen beschreibt.

19 »Daibutsu« ist der frühere Name des von Meister Dōgen gegründeten Klosters Eihei und steht hier für Meister Dōgen selbst. Vgl. Anm. 34.

20 *Konshin kuchi [ni] ni[te] kokū [ni] kaku* 渾身似口掛虚空. Dies ist die erste Zeile eines Gedichtes über die Windglocke aus den Aufzeichnungen der Worte Meister Tendō Nyojōs. Meister Dōgen zitiert es in Kap. 2, *Makahannya haramitsu*:
*»Ein ganzer Körper [ist] wie ein Mund, der im leeren Raum hängt,*
*Nicht fragend, ob der Wind im Osten, Westen, Süden oder Norden weht.*
*Für die ganze Welt gleich, lehrt [die Windglocke] Prajñā:*
*Chin Ten Ton Ryan Chin Ten Ton.«*

21 *Ryō-Zasu*, »Meister Ryō« (Daten unbekannt). *Zasu* 座主 ist der Titel für den Abt eines Klosters. Manchmal wird *zasu* 座主 aber auch in ironischer Weise für einen Meister gebraucht, der den Buddha-Dharma nur intellektuell versteht. Siehe Kap. 75, *Jishō zanmai*.

22 Meister Baso Dō-itsu (704–788) war ein Nachfolger von Meister Nangaku Ejō.

23 *Shin'gyō* 心経, »das Herz-Sūtra«. Das Herz-Sūtra fasst die Essenz der sechshundert Bände der *Mahā-prajñā-pāramitā*-Literatur zusammen.

24 *Shin* 心, wie in *shin'gyō* 心経, bedeutet »der Geist« oder »das Herz«.

25 Der leere Raum (*kokū* 虚空) oder die Leerheit (*kū* 空) aller Dinge und Phänomene ist das Hauptthema des Herz-Sūtras.

26 Mit den langen Ärmeln des Mönchsgewandes zu schwingen ist eine Geste milder Verächtlichkeit. In Kap. 18, *Shin fukatoku*, wird diese Geste auch von der alten Frau gebraucht, die Meister Tokuzan keine Kuchen verkaufen will.

27 »Nur dies« bedeutet, dass unser Leben von der Geburt bis zum Tod etwas Konkretes hier und jetzt ist, das mit dem gewöhnlichen Denken nicht zu erfassen ist.

28 Siehe *Keitoku dentō roku*, Kap. 8, und *Shinji shōbōgenzō*, Buch 1, Nr. 4.

29 Meister Vasumitra wurde Ende des 1. Jh. in Gandhāra im nördlichen Indien geboren und wurde der Nachfolger des sechsten Vorfahren in Indien, Meister Mishaka (siehe Kap. 15, *Busso*).

30 *Shin* 心 ist hier nicht Geist im gewöhnlichen Sinn, sondern Buddha-Geist, das heißt, der Geist im Zustand des Gleichgewichts.

31 *Kobokushin* 枯木心, »der Geist eines kahlen Baumes«, ist z. B. der ausgeglichene Geist beim Zazen. Siehe Kap. 65, *Ryūgin*.

32 Bezieht sich auf das Lotos-Sūtra, Kap. 25, »Das universale Tor des Bodhisattva Avalokiteśvara«. Vgl. Borsig, S. 362.

33 In Kap. 62, *Hensan*, schreibt Meister Dōgen: »Etwas umfassend zu erforschen bedeutet einfach, [zu erkennen,] dass ein großer Stein groß und ein kleiner Stein klein ist.«

34 *Daibutsuji* 大仏寺, wörtl. »Kloster des großen Buddha«. Dieses Kapitel des *Shōbōgenzō* war das erste, das Meister Dōgen im Kloster Daibutsu lehrte, das er 1244 gegründet hatte. Im Jahr 1246 wurde das Kloster in *Eihei-ji* 永平寺, »Kloster des ewigen Friedens«, umbenannt.

# 78
# 鉢盂
# Hatsu-u
# Die Ess-Schalen

*HATSU ist die phonetische Wiedergabe von sanskr. ›patra‹ und U bedeutet »Schale« oder »Schalen«. In Indien nahmen die buddhistischen Mönche ihre Mahlzeiten aus einer großen Ess-Schale ein, die ›patra‹ genannt wurde, und diese Tradition wurde nach China weitergegeben. In diesem Kapitel erklärt Meister Dōgen die Bedeutung und den Wert der Ess-Schalen, die im Buddha-Dharma ein sehr verehrtes Symbol buddhistischen Lebens sind.*

[Der Dharma] wurde den sieben Buddhas authentisch von jenseits der sieben Buddhas weitergegeben. Er wurde den sieben Buddhas unverfälscht aus dem Inneren der sieben Buddhas weitergegeben, und er wurde der Ganzheit der sieben Buddhas authentisch aus der Ganzheit der sieben Buddhas weitergegeben. Ausgehend von den sieben Buddhas wurde er achtundzwanzig Generationen lang überliefert. Unser achtundzwanzigster Vorfahre, der große Meister Bodhidharma, begab sich selbst nach China und übertrug [den Dharma] an den zweiten Vorfahren, den großen Meister Taiso Shōshū Fugaku.[1] Nach weiteren sechs Generationen erreichte er Sōkei.[2] Dass [der Dharma] insgesamt einundfünfzig Mal[3] im Osten und Westen weitergegeben wurde, ist in Wirklichkeit die Schatzkammer des wahren Dharma-Auges, es ist der wunderbare Geist des Nirvāṇas, und es ist das Kesa und die Ess-Schalen. Die vergangenen Buddhas haben jeden dieser Dharmas als die authentische Tradition der vorhergehenden Buddhas bewahrt und behütet. Auf diese Weise wurde [der Dharma] unverfälscht von einem Buddha zum anderen und von einem Vorfahren zum anderen weitergegeben.

Dennoch legen diejenigen, die die Haut, das Fleisch, die Knochen, das Mark, das Handeln und die Sicht der Buddhas und Vorfahren erfahren und erforschen, die Tradition [der Ess-Schalen] jeweils auf ihre Weise aus: Einige erfahren und erforschen, dass die Ess-Schalen der Körper und Geist der Buddhas und Vorfahren sind, und andere, dass sie einfach die Schalen zum Essen für die Buddhas und Vorfahren sind. Manche erfahren und erforschen, dass die Ess-Schalen das Auge der Buddhas und Vorfahren sind, und andere, dass die Ess-Schalen die strahlende Klarheit der Buddhas und Vorfahren sind. Einige erfahren und erforschen, dass die Ess-Schalen der wirkliche Körper der Buddhas und Vorfahren sind, und andere, dass die Ess-Schalen die Schatzkammer des wahren Dharma-Auges und der wunderbare Geist des Nirvāṇas sind. Einige erfahren und erforschen, dass die Ess-Schalen der Ort sind, wo die Buddhas und Vorfahren ihren

Körper verwandeln, und andere, dass die Buddhas und Vorfahren selbst Boden und Rand der Ess-Schalen sind. Das Erfahren und Erforschen jeder dieser Menschen zeigt jeweils einen Aspekt der Wahrheit auf. Davon abgesehen gibt es aber auch noch das Erfahren und Erforschen auf der Ebene jenseits von Buddha.

Im ersten Jahr der Ära Hōgyō[4] im Königreich der Song, als mein früherer Meister Tendō, der ewige Buddha, sich im Kloster Tendō niederließ, lehrte er in der Dharma-Halle: »Ich erinnere mich an Folgendes: Ein Mönch fragte [Meister] Hyakujō[5]: ›Was ist etwas Wunderbares?‹ Hyakujō antwortete: ›Allein auf dem großen und erhabenen Gipfel[6] zu sitzen.‹ Mönche, lasst euch nicht verwirren. Dieser Mann soll sich nur für eine Weile umbringen beim Sitzen. Wenn mich heute jemand plötzlich fragen würde: ›Meister [Nyo-]Jō, was ist etwas Wunderbares?‹, würde ich nur sagen: ›Was ist etwas Wunderbares? Was ist dies letztlich? Es sind meine Ess-Schalen aus [meinem früheren Kloster] Jō-ji[7], die ich jetzt im [Kloster] Tendō benutze.‹«[8]

Denkt daran, dass etwas Wunderbares für einen wunderbaren Menschen getan werden sollte, und dass wir für das Wunderbare ein wunderbares Werkzeug benutzen sollten. Derart sind wunderbare Momente! Deshalb sind die wunderbaren Ess-Schalen der Ort, an dem sich das Wunderbare verwirklicht. Es ist also ein tiefgründiger Maßstab auf dem Buddha-Weg, dass wir die vier Himmelskönige[9] anrufen [um sie zu bitten, die Ess-Schalen] zu bewahren und zu beschützen, und dass wir die Drachenkönige[10] anrufen, [um sie zu bitten,] die Ess-Schalen zu behüten. Deshalb bringen wir den Buddhas und Vorfahren Ess-Schalen dar, und diese wurden uns von den Buddhas und Vorfahren anvertraut.

Aber die Menschen, die das Innerste der Buddhas und Vorfahren nicht erfahren und erforscht haben, sagen, dass Buddhas Kesa aus Seide oder Baumwolle, das heißt, aus behandeltem Material, gefertigt sei, und sie sagen, dass Buddhas Ess-Schalen aus Stein, Ziegel oder Eisen seien. Sie sprechen so, weil sie noch nicht das Auge des wirklichen Erfahrens und Erforschens haben. Buddhas Kesa ist einfach Buddhas Kesa. Ihr solltet es nicht als [ein Stück Stoff aus] Seide oder Baumwolle betrachten. Ansichten über Seide, Baumwolle usw. sind überholte Ansichten. Buddhas Ess-Schalen sind einfach Buddhas Ess-Schalen. Ihr solltet niemals sagen, dass sie aus Stein oder Ziegel, aus Eisen oder Holz seien. Grundsätzlich sind Buddhas Ess-Schalen nicht [von menschlicher Hand] gefertigt. Sie sind jenseits von Entstehen und Vergehen, sie kommen und gehen nicht, sie haben weder Verdienste noch Mängel; sie sind weder alt noch neu und haben nichts mit Vergangenheit und Gegenwart zu tun. Die Gewänder und Schalen der Buddhas und Vorfahren sind nicht den Beschränkungen[11] der Wolken und des Wassers unterworfen, selbst wenn sie sich durch die Ansammlung von Wolken und Wasser verwirklichen. Sie sind auch nicht den Beschränkungen der Gräser und Bäume unterworfen, selbst wenn sie sich durch die Ansammlung von Gräsern und Bäumen verwirklichen. Das Wesentliche ist hier: Wasser, aus unzähligen Dharmas bestehend, ist Wasser, und Wolken, aus unzähligen Dharmas bestehend, sind Wolken. Die Wolken sind Wolken, weil sie aus Wolken bestehen, und das Wasser ist Wasser, weil es aus Wasser besteht.

In Bezug auf die Ess-Schalen bedeutet dies: Die Ess-Schalen bestehen nur aus unzähligen Dharmas[12] und die unzähligen Dharmas nur aus Ess-Schalen. Die Ess-Schalen bestehen also aus nichts anderem als aus Ess-Schalen. Die Ess-Schalen sind deshalb Ess-Schalen, weil sie nur aus dem Geist bestehen, und sie sind deshalb Ess-Schalen, weil sie nur aus dem Raum bestehen, und sie sind deshalb Ess-Schalen, weil sie allein aus Ess-Schalen bestehen. Diese Ess-Schalen werden daher nur durch die Ess-Schalen selbst eingeschränkt und nur durch die Ess-Schalen selbst verunreinigt. Die Ess-Schalen, die den Mönchen und Nonnen[13] heute weitergegeben wurden, und die sie bewahren, sind genau die Ess-Schalen, die die vier Himmelskönige [dem Buddha] dargebracht haben. Hätten die vier Himmelskönige [dem Buddha] die Ess-Schalen nicht dargebracht, könnten sie sich nicht hier und jetzt vor uns offenbaren.[14]

Die Ess-Schalen, die wir heute aus allen Himmelsrichtungen von den Buddhas und Vorfahren erhalten haben, denen die Schatzkammer des wahren Dharma-Auges weitergegeben wurde, sind die Ess-Schalen, die sich bereits von [allen Vorstellungen] der Vergangenheit und Gegenwart befreit haben. Deshalb zerstören sie hier und jetzt die überholten Ansichten, an die sich die alten und hart Praktizierenden[15] noch klammern. Die Ess-Schalen sind nicht an Bewertungen gebunden, durch die wir sie als »gezimmertes Holz« ansehen, und sie überschreiten die beschränkten Sinneswahrnehmungen, die sie als Ziegel oder Kieselsteine ansehen. Gleichzeitig schränken die Ess-Schalen auch nicht eure Freiheit ein, sie als Steine oder Juwelen zu betrachten. Nennt sie jedenfalls nicht ein Stück Ziegel oder einen Klotz Holz! Auf diese Weise habt ihr sie genau erfasst!

Shōbōgenzō Hatsu-u

Dargelegt vor einer Versammlung im Kloster Daibutsu in Etsu-u am zwölften Tag des dritten Mondmonats im dritten Jahr der Ära Kangen [1245].

# Anmerkungen

1 Meister Taiso Eka, der zweite Vorfahre in China. »Großer Meister Shōshū Fugaku« ist sein posthumer Titel.

2 Meister Daikan Enō vom Berg Sōkei, der sechste Vorfahre in China.

3 Von Meister Mahākāśyapa bis Meister Dōgen.

4 1225.

5 Meister Hyakujō Ekai (749–814) war ein Nachfolger von Meister Baso Dō-itsu.

6 *Daiyūhō* 大雄峰 beschreibt den Berg Hyakujō, den Ort, an dem Hyakujōs Kloster stand.

7 Meister Tendō war bereits Abt des Klosters Jō[-ji], als er die Berufung erhielt, Abt des Klosters Tendō zu werden.

8 Meister Dōgen zitiert und kommentiert diese Worte auch in Kap. 64, *Kajō*.

9 *Shitennō* 四天王, »die vier Himmelskönige«, sanskr. *catvāro-mahā-rājikāḥ*, sind vier Götter, die unter der Herrschaft des Gottes Indra den niedrigsten der sechs Himmel der Begierden bewohnen. Jeder von ihnen beschützt einen Bereich der Himmelsrichtungen, die den Berg Sumeru umgeben.

10 *Ryū-ō* 龍王 (sanskr. *nāga-rāja*) ist ein mystisches schlangenähnliches Tier, das den Buddha-Dharma beschützt. In der Zeremonie vor dem Beginn des Sommer-Trainings werden Drachen angerufen, um den Dharma zu beschützen. Siehe Kap. 79, *Ango*.

11 *Rarō* 羅籠 sind Seidennetze und Bambus-Käfige, die in China dazu verwendet wurden, Vögel und Fische zu fangen.

12 *Tada shuhō [o] mot[te] hatsu-u [o] gojō [su]* 但以衆法合成鉢盂. Die Struktur dieses Satzes findet sich auch im *Yuima kyō*. Dort heißt es: *Tada shuhō [o] mot[te] ko [no] mi [o] gojō [su]* 但以衆法合成此身, »diese Welt besteht nur aus unzähligen Dharmas«. Meister Dōgen kommentiert den Satz ausführlich in Kap. 31, *Kai-in zanmai*.

13 *Unsui* 雲水, wörtl. »Wolken und Wasser«. Hier stehen Wolken und Wasser für das freie und hauslose Leben der Mönche und Nonnen.

14 Die Ess-Schalen sind keine gewöhnlichen Schalen. Abgesehen von ihrer konkreten Funktion haben sie einen traditionellen Wert und eine Bedeutung.

15 Wörtl. »die Eisenmänner«, ein Symbol für Menschen, die lange und hart praktiziert haben.

# 79
# 安居
# Ango
## Das Sommer-Training

*An bedeutet »still« und go »Verweilen«. Ango, wörtl. »stilles Verweilen«, bezieht sich auf eine Tradition aus der Zeit des Buddha. In Indien dauerte die Regenzeit ungefähr drei Monate, in denen der Bettelgang schwierig war und der Buddha und seine Schüler alljährlich ein festes Quartier aufsuchen mussten. In diesen drei Monaten kam der ganze Sangha zusammen und der Buddha hielt ein besonders intensives Zazen-Training ab. Dieses Training während der drei Monate der Regenzeit wurde in Indien mit sanskr. ›varsika‹ bezeichnet. Diese Tradition wurde dann nach China weitergegeben, wo Meister Dōgen dieses intensive Training selbst erfahren hat. Er sah es als seine Mission an, diese Tradition auch nach Japan weiterzugeben.*

In einer spontanen Lehrrede[1] am Anfang des Sommer-Trainings lehrte mein früherer Meister Tendō Nyojō, der ewige Buddha:

> *Richtet eure Knochen auf dem ebenen Boden auf,*
> *Schaufelt euch eine Höhle im Raum.*
> *Überschreitet die Schranken des Dualismus*
> *Und erfasst die Welt der Nicht-Unterscheidung.*[2]

Deshalb ist es [für diejenigen, die sich] selbst zügeln[3], unvermeidbar, Mahlzeiten einzunehmen, beim Schlafen die Beine auszustrecken, und dies dreißig Jahre lang an diesem Ort hier zu tun.[4] Weil wir schon so sind, vernachlässigen wir es auch niemals, uns der traditionellen Werkzeuge [des Buddha-Dharmas] zu bedienen. Ein solches Werkzeug sind die neunzig Tage des Sommer-Trainings. Diese neunzig Tage sind die Köpfe und die Gesichter der Buddhas und Vorfahren, die sie direkt mit ihrer Haut, ihrem Fleisch, ihren Knochen und ihrem Mark erfahren haben. Indem ihr die Augen und Gehirne der Buddhas und Vorfahren erfasst, macht ihr sie zu den neunzig Tagen oder den drei Monaten des Sommer-Trainings. Das Sommer-Training ist schlicht ein anderer Name für die Buddhas und Vorfahren. Vom Anfang bis zum Ende ist es nichts anderes als die Buddhas und Vorfahren selbst. Davon abgesehen gibt es keinen zusätzlichen Zoll Boden und keine große Erde. Ein Sommer-Training, das wirklich ist[5], ist weder alt noch neu, und es ist jenseits von Kommen und Gehen. Sein Maßstab ist die Handlung selbst und sein Merkmal die Selbstbeherrschung.[6] Weil ihr das Sommer-Training beginnt, kommt es und versperrt den ganzen Raum, sodass keine der zehn Richtungen übrig bleibt. Weil ihr das Sommer-Training beendet, geht es und zerreißt die ganze Erde, sodass kein Zoll Boden verbleibt. Deshalb scheint das Sommer-Training zu kommen, wenn sein Anfang sich verwirklicht, und es scheint zu gehen, wenn sein Ende alle Beschränkungen aufhebt. Auch wenn es sich so verhält, gibt es nur die Tatsache, dass jeder, der es praktiziert, die Wirklichkeit des Anfangs und des Endes des Sommer-Trainings direkt erfährt. Davon abgesehen gibt es nichts![7] Zahlt mir das Geld für die Mahlzeiten der neunzig Tage zurück!

Meister Ōryū Shishin[8] sagte: »*Seit dreißig Jahren bin ich ein Bergmönch auf Wanderschaft. Für mich hat der Sommer neunzig Tage. Nicht einen Tag kann man hinzufügen oder wegnehmen.*«[9]

Deshalb ist die vollkommene Einsicht einer dreißig Jahre langen Zeit als Wegwanderer, dass der Sommer neunzig Tage hat. Wollten wir auch nur einen Tag hinzufügen, kämen die neunzig Tage zurück und würden miteinander wetteifern[, um dieser eine Tag zu sein]. Wollten wir auch nur einen Tag wegnehmen, kämen die neunzig Tage zurück und würden miteinander wetteifern[, um nicht dieser eine Tag zu sein]. Ihr solltet euch nicht von der Höhle der neunzig Tage befreien! »Befreien« bedeutet hier, dass ihr die Höhle der neunzig Tage zu euren Händen und Füßen macht und euch einzig der Befreiung selbst widmet. Zu verstehen, dass ein Sommer neunzig Tage hat, ist ein Werkzeug unseres Ordens.[10] Obwohl unser großer Vorfahre, der Buddha, dies nicht selbst entschieden hat, wurde [das Sommer-Training] den Buddhas und Vorfahren bis heute authentisch von einem Buddha zum anderen und von einem Nachfolger zum anderen weitergegeben. Deshalb begegnet ihr Buddha[11] und ihr begegnet den Vorfahren, wenn ihr dem Sommer-Training begegnet. Seit Langem wurde dieses Sommer-Training zu einem Buddha und Vorfahren.

Obwohl wir in der Aussage »der Sommer hat neunzig Tage« ein gedachtes Maß an Zeit verwenden, gehen die neunzig Tage nicht nur über ein oder zehn Zeitalter hinaus, vielmehr überschreiten sie hundert, tausend oder unzählbare Zeitalter. Andere Zeiten werden von hundert oder tausend Zeitaltern verbraucht. Weil die neunzig Tage des Sommer-Trainings jedoch über hundert, tausend oder unzählbare Zeitalter hinausgehen, haben sie nicht unbedingt etwas mit »Zeitaltern« zu tun, auch wenn hundert, tausend oder unzählbare Zeitalter Buddha verwirklichen, wenn sie den neunzig Tagen des Sommer-Trainings begegnen. Daher solltet ihr erfahren und erforschen, dass die Aussage »ein Sommer hat neunzig Tage« einfach das Maß eines Buddha-Auges ist. Und dasselbe gilt für den Körper und Geist des Sommer-Trainings.

Die Tatsache, dass das Sommer-Training einerseits die kraftvolle Aktivität der Erde benutzt, andererseits aber auch weit über die kraftvolle Aktivität der Erde hinausgeht, hat ihren Ursprung [in Indien] und ihren Grund [in der buddhistischen Tradition]. Trotzdem ist das Sommer-Training weder von einem anderen Ort oder einer anderen Zeit hierher gekommen noch hat es seinen Ursprung an diesem Ort hier oder in dieser Zeit jetzt. Wenn ihr den Ursprung des Sommer-Trainings versteht, kommen die neunzig Tage sogleich, und wenn ihr den Grund des Sommer-Trainings sucht, kommen die neunzig Tage sogleich. Gewöhnliche und heilige Menschen haben diese neunzig Tage zu ihrem Innersten und zur Quelle ihres Lebens gemacht. Trotzdem überschreiten die neunzig Tage den Bereich des Gewöhnlichen und Heiligen, denn sie sind jenseits des unterscheidenden und nicht-unterscheidenden Denkens, und sie beschränken sich auch nicht nur auf den Bereich jenseits des Denkens und des Nicht-Denkens.

*Der Weltgeehrte hatte einst in Magadha*[12] *vor den Versammelten eine Lehrrede gehalten. Zu jener Zeit hatte er den Wunsch, eine neunzigtägige Sommerpraxis zu beginnen. Er sagte zu Ānanda*[13]*: »Nun habe ich den Dharma ohne Unterlass für die großen Schüler und die himmlischen und menschlichen Wesen der vier Gruppen*[14] *gelehrt, aber sie schätzen und verehren meine Lehre nicht. Ich werde mich jetzt in Indras Gemächer*[15] *begeben und die neunzig Tage des Sommers sitzen. Wenn jemand kommen und darum bitten sollte, den Dharma zu hören, [Ānanda,] solltest du an meiner Stelle das Folgende lehren: ›Alle Dharmas entstehen nicht und vergehen nicht.‹ Nachdem er dies gesagt hatte, verschloss er die Gemächer und setzte sich.«*[16]

Seit dieser Zeit sind schon zweitausendeinhundertvierundneunzig Jahre vergangen. (In Japan befinden wir uns jetzt im dritten Jahr der Ära Kangen [1245].)[17]

Viele Nachkommen [des Buddha], die nicht bis zu seinem Innersten vorgedrungen sind, haben in der Tatsache, dass [Buddha] sich in Magadha in [Indras] Gemächer einschloss, den Beweis seiner wortlosen Verkündigung gesehen. Auch heute missverstehen einige falsche Gruppen Buddhas Absicht. Sie meinen, der Buddha hätte sich [von der Welt] abgeschnitten, um einen Sommer lang zu sitzen, weil er seine Lehre mit Worten nicht als seine wahre Unterweisung, sondern nur als ein geschicktes Hilfsmittel angesehen habe. Sie sagen auch, dass die höchste Wahrheit nicht mit Worten erklärt werden könne und sie nur erscheine, wenn alle Tätigkeiten des Geistes verschwunden seien. Deshalb sollten gerade Nicht-Sprechen und Nicht-Denken die höchste Wahrheit sein. Worte und Gedanken zu haben, so sagen sie, hätte mit der Wahrheit nichts zu tun. Dies sei der Grund, weshalb der Buddha sich neunzig Tage lang für seine Sommerpraxis eingeschlossen und sich von den Menschen abgeschnitten habe.

Aber die Meinung solcher Leute beleidigt die Absicht des Weltgeehrten. Wenn jemand behauptet, dass das Aufgeben der Worte und das Erlöschen der Geistestätigkeiten [die Wahrheit seien], dann müssten alle sozialen und wirtschaftlichen Tätigkeiten das Aufgeben der Worte und das Erlöschen der Geistestätigkeiten sein. Denn [für diese Leute] bedeutet »das Aufgeben der Worte« nämlich das Aufgeben aller Worte, und »das Erlöschen der Geistestätigkeiten« das Erlöschen aller Geistestätigkeiten.[18] Davon abgesehen war diese Geschichte ursprünglich nicht dafür bestimmt, den Zustand der Wortlosigkeit zu verehren. Ein [vom Dharma] durchdrungener Körper watet selbstvergessen durch den Schlamm und das Wasser [des Alltags]. Er drückt sich niemals davor, den Dharma zu lehren und die Menschen zu befreien, und er drückt sich auch nicht davor, das Dharma-Rad zu drehen und die Dinge [dieser Welt] zu retten. Wenn diejenigen, die sich selbst [Buddhas] Nachfolger nennen, behaupten, die neunzig Tage der Sommerpraxis würden seine wortlose Lehre demonstrieren, möchte ich ihnen sagen, dass sie kommen und mir [das Geld für] die neunzig Tage des Sommer-Trainings zurückgeben sollen.

[Buddha] wandte sich an Ānanda und bat ihn, an seiner Stelle zu lehren. Er sagte: »Ich bitte dich, an meiner Stelle das Folgende zu lehren: ›Alle Dharmas erscheinen nicht und vergehen nicht.‹« Ihr solltet nicht unbedacht an diesem Verhalten des Buddha vorbeigehen. Kurz, wie wäre es möglich, dass in einem Sommer-Training in abgeschlossenen Räumen gar nichts gesprochen und nichts gelehrt würde? Angenommen, Ānanda hätte sich in diesem Augenblick mit folgenden Worten an den Buddha gewandt: »Wie soll ich lehren, dass alle Dharmas nicht erscheinen und nicht vergehen? Selbst wenn ich dies [den Menschen] lehre, wie soll ich es tun?« Und nach dieser Frage hätte er sicherlich den Worten des Weltgeehrten gelauscht. Im Allgemeinen ist das Verhalten eines Buddhas im gegenwärtigen Augenblick bereits eine Wahrheit von höchster Bedeutung[19], und es ist eine Wahrheit des Nicht-Vorhandenseins einer Bedeutung[20], und beide [Wahrheiten] lehren den Dharma und drehen das Dharma-Rad. Ihr solltet sie nicht als den Beweis seiner wortlosen Lehre ansehen. Wenn ihr [Buddhas Verhalten] als seine wortlose Lehre anseht, wäre dies genau so, als ob [Ryūsens kostbares] drei Fuß langes Schwert, der so genannte »Drachensprung«, in einem Haushalt wie ein gewöhnliches Weberschiffchen an der Wand hängen würde.[21]

Deshalb sind die neunzig Tage des Sommer-Trainings das nie endende Drehen des Dharma-Rades und die ewigen Buddhas und Vorfahren selbst. In der obigen Geschichte heißt es: »[Der Buddha] hatte den Wunsch, eine neunzigtätige Sommerpraxis zu beginnen.« Ihr solltet also wissen, dass die Praxis, der ihr nicht ausweichen könnt, die neunzig Tage Sitzen des Sommer-Trainings sind. Wer ihr ausweicht, steht außerhalb des Buddha-Weges. Zu seinen Lebzeiten praktizierte der Weltgeehrte diese neunzig Tage des Sommer-Trainings manchmal im Himmel der dreiunddreißig Götter[22] und manchmal zusammen mit den fünfhundert Mönchen an einem stillen Ort auf dem Geiergipfel. In den fünf Ländern Indiens, ohne einen [besonderen] Ort zu nennen, zogen sich die Mönche [in der Regenzeit] zurück und praktizierten das Sitzen in der Stille, wenn die Zeit für die neunzig Tage des Sommer-Trainings gekommen war. Die Buddhas und ihre Nachkommen in der Gegenwart praktizieren das Sommer-Training und sehen es als ihre wichtigste Aufgabe. Das Sommer-Training ist der höchste Weg der Praxis und Erfahrung [der Wirklichkeit]. Obwohl das Winter-Training im Sūtra des Reinen Netzes[23] erwähnt wird, wurde die Art und Weise jenes Trainings nicht weitergegeben. Nur die Methode des neunzigtägigen Sommer-Trainings wurde in allen Einzelheiten weitergegeben, und diese authentische Tradition ist nunmehr in der einundfünfzigsten Generation[24] unmittelbar zugänglich.

Im Shingi[25] heißt es: *»Die Wandermönche, die zu Beginn des Sommer-Trainings ein festes Quartier nehmen wollen, sollten einen halben Monat früher dort eintreffen. Es ist wichtig, dass die Teezeremonie und die persönlichen Ehrenbezeigungen[26] nicht hastig ausgeführt werden.«*

»Einen halben Monat früher« bedeutet in den letzten zehn Tagen des dritten Mondmonats. Deshalb solltet ihr bereits im dritten Mondmonat eintreffen. Ab dem ersten Tag des vierten Mondmonats dürfen die Mönche das Kloster nicht mehr verlassen, und alle Empfangs- und Unterkunftsräume für die Mönche, die aus vielen Bezirken kommen, werden geschlossen. Auf diese Weise verweilen alle Mönche vom ersten Tag des vierten Mondmonats an in der Stille[27] der Klostergebäude oder sind in Hütten [auf dem Gelände] untergebracht. In anderen Fällen ist es Brauch, das Sommer-Training im Haus eines Laien zu verbringen. Dies ist das Verhalten der Buddhas und Vorfahren, das ihr verehren und praktizieren solltet. Jeder Praktizierende[28] sollte während der Trainings-Periode im Kloster untergebracht sein oder sich an dem Ort niederlassen, wo die Trainings-Periode abgehalten wird.

Es gibt aber auch Gruppen von Dämonen, die das Folgende behaupten: »*Die Sichtweise des Mahāyāna mag die wahre Essenz des Buddha-Dharmas sein. Das Sommer-Training jedoch ist eine Tradition der Śrāvakas. Wir müssen es nicht unbedingt abhalten.*« Wer so spricht, hat den Buddha-Dharma niemals gesehen oder davon gehört. Die Wahrheit des höchsten und vollkommenen Erwachens ist nichts anderes als die neunzig Tage des Sommer-Trainings. Selbst die höchsten Lehren des Hīnayāna und des Mahāyāna sind nur die Zweige, Blätter, Blumen und Früchte des Sommer-Trainings.

Obwohl die eigentliche Praxis erst am dritten Tag des vierten Mondmonats nach dem Frühstück beginnt, muss der Hallenoberste[29] vom ersten Tag des vierten Mondmonats an die Namenslisten für die Mönche vorbereiten, auf denen für jeden Mönch die Anzahl der Jahre seit der Ordination[30] geschrieben steht. Am dritten Tag des vierten Mondmonats nach dem Morgenmahl bringt der Hallenoberste diese Namenslisten vor den Unterkünften[31] der Mönche an, das heißt, er hängt sie an die linke Seite des Fensters, das dem Eingang gegenüberliegt. Die Fenster der Unterkünfte für die Mönche müssen alle vergittert sein. Der Hallenoberste bringt die Namenslisten nach dem Morgenmahl des dritten Tags des vierten Mondmonats an, und sie bleiben bis zum fünften Tag des vierten Mondmonats. Die Listen werden abgenommen, wenn an diesem Tag die Glocke der letzten Sitzperiode[32] ertönt. Das Aufhängen und Abnehmen der Listen findet zur gleichen Tageszeit statt.

Es gibt eine spezielle Anweisung für das Schreiben der Namenslisten. Auf ihnen werden nicht [der Rang des Mönchs wie z. B.] der eines Vorstehers[33] oder eines Assistenten des Vorstehers[34] angegeben, sondern nur seine Jahre als Mönch. Bei den Mönchen, die als Vorsteher oder Assistenten des Vorstehers in anderen Klöstern dienen, werden die Titel Hauptmönch, Prior usw. aufgeführt. Bei den Mönchen, die mehrere Posten in anderen Klöstern innehaben, wird der Wichtigste angegeben. Wenn jemand Abt eines Klosters ist, steht der Titel Seidō[35] hinter seinem Namen. Wenn es sich um den Abt eines kleinen Klosters handelt und die anderen Mönche diesen Sachverhalt nicht kennen, wird der Titel verborgen und nicht verwendet. Es gibt auch das Beispiel eines Seidō, der zwar im Orden eines Meisters praktiziert, bei dem jedoch nicht Seidō, sondern Jōza [Älterer Mönch][36] vor seinen Namen gesetzt wird.[37] Es gibt viele hervorragende Beispiele [solcher Älteren Mönche], die in den Unterkünften für die Assistenten der Vorsteher wohnen. Es gibt auch Beispiele aus der Vergangenheit, wo sie für die Kleidung und die Ess-Schalen [des Meisters] oder für das Räucherwerk verantwortlich sind.

Sonstige Posten werden nach den Anweisungen des Abtes zugeteilt. Wenn der Schüler eines anderen Meisters, der selbst schon Meister eines kleinen Klosters ist, in ein großes Kloster kommt, ist es ein verantwortungsvolles Vorgehen und ein leuchtendes Beispiel, dass er darum bittet, nur [den Titel] des Vorstehers, des Hauptmönchs oder Hallenobersten usw. zu tragen. Die ganze Klostergemeinschaft[38] würde über jemanden lachen, der in einem großen Kloster den Titel erwähnt, den er in einem kleinen Kloster benutzt. Desgleichen wird ein Mensch mit Verstand, der als Abt in einem kleinen Kloster gedient hat, dies verbergen und den Titel nicht erwähnen.

Die Namenslisten sehen wie folgt aus:

Im Kloster Soundso vom Berg Soundso im Land Soundso in der Provinz Soundso werden nunmehr die Vorbereitungen für das Sommer-Training getroffen. Die Jahre, in denen die Mönche des ganzen Sanghas ordiniert wurden, sind wie folgt:

Der ehrwürdige Ran-nyo sonja[39], der Abt (Dōchō-oshō).

Die im ersten Jahr der Ära Kenpō [1213] Ordinierten:

| | |
|---|---|
| Älterer Mönch (Jōza) Soundso | Leiter der Bibliothek (Zōsu) Soundso |
| Älterer Mönch (Jōza) Soundso | Älterer Mönch (Jōza)Soundso |

Die im zweiten Jahr der Ära Kenpō [1214] Ordinierten:

| | |
|---|---|
| Meister (Seidō) Soundso | Hauptmönch (Shuso) Soundso |
| Älterer Mönch (Jōza) Soundso | Hallenoberster (Ino) Soundso |
| Gästebetreuer (Shika) Soundso | Vorsteher des Badehauses (Yōkusu) Soundso |

Die im ersten Jahr der Ära Genryaku [1184] Ordinierten:

| | |
|---|---|
| Leiter der Arbeiten (Shissui) Soundso | Assistent des Vorstehers (Jisha) Soundso |
| Hauptmönch (Shuso) Soundso | Hauptmönch (Shuso) Soundso |
| Leiter für äußere Angelegenheiten[40] (Keshu) Soundso | Älterer Mönch (Jōza) Soundso |
| Küchenchef (Tenzo) Soundso | Leiter des Krankenreviers[41] (Dōshu) Soundso |

Die im dritten Jahr der Ära Kenryaku [1213[42]] Ordinierten:

| | |
|---|---|
| Schriftführer (Shoki) Soundso | Älterer Mönch (Jōza) Soundso |
| Meister (Seidō) Soundso | Hauptmönch (Shuso) Soundso |
| Älterer Mönch (Jōza) Soundso | Älterer Mönch (Jōza) Soundso |

Das Obige[43] wurde mit Achtung aufgelistet. Sollte es Irrtümer geben, bitte ich um einen Hinweis.

Ehrerbietig niedergelegt am dritten Tag des vierten Mondmonats des Jahres Soundso von dem Mönch Soundso. Mit Respekt.

Wir schreiben auf diese Art und Weise: Die Namenslisten sollten auf weißem Papier und im reinen, nicht-kursiven Stil[44] geschrieben sein. Wir verwenden weder die alte noch die viereckige noch die kursive usw. Schreibweise.[45] Die Schnur, mit der die Listen aufgehängt werden, sollte etwa zwei Reiskörner dick sein und muss am oberen Ende der Listen angebracht werden. Diese hängen dann senkrecht wie Bambusrollos. Sie werden in der Nacht des fünften Tages des vierten Mondmonats nach dem Ende der Praxis heruntergenommen und weggelegt. Am achten Tag des vierten Mondmonats findet eine Zeremonie anlässlich Buddhas Geburtstag statt.

Am dreizehnten Tag des vierten Mondmonats gehen alle Mönche nach dem Mittagsmahl in ihre Unterkünfte zurück. Dort findet eine Teezeremonie statt und die Mönche rezitieren die Sūtren. Der Vorsteher der Unterkünfte[46] (Ryōshu) leitet den Ablauf der Zeremonie. Er kümmert sich auch um die Vorräte an heißem Wasser und an Räucherwerk. Sein Platz befindet sich im hinteren Teil der Unterkünfte, während sich der Platz des Hauptmönchs, der für die Unterkünfte verantwortlich ist[47] (Ryōshuso), auf der linken Seite des heiligen Bildnisses[48] befindet. Aber es ist der Vorsteher der Unterkünfte (Ryōshu), der die Sūtren-Rezitation leitet. Er geht vor der Rezitation nach vorn und zündet Räucherstäbchen an. Der Hauptmönch, andere Vorsteher usw., nehmen nicht an der Rezitation der Sūtren teil, nur die Mönche, die in den Unterkünften wohnen. Am fünfzehnten Tag nach dem Frühstück hängt der Hallenoberste (Ino), der die Namenslisten mit den Mönchsjahren vorbereitet hat, an der östlichen Wand, die sich am Eingang der Mönchs-Halle[49] befindet, auf. Das heißt, er hängt sie über den Eingang zum Vorraum[50], also zwischen [die Pfeiler] südlich des Eingangs.

Im [Zen en] Shingi heißt es: »*Der Hauptmönch (Dōsu) hängt im Voraus die Namenslisten mit den Jahren der Mönche auf und bringt vor ihnen Räucherstäbchen und Blumen dar.*« *[Er hängt sie vor der Zazen-Halle auf.]*[51]

Nach dem Mittagsmahl des vierzehnten Tags des vierten Mondmonats wird vor der Zazen-Halle eine Tafel aufgehängt, die die Gedenkrezitation [der Namen der zehn Buddhas] ankündigt. Solche Tafeln werden auch vor anderen Klostergebäuden angebracht. Am Abend bereitet einer der Vorsteher in der Halle der örtlichen Schutzgottheiten[52] Räucherstäbchen und Blumen vor und stellt sie vor den Schrein. Dann versammeln sich die Mönche, um die Namen der zehn Buddhas zu rezitieren. Der Ablauf ist der folgende: Nachdem sich alle Mönche versammelt haben, verbrennt zuerst der Abt das Räucherwerk. Danach tun die Vorsteher und die Mönchsobersten das Gleiche. Das Ritual vor der Rezitation ähnelt dem des Besprengens[53] [der Buddhastatue anlässlich Buddhas Geburtstag]. Danach erhebt sich der Hauptmönch von seinem Platz, geht nach vorn und verneigt sich mit zusammengelegten Händen[54] zuerst in Richtung zum Abt, dann zur Halle der örtlichen Schutzgottheiten, und schließlich wendet er sich nach Norden und rezitiert die folgenden Worte in Richtung der Halle der Schutzgottheiten:

»*Wir wenden uns nach innen und bedenken, dass eine duftende Brise über die Felder streicht und der Gott des Sommers*[55] *über alle Himmelsrichtungen herrscht. Es ist der Morgen, an dem der Dharma-König uns nicht erlaubt hinauszugehen. Es ist der*

*Tag, an dem Śākyamuni Buddhas Schüler ihr Leben aufrechterhalten. Viele Mönche sind zusammengekommen, um dem heiligen Schrein ihre Verehrung zu erweisen, und sie rezitieren die Namen [der zehn Buddhas], die unermessliche Verdienste besitzen, sodass die Tugenden an die wahren Herrscher der Klostergebäude übertragen werden. Wir bitten die Buddhas, dass wir dieses Sommer-Training friedlich unter ihrem Schutz beenden können. Mit Ehrerbietung bitte ich nun die ehrwürdige Versammlung, ihre Namen anzurufen:*

*Vairocana-Buddha, der reine unbefleckte Dharma-Körper.*[56]
*Vairocana-Buddha, der vollkommen selige Freuden-Körper.*[57]
*Śākyamuni Buddha, der Körper der hunderttausend Verwandlungen.*
*Der ehrwürdige Buddha Maitreya, der herabsteigen und künftig geboren wird.*
*Alle Buddhas der zehn Himmelsrichtungen und der drei Zeiten.*
*Der Große Heilige Bodhisattva Mañjuśrī.*
*Der Große Heilige Bodhisattva Universelle Tugend.*[58]
*Der Bodhisattva des großen Mitgefühls, der die Rufe der Welt erhört.*[59]
*Alle verehrungswürdigen Bodhisattvas und Mahāsattvas.*
*Die Pāramitā der großen Weisheit.*[60]

*Das Verdienst dieser Anrufung übertragen wir vollständig den Drachen- und Erdgottheiten, die den wahren Dharma beschützen und bewahren. Mit zusammengelegten Händen bitten wir inständig, dass ihre geistige Klarheit uns helfen möge, damit unser Tun Früchte trage, unsere Freude rein und unser Glück ewig und selbstlos sei. Nun bitte ich die ehrwürdige Versammlung, noch einmal zu rezitieren:*

*Alle Buddhas der zehn Richtungen und der drei Zeiten,*
*Alle verehrungswürdigen Bodhisattvas und Mahāsattvas,*
*Die Pāramitā der großen Weisheit.«*[61]

Wenn die große Trommel ertönt, gehen die versammelten Mönche zurück zu ihrem Platz in der Zazen-Halle[62], wo sie den Tee einnehmen. Diese Tee-Zeremonie ist die Aufgabe der obersten Mönche, die für den Küchendienst zuständig sind (Kusu). Die Versammelten begeben sich also zur Zazen-Halle, umrunden sie ein Mal in einer Reihe hintereinander, und wenn sie an ihren Plätzen angekommen sind, setzen sie sich dem Raum zugewandt.[63] Einer der Vorsteher (Shiji) führt das Dharma-Ritual aus, das heißt, er verbrennt Räucherstäbchen usw. Im [Zen en] Shingi heißt es: »Ursprünglich leitet ein Vorsteher des Klosters (Kanin) die Zeremonie, aber wenn es notwendig ist, kann der Hallenoberste (Ino) seinen Platz einnehmen.« Vor der Rezitation wird dem Hauptmönch (Shuso) die Ankündigungstafel [für die Zeremonie] überreicht. Wenn der Vorsteher (Shiji) vor den Hauptmönch (Shuso) tritt, trägt er das Kesa, hält das Tuch für die Niederwerfungen (Zagu) bereit und führt die Niederwerfungen mit dem zur Hälfte ausgebreiteten Zagu aus[64], bevor er ihm die Ankündigungstafel überreicht. Der Hauptmönch (Shuso) erwidert die Niederwerfungen in derselben Form wie der Vorsteher. Die Ankündigungstafel war [vorher] von einem Angestellten des Klosters in eine

Schachtel gelegt worden, deren Boden mit einem Tuch ausgelegt ist. Dann begrüßt der Hauptmönch den Vorsteher und entlässt ihn.

Die Ankündigungstafel hat diese Form:

> Heute Abend werden die Obersten Mönche des Küchendienstes (Kusu)
> allen Mönchen und insbesondere
> dem Hauptmönch (Shuso)
> den Tee reichen. Mit Ehrerbietung möchten wir allen Mönchen
> diese Zeremonie zu Beginn [des Sommer-Trainings] ankündigen
> und sie bitten, im Lichte ihres Mitgefühls daran teilnehmen zu wollen.
>
> Geschrieben am vierzehnten Tag des vierten Mondmonats
> im dritten Jahr der Ära Kangen.
>
> Die Mönche des Küchendienstes, Soundso etc.
> Mit Ehrerbietung, ohne Siegel.

Diese Ankündigung wird von einem der Vorsteher geschrieben. Nachdem sie dem Hauptmönch (Shuso) vorgelegt worden ist, wird sie von einem Assistenten (Anja) auf der linken Seite des Eingangs zur Zazen-Halle angebracht. An der Südseite der Außenwand des Eingangs zur Zazen-Halle befindet sich nämlich eine allgemeine, lackierte Anschlagtafel, an welcher die Ankündigung angebracht wird. Dort hängt ein Umschlag, der am oberen rechten Ende dieser Anschlagtafel anliegen und mit einem Bambusstift befestigt sein muss, sodass er auf einer Seite festgehalten wird. Die Schriftzeichen auf dem Umschlag sind in der traditionellen Form geschrieben, das heißt, sie dürfen nicht größer als fünf Bu[65] sein. Auf der Außenseite des Umschlags stehen die Worte:

> Einladung an den Hauptmönch und an alle Mönche.
>
> Die Mönche des Küchendienstes, Soundso etc.
> mit Ehrerbietung, mit Siegel.

Nach der Tee-Zeremonie wird die Ankündigung entfernt.

Vor dem Morgenmahl des fünfzehnten Tages begeben sich zuerst alle Klostervorsteher und ihre Assistenten, die Schüler des Abtes und seine Dharma-Familie[66] zur Begrüßung in die Räume des Abtes. Wenn der Abt am vorhergehenden Tag bekannt gegeben hat, dass er auf eine persönliche Begrüßung verzichtet, sollen sie sich nicht dorthin begeben. Wenn der Abt auf eine persönliche Begrüßung verzichtet, bringt er am östlichen Eingang zu den Abtsgebäuden eine kurze Notiz an, in der er entweder einen Vers oder ein paar Dharma-Worte schreibt. Manchmal wird diese Notiz auch vor der Zazen-Halle angebracht.

Nach der Dharma-Rede des fünfzehnten Tages steigt der Abt von seinem erhöhten Sitz[67] hinunter und bleibt nach Süden gewandt am nördlichen Rand der Strohmatte für die Niederwerfungen[68] stehen. Alle Vorsteher des Klosters nähern sich und führen ehrerbietig drei Niederwerfungen mit voll ausgebreitetem Zagu vor ihm aus. Nach dem ersten Ausbreiten des Zagu sprechen sie folgende Worte: »Da das Sommer-Training nun begonnen hat und es nicht mehr erlaubt ist hinauszugehen, dürfen wir [Euch] nunmehr zu Diensten sein. Wir hoffen, dass es dank der Unterstützung und des Schutzes durch die Dharma-Kraft unseres Abtes bei diesem Sommer-Training keine Hindernisse geben wird.« Nach dem zweiten Ausbreiten sprechen die Vorsteher ihre Wünsche zur Jahreszeit aus und werfen sich drei Mal vor dem Abt nieder, wobei sie das zusammengefaltete Zagu mit dem Kopf berühren.[69] Dann sagt der Meister: »Es ist ein großes Glück für mich, das Sommer-Training zusammen mit euch zu praktizieren. Auch ich hoffe, dass wir uns gegenseitig in unserer Dharma-Kraft unterstützen werden und dass es in diesem Sommer-Training keine Hindernisse geben wird.« Der Hauptmönch und alle anderen Mönche verfahren in der gleichen Weise [wie die Vorsteher]. Zu diesem Zeitpunkt werfen sich [alle Anwesenden,] der Hauptmönch, die Vorsteher, alle Mönche usw. nach Norden gewandt nieder. Nur der Abt steht nach Süden gewandt[70] vor der Niederwerfungs-Matte, wo sein voll ausgebreitetes Zagu liegt. Als Nächstes verbeugen sich der Hauptmönch und alle anderen Mönche drei Mal vor dem Abt, breiten ihr Zagu aus und machen drei Niederwerfungen. Während dieser Niederwerfungen stehen die Schüler des Abtes, die bediensteten Mönche, die Dharma-Familie und die Assistenten des Abtes etwas abseits. Sie sollten den Niederwerfungen der anderen Mönche nicht blind folgen. »Etwas abseits stehen« bedeutet, dass sie entlang der östlichen Mauer der Dharma-Halle stehen. Wenn [bereits] Papierstreifen [mit den Namen] der Gönner [des Klosters] an der östlichen Wand hängen [und diese anwesend sind], sollten [die vorher genannten Personen] neben der großen Dharma-Trommel oder auch entlang der westlichen Mauer stehen.

Wenn alle Mönche ihre Niederwerfungen ausgeführt haben, gehen die Vorsteher zuerst in die Küchen-Halle zurück und stehen dort still an dem Platz, der ihrem Rang entspricht.[71] Dann führt der Hauptmönch die anderen Mönche in die Küchen-Halle, wo diese drei Niederwerfungen vor den Vorstehern der Küche ausführen, ohne ihr Zagu auszubreiten. Zur gleichen Zeit vollziehen die Schüler des Abtes, die bediensteten Mönche, die Dharma-Familie des Abtes usw. in der Dharma-Halle ihre Niederwerfungen vor dem Abt. Das heißt: Die Dharma-Familie des Abtes vollzieht drei Niederwerfungen mit zur Hälfte gefaltetem Zagu vor dem Abt, die dieser erwidert. Die Schüler des Abtes und die Dienst tuenden Mönche führen jeweils neun Niederwerfungen aus, die der Abt nicht erwidert. Die Novizen und Assistenten des Abtes führen jeweils neun oder manchmal zwölf Niederwerfungen aus, die der Abt nur mit zusammengelegten Händen [Gasshō] entgegennimmt.

Als Nächstes begibt sich der Hauptmönch vor die Zazen-Halle, das heißt, er steht nach Süden gewandt vor den Mönchen, und zwar rechts vom Eingang, der sich am südlichen Ende der [Zazen-]Plattform für die Vorsteher des Klosters befindet. Die Mönche werfen sich drei Mal nach Norden gewandt vor dem Hauptmönch nieder, ohne ihr Zagu auszubreiten. Daraufhin führt der Hauptmönch alle Mönche in die Zazen-Halle. Sie umrunden die Halle in der Reihenfolge ihrer Mönchs-Jahre, gehen zu ihren jeweiligen Plätzen[72] und bleiben dort ruhig stehen. Dann betreten die Vorsteher des Klosters die Halle, breiten ihr Zagu aus und vollziehen drei Niederwerfungen vor dem heiligen Mönch.[73] Dann stehen sie auf und führen drei einfache Niederwerfungen vor dem Hauptmönch aus, und alle Mönche erwidern diese Niederwerfungen. Die Vorsteher umrunden die Halle ein Mal, verlassen diese anschließend und stehen mit [in Shashu] zusammengelegten Händen vor ihrem Platz [in der Vorhalle].[74]

Dann betritt der Abt die Mönchs-Halle, verbrennt Räucherstäbchen vor dem heiligen Mönch und führt drei Niederwerfungen mit voll ausgebreitetem Zagu vor ihm aus. Dann bleibt er [am Rand der Matte für die Niederwerfungen] stehen. Während der Niederwerfungen des Abtes stehen seine Schüler etwas abseits hinter dem heiligen Mönch[75], während die Dharma-Familie des Abtes den anderen Mönchen folgt. Dann führt der Abt drei Niederwerfungen vor dem Hauptmönch aus, ohne sein Zagu auszubreiten. Das heißt, der Abt bleibt an seinem Platz stehen und wirft sich nach Westen gewandt nieder. Der Hauptmönch und alle anderen Mönche erwidern diese Niederwerfung wie vorher beschrieben. Dann umrundet der Abt die Halle ein Mal und verlässt sie [durch den nördlichen Eingang]. Daraufhin verlässt der Hauptmönch die Halle auf der südlichen Seite des Eingangs und verabschiedet den Abt. Nachdem der Abt die Halle verlassen hat, werfen sich [alle Mönche im Rang] unter dem Hauptmönch drei Mal voreinander nieder und sprechen die folgenden Worte: »Es ist ein großes Glück, dass wir nun gemeinsam am Sommer-Training teilnehmen. Und sollten unser Körper, unsere Rede und unser Geist nicht gut sein, bitten wir um Mitgefühl.« Diese Niederwerfungen werden mit ausgebreitetem Zagu ausgeführt. Danach kehren der Hauptmönch, der Leiter der Bibliothek und die übrigen Dienst tuenden Mönche in ihre jeweiligen Unterkünfte zurück. Alle Mönche, die in den Unterkünften wohnen, vom Vorsteher der Unterkünfte und dem Hauptmönch der Unterkünfte abwärts, werfen sich dann voreinander nieder, ohne ihre Zagu auszubreiten, und wiederholen die obigen Worte.

Danach beginnt der Abt die Runde durch die Gebäude und Unterkünfte des Klosters. Er fängt bei der Küchen-Halle an und alle Mönche folgen ihm in einer Prozession bis zum Abtsgebäude und kehren dann in ihre eigenen Unterkünfte zurück. Das heißt, der Abt geht zuerst in die Küchen-Halle. Nach der Begrüßung des Küchenvorstehers verlässt der Abt die Küche und macht einen Rundgang durch die Unterkünfte, und alle Vorsteher des Klosters gehen hinter ihm her. Hinter den Vorstehern gehen die Mönche, deren Unterkünfte sich im östlichen Korridor befinden.[76] Der Abt lässt die Krankenstation aus und geht vom östlichen Korridor hinunter zu den Unterkünften im westlichen Teil des Klosters. Dabei passiert er das Haupttor[, das sich im Süden befindet]. Die Mönche, die um das Haupttor herum untergebracht sind, schließen sich der Prozession an. Vom südlichen Korridor aus geht [der Abt] dann in den westlichen Korridor in Richtung Norden. Von da an schließen sich die verschiedenen Mönche, das heißt, die älteren Mönche[77], die früheren Vorsteher des Klosters[78], die großen Seniormönche[79], die Mönche in den Einzelunterkünften[80], der Vorsteher der Toiletten[81] usw. der Prozession an, wenn diese an ihren Unterkünften vorbeikommt. Der Hallenoberste (Ino), der Hauptmönch (Shuso) usw. folgen ihnen. Dahinter gehen die Mönche, die in den Unterkünften wohnen. Bei der Runde der Unterkünfte schließen diese sich der Prozession an einem [ihrer Unterkunft entsprechend] geeigneten Platz an. Dies nennen wir »die große Prozession«.

Danach steigt der Abt die westliche Treppe zu seinen eigenen Räumen hinauf und stellt sich mit den Händen in Shashu und nach Süden gewandt auf das Podium.[82] Dann verneigen sich alle Mönche und Vorsteher mit zusammengelegten Händen und nach Norden gewandt vor dem Abt. Diese Verneigung ist besonders tief und ehrerbietig, und der Abt erwidert sie. Dann ziehen sich alle zurück.

Mein früherer Meister führte nicht alle Mönche bis zu seinen Räumen, sondern stellte sich nach Süden gewandt und die Hände in Shashu vor die Stufen des Dharma-Sitzes, wenn er [auf seinem Rundgang] zur Dharma-Halle kam. Daraufhin verneigten sich alle Mönche mit zusammengelegten Händen und zogen sich zurück. Dies ist der alte Stil.

Anschließend führen die Mönche untereinander ihre persönlichen Begrüßungen aus. »Persönliche Begrüßung« bedeutet, dass sie sich voreinander niederwerfen. Zum Beispiel, wenn Mönche, die aus derselben Gegend kommen, einander in der Halle des Lichts[83] oder an einem anderen geeigneten Platz im Korridor begegnen, werfen sie sich voreinander nieder und beglückwünschen einander zur gemeinsamen Teilnahme am Sommer-Training, und das auch dann, wenn mehrere Gruppen von zehn Mönchen aufeinandertreffen. Für diese Begrüßung können die Mönche den gleichen wie zuvor beschriebenen Gruß [wie in der Halle] oder einen nach eigener Wahl und heutiger Redeweise verwenden.

Manchmal bringt ein Meister [eines anderen Klosters] seine Schüler mit zum Sommer-Training. In diesem Fall müssen sich die[se externen] Schüler unbedingt neun Mal vor ihrem eigenen Meister niederwerfen. Die [externen] Schüler, die zur Dharma-Familie des Abtes gehören, werfen sich drei Mal mit voll ausgebreitetem Zagu oder auch drei Mal mit zur Hälfte ausgebreitetem Zagu vor dem Abt nieder. Die Mönche [des Klosters], die zur Dharma-Familie des Abtes gehören, werfen sich auf die gleiche Weise nieder. Dann müssen unbedingt auch die Niederwerfungen vor den jüngeren und älteren Dharma-Brüdern[84] des eigenen Meisters ausgeführt werden. Die Mönche, die nebeneinander schlafen oder [in der Zazen-Halle] sitzen, werfen sich voreinander nieder, sowie auch die Mönche, die sich kennen oder in der Vergangenheit zusammen praktiziert haben.

Die älteren Mönche in den Einzelunterkünften, der Hauptmönch und seine Assistenten, der Bibliotheksvorsteher, der Küchenvorsteher, der Arbeitsvorsteher, ältere Meister, Laien usw. sollen die Unterkünfte der anderen oder deren Sitzplätze in der Zazen-Halle aufsuchen und voreinander ihre Niederwerfungen zur Begrüßung ausführen. Wenn wir eine andere Unterkunft besuchen wollen und sich am Eingang bereits viele Menschen angesammelt haben, hinterlassen wir eine Nachricht, die am Eingang angebracht wird. Diese Nachricht muss auf weißem Papier geschrieben sein, das ein Sun breit und zwei Sun lang ist. Wir schreiben zum Beispiel folgendermaßen:

| |
|---|
| Sō-un, Eshō[85] und andere<br>führen eine Niederwerfung zur Begrüßung aus. |

Eine andere Form ist:

| |
|---|
| Soundso<br>verneigt sich und überbringt seine Glückwünsche. |

Wieder eine andere Form ist:

| |
|---|
| Soundso<br>Mit einer Niederwerfung zur Begrüßung. |

Oder:

| |
|---|
| Soundso<br>führt in Bescheidenheit eine Niederwerfung aus. |

Es gibt viele verschiedene Formen für diese Begrüßung, aber im Allgemeinen werden die obigen Formen verwendet. Deshalb können wir so viele [Begrüßungs-]Karten mit den Namen neben den Eingängen sehen. Diese Karten sollen nicht an der linken, sondern an der rechten Seite des Eingangs angebracht werden. Die Karten werden nach dem Mittagsmahl [des fünfzehnten Tags des vierten Mondmonats] von den Verantwortlichen der jeweiligen Unterkunft abgenommen. Am Tag der Begrüßungen bleiben die Bambusrollos an den Eingängen aller großen und kleinen Hallen und Unterkünfte des Klosters offen. Außerdem ist es Brauch, dass der Abt, der Küchenvorsteher und der Hauptmönch der Reihe nach [ihren Besuchern] den Tee anbieten. Auf einer fernen Insel oder tief in den Bergen kann dies entfallen. Dieser Dienst wird geleistet, um seine Verehrung zu zeigen, und es ist nur eine formale Angelegenheit. Ältere Mönche, die sich bereits vom Kloster zurückgezogen haben, sowie die Hauptmönche[86] servieren den Tee in ihrer jeweiligen Unterkunft insbesondere für die Vorsteher des Klosters und ihre Assistenten.

Nachdem das Sommer-Training in der beschriebenen Form eröffnet wurde, praktizieren wir Zazen.[87] Niemand kann ein Nachkomme der Buddhas und Vorfahren sein, wenn er nicht an einem Sommer-Training teilgenommen hat, wie viel andere Disziplinen er auch praktiziert haben mag. Das Sommer-Training ist die vollkommene Vergegenwärtigung des Jetavana-Parks[88] und des Geiergipfels [zu Lebzeiten des Buddha]. Der Ort des Sommer-Trainings ist das Geist-Siegel der Buddhas und Vorfahren, und er ist das Erscheinen aller Buddhas in der Welt.

Am dreizehnten Tag des siebten Mondmonats ist das Sommer-Training beendet. Die Teezeremonie und die Rezitation der Sūtren in den Unterkünften wird wieder von dem Vorsteher der Unterkünfte geleitet, der für diesen Monat ernannt wurde.

Die Rezitation der Namen der zehn Buddhas am Abend des vierzehnten Tages des siebten Mondmonats, der formelle Vortrag des Abtes in der Dharma-Halle, die Niederwerfungen, der Besuch der verschiedenen Unterkünfte und die Teezeremonie am folgenden Tag finden in der gleichen Form statt wie zu Beginn des Sommer-Trainings. Nur der Wortlaut der Ankündigungen und der Rezitation unterscheiden sich. Die Worte für die Ankündigung der Teezeremonie durch den Küchenvorsteher sind jetzt die folgenden:

»Die Küchenvorsteher werden heute Abend
in der Zazen-Halle eine Teezeremonie abhalten,
um dem Hauptmönch und allen anderen Mönchen
unsere Wertschätzung für die Anstrengungen
während dieses Sommer-Trainings zu zeigen.
Wir hoffen aufrichtig,
dass alle Mönche uns die Ehre geben,
mit ihrer strahlenden Präsenz daran teilzunehmen.
Die Küchenvorsteher Soundso, mit Respekt.«

Der Wortlaut der Rezitation in der Halle der örtlichen Schutzgötter ist jetzt der folgende:

*»Wir denken in Wahrhaftigkeit daran, dass ein goldener Wind über die Felder weht und der Gott des Herbstes in allen Richtungen herrscht. Dies ist die Zeit, an dem der König der Verwirklichung das Sommer-Training auflöst, und es ist der Tag, an dem das Dharma-Jahr endet. In diesen neunzig Tagen gab es keine Störungen, und alle Mönche haben in Frieden praktiziert. Wir rufen nun die großen Namen der Buddhas an und verbeugen uns vor den wahren Herrschern der Kloster-Gebäude. Mit Respekt bitte ich die Versammlung, zu rezitieren …«*

Danach werden die gleichen Verse wie zu Beginn des Sommer-Trainings rezitiert.

Nach der formellen Dharma-Rede des Abtes in der Dharma-Halle drücken die Klostervorsteher ihren Dank mit folgenden Worten aus: »Es ist uns eine Freude, sagen zu können, dass das Dharma-Jahr nun vollendet ist und es keine Störungen gab. Dies war nur aufgrund der Dharma-Kraft des Meisters möglich. Als seine Untergebenen sind wir voller Dankbarkeit, und wir sind unfähig, unsere Wertschätzung auszudrücken.«

Die Dankesworte des Abtes sind die folgenden: »Nun ist das Dharma-Jahr vollendet und ich danke dem Vorsteher Soundso und dem Hauptmönch Soundso, dass ich an den Wohltaten ihrer Dharma-Kraft teilhaben durfte. Ich danke allen aus tiefstem Herzen.«

Die in der [Zazen-]Halle [wohnenden] Mönche, vom Hauptmönch abwärts, und die in den Unterkünften wohnenden Mönche, von den Vorstehern der Unterkünfte abwärts, sagen die folgenden Dankesworte: »Während der neunzig Tage dieses Sommer-Trainings haben wir einander vertraut und uns gegenseitig unterstützt. Unsere Körper, unsere Rede und unser Geist waren nicht gut, und wir haben einander Schwierigkeiten bereitet. Deshalb bitten wir einander um Mitgefühl.«

Dann machen die Vorsteher und deren Assistenten die folgende Ankündigung:

»Die Brüder der Versammlung, die sich auf die Heimreise begeben wollen, sollen warten, bis die Teezeremonie beendet ist. Danach können sie das Kloster nach Belieben verlassen.« (Im Notfall kann eine besondere Genehmigung erteilt werden.)

Die Tradition [des Sommer-Trainings] ist von größerer Wichtigkeit als die Zeitalter vor und nach dem König des majestätischen Klangs. Die Buddhas und Vorfahren haben diesem Training den höchsten Wert beigemessen. Die Menschen außerhalb des Buddha-Weges und die himmlischen Dämonen waren niemals imstande, dieses Training zu stören. In den drei Ländern [Indien, China und Japan] hat es kein Nachfolger der Buddhas und Vorfahren versäumt, dieses Sommer-Training zu praktizieren, während die Menschen außerhalb des Buddha-Weges dies niemals gelernt haben. Das Sommer-Training ist die eine große Sache[89] und der ursprüngliche Wunsch unseres ehrwürdigen Vorfahren, des Buddha. Deshalb verkündete er vom Morgen seines Erwachens an bis zum Abend seines Eintritts ins Nirvāṇa nichts anderes als die Bedeutung des Sommer-Trainings. Zwischen den fünf Mönchsschulen in Indien gab es Unterschiede; in einem Punkt jedoch glichen sie sich alle: Sie behielten die neunzig Tage des Sommertrainings bei, sie bewahrten dieses Training und versäumten niemals, es auszuüben und zu erfahren. Nicht eine der neun Schulen in China hat die Tradition des Sommer-Trainings abgebrochen. Diejenigen, die niemals in ihrem Leben die neunzig Tage des Sommer-Trainings erfahren haben, sollten nicht als Mönche und damit als Schüler des Buddha bezeichnet werden. Wir lernen und praktizieren nicht nur, um [das Erwachen] zu verursachen, sondern [das Sommer-Training] ist schon die Praxis und Erfahrung im Zustand der Verwirklichung selbst. Der vollkommen Erwachte, der Weltgeehrte, hat das Sommer-Training sein ganzes Leben lang praktiziert und erfahren und nicht einen einzigen Sommer ausgelassen. Denkt daran, dass dies Buddhas Erfahrung der Verwirklichung ist.

Wenn jemand behauptet, er sei ein Nachkomme der Buddhas und Vorfahren, aber niemals ein Sommer-Training praktiziert und erfahren hat, macht er sich lächerlich und ist es nicht einmal wert, dass man über ihn lacht. Ihr solltet den Menschen, die so etwas sagen, nicht einmal zuhören. Ihr solltet nicht mit ihnen sprechen, nicht mit ihnen sitzen und nicht den gleichen Weg wie sie gehen. Im Buddha-Dharma bestrafen wir unrechte Menschen mit Schweigen.[90] Ihr solltet einfach verstehen und euch darauf stützen, dass die neunzig Tage des Sommer-Trainings die Buddhas und Vorfahren selbst sind. Diese Tradition wurde von den sieben Buddhas bis Mahākāśyapa authentisch weitergegeben, und die achtundzwanzig Vorfahren in Indien haben sie von einem rechtmäßigen Nachfolger zum nächsten übermittelt. [Bodhidharma,] der achtundzwanzigste Nachfolger [in Indien,] kam selbst nach China und gab diese Tradition unverfälscht an den zweiten Vorfahren [in China], Meister Taiso[91] [Eka] weiter. Seither und bis zum heutigen Tag wurde das Sommer-Training in China authentisch von einem rechtmäßigen Nachfolger zum nächsten weitergegeben. Als ich nach China in den Orden eines Buddhas und Vorfahren ging, wurde mir diese Tradition selbst authentisch [von meinem Meister] weitergegeben, und ich führe sie in Japan unverfälscht in dieser Form weiter.

Jetzt, da ihr die neunzig Tage des Sitzens in dem Orden praktiziert habt, in dem es authentisch weitergegeben wurde, wurde euch der Dharma des Sommers schon unverfälscht übermittelt. Es ist sicher das wahre Sommer-Training, dieses Sitzen zu erfahren und es genau mit dieser Person[92] [, der es weitergegeben wurde,] zusammen zu erleben. Seit den Tagen des Buddha wurde dieses Sommer-Training von Angesicht zu Angesicht und von einem rechtmäßigen Nachfolger zum nächsten weitergegeben. Deshalb wird euch das Gesicht der Buddhas und Vorfahren jetzt direkt weitergereicht und ihr habt den Körper und Geist der Buddhas und Vorfahren direkt erfahren. Deshalb sagen wir, dass wir Buddha begegnen, wenn wir dem Sommer-Training begegnen, dass wir Buddha erfahren, wenn wir das Sommer-Training erfahren, dass wir Buddha praktizieren, wenn wir das Sommer-Training praktizieren, dass wir Buddha hören, wenn wir das Sommer-Training hören, und dass wir Buddha erlernen, wenn wir das Sommer-Training erlernen. Kurz: Es ist der universelle Dharma, dass die Buddhas und Vorfahren niemals vom Sommer-Training abgewichen sind und sich auch niemals über das Sommer-Training erhoben haben. Weil es sich so verhält, sollten die Könige der Menschen, der König Śakra, der König Brahma usw. Mönche werden und ein Sommer-Training praktizieren, und sei es nur ein einziges, denn es bedeutet, dass sie Buddha begegnen. Menschliche, himmlische und Drachen-Wesen sollten Mönche werden und ein Sommer-Trainings erfahren, und sei es nur ein einziges, denn es bedeutet, dass sie Buddha sofort begegnen. Sich dem Orden eines Buddhas und Vorfahren anzuschließen und neunzig Tage lang zu sitzen bedeutet, dass ihr Buddha bereits begegnet seid.

Schätzt euch glücklich, schon ein Sommer-Training erfahren zu haben, bevor euer Leben, das einem Tautropfen gleicht, zu Ende geht. Ganz gleich, ob ihr das Sommer-Training im Himmel über uns oder in dieser Menschenwelt praktiziert, es bedeutet immer, dass die Haut, das Fleisch, die Knochen und das Mark der Buddhas und Vorfahren zu eurer Haut, eurem Fleisch, euren Knochen und eurem Mark geworden sind. Da die Buddhas und Vorfahren [auf diese Weise] zu euch kommen und das Sommer-Training durch euch praktizieren, ist das Sommer-Training, das jeder Einzelne von euch praktiziert, gleichzeitig das Sommer-Training, das sich selbst durch jeden Einzelnen von euch praktiziert. Weil dies so ist, nennen wir [die Menschen, die] ein Sommer-Training praktiziert haben, schlicht »tausend Buddhas und zehntausend Vorfahren«. Wenn ihr danach fragt, so liegt der Grund darin, dass das Sommer-Training schlicht die Haut, das Fleisch, die Knochen und das Mark der Buddhas und Vorfahren ist, dass es ihr Körper und ihr Geist, ihr Gehirn und ihre Augen ist, dass es ihr Handeln, ihr Atem, ihre vollkommene Form und ihre Buddha-Natur ist, dass es ihr Fliegenwedel, ihr Stock, ihr Bambusstock und ihr rundes [Zazen-]Kissen ist. Beim Sommer-Training wird nichts Neues geschaffen und auch nichts Altes wiederholt.

Der Weltgeehrte sprach einst zu dem Bodhisattva des runden Erwachens[93], zu einer großen Mönchsversammlung und allen Lebewesen: »*Wenn ihr euch zu Beginn des Sommers drei Monate lang zur Praxis zurückzieht, werdet ihr in der Reinheit eines Bodhisattvas weilen. Euer Geist wird sich vom Zustand eines Śrāvakas befreien und ihr werdet jenseits der Abhängigkeit von anderen sein. Wenn der Tag des Sommer-Trainings kommt, solltet ihr vertrauensvoll die folgenden Worte an Buddha richten: ›Möge ich, Mönch, Nonne, männlicher oder weiblicher Laie Soundso, der oder die im Fahrzeug des Bodhisattvas fährt, in Ruhe praktizieren und in die Harmonie der reinen und wirklichen Form eingehen, in ihr verweilen und sie bewahren können. Möge ich das große und runde Erwachen zu meiner Heimat machen und das Sommer-Training mit Körper und Geist praktizieren können. Möge die Weisheit, deren Natur ausgeglichen ist, und der friedliche und natürliche Zustand meines wahren Selbst nicht behindert werden. Und so erbitte ich jetzt ehrerbietig, dass ich, ohne mich auf den Geist eines Śrāvakas zu stützen, diese drei Monate des Sommer-Trainings zusammen mit den Tathāgatas der zehn Richtungen und den großen Bodhisattvas praktizieren darf. Möge ich durch das direkte und indirekte Wirken des höchsten und wunderbaren Erwachens der Bodhisattvas nicht mit anderen verstrickt werden.‹ Ihr guten Söhne! Dies ist die konkrete Offenbarung des Sommer-Trainings eines Bodhisattvas.*«[94]

So verwirklichen die Mönche, Nonnen, männlichen und weiblichen Laien, die an den drei Monaten des Sommer-Trainings teilnehmen, zweifellos die großen Ursachen des höchsten und wunderbaren Erwachens zusammen mit den Tathāgatas der zehn Richtungen und den Bodhisattvas. Denkt daran, dass auch Laien, Männer wie Frauen, das Sommer-Training praktizieren sollten. Der Ort dieses Sommer-Trainings ist das große und runde Erwachen. Deshalb sind der Geiergipfel und der Jetavana-Park gleichermaßen die Tempel des großen runden Erwachens des Tathāgata. Ihr solltet die Worte des Weltgeehrten hören, die euch lehren, dass die Tathāgatas der zehn Richtungen, zusammen mit den großen Bodhisattvas drei Monate lang das Sommer-Training praktiziert und erfahren haben.

*Einst hielt der Weltgeehrte an einem Ort das neunzigtägige Sommer-Training ab. Am Tag der Selbstbetrachtung*[95] *erschien plötzlich Mañjuśrī. Mahākāśyapa fragte ihn, wo er in diesem Sommer die Trainings-Periode praktiziert habe. Mañjuśrī antwortete: »In diesem Sommer habe ich das Training an drei Orten praktiziert.« Mahākāśyapa rief die Mönche zusammen. In dem Augenblick, als er gerade den Hammer emporhielt, um auf den Holzblock*[96] *zu schlagen und Mañjuśrī [vom Sangha] auszuschließen, erschienen plötzlich unzählige Buddha-Länder vor ihm. Dort, wo ein Buddha war, sah er einen Mañjuśrī, und er sah sich selbst den Hammer emporhaltend, um Mañjuśrī auszuschließen. Da wandte sich der Weltgeehrte an Mahākāśyapa und fragte ihn: »Welchen Mañjuśrī wirst du jetzt ausschließen?« Mahākāśyapa war sprachlos.*[97]

In einer Rede über die alten Meister sagte Zen-Meister Engo[98] zu dieser Geschichte: »*Eine Glocke, die nicht angeschlagen wird, klingt nicht. Eine Trommel, die niemand schlägt, ertönt nicht. Mahākāśyapa erfasst das Wesentliche*[99] *und Mañjuśrī springt über die zehn Richtungen hinaus.*[100] *Dieser Augenblick ist die Bühne, auf der ein wun-*

*derbares buddhistisches Ereignis stattfindet. Es wäre schade, eine Szene zu versäumen!* [101] *[Stellt euch vor, Mahākāśyapa] hätte, als der alte Meister Śākyamuni ihn fragte: ›Welchen Mañjuśrī wolltest du gerade ausschließen?‹, ohne zu zögern auf den Holzblock geschlagen. Welche vollkommene Lösung*[102] *hätte der andere [der Buddha] in dieser Situation gehabt?«*

Zen-Meister Engo sagte in einer Lobrede auf die alten Meister:

*Ein großer Elefant spielt nicht auf einem Kaninchen-Pfad.*
*Was wissen Schwalben und Sperlinge über große Schwäne und Störche?*[103]
*[Mahākāśyapa] pflegt den buddhistischen Stil, wenn er die Regel einhält.*
*[Mañjuśrī] fängt den fliegenden Pfeil [mit den Zähnen] auf,*
*wenn er die Norm verletzt.*[104]
*Mañjuśrī ist die ganze Welt.*
*Mahākāśyapa ist die ganze Welt.*
*Wenn sie sich von Angesicht zu Angesicht gegenüberstehen, sind beide erhaben.*
*Was wird durch das Schlagen des Holzblocks bestraft?*
*Es gab eine wunderbare Handlung im Hier und Jetzt.*[105]
*Die goldenen Asketen*[106] *durchbrechen alle Hindernisse.*[107, 108]

Deshalb übte der Weltgeehrte das Sommer-Training an einem Ort und Mañjuśrī an drei Orten, aber keiner von beiden hat es jemals ausgelassen. Wenn ihr das Sommer-Training nicht praktiziert, seid ihr weder ein Buddha noch ein Bodhisattva. Es gibt kein einziges Beispiel eines Nachkommen der Buddhas und Vorfahren, der nicht das Sommer-Training praktiziert hätte. Ihr solltet wissen, dass jene, die das Sommer-Training erlebt haben, die Nachkommen unseres Vorfahren, des Buddha, sind. Das Sommer-Training ist der Körper und Geist der Buddhas und Vorfahren, es ist ihr Buddha-Auge und die Quelle ihres Lebens. Wer das Sommer-Training nicht praktiziert, ist kein Nachkomme des Buddha und auch kein Buddha oder Nachfolger. Die Buddhas und Bodhisattvas der Gegenwart, [seien sie] aus Erde oder aus Holz, aus Seide oder aus Gold oder aus den sieben Schätzen [gefertigt], sollten alle in den drei Sommermonaten sitzen. Dies ist die alte Tradition, in der wir in den drei Juwelen, Buddha, Dharma und Sangha, verweilen und sie bewahren, und es ist Buddhas Unterweisung. Letztlich sollten alle Menschen im Haus der Buddhas und Vorfahren unbedingt die drei Monate des Sommer-Trainings praktizieren.

Shōbōgenzō Ango

Dargelegt vor einer Versammlung im Kloster Daibutsu der Präfektur Fukui am dreizehnten Tag des sechsten Mondmonats während des Sommer-Trainings im dritten Jahr der Ära Kangen [1245].

# Anmerkungen

*Shōsan* 小参, wörtl. »kleine Versammlung«, ist der Name für eine kleine Ansprache, die in den Räumen des Abtes oder in den Unterkünften der Mönche abgehalten wurde. *Shōsan* 小参 unterscheidet sich von *jōdō* 上堂, einer offiziellen Lehrrede in der Dharma-Halle.

Wörtl. »erfasst den schwarzen Lackeimer«. In einem schwarzen Lackeimer kann man keine zwei Dinge unterscheiden. Deshalb ist er ein Symbol für die Wirklichkeit oder die Welt der Nicht-Unterscheidung.

*Habi-su* 巴鼻子 ist ein Nasenring, den man zum Beispiel zum Zügeln eines Wasserbüffels verwendet. Er ist ein viel verwendetes Symbol für Selbstbeherrschung.

Mit anderen Worten: Das Leben eines Mönchs ist Handeln im gegenwärtigen Augenblick.

Wörtl. »eine Türschwelle eines Sommer-Trainings«. »Türschwelle« ist ein Zählsuffix, das zwar als solches hier keine eigene Bedeutung besitzt, aber das Sommer-Training als etwas Konkretes oder Wirkliches veranschaulicht.

Wörtl. »die Faust und der Nasenring«. Die Faust ist ein Symbol für aktives Handeln und der Nasenring für Disziplin und Selbstbeherrschung.

Wörtl. »Tausend Meilen weit kein Grashalm!«

Meister Ōryū Goshin (1043–1114) war ein Nachfolger von Meister Ōryū Sōshin. Er nannte sich selbst »toter Geist«, und unter diesem Namen wird er im Text erwähnt.

Das Zitat ist eine freie Wiedergabe aus Kap. 28 des *Zoku dentō roku.*

*Waga kori* 我個裏, wörtl. »mein konkreter Ort«. Meister Nyojō verwendete diesen Ausdruck, um seinen Orden zu bezeichnen.

*Kenbutsu* 見仏, »Buddha begegnen«, bedeutet, den Zustand eines Buddhas zu verwirklichen. Siehe Kap. 61, *Kenbutsu.*

Magadha war ein Königreich, das sich entlang des südlichen Ufers des Ganges erstreckte. Die Hauptstadt war Rājagṛha. Der Buddha verwirklichte die Wahrheit in Magadha und hielt dort auch seine erste Lehrrede.

Ānanda war einer der engsten Schüler Buddhas und sein Halbbruder. Er wurde der Nachfolger von Meister Mahākāśyapa und damit der zweite Vorfahre in Indien.

Mönche, Nonnen, männliche und weibliche Laien.

*Insa kyūshitsu* 因沙臼 ist die phonetische Wiedergabe des Sanskrit-Namens Indra-ṣailaguhā, wörtl. »Indras Stein-Versteck«.

Diese Worte ähneln denen, die man im *Shobutsu yōshū kyō* (»Die Sammlung der wichtigen Eckpunkte der Buddhas«), Teil 1, finden kann.

1245. Der Satz in der Klammer steht im Urtext in kleiner Schrift.

Meister Dōgen weiß natürlich, dass Buddhas Lehre über die Worte und das Denken hinausgeht, aber hier kritisiert er die Einseitigkeit dieser Sichtweise.

*Daiichi gitai* 第一義諦, wörtl. »die Wahrheit der ersten Bedeutung« oder »die höchste Wahrheit«.

*Daiichi mutai* 第一無諦, wörtl. »die Wahrheit der ersten Nicht-Bedeutung«, ist Meister Dōgens Variante des Ausdrucks.

Dieser Satz entstammt einem Vers von Meister Busshō Hōtai, der im *Katai futō roku*, Kap. 28, aufgezeichnet ist: Ein Mann namens Tō-in fischte einst im See Raitaku einen Gegenstand, von dem er glaubte, es sei ein Schiffchen zum Weben. Er nahm es mit nach

Hause und hängte es an die Wand. Eines Tages während eines starken Gewitters verwandelte sich das vermeintliche Weberschiffchen in einen Drachen und stieg zum Himmel auf, denn es war in Wirklichkeit ein kostbares Schwert, das »Drachensprung« genannt wurde.

22 *Tōri-ten* 忉利天, »der Himmel der dreiunddreißig Götter« (sanskr. *trayastrimsa*), befand sich auf dem Gipfel des Berges Sumeru.

23 Das *Brahmajāla-sūtra* ist das Sūtra der Vorschriften des Mahāyāna für Mönche und Nonnen, in dem die zehn wichtigsten und die achtundvierzig weniger wichtigen Bodhisattva-Vorschriften beschrieben werden. Der berühmte Kumārajīva übersetzte das Werk in der späten Ära Shin (384–417) ins Chinesische.

24 Ausgehend von Meister Mahākāśyapa als erste Generation gehörte Meister Dōgen zur einundfünfzigsten Generation.

25 Dies ist ein Zitat aus dem *Zen en shingi*, »Die reinen Regeln für Zen-Klöster«, Kap. 2.

26 *Ninji* 人事, die persönlichen Ehrenbezeigungen, die hauptsächlich aus den verschiedenen Arten der Niederwerfungen bestehen, werden eingehend im Kap. 55, *Darani*, erörtert.

27 »In der Stille verweilen« ist *ango seri* 安居せり, wie im Titel des Kapitels, hier aber als Verb.

28 Wörtl. »Jede Faust und jedes Nasenloch«. Faust und Nasenloch sind im *Shōbōgenzō* viel gebrauchte Metaphern für Tun und Atmen.

29 *Dōsu* 堂司, auch *Ino* 維那 genannt, ist der oberste Aufsichtsmönch der Zazen-Halle und einer der sechs wichtigsten Vorsteher des Klosters.

30 *Kairō* 戒臘 bestimmt das religiöse Alter eines Mönchs oder einer Nonne, das heißt, es ist die Anzahl der Jahre seit seiner Ordination. Wenn ein Mönch sein Mönchsalter bestimmt, zählt er die Jahre, in denen er am Sommer-Training teilgenommen hat.

31 *Shuryō* 衆寮 sind die Unterkünfte bzw. die Schlafsäle der Mönche.

32 *Hōsanshō* 放参鐘, wörtl. »die Glocke, die aus der Praxis entlässt«. Dies ist die Glocke, die am Ende der letzten Sitzperiode eines Tages ertönt.

33 Heute gibt es in einem Zen-Kloster sechs Vorsteher, *roku chiji* 六知事: 1. *Tsusu* 都寺, der Hauptverwalter des Klosters und sein Schatzmeister; 2. *Kansu* 監寺, der Prior; 3. *Fusu* 副寺, der Assistent des Priors; 4. *Dōsu* 堂司 oder *ino* 維那, der Oberste Mönch der Zazen-Halle oder Rektor; 5. *Tenzo* 典座, der Küchenchef und 6. *Shissui* 真歳, der Leiter für die Arbeiten am Kloster, der für die Gebäude und Felder verantwortlich ist.

34 Die sechs Assistenten der Hauptverwalter, *roku chōshu* 六頭首, sind: 1. *Shuso* 首座, wörtl. »der oberste Sitz«, der Hauptmönch; 2. *Shoki* 書記, der Assistent des Hauptmönchs; 3. *Zōsu* 蔵主, der Leiter der Bibliothek; 4. *Shika* 知客, der Betreuer der Gäste; 5. *Chiden* 知殿, der Verantwortliche der Buddha-Halle und 6. *Chiyoku* 知浴, der Verantwortliche für die Bäder.

35 *Seidō* 西堂, wörtl. »westliche Halle«, ist der Titel für einen älteren Meister oder einen Meister, der Gast in einem ihm nicht angestammten Kloster ist. Der Name *seidō* 西堂 entstammt dem traditionellen Grundriss der Klöster, in dem die Räume für Gäste sich im Westen befanden.

36 *Jōza* 上座, wörtl. »Senior-Sitz«, steht für das sanskr. *ācārya* und ist ein Ausdruck der Ehrerbietung für einen älteren Mönch, der im Rang eines Lehrers steht.

37 Ein älterer, im Ruhestand befindlicher Mönch, der in dem Kloster lebt, in dem das Sommer-Training abgehalten wird, wird den Titel »Seidō« während dieser Periode nicht verwenden.

38 *Sōrin* 叢林, wörtl. »Wald-Dickicht«, steht für sanskr. *piṇḍavana* und bezeichnet den Ort, an dem viele Mönche und Nonnen versammelt sind.

*Ran-nyo* 陳如 steht für Ajñāta-Kauṇḍinya, einen der fünf Mönche, die die ersten Schüler Buddhas nach seiner Verwirklichung der Wahrheit wurden. Kauṇḍinya erlangte den Dharma schon, bevor der Buddha seine erste Lehrrede beendet hatte. Er wird als ein Vorbild für die Mönche angesehen und im Lotos-Sūtra erwähnt.

Keshu 化主 ist der verantwortliche Mönch für die äußeren Angelegenheiten, wie z. B. die Besuche bei den Gönnern des Klosters und das Einsammeln der Spenden.

Dōshu 堂主, wörtl. »Hallen-Leiter«. In diesem Fall bedeutet »Halle« das Krankenrevier des Klosters.

Eine neue Ära kann irgendwann im Verlauf eines Jahres beginnen. Aus diesem Grund wird sowohl das erste Jahr der Ära Kenpō als auch das dritte Jahr der Ära Kenryaku dem Jahr 1513 unserer Zeitrechnung zugeordnet.

Wörtl. »das Rechte«. Im Japanischen wird eine Zeile von oben nach unten und die einzelnen Zeilen von rechts nach links geschrieben.

*Shinsho* 真書, wörtl. »echtes Schreiben«. Dies bezieht sich auf den nicht-kursiven, also besser lesbaren Standardschreibstil, der zu Meister Dōgens Zeit üblich war. Dieser gleicht dem heutigen Standardstil für gedruckte Dokumente.

*Reisho* 隷書 ist abgeleitet aus dem alten chinesischen Tensho-Stil, der heute nur noch für Siegel verwendet wird.

*Ryōshu* 寮主 ist der Mönch, der von den anderen Mönchen als ihr Repräsentant auserwählt wurde. Er ist verantwortlich für die Gewänder und Ess-Schalen der Mönche, für die Vorbereitung der Bücher für die Rezitation, für die Kohle, für heißes Wasser usw.

*Ryōshuso* 寮首座.

*Shōsō* 聖僧, wörtl. »Heiliges Bildnis«. Im Allgemeinen ist dies ein Bild oder eine Statue des Buddha oder des Bodhisattvas Mañjuśrī, die in der Zazen-Halle, in den Unterkünften für die Mönche und in anderen Räumen des Klosters stehen.

Der Eingang der Zazen-Halle, im Urtext *sōdō* 僧堂, »Mönchshalle«, genannt, befindet sich im Osten des Klosters.

*Zenka* 前架, wörtl. »Vorderer Stand«, wird im Allgemeinen *gaitan* oder *zentan* genannt. Dort sitzen die Hauptverantwortlichen und andere diensthabende Mönche, die in diesen Vorraum kommen und ihn verlassen können, um ihren Pflichten nachzugehen, ohne die anderen Mönche, die in der Zazen-Halle sitzen, zu stören.

Dieser Satz ist im Urtext klein gedruckt.

*Tochi-dō* 土地堂 ist eine kleine Halle neben der Dharma-Halle, in der sich die örtlichen Gottheiten und die Schutzgottheiten für das Kloster befinden.

*Yokubutsu* 浴仏, »den Buddha besprengen«. Dies ist eine Zeremonie, die an Buddhas Geburtstag, am achten Tag des vierten Mondmonats, stattfindet. Das Bild oder die Statue des Buddha wird mit parfümiertem Wasser oder süßem Tee besprengt.

*Monjin* 問訊 ist eine Form der Ehrenbezeigung, bei der die Hände entweder in *gasshō* oder in *shashu* zusammengelegt werden. Siehe Kap. 55, *Darani*, Anm. 10.

*Entei* 炎帝, wörtl. »der Kaiser der Flammen«, das heißt, die Sonne.

*Hōshin* 法身, »der Dharma-Körper«, sanskr. *dharmakāya*.

*Hōjin* 報身, »der Freuden-Körper«, sanskr. *saṃbhogakāya*.

Mañjuśrī und der Bodhisattva Universelle Tugend sind legendäre Bodhisattvas, die im Lotos-Sūtra erwähnt werden. (Siehe auch Kap. 17, *Hokke ten hokke*.) Mañjuśrī ist ein Symbol der Weisheit und der Bodhisattva Universelle Tugend ein Symbol für die Ausgewogenheit des Universums.

Der Bodhisattva Avalokiteśvara, ein Symbol der Lebenskraft und des Mitgefühls für die Menschen, wird im Lotos-Sūtra gepriesen und verehrt.

60 Siehe Kap. 2, *Makahannya haramitsu*. Diese zehn Anrufungen werden traditionell *jūbutsumyō*, »die Namen der zehn Buddhas«, genannt.

61 十方三世一切諸仏、諸尊菩薩摩訶薩、摩訶般若波羅蜜。 Diese Worte werden in Japan nach einer Lehrrede rezitiert. Normalerweise würden sie folgendermaßen gelesen: *Juppō sanze issai shobutsu, shoson bosatsu makasatsu, makahannya haramita*, traditionell wird jedoch so rezitert: *Shihō sanshi ishifu / Shison busa mokosa / Moko hōja horomi*.

62 Wörtl. »Wolken-Halle«. Dies ist ein anderer Name für die Mönchs- oder Zazen-Halle. Siehe Kap. 5, *Jū-undō shiki*.

63 Das heißt, sie sitzen nicht, wie beim Zazen, der Wand gegenüber, sondern dem Raum zugewandt.

64 *Ryōten sanpai* 両展三拝 ist eine Niederwerfung, bei der das *zagu* (das Tuch für die Niederwerfungen) zur Hälfte ausgebreitet, auf den Boden gelegt und mit dem Kopf berührt wird. Es gibt drei verschiedene Formen, das *zagu* auszubreiten: 1. Bei der *sokurei*-Niederwerfung bleibt das *zagu* vierfach gefaltet, das heißt, es wird nicht ausgebreitet. 2. Bei der *ryōten*-Niederwerfung wird es, wie oben beschrieben, zur Hälfte ausgebreitet, und 3. Bei der *daiten*-Niederwerfung wird es in voller Länge ausgebreitet. Dies sind die drei traditionellen Formen der Niederwerfung, die beim Sommer-Training vollzogen werden.

65 Fünf *bu* sind ein halbes *sun*. Ein *sun*, der japanische »Zoll«, hat die Länge von 3,03 cm.

66 *Hōken* 法眷, »die Dharma-Familie«, sind z. B. die Mönche, die die Schüler des Meisters des Abtes sind.

67 *Hōza* 法座, »der Dharma-Sitz«, befindet sich auf einer erhöhten Plattform.

68 *Haiseki* 拝席, wörtl. »Niederwerfungs-Sitz«, eine rechteckige Strohmatte.

69 *Sokurei* 触礼, wörtl. »Berührungsverbeugung«. Bei der *sokurei*-Niederwerfung berührt der Kopf das nicht ausgebreitete Niederwerfungstuch (*zagu*). Siehe Anm. 64.

70 Es ist eine buddhistische Tradition, dass der Meister bei formellen Gelegenheiten nach Süden gewandt steht. Die Buddha- und die Vortrags-Halle sind im Allgemeinen nach Süden gebaut. Außerdem war es Tradition in China, dass ein Kaiser oder König nach Süden gewandt sitzt.

71 Dieser Platz befindet sich am nördlichen Ende der Küchen-Halle, das heißt, die Hauptverwalter stehen nach Süden gewandt.

72 Für das Sommertraining sind die Sitze in der Zazen-Halle nach den Mönchsjahren angeordnet.

73 Dies ist meist eine Statue des Bodhisattvas Mañjuśrī. Sie befindet sich im Zentrum der Zazen-Halle gegenüber dem Eingang und vor der Niederwerfungsmatte.

74 Die Vorsteher des Klosters haben ihren Platz nicht in der Haupt-Zazen-Halle, sondern in der vorderen Halle, die *zentan* oder *gaitan* genannt wird.

75 Sie geben Acht, dass sie nicht die Niederwerfungen ihres eigenen Meisters empfangen.

76 Das Kloster befindet sich traditionell am südlichen Hang eines Berges. Im Westen befinden sich die Mönchs- oder Zazen-Halle, die Toiletten und Waschräume, sowie die Unterkünfte der Mönche. Im östlichen Korridor befinden sich die Küche, die Unterkünfte für die Hauptverwalter, die Halle der Novizen und die Unterkünfte der Mönche. In der Mitte befinden sich, von oben nach unten, die Abtsgebäude, die Dharma-Halle, die Buddha-Halle und das Haupttor. Siehe Band 1, Anhang 4.

77 *Anrō* 安老, wörtl. »friedvolles Alter«.

78 *Gonkyū* 勤旧, wörtl. »früher im Dienst stehend«, ist der Titel für einen Mönch, der früher den Posten eines Hauptverwalters innehatte.

79 *Idō* 頤堂, wörtl. »die Halle für die Hundertjährigen«.

80 *Tanryō* 単寮, wörtl. »Einzelunterkunft«.

*Chinju* 浄頭 ist der Mönch, der für die Sauberkeit der Toiletten zuständig ist.
Wörtl. »die Position des Abtes im Hauptgebäude«. »Das Hauptgebäude« bezeichnet die Privaträume des Abtes. »Die Position« könnte eine Art Balkon oder Podium vor seinen Räumen sein.
*Shōdō* 照堂, »die Halle des Lichts«, befindet sich hinter der Zazen-Halle. Wenn der Abt beschäftigt ist, benutzt einer der Seniormönche diesen Raum für die Unterweisung der Mönche.
Dies sind die Schüler, die mit dem Abt zusammen im Orden von dessen Meister praktiziert haben. Die älteren Dharma-Brüder sind die Mönche, die vor dem Abt ordiniert wurden und die jüngeren Dharma-Brüder die Mönche, die nach ihm ordiniert wurden.
So-un und Eshō sind Beispiele für die Namen der Besucher.
Dies sind die Hauptmönche, die speziell für die Dauer des Sommer-Trainings ernannt wurden.
*Kufu bendō* 功夫弁道. Meister Dōgen verwendet diesen Ausdruck des Öfteren im *Shōbōgenzō* für die Praxis des Zazen.
*Kōdoku-on* 孤独園, wörtl. »Garten der Abgeschiedenheit«, bezieht sich auf den Jetavana-Park oder den Park des Prinzen Jeta. Der Jetavana-Park lag etwa 500 m südwestlich der Stadt Śrāvastī (heute Maheth) und trägt jetzt den Namen Saheth. Der Park wurde von einem reichen Laienschüler des Buddha namens Anāthapiṇḍika gestiftet, der den abgeschiedenen Park vom Prinzen Jeta, einem Sohn des Königs Prasenajit von Kośala, kaufte. Der Buddha soll achtzehn Monsunperioden hintereinander das Sommer-Training im Jetavana-Park abgehalten haben.
*Ichi daiji* 一大事 bezieht sich auf einen Ausdruck, der im Lotos-Sūtra vorkommt: *Ichi daiji innen* 一大事因縁, »die Ursache und Bedingung der einen große Sache«. Im Lotos-Sūtra wird gesagt, dass die Buddhas nur um der einen großen Sache willen in der Welt erscheinen, nämlich die Menschen dahin zu bringen, sich dieser Weisheit zu öffnen, sie darzulegen, sie zu verwirklichen und in sie einzutreten.
»Schweigen« ist *bondan* 梵壇, sanskr. *brahma-daṇḍa*, wörtl. »die reine Rute zur Züchtigung«. Diese Form der Bestrafung bestand darin, dass die Gemeinschaft der Mönche nicht mit dem Mönch sprach, der sich eines Vergehens schuldig gemacht hatte.
Meister Taiso Eka. »Großer Meister Shōshū Fukaku« ist sein posthumer Titel.
»Diese Person« ist Meister Dōgen selbst und gleichzeitig jeder einzelne Praktizierende.
Der »Bodhisattva des runden Erwachens« kommt im *Engaku kyō* (»Das Sūtra des runden Erwachens«) vor. Man nimmt an, dass das Sūtra in China geschrieben wurde.
Dies ist ein Zitat aus dem *Engaku kyō*.
Dies ist der Tag, ab dem die Einschränkungen des Sommer-Trainings beendet sind. An diesem Tag bekennen die Praktizierenden voreinander die Fehler, die sie während des Trainings gemacht haben, und bitten um Vergebung und Nachsicht.
*Byakutsui* 白椎, »den Hammer schlagen«, beschreibt das Schlagen eines kleinen Holzhammers (椎 *tsui*), um etwas bekannt zu geben oder die Mönche z. B. zur Zazen-Praxis zu rufen.
Aus dem *Daihōkō hōkyō gyō* (»Das Mahāvaipulya-Sūtra der Schatztruhe«). Das Zitat findet sich auch im *Engo Zenji goroku* (»Aufzeichnung der Worte von Zen-Meister Engo [Kokugon]«).
Meister Engo Kokugon (1063–1135) war ein Nachfolger von Meister Goso Hō-en und der Herausgeber des *Hekigan roku* (»Aufzeichnungen des Meisters vom blauen Fels«).
Wörtl. »Mahākāśyapa macht sein Schiff am großen Hafen fest«.
Wörtl. »Mañjuśrī sitzt sofort die zehn Richtungen weg«.

101 Wörtl. »Es wäre schade, ein Setzen [auf dem Go-Brett] zu versäumen«.
102 *Gassatsu* 合殺, wörtl. »vollkommenes Töten«, beschreibt die vollkommene Lösung eines Problems oder auch die Ruhe und Gelassenheit, wenn alles aufgegeben wird.
103 Hier preist Meister Engo die außergewöhnlichen Eigenschaften Meister Mahākāśyapas und des Bodhisattvas Mañjuśrī.
104 *Teki [o] yabu[ru koto]* 破的, wörtl. »das Ziel verfehlen« oder »daneben schießen«, beschreibt Mañjuśrīs Verletzen der Norm für das Sommer-Training. *Zoku [o] ka[mu]* 噛鏃, wörtl. »den Pfeil mit den Zähnen beißen« oder »mit den Zähnen auffangen«, bedeutet Geistesgegenwart, die genau richtig ist. Der Ausdruck entstammt einer Legende aus China, in der zwei ausgezeichnete Krieger, Toku Kunmo und Ō Reichi, testen wollten, wer der bessere Pfeilschütze wäre. Toku Kunmo fing den Pfeil seines Gegners mit den Zähnen.
105 Wörtl. »Es ist ein schönes Stück Nadelarbeit«. Nadelarbeit ist ein Symbol für ein aufrichtiges Tun im gegenwärtigen Augenblick.
106 *Zuda* 頭陀, sanskr. *dhūta*, steht für harte asketische Übungen. Hier symbolisieren »die goldenen *dhūtas*« die hart übenden Asketen in Indien.
107 »Hindernisse durchbrechen« ist *rakusetsu* 落節, wörtl. »den Knoten durchbrechen«. Die harten Knoten eines Bambus symbolisieren etwas sehr schwer zu Durchbrechendes oder ein Problem, das schwer zu lösen ist.
108 Siehe *Engo Zenji goroku* (»Aufzeichnung der Worte von Zen-Meister Engo [Kokugon]«), Kap. 19.

Der Landesmeister fragte: »*Hast du die Kraft, den Geist der anderen zu kennen, oder nicht?*«

Der Sanzō antwortete: »*Ich würde nicht wagen [dies zu behaupten].*«[11]

Der Landesmeister sagte: »*Dann sag mir, wo ist dieser alte Mönch jetzt?*«

Der Sanzō sagte: »*Meister, ihr seid der Lehrer des ganzen Landes. Warum seid ihr zum West-Fluss gegangen, um ein Bootsrennen anzusehen?*«

Der Meister fragte zum zweiten Mal: »*Sag mir, wo ist dieser alte Mönch jetzt?*«

Der Sanzō sagte: »*Meister, ihr seid der Lehrer des ganzen Landes. Warum seid ihr auf die Tianjin-Brücke*[12] *gegangen, um [jemanden] zu beobachten, der mit einem Affen spielt?*«

Da fragte der Meister ein drittes Mal: »*Sag mir, wo ist dieser alte Mönch jetzt?*«

Der Sanzō hielt eine Weile inne, wusste aber nichts und sah nichts. Da rügte ihn der Landesmeister: »*Du Geist eines wilden Fuchses, wo bleibt deine Kraft, den Geist der anderen zu kennen?*«

Der Sanzō konnte nicht antworten.[13]

Ein Mönch fragte Jōshū[14]: »*Daini-Sanzō konnte beim dritten Mal nicht sehen, wo der Landesmeister war. Ich frage mich, wo war der Landesmeister?*« Jōshū antwortete: »*Er war direkt auf des Sanzōs Nasenlöchern.*«

Ein Mönch fragte Gensa[15]: »*Wenn sich [der Landesmeister] direkt auf des Sanzō Nasenlöchern befand, warum konnte der Sanzō ihn dann nicht sehen?*« Gensa sagte: »*Einfach weil er so ungewöhnlich nah war.*«

Ein Mönch fragte Kyōzan[16]: »*Warum konnte Daini-Sanzō den Landesmeister das dritte Mal nicht sehen?*« Kyōzan sagte: »*Die ersten beiden Male befand sich der Geist des Meisters in der Außenwelt*[17]*; danach ging er in den Samādhi ein, in dem man sich selbst empfängt und benutzt*[18]*, und daher konnte der Sanzō ihn [beim dritten Mal] nicht sehen.*«

Kai-e [Shū-]Tan[19] sagte: »*Wenn der Landesmeister sich direkt auf des Sanzōs Nasenlöchern befand, weshalb sollte es [für den Sanzō] dann schwierig gewesen sein, ihn zu sehen? Vor allem hat niemand erkannt, dass der Landesmeister in des Sanzōs Augäpfeln war.*«

Gensa tadelt den Sanzō: »*Sag! Du! Hast du den Landesmeister überhaupt jemals gesehen, selbst die ersten beiden Male?*« Meister Setchō Jūken[20] sagte: »*Ich gebe mich geschlagen, ich gebe mich geschlagen!*«[21]

Seit langer Zeit gibt es viele Meister[22], die die Geschichte der Prüfung des Sanzō durch den Landesmeister Daishō[23] kommentiert haben, aber nur fünf von ihnen können wir als »verehrungswürdig« bezeichnen. Ich leugne nicht die Richtigkeit und Einsichtigkeit der Kommentare eines jeden der fünf ehrwürdigen Meister, aber in vieler Hinsicht haben sie nur einen flüchtigen Blick auf das Handeln des Landesmeisters geworfen. Ich sage dies, weil alle Meister der Vergangenheit und Gegenwart dachten, der Sanzō hätte bei seinen ersten zwei Versuchen ganz genau gewusst, wo der Geist des Landesmeisters sei. Dies war der große Fehler unserer Vorfahren, und wir Schüler der fol-

Sanzō schien dies zu bestätigen, als er sagte: »Ich würde nicht wagen [dies zu behaupten].« Danach dachte der Landesmeister das Folgende: »Wenn wir sagen, dass es im Buddha-Dharma eine Kraft gibt, durch die wir den Geist der anderen Menschen kennen, und wir dem Buddha-Dharma diese Kraft zuerkennen, dann müsste sie sich in der einen oder anderen [Form] offenbaren. Und er dachte weiter, dass diese Kraft niemals dem Buddha-Dharma zuerkannt würde, wenn man sie nicht konkret auszudrücken könne.« Selbst wenn der Sanzō beim dritten Mal fähig gewesen wäre [diese Kraft] auch nur ein wenig auszudrücken, und dies den beiden ersten Versuchen geähnelt hätte, hätte [der Landesmeister] ihn trotzdem im Ganzen tadeln müssen, weil er sie nicht konkret ausdrücken konnte. Dass der Landesmeister den Sanzō drei Mal fragte und ihm immer wieder dieselbe Frage stellte, bedeutet, dass er ihn prüfen und herausfinden wollte, ob der Sanzō seine Frage überhaupt begriffen hatte.

Mein zweites [Bedenken] ist, dass keiner der Vorfahren den Körper und Geist des Landesmeisters erfasst hat. Was ich den »Körper und Geist des Landesmeisters« genannt habe, können die Dharma-Lehrer der drei Körbe[25] nicht leicht verstehen und erfassen. Dies geht selbst über [die Bodhisattvas] der zehn heiligen und drei weisen Stufen[26] hinaus, und es ist jenseits des Verständnisses [der Bodhisattvas] an ihrem Ort der Bestimmung[27] oder ihres ausgeglichenen Gewahrseins.[28] Wie könnte ein gewöhnlicher Mensch wie dieser Gelehrte des Tripiṭaka den ganzen Körper des Landesmeisters erfassen? Ihr solltet diese Grundwahrheit annehmen und nicht daran zweifeln. Zu behaupten, die Gelehrten des Tripiṭaka könnten den Körper und Geist des Landesmeisters sehen und kennen, ist beleidigend für den Buddha-Dharma. Es wäre außerordentlich dumm, anzunehmen, dass sich [Körper und Geist des Landesmeisters] auf derselben Ebene befänden wie die der Lehrer der Sūtren und Kommentare. Ihr solltet niemals lernen, dass jemand, der die Kraft erlangt hat, den Geist der anderen zu kennen, auch fähig sei zu wissen, wo sich ein Landesmeister befindet.

Von Zeit zu Zeit hat es Menschen gegeben, die die Kraft, den Geist der anderen zu kennen, als einen ethnischen Brauch des westlichen Landes [Indien] praktiziert haben. [Aber] niemand hat jemals von einem Menschen gehört, der die Kraft hatte, den Geist der anderen zu kennen, ohne sich auf die Erweckung des Bodhi-Geistes und auf die rechte Sichtweise des großen Fahrzeugs [des Mahāyāna] zu stützen. Man hat auch niemals von einem Menschen gehört, der den Buddha-Dharma deshalb verwirklicht hätte, weil er die Kraft erlangte, den Geist der anderen zu kennen. Wenn jemand, nachdem er die übernatürliche Kraft erlangt hat, den Geist der anderen zu kennen, fortfährt wie ein gewöhnlicher Mensch, den Bodhi-Geist zu erwecken, zu lernen und zu praktizieren, wird er auf natürliche Weise fähig sein, in die Buddha-Wahrheit einzugehen und sie zu erfahren. Wenn es möglich wäre, die Buddha-Wahrheit nur dadurch zu erkennen, dass man diese [übernatürliche] Kraft benutzt, dann hätten alle Heiligen der Vergangenheit zuerst gelernt, wie man den Geist der anderen kennt, und hätten diese Kraft eingesetzt, um die Buddhaschaft zu erlangen. Dies kann aber niemals geschehen, selbst wenn tausend Buddhas und zehntausend Vorfahren in dieser Welt erscheinen würden. Was nützt es, [übernatürliche Kräfte zu besitzen, aber] die Wahrheit der Buddhas und Vorfahren nicht zu durchdringen? Wir müssen sagen, dass [solche Kräfte] für den Buddha-Weg nutzlos sind. Ein Mensch, der die Kraft erlangt hat, den Geist der anderen zu kennen, und ein gewöhnlicher Mensch, der sie nicht erlangt hat, gleichen sich vollkommen. Getragen von der Buddha-Natur und von ihr behütet, unterscheiden sich die Geistleser und die gewöhnlichen Menschen nicht unbedingt. Buddhas Schüler sollten keinesfalls denken, dass die Menschen außerhalb des Buddha-Weges und die Anhänger der zwei Fahrzeuge, welche die fünf und die sechs [übernatürlichen] Kräfte[29] besitzen, den gewöhnlichen Menschen überlegen seien. Ein Mensch, der den Willen zur Wahrheit hat und den Buddha-Dharma [aufrichtig] erlernen möchte, könnte jemandem, der die fünf oder sechs übernatürlichen Kräfte hat, sogar überlegen sein, so wie der Gesang eines Himālaya-Vogels[30] schöner ist als der Gesang gewöhnlicher Vögel, selbst wenn er sich noch im Ei befindet.

Außerdem sollten wir das, was in Indien »die Kraft, den Geist der anderen zu kennen« genannt wird, eher als »die Kraft, die Gedanken der anderen zu erkennen«[31] bezeichnen. Auch wenn [die Geistleser] in den Randzonen der Wahrnehmung noch so manchen Gedanken im Geist der anderen entdecken können, wären sie doch überrascht und sprachlos, wenn es dort überhaupt keinen Gedanken gäbe, [den sie erkennen könnten,] und das wäre lachhaft. Davon abgesehen ist der Geist nicht immer ein Gedanke und ein Gedanke nicht immer der Geist. Wenn der Geist [eins] mit dem Gedanken ist, kann die Kraft, den Geist anderer zu kennen, dies nicht erfassen, und wenn der Gedanke [eins] mit dem Geist ist, kann die Kraft, den Geist anderer zu kennen, dies nicht erfassen. Und wenn euer Gedanke eins mit dem Geist ist[32], kann ein anderer, der euren Geist kennen will, dies nicht erfassen. Deshalb kommen die fünf und die sechs Kräfte, die man in Indien praktiziert, niemals den [natürlichen] Kräften gleich, die wir in diesem Land [Japan] benutzen, um das Gras zu mähen und die Felder zu bestellen, denn solche übernatürlichen Kräfte sind unbrauchbar. Deshalb waren die alten Meister im östlichen Land [China] und die Länder um China herum nicht daran interessiert, die fünf und die sechs Kräfte [wie in Indien praktiziert] zu erlangen, weil sie diese nicht für notwendig hielten. Selbst ein riesiger[33] Edelstein mag notwendig sein, nicht aber die fünf und die sechs Kräfte. Mag auch ein riesiger Edelstein kein Juwel sein, aber ein winziges Stück Zeit[34] ist wesentlich. Welcher Mensch, der auch ein winziges Stück seiner Zeit für wesentlich hält, wollte sie dazu verwenden, um die fünf oder sechs übernatürlichen Kräfte zu erlernen und anzuwenden? Kurz: Ihr solltet definitiv die Grundwahrheit annehmen, dass man durch die Kraft, mit der man den Geist der anderen lesen kann, nicht einmal in die Randzonen der Buddha-Weisheit gelangt.

Es war ein großer Irrtum der fünf ehrwürdigen Meister, dass sie annahmen, der Sanzō hätte die Verfassung des Landesmeisters bereits bei den ersten beiden Malen gekannt. Der Landesmeister ist ein Buddha und Vorfahre, während der Sanzō nur ein gewöhnlicher Mensch ist. Wie wäre es möglich, auch nur darüber zu reden, dass die beiden sich begegnet seien? Zuerst fragte der Landesmeister: »Sag mir, wo ist dieser alte Mönch jetzt?« Die Frage hält nichts verborgen und ihr Sinn ist offenkundig. Dass der Sanzō die Frage nicht verstand, ist nicht seine Schuld, aber dass die fünf ehrwürdigen

Meister sie nicht gehört und verstanden haben, ist ein Fehler. Der Landesmeister hatte bereits die Frage gestellt: »Sag mir, wo ist dieser alte Mönch jetzt?« Er fragte nicht: »Sag mir, wo ist ›der Geist‹ des alten Mönchs jetzt?«, und auch nicht: »Sag mir, wo sind ›die Gedanken‹ des alten Mönchs jetzt?« Es ist außerordentlich wichtig, die Worte des Landesmeisters genau zu hören und zu untersuchen. Dennoch haben [die fünf Meister] diese weder gehört noch verstanden. Weil sie die Worte, die die Verfassung des Landesmeisters offenbaren, weder gehört noch verstanden haben, [sage ich,] dass sie den Körper und den Geist des Landesmeisters nicht verstanden haben. Weil jemand, der fähig ist, solche Worte auszusprechen, »Landesmeister« genannt wird, kann ein anderer, der weder die Verfassung noch die Worte hat, kein Landesmeister sein. Außerdem haben [die fünf Meister] nicht erkannt, dass der Körper und Geist des Landesmeisters weder groß noch klein und weder er selbst noch die anderen ist. Es ist, als hätten sie vergessen, dass er ein Gehirn und Nasenlöcher hat. Das Leben eines Landesmeisters ist mit seiner Praxis ausgefüllt, wie hätte er beabsichtigen können, ein Buddha zu werden? Deshalb solltet ihr nicht erwarten, ihm auf der Ebene eines »Buddha« zu begegnen. Der Landesmeister ist selbst Körper und Geist des Buddha-Dharmas. Ihr könnt ihn weder durch übernatürliche Kräfte noch durch die Praxis und Erfahrung erfassen, und ihr könnt ihn auch nicht erahnen, wenn ihr über das Denken hinausgeht oder die Umstände vergesst. Letztlich könnt ihr seine Verfassung weder durch Denken noch durch Nicht-Denken treffen. Der Landesmeister ist jenseits davon, die Buddha-Natur zu haben oder sie nicht zu haben, und er ist auch kein Körper, der sich im leeren Raum befindet. Der Körper und Geist des Landesmeisters ist von einer Beschaffenheit, die letztlich nicht erfasst werden kann. Abgesehen von Seigen und Nangaku gab es unter den Meistern, die aus dem Orden von Sōkei [Meister Daikan Enō][35] hervorgegangen sind, nur den Landesmeister Daishō, der ein solcher Buddha und Vorfahre war. Und jetzt wollen wir jeden einzelnen der fünf ehrwürdigen Meister prüfen und besiegen.

Jōshū sagte, dass der Sanzō den Landesmeister nicht erkennen konnte, weil dieser sich direkt auf des Sanzōs Nasenlöchern befunden habe. Diese Aussage ergibt keinen Sinn. Wie könnte der Landesmeister auf des Sanzōs Nasenlöchern gewesen sein? Der Sanzō hatte niemals Nasenlöcher. Wenn wir davon ausgehen, dass der Sanzō wirklich Nasenlöcher hatte, dann hätte der Landesmeister seinerseits den Sanzō erkennen können. Aber selbst wenn wir davon ausgehen, dass der Landesmeister und der Sanzō sich überhaupt begegnet sind, könnte es sein, dass hier nur zwei Nasenlöcher zwei Nasenlöchern[36] begegnet sind. Der Sanzō konnte dem Landesmeister überhaupt nicht begegnen.

Gensa sagte: »[Der Sanzō konnte den Landesmeister nicht sehen,] einfach weil er so ungewöhnlich nah war.« Sicherlich kann die Aussage »ungewöhnlich nah«[37] als solche bejaht werden, aber sie trifft nicht den Kern der Sache. Was ist »ungewöhnlich nah«? Ich nehme an, dass Gensa die ungewöhnliche Nähe niemals erkannt und erfahren hat. Ich sage dies, weil Gensa zwar erkannt hat, dass [zwei Menschen] einander nicht sehen können, wenn sie sich ungewöhnlich nah sind, er aber nicht erkannt hat, dass einander sehen nichts anderes ist als die ungewöhnliche Nähe selbst. Wir müssen sagen, dass Gensa vom Standpunkt des Buddha-Dharmas am weitesten entfernt ist. Zu sagen, der Sanzō und der Landesmeister seien sich nur beim dritten Mal ungewöhnlich nah gewesen, würde bedeuten, dass sie bei den ersten beiden Malen ungewöhnlich weit voneinander entfernt waren. Nun lasst uns Gensa fragen: »Was bezeichnest du als ›ungewöhnlich nah‹? Sprichst du von der Faust [vom konkreten Handeln] oder sprichst du vom Auge [eines Buddhas]? Von jetzt an solltest du nicht sagen, dass es in ungewöhnlicher Nähe nichts zu sehen gäbe.«

Kyōzan sagte: »Die ersten beiden Male befand sich der Geist [des Meisters] in der Außenwelt; danach ging er in den Samādhi ein, in dem man sich selbst empfängt und benutzt, und deshalb konnte der Sanzō ihn [beim dritten Mal] nicht sehen.« Kyōzan! Obwohl du im östlichen Land [China] lebst, ist dein Ruhm als kleiner Śākyamuni bis in den westlichen Himmel [Indien] gedrungen. Dennoch unterliegen deine Worte einem großen Irrtum. Der Geist der Außenwelt und der Samādhi, in dem man sich selbst empfängt und benutzt, sind ein und dasselbe! Deshalb solltest du, Kyōzan, nicht sagen, dass [der Sanzō den Landesmeister] deshalb nicht sehe, weil sich der Geist, der sich in der Außenwelt befindet, und der Geist, in dem man sich selbst empfängt und benutzt, sich voneinander unterscheiden. Deshalb ist deine Aussage keine [wirkliche] Aussage, auch wenn du als Grund den Unterschied zwischen beiden angibst. Wenn du sagst, andere würden mich nicht sehen können, wenn ich im Samādhi bin, in dem ich mich selbst empfange und benutze, dann könnte ich mein wahres Selbst, das ich ja empfange und benutze, niemals erfahren, und [somit] gäbe es auch keine Praxis und Erfahrung [der Wirklichkeit]. Kyōzan! Wenn du die Geschichte so verstanden hast, dass der Sanzō auch die ersten beiden Male tatsächlich wusste und sehen konnte, wo der Landesmeister war, dann bist du noch kein Mensch, der Buddha erlernt hat. Kurz: Daini-Sanzō hat weder gewusst noch gesehen, wo der Landesmeister war, und dies nicht nur beim dritten Mal, sondern auch bei den ersten beiden Malen. Wenn du so bist, wie deine Aussage es nahelegt, dann können wir sagen, dass nicht nur der Sanzō nicht wusste, wo der Landesmeister war, sondern auch Kyōzan. Nun frage ich Kyōzan: »Wo ist der Landesmeister jetzt?« Und genau in dem Augenblick, wenn Kyōzan seinen Mund öffnet, [um etwas zu sagen,] werde ich plötzlich einen Schrei ausstoßen.

Gensa forderte [den Sanzō] heraus: »Sag! Du! Hast du [den Landesmeister] überhaupt jemals gesehen, selbst die ersten beiden Male?« Die Frage, die Gensa jetzt stellt: »Hast du ihn überhaupt gesehen, selbst die ersten beiden Male?«, ist scheinbar das, was gesagt werden sollte. [Dennoch] sollte Gensa seine eigenen Worte erforschen. Seine Frage, so vortrefflich sie auch ist, erweckt dennoch den Anschein, dass [des Sanzōs] Sehen wie ein Nicht-Sehen war[38], und deshalb ist sie nicht ganz richtig. Als er Gensas Worte hörte, sagte Jūken, Zen-Meister Myōkaku vom Berg Setchō: »Ich gebe mich geschlagen. Ich gebe mich geschlagen!« Wenn wir Gensas Aussage als wahr ansehen, dann sollten wir [Jūken] zustimmen. Wenn wir aber Gensas Aussage nicht als wahr ansehen, dann sollten wir nicht so sprechen.

Kai-e [Shū-]Tan sagte: »Wenn der Landesmeister sich direkt auf des Sanzōs Nasenlöchern befand, kann man sich fragen: Weshalb sollte es [für den Sanzō] dann schwierig gewesen sein, ihn zu sehen? Vor allem hat niemand erkannt, dass der Landesmeister in des Sanzōs Augäpfeln war.« Auch in dieser Aussage wird nur über das dritte Mal gesprochen. Der Sanzō wird nicht dafür getadelt, dass er auch die ersten beiden Male nicht wusste, wo der Landesmeister war, so wie es sein sollte. Und wie kann [Kai-e] wissen, ob der Landesmeister sich auf des Sanzōs Nasenlöchern oder in seinen Augäpfeln befand? Wenn [Kai-e] so spricht, muss ich sagen, dass er die Worte des Landesmeisters nicht gehört hat. Der Sanzō hatte niemals Nasenlöcher oder Augäpfel. Selbst wenn wir annehmen, dass der Sanzō sich auf seine eigenen Augäpfel und Nasenlöcher gestützt und sie bewahrt hätte, wären sie in dem Augenblick zerplatzt, in dem der Landesmeister gekommen und in seine Augäpfel und Nasenlöcher hineingeschlüpft wäre. Nachdem des Sanzōs Augäpfel und Nasenlöcher aber bereits zerplatzt waren, hätte der Landesmeister sie niemals betreten können.

Keiner der fünf ehrwürdigen Meister hat den Landesmeister verstanden. Der Landesmeister war ein ewiger Buddha aller Zeiten und ein Tathāgata für die ganze Welt. Er hatte Klarheit über Buddhas Schatzkammer des wahren Dharma-Auges erlangt, sie wurde ihm authentisch weitergegeben; er bewahrte das Auge der Ausgeglichenheit und des Gleichmuts[39] und gab es unverfälscht an den Buddha in ihm und an den Buddha in den anderen weiter. Obwohl er bereits den gleichen Zustand wie Śākyamuni Buddha erfahren hatte, erfuhr und erforschte er gleichzeitig den Zustand der sieben [alten] Buddhas. Zur selben Zeit erfuhr er den Zustand, den alle Buddhas der drei Zeiten erfahren. Er verwirklichte die Wahrheit vor dem König der Leerheit[40], nach dem König der Leerheit und zur gleichen Zeit wie der König der Leerheit. Seit jeher sah der Landesmeister diese Welt der Menschen als sein Land an, obwohl sich »die Welt der Menschen« nicht unbedingt in der Dharma-Welt oder im ganzen Universum der zehn Richtungen befindet. Śākyamuni Buddha, der Herrscher aller Länder, beraubt oder behindert das Land des Landesmeisters nicht. Genauso wie zum Beispiel die früheren und späteren Buddhas und Vorfahren zahllose Male die Wahrheit verwirklichen, sich aber nicht gegenseitig herabsetzen oder [in ihrer Verwirklichung] behindern. Dies verhält sich so, weil die Verwirklichung der Wahrheit der früheren und späteren Buddhas und Vorfahren von nichts anderem abhängt als nur von der Verwirklichung der Wahrheit selbst.[41]

Ihr solltet definitiv wissen und die Grundwahrheit annehmen, dass die Śrāvakas, Pratyekabuddhas und Anhänger des kleinen Fahrzeugs niemals auch nur die Randzonen der Buddhas und Vorfahren sehen können. Der Beweis dafür ist des Sanzōs Unfähigkeit, den Landesmeister zu erkennen. Seid euch klar darüber und erforscht genau, wofür der Landesmeister den Sanzō getadelt hat. Selbst wenn der Landesmeister [den Sanzō] dafür getadelt hätte, dass er zwar die ersten beiden Male, nicht aber das dritte Mal erkannt habe, wo der Landesmeister war, hätte das keinen Sinn ergeben. Zwei Drittel des Ganzen zu kennen bedeutet, dass man das Ganze kennt. In diesem Fall hätte der Sanzō nicht getadelt werden müssen. Wenn er getadelt wurde, dann nicht deshalb, weil er nicht das Ganze erkannt hat. In Wirklichkeit war des Sanzōs Haltung beleidigend für den Landesmeister. Wer könnte dem Landesmeister vertrauen, wenn er den Sanzō nur deshalb getadelt hätte, weil er ihn das dritte Mal nicht erkannt hatte? Wenn der Sanzō die Kraft gehabt hätte, den Landesmeister die ersten beiden Male zu erkennen, dann hätte er [mit derselben Kraft sogar] den Landesmeister tadeln können. Aber der Landesmeister tadelte den Sanzō dafür, dass er von Anfang an und drei Mal hintereinander nicht wusste, wo der Landesmeister war, und weder seine Gedanken noch seinen Körper und Geist kennen konnte. Kurz: Er tadelte den Sanzō dafür, dass er den Buddha-Dharma niemals gesehen, erlernt oder von ihm gehört hatte. Deshalb stellte der Landesmeister den Sanzō vom ersten bis zum dritten Mal immer dieselbe Frage.

Beim ersten Versuch sagte der Sanzō: »Meister, ihr seid der Lehrer des ganzen Landes. Warum seid ihr zum West-Fluss gegangen, um ein Bootsrennen anzusehen?« Als der Sanzō dies sagte, sagte der Landesmeister nicht: »Es ist wahr, Sanzō, du hast erkannt, wo der alte Mönch jetzt ist«, sondern er wiederholte drei Mal dieselbe Frage: »Sag mir, wo ist dieser alte Mönch jetzt?« Nachdem die ehrwürdigen Meister vieler Regionen [Chinas] seit der Zeit des Landesmeisters und danach jahrhundertelang das Prinzip [dieser Frage] nicht erkannt und geklärt haben, haben sie nutzlose Kommentare [zu dieser Geschichte] abgegeben. Kein einziger der vergangenen Meister erkannte die ursprüngliche Absicht des Landesmeisters, und deshalb verfehlen ihre Aussagen den Sinn des Buddha-Dharmas. Es ist bedauerlich, dass jeder der alten und erfahrenen Praktizierenden im Dunkeln tappte.

Wenn wir nun behaupten, dass es im Buddha-Dharma eine Kraft gebe, durch die man den Geist der anderen kennt, müsste es auch möglich sein, den Körper, das Handeln und die Sicht der anderen zu kennen. Angenommen, es wäre so, dann müsste es auch möglich sein, den eigenen Körper und Geist zu kennen. Und wenn dies schon der Fall wäre, könnte die Kraft, euren eigenen Geist zu kennen[42], nichts anderes sein als das Erfassen des eigenen Geistes durch euch selbst.[43] Wenn Aussagen wie diese Wirklichkeit werden, ist die [so genannte] Kraft, den Geist der anderen zu kennen, natürlicherweise euer eigener Geist. Nun möchte ich euch fragen: Ist es besser, den Geist der anderen, oder euren eigenen Geist zu kennen? Antwortet sofort! Antwortet sofort! Lassen wir die Antwort dahingestellt: Allein die Tatsache, dass [Eka Bodhidharmas] Mark erlangt hat[44], ist nichts anderes, als den Geist der anderen zu kennen.

Shōbōgenzō Tashintsū

Dargelegt vor einer Versammlung im Kloster Daibutsu in Etsu-u am vierten Tag des siebten Mondmonats im dritten Jahr der Ära Kangen [1245].

# Anmerkungen

1 Meister Nan-yō Echū (starb 775) war ein Nachfolger von Meister Daikan Enō.
2 *Seikei* 西京. Im alten China gab es fünf Hauptstädte mit diesem Namen. Hier handelt es sich wohl um eine Hauptstadt, die der heutigen Stadt Luoyang im nördlichen Henan im Osten Chinas entspricht.
3 Ein Bezirk in der heutigen Provinz Zhejiang im Osten Chinas.
4 In der heutigen Provinz Henan im Osten Chinas.
5 Im Jahr 761.
6 Der Kaiser Shukusō herrschte von 756 bis 763. Er wird auch in Kap. 12, *Kesa kudoku*, und in Kap. 86, *Shukke kudoku*, erwähnt.
7 *Ji* 寺 wird hier mit »Kloster« und *in* 院 mit »Tempel« übersetzt.
8 Der Kaiser Daisō herrschte von 763 bis 779. In Kap. 1, *Bendōwa*, wird er als einer, der Zazen praktiziert, gelobt.
9 Hier steht für »Kloster« *seiran* 精藍. *Sei* 精 bedeutet »rein« oder »spirituell«, und *ran* 藍 ist aus dem sanskr. *saṃgha-arāma* abgeleitet, wörtl. »der Ort der Ruhe einer Gemeinschaft [von Mönchen]«. *Saṃgha-arāma* entspricht sanskr. *vihāra*.
10 *Daini-Sanzō* 大耳三蔵. *Daini* 大耳 bedeutet wörtl. »Große Ohren«. *Sanzō* 三蔵, sanskr. *tripiṭaka*, bedeutet die »drei Körbe« oder Teile des Pālikanon (die Sammlung von Dialogen und Lehrreden des Buddha), nämlich die Ordensangelegenheiten (*vinaya-piṭaka*), die Lehrreden (*sūtra-piṭaka*) und die systematische Philosophie (*abhidharma-piṭaka*). *Sanzō* 三蔵 ist ein Titel, den man davon abgeleitet den Gelehrten des *tripiṭaka* gab.
11 *Fukan* 不敢, wörtl. »ich würde nicht wagen«. In Kap. 22, *Busshō*, erklärt Meister Dōgen den Ausdruck folgendermaßen: *»Ōbaku sagt: ›Ich würde es nicht wagen.‹ Wenn im China der Song jemand gefragt wird, ob er eine bestimmte Fähigkeit besitze, dann bejaht er das nicht einfach, sondern sagt, dass er nicht wagen würde [dies zu sagen]. Damit wird ausgedrückt, dass er diese Fähigkeit wirklich hat.«* Der Sanzō gibt hier zu verstehen, dass er aus Bescheidenheit nicht mit seinen übernatürlichen Kräften prahlen möchte.
12 Tianjin ist heute eine große reichsunmittelbare Hafenstadt südöstlich von Beijing.
13 Direkt zitiert aus dem *Keitoku dentō roku*, Kap. 5. Meister Dōgen kommentiert die Geschichte und die nachfolgenden Interpretationen der chinesischen Meister auch in Kap. 19, *Shin fukatoku*, Teil 2.
14 Meister Joshū Jūshin (778–897) war ein Nachfolger von Meister Nansen Fugan.
15 Meister Gensa Shibi (835–907) war ein Nachfolger von Meister Seppō Gison.
16 Meister Kyōzan Ejaku (803–887) war ein Nachfolger von Meister Isan Reiyū.
17 *Shōkyōshin* 渉境心. *Shō* oder *wataru* 渉 bedeutet wörtl. »überqueren«, *kyō* oder *sakai* 境 bedeutet »Grenze« oder »äußere Umstände«, und *shin* 心 bedeutet »Geist«. Mit dem Ausdruck *shōkyōshin* 渉境心 will Meister Kyōzan andeuten, dass der Geist des Landesmeisters sich mit äußeren Dingen oder Ereignissen befasst. In seinem Kommentar erklärt Meister Dōgen jedoch, dass der Geist der Außenwelt und der Geist im Samādhi sich nicht unterscheiden.
18 *Jijuyō zanmai* 自受用三昧, wörtl. »der Samādhi, in dem man sich selbst empfängt und benutzt«, beschreibt den Zustand des natürlichen Gleichgewichts beim Zazen. Der Ausdruck findet sich auch in Kap. 1, *Bendōwa*.
19 Meister Kai-e Shūtan (1025–1072) war ein Nachfolger von Meister Yōgi Hō-e.

20 Meister Setchō Jūken (980–1052) war ein Nachfolger von Meister Chimon Kosō. Im Text wird er mit seinem posthumen Titel »Zen-Meister Myōkaku« benannt.

21 In diesem Kapitel sind alle Kommentare der fünf Meister in rein chinesischer Schrift zitiert, während in Kap. 19, *Shin fukatoku* (Teil 2), hier und da auch japanische Worte und Sätze eingefügt sind. Die Reihenfolge der Kommentare unterscheidet sich ebenfalls: Meister Kyōzans Kommentar steht im *Keitoku dentō roku* an erster Stelle, im *Shin fukatoku* (Teil 2) an letzter und in diesem Kapitel an dritter Stelle.

22 Wörtl. »stinkende Fäuste«.

23 »Landesmeister Daishō« ist der posthume Titel von Meister Nan-yō Echū.

24 Wörtl. »ein alter Mönch ist immer eine Faust«. Der Landesmeister muss nicht unbedingt alt gewesen sein, aber was der Landesmeister hier ausdrückt, ist zweifellos das Resultat seiner Praxis.

25 *Sanzō hōshi* 三蔵法師, wörtl. »die Dharma-Lehrer des Tripiṭaka«. *Hōshi* 法師, »Dharma-Lehrer«, war wie *Sanzō* 三蔵 ein Titel, der manchmal für gelehrte Mönche oder Lehrer der Sūtren verwendet wurde, im Gegensatz zu den Mönchen, die Zazen praktizierten.

26 *Jūshō sanken* 十聖三賢, wörtl. »die zehn Heiligen und drei Weisen«. In den Sūtren heißt es, dass ein Bodhisattva durch zweiundfünfzig Stufen oder Phasen gehen muss, bevor er ein Buddha wird: die zehn Stufen des Glaubens (Stufe 1–10), dann dreißig Stufen, die als die drei weisen Stufen bezeichnet werden (Stufe 11–40), dann die zehn heiligen Stufen (Stufe 41–50), dann die vorletzte Stufe des ausgeglichenen Gewahrseins (Stufe 51) und schließlich die letzte Stufe des feinen und subtilen Gewahrseins (Stufe 52).

27 *Fusho* 補処 ist eine Kurzform des Ausdrucks *isshō fusho no bosatsu* 一生補処の菩薩, wörtl. »ein Bodhisattva am Ort seiner Bestimmung in einem Leben«, das heißt, die Stufe 52, die auch *myōkaku* 妙覚, »feines und subtiles Gewahrsein«, genannt wird.

28 *Tōkaku* 等覚, »ausgeglichenes Gewahrsein«, das heißt, die Stufe 51.

29 Die fünf und sechs übernatürlichen Kräfte werden eingehend in Kap. 25, *Jinzū*, erklärt.

30 Es gibt einen Vogel im Himālaya-Gebirge, der Kalavinka genannt wird. Dieser soll eine so schöne Stimme haben, dass niemand müde wird seinen Gesang anzuhören.

31 *Tanentsū* 佗念通, »die Gedanken der anderen erkennen«. Die erste Bedeutung von *nen* 念 ist: »Gedanken«, »Wünsche«, »Ideen« und »Vorstellungen«. Die zweite Bedeutung, die nicht immer leicht von der ersten zu unterscheiden ist, wird im *Shōbōgenzō* »Gewahrsein«, »Wachheit« oder »Geistesgegenwart« genannt, das heißt, das intuitive Erfassen der Wirklichkeit im gegenwärtigen Augenblick. In diesem Sinn verwendet es Meister Dōgen auch in Kap. 73, *Sanjūshichibon bodai bunpō*.

32 *Shin no nen naran toki* 心の念ならんとき, wörtl. »wenn der Geist zum Gedanken wird« oder »wenn der Geist im Zustand wachen Gewahrseins ist«. Der Satz beschreibt den Zustand der ungebrochenen Einheit und Ganzheit des Geistes im gegenwärtigen Augenblick, wie z. B. der Augenblick, wenn der Pfeil eines guten Bogenschützers genau sein Ziel erreicht.

33 »Riesig« ist »ein *shaku* groß« im Text. Ein *shaku* sind ca. 30,3 cm.

34 »Ein winziges Stück Zeit« ist »ein *sun* Zeit« im Text. Ein *sun* ist ein Zehntel *shaku*, also ca. 3,03 cm.

35 Meister Daikan Enō übertrug den Dharma auf dem Berg Sōkei an diese drei Meister. Meister Seigen Gyōshi war Gründer-Vorfahre in der Sōtō-Linie von Meister Dōgen. Meister Nangaku Ejōs Nachfolger waren die alten Meister in der Rinzai-Linie.

36 *Biku* 鼻孔, »Nasenlöcher«, hat in diesem Absatz zwei Bedeutungen. 1. ist es ein Symbol für die kraftvoll-lebendige Verfassung des Landesmeisters, die der Sanzō nicht hat, und 2. bedeutet es die normalen Nasenlöcher, die der Sanzō hat. In der gleichen Weise bedeu-

tet *miru* みる, »sehen« oder »sich begegnen«, einerseits die Begegnung zwischen zwei Buddhas und andererseits zwischen zwei gewöhnlichen Menschen.

37 Meister Dōgen bejaht hier Meister Gensas Aussage in dem Sinn, dass der Sanzō nicht fähig war, das zu sehen, was genau vor seiner Nase war!

38 Meister Dōgen stellt die Frage, ob der Sanzō überhaupt in der Lage war zu sehen, wo der Landesmeister war, oder nicht – das heißt, direkt vor seiner Nase.

39 *Mokkansu gen* 木かん子眼, »das Auge, das wie der Kern der Frucht des Aphanante-aspera-Baumes ist«. Dieser Kern ist schwarz und rund wie eine Pupille und ein Symbol für Leidenschaftslosigkeit und Gleichmut. Siehe auch Kap. 28, *Butsu kōjō no ji*.

40 *Kū-ō* 空王, »der König der Leerheit«, ist ein legendärer ewiger Buddha, der die Welt im Zeitalter der Leerheit, das heißt, in der anfanglosen Vergangenheit, regierte.

41 Das heißt, die Verwirklichung der Wahrheit hängt von nichts anderem ab als von der Verwirklichung der Wahrheit selbst. Verwirklichung ist nur Verwirklichung.

42 *Jishin tsū* 自心通, »sich selbst« oder »den eigenen Geist kennen«.

43 *Jishin no jinen* 自心の自拈, »selbst den eigenen Geist ergreifen«.

44 Wörtl. »Du hast mein Mark erlangt.« Dies sind Bodhidharmas Worte bei der Dharma-Übertragung an Meister Eka.

# 81

# 王索仙陀婆

# Ōsaku sendaba

# Der König bittet um Saindhava

*Ō bedeutet »König«, SAKU »Bitte« oder »Wunsch«, und SENDABA ist die phonetische Wiedergabe von sanskr. ›saindhava‹. Saindhava bedeutet »die Produkte der Flussebene des Indus«. Im Mahā-parinirvāṇa-sūtra gibt es eine Geschichte, in der die Komplexität und Vielschichtigkeit der wirklichen Welt durch die verschiedenen Bedeutungen eines Wortes wie Saindhava veranschaulicht wird. In dem Sūtra heißt es: »Wenn ein König seine Hände waschen will, bittet er um Saindhava, und sein weiser Diener wird ihm Wasser bringen. Wenn der König eine Mahlzeit isst und um Saindhava bittet, wird der Diener ihm Salz bringen. Wenn der König trinken will und um Saindhava bittet, wird der Diener ihm ein Gefäß bringen. Und wenn der König den Palast verlassen will und um Saindhava bittet, wird der Diener ihm ein Pferd bringen.« Die buddhistischen Mönche, die in China über die vielfältigen Bedeutungen von Worten und die vielschichtige Natur der Wirklichkeit sprachen, bezogen sich manchmal auf diese Geschichte. In diesem Kapitel erläutert Meister Dōgen die Bedeutung der Bitte des Königs um Saindhava aus seiner Sicht.*

*Sprechen und Schweigen.*
*Glyzinien und Bäume.*
*Futter für die Esel und Futter für die Pferde.*
*Das Wasser ist klar und die Wolken sind transparent.*[1]

Weil dies[e Welt] bereits so ist, sagte der Weltgeehrte im Parinirvāṇa-sūtra[2]: »*Es ist zum Beispiel wie ein großer König, der seinen Diener bittet: ›Bring mir Saindhava.‹ Saindhava ist nur ein Wort, das aber vier [verschiedene] Dinge bezeichnen kann. Das erste ist ›Salz‹, das zweite ›ein Gefäß‹, das dritte ›Wasser‹ und das vierte ›ein Pferd‹. Jedes der vier Dinge wird mit ein und demselben Wort ausgedrückt. Ein weiser Diener ist in der Lage, [die jeweilige Bedeutung] des Wortes zu verstehen. Wenn der König sich gerade wäscht und um Saindhava bittet, bringt sein Diener ihm sofort Wasser. Wenn der König gerade seine Mahlzeit einnimmt und um Saindhava bittet, bringt der Diener ihm sofort Salz. Wenn der König gerade gegessen hat und etwas trinken möchte und um Saindhava bittet, bringt der Diener ihm sofort ein Gefäß. Wenn der König sich gerade anschickt den Palast zu verlassen und um Saindhava bittet, bringt der Diener ihm sofort ein Pferd. Ein Diener, der so weise ist, kann die vier Bedeutungen [eines einzigen Wortes] in der verborgenen Sprache*[3] *des großen Königs verstehen.*«[4]

Die Bitte des Königs um Saindhava und das Bringen von Saindhava durch den Diener wurden uns seit langer Zeit überliefert und sie wurden gleichzeitig mit dem Dharma-Gewand weitergegeben. Der Weltgeehrte konnte daher nichts anderes tun, als über Saindhava zu sprechen, [wenn er die Komplexität der Wirklichkeit erklären wollte,] und deshalb spornte er seine Nachfolger an, [Saindhava] immer wieder aufzugreifen. Wir können erahnen, dass diejenigen, die [Saindhava] so wie der Weltgeehrte erfahren haben, dies zweifellos zu ihrer eigenen Praxis gemacht haben. [Zu den anderen,] die [Saindhava] nicht wie der Weltgeehrte erfahren haben, möchte ich sagen: »Seit ihr euch die Strohsandalen gekauft[5] und einen Schritt damit gemacht habt, habt ihr schon [Saindhava]!« Saindhava ist bereits aus dem Haus der Buddhas und Vorfahren ausgeflossen, und so existiert Saindhava in den Anwesen großer Könige.

Der ewige Buddha Wanshi[6] vom Berg Tendō in der Stadt Keigen-fu[7] im großen Königreich der Song lehrte vor den Versammelten in der Dharma-Halle: »*Ich zitiere: Einst fragte ein Mönch den Jōshū*[8]*: ›Wie ist es, wenn der König um Saindhava bittet?‹ Jōshū verbeugte sich in Shashu. Setchō*[9] *griff [die Geschichte] auf und sagte: ›Einer hat um Salz gebeten und jemand hat ihm ein Pferd gebracht.‹*« Meister Wanshi sagte: »*Setchō ist ein hervorragender Meister von vor hundert Jahren. Jōshū ist ein ewiger Buddha, der hundertzwanzig Jahre alt ist. Wenn Jōshū Recht hat, ist Setchō im Unrecht, und wenn Setchō Recht hat, ist Jōshū im Unrecht. Nun sagt, wie ist es letztlich? Ich, Wanshi, kann gar nicht anderes, als noch etwas anzumerken: ›Wenn ihr euch auch nur um eine Haaresbreite entfernt, verfehlt ihr das Ziel um tausend Meilen.‹*«

*[Saindhava] zu verstehen ist, wie wenn ihr einen Grasbüschel*
*hin und her schwenkt, um Schlangen zu verscheuchen.*[10]
*[Saindhava] nicht zu verstehen ist, wie wenn ihr Geld verbrennt,*
*um die Geister zu beschwören.*[11]
*Der alte Gutei wählte nicht zwischen guten und schlechten Reisfeldern.*[12]
*Er hielt die Hand hoch und vertraute nur dem Jetzt.*[13]

Wenn mein früherer Meister, der ewige Buddha, eine formelle Darlegung abhielt, pflegte er Wanshi als »den ewigen Buddha Wanshi« zu bezeichnen. Aber nur mein früherer Meister, selbst ein ewiger Buddha, konnte dem ewigen Buddha Wanshi als ewiger Buddha begegnen. Zu Wanshis Lebzeiten gab es einen gewissen Sōkō, der »Zen-Meister Dai-e vom Berg Kinzan«[14] genannt wurde und wohl ein entfernter Nachkomme von Nangaku[15] war. Im großen Königreich der Song war die Meinung verbreitet, Dai-e sei dem Wanshi ebenbürtig gewesen. Zudem dachten viele, dass [Dai-e] eher ein Mann der Wahrheit gewesen sei als Wanshi. Ein solcher Irrtum konnte entstehen, weil die Mönche und Laien im großen Königreich der Song das Studium der Wahrheit vernachlässigt und keinen klaren Blick hatten. Sie konnten die Menschen nicht klar sehen und hatten auch nicht die Kraft, sich selbst zu ergründen. In Wanshis Worten zeigt sich der wahre Wille zur Wahrheit. Ihr solltet das folgende grundlegende Prinzip erlernen und erforschen: »Der ewige Buddha Jōshū verbeugte sich in Shashu.« Ist dies genau der Augenblick, wenn der König um Saindhava bittet, oder nicht? Ist dies der Augenblick, wenn der Diener Saindhava bringt, oder nicht? Ihr solltet den Sinn von Setchōs [Worten]: »Einer hat um Salz gebeten, und jemand hat ihm ein Pferd gebracht«, gründlich erfahren und erforschen. Die Bitte um Salz und das Bringen eines Pferdes ist nicht nur die Bitte des Königs um Saindhava, sondern auch die Bitte des Dieners um Saindhava. Der Weltgeehrte bat um Saindhava, und Mahākāśyapa lächelte. Unser erster Vorfahre [Bodhidharma] bat um Saindhava, und seine vier Schüler brachten ihm Pferd, Salz, Wasser und Gefäß.[16] Daher solltet ihr das Wesentliche lernen, nämlich, in dem Augenblick, wenn Pferd, Salz, Wasser und Gefäß eins mit der Bitte um Saindhava sind, ist dies nichts anderes, als Pferd und Wasser zu bringen.[17]

Nansen[18] sah eines Tages, dass Tō Inpō[19] sich näherte. Er zeigte auf einen Krug mit reinem Wasser und sagte: »*Der Wasserkrug gehört zur Welt der Gegebenheiten. Im Krug ist Wasser. Bitte bring diesem alten Mönch Wasser, ohne die Gegebenheit zu verändern.*« [In-]Pō nahm den Wasserkrug und goss das Wasser vor Nansen aus. Nansen schwieg.[20]

Deshalb sagen wir:

*Nansen bittet um Wasser,*
*Der Ozean ist trocken bis zum tiefsten Grund.*
*Inpō bringt den Krug,*
*Kippt ihn und leert ihn vollständig aus.*

Selbst wenn dies so ist, solltet ihr erfahren und erforschen, dass es Wasser in den Gegebenheiten[21] und Gegebenheiten im Wasser gibt.[22] [Nur] das Wasser zu verändern, ist noch nicht [die wirkliche Welt], und [nur] die Gegebenheit zu verändern, ebenfalls nicht.

Es heißt, dass der große Meister Kyōgen Shūtō einst von einem Mönch gefragt wurde: »*Was ist das, die Bitte des Königs um Saindhava?*«

Kyōgen sagte: »*Geh dort vorbei und komm hierher!*«

Der Mönch ging weg.

Kyōgen sagte: »*Sein dummes Verhalten könnte einen Menschen [vor Lachen] umbringen!*«[23]

Zuerst möchte ich euch fragen: Ist die Verfassung, die Kyōgen mit den Worten »Geh dort vorbei und komm hierher« ausdrückt, die Bitte um oder das Bringen von Saindhava? Versucht etwas zu sagen! Ist das Dort-vorbei-Gehen und Weggehen des Mönchs das, worum Kyōgen ihn gebeten hat? Oder ist es das, was Kyōgen ihm gebracht hat? Ist es das, was Kyōgen ursprünglich erwartet hat? Wenn es das war, was Kyōgen ursprünglich nicht erwartet hat, hätte er auch nicht sagen dürfen: »Sein dummes Verhalten könnte einen Menschen [vor Lachen] umbringen!« Und wenn es das war, was Kyōgen ursprünglich erwartet hat, war es kein dummes Verhalten, das einen Menschen [vor Lachen] umbringen kann. Obwohl Kyōgen die Anstrengung seines ganzen Lebens in diese Worte gelegt hat, konnte er es doch nicht vermeiden, seinen Körper und sein Leben zu verlieren.[24] Er war wie ein General, der eine Schlacht verloren hat und immer noch über seinen Heldenmut spricht.[25] Grundsätzlich sind die Gehirne und Augen [der Meister], die die konkreten Tatsachen[26] lehren und auf die falschen Ansichten[27] [ihrer Schüler] hinweisen, auf natürliche Weise das gewissenhafte und eifrige Bitten und Bringen von Saindhava. Wer könnte vorgeben, es nicht zu verstehen, wenn [der Meister] seinen Stock hebt oder sein Hossu emporhält? Dennoch hat die Bitte und das Bringen von Saindhava nichts mit den Leuten zu tun, die mit festgeleimten Stegen auf einem Saiteninstrument spielen.[28] Weil solche Leute nicht erkennen können, dass sie mit festgeleimten Stegen spielen, können sie nicht [um Saindhava bitten und Saindhava bringen].

Eines Tages stieg der Weltgeehrte auf den Lehrsitz. Mañjuśrī schlug den Holzblock und sagte: »*Wenn ihr die Lehre des Dharma-Königs intuitiv erfasst, ist sie solcherart.*« Dann stieg der Weltgeehrte von seinem Lehrsitz herunter. Jūken, der Zen-Meister Myōkaku[29] vom Berg Setchō, kommentierte dies folgendermaßen:

> *Einer, der in der Reihe der Heiligen eines Zen-Klosters[30] praktiziert,*
> *Weiß genau, dass die Lehre des Dharma-Königs nicht solcherart ist.*
> *Wenn es unter den Versammelten auch nur einen gibt, der Saindhava hat,*
> *[kann man sich fragen,] warum Mañjuśrī unbedingt den Holzblock schlagen musste.*

Deshalb bedeuten Setchōs Worte Folgendes: Wenn ein Schlag so makellos ist wie der ganze Körper[31] [der Wirklichkeit], könnte sowohl Schlagen als auch Nicht-Schlagen die Makellosigkeit der Befreiung sein. In diesem Zustand ist ein Schlag nichts anderes als Saindhava, und der Mensch könnte bereits [ein Mensch] des nicht Erfassbaren sein[32], das heißt, einer, der Saindhava in der Reihe der Heiligen praktiziert, die in einem Kloster vereint sind. Deshalb »ist die Lehre des Dharma-Königs genau die Wirklichkeit, wie sie ist«.[33] Wenn ihr fähig seid, die zwölf Stunden [des Tages] zu benutzen, ist dies Saindhava, und wenn die zwölf Stunden euch benutzen, ist dies Saindhava. Bittet um die Faust und bringt die Faust![34] Bittet um das Hossu und bringt das Hossu!

Obwohl dies so ist, haben die Menschen, die heute in den Klöstern des großen Königreichs der Song leben und sich als erfahrene Lehrer ausgeben, Saindhava nicht einmal im Traum gesehen. Es ist schmerzlich, wirklich sehr schmerzlich, dass die Wahrheit unserer Vorfahren im Niedergang begriffen ist. Drückt euch nicht davor, hart zu praktizieren, und ihr werdet sicherlich das Herzblut der Buddhas und Vorfahren erlangen und ihnen nachfolgen. Was bedeutet es zum Beispiel, wenn einer fragt: »Was ist Buddha?« und ihm geantwortet wird: »Der Geist hier und jetzt ist Buddha.« Was bedeutet das? Ist das nicht Saindhava? Ihr solltet keine Mühe scheuen und untersuchen und selbst erfahren, was mit den Worten »der Geist hier und jetzt ist Buddha« gemeint ist. Wer weiß schon, dass Saindhava das [ganze Universum] ist, in dem sich [alles] drängelt und aneinanderstößt?

Shōbōgenzō Ōsaku sendaba

Dargelegt vor einer Versammlung im Kloster Daibutsu in Esshū am dreiundzwanzigsten Tag des zehnten Mondmonats im dritten Jahr der Ära Kangen [1245].

# Anmerkungen

1 Dieses enigmatische Vierzeilen-Gedicht veranschaulicht auf vier Ebenen die Welt, in der wir leben. Die erste Zeile beschreibt die Tatsache, dass wir diese Welt manchmal durch Sprechen und manchmal durch Schweigen erklären müssen. Dies ist die erste – abstrakte oder intellektuelle – Ebene. Die zweite Zeile befasst sich mit den Dingen der konkreten Welt und ihren Wechselwirkungen untereinander, die hier durch die Glyzinien symbolisiert werden, die sich auf einen Baum stützen müssen, um zu wachsen. Dies ist die zweite – konkrete – Ebene, die wir auch als die Negation der ersten – intellektuellen – Ebene interpretieren können, in der Worte, Ideen und Erklärungen wichtig sind. Das Füttern der Esel und Pferde in der dritten Zeile ist ein Symbol für das Handeln und die Aktivitäten des menschlichen Alltags. Dies ist die dritte Ebene. In der letzten Zeile, die die Wirklichkeit selbst veranschaulicht, ist das Wasser einfach Wasser und die Wolken sind einfach Wolken, das heißt, die Dinge sind so, wie sie sind. Dies ist die vierte und letzte Ebene. Man kann das Gedicht auch in Zusammenhang mit dem philosophischen System Meister Nāgārjunas sehen, dem *catuṣkoṭi* (jap. *shiku funbetsu* 四句分別), zu deutsch der »Methode der vier Argumentationen« oder dem »Urteilsvierkant«.

2 Das *Daihatsu nehan kyō* (»Das große Parinirvāṇa-Sūtra«, sanskr. *Mahā-parinirvāṇa-sūtra*).

3 *Mitsu-go* 密語, »die verborgene Sprache«, ist der Titel von Kapitel 51 des *Shōbōgenzō*, enthalten in Band 3 der vorliegenden Ausgabe.

4 *Daihatsu nehan kyō*, Band 9, aus dem Kapitel *Nyoraishō* (»Das Wesen des Tathāgata«). In diesem Teil des Sūtras wird die Bitte des Königs um Saindhava mit dem Nirvāṇa des Tathāgata verglichen, das unverändert und ewig ist, sich aber durch die verschiedenartigen und momentanen Gegebenheiten offenbart.

5 »Strohsandalen kaufen« ist ein Symbol für jemanden, der den Buddha-Dharma erlernt und erforscht.

6 Meister Wanshi Shōkaku (1091–1157), Nachfolger von Meister Tanka Shijun. Meister Wanshi wird vor allem in Kap. 27, *Zazenshin*, gepriesen.

7 Die heutige Stadt Ningbo in der nördlichen Provinz Zhejiang in Ostchina.

8 Meister Jōshū Jūshin (778–897), Nachfolger von Meister Nansen Fugan.

9 Meister Setchō Jūken (980–1052), Nachfolger von Meister Chimon Kōso.

10 Dies ist ein Symbol für eine wirkungslose Anstrengung.

11 Dieser Satz bezieht sich auf den alten chinesischen Brauch, bei Beerdigungen Geldstücke (»Geld für die sechs Bereiche«) in den Sarg des Toten zu legen. Später verboten die Autoritäten diesen Brauch und er wurde in die Verbrennung von imitiertem Geld verwandelt. Er wird in einem chinesischen Buch namens *Meihōki* (»Chroniken der Unterwelt«) erwähnt.

12 Meister Gutei vom Berg Kinka war berühmt für sein »Ein-Finger-Zen«. Es heißt, dass er Fragen nur mit dem Emporheben eines Fingers beantwortete. Siehe Kap. 62, *Hensan*.

13 Die Quelle dieser Zitate ist nicht bekannt, möglicherweise aus dem *Wanshi kōroku*.

14 Meister Dai-e Sōkō (1089–1163) war ein Nachfolger von Meister Engo Kokugon. Sōkō war ein Befürworter des so genannten »Kōan-Zen«.

15 Meister Nangaku Ejō (677–744), Nachfolger von Meister Daikan Enō. Dai-e-Sōkō gehörte zur Rinzai-Linie, die von Nangaku Ejō ausgehend über Baso Dō-itsu, Hyakujō Ekai und Ōbaku Ki-un zu Rinzai Gigen, dem Begründer der Rinzai-Linie führte.

16 Dies wird in Kap. 46, *Kattō*, beschrieben.

17 Pferd, Salz, Wasser und Gefäß sind objektive Dinge. Die Bitte oder der Wunsch ist eine subjektive Funktion des Geistes. Die Handlung des Bringens ist der Schnittpunkt oder die wirkliche Welt, in der die objektive Welt und der subjektive Geist eine Einheit bilden. Das folgende Kōan veranschaulicht diesen Punkt besonders deutlich.

18 Meister Nansen Fugan (748–834) war ein Nachfolger von Meister Baso Dō-itsu.

19 Meister Godai Inpō (Daten unbekannt) war ebenfalls ein Nachfolger von Meister Baso Dō-itsu. Tō war sein Familienname, bevor er Mönch wurde.

20 Durch sein Schweigen stimmt Nansen der konkreten Handlung Inpōs zu. Siehe *Keitoku dentō roku*, Kap. 8, und *Shinji shōbōgenzō*, Buch 1, Nr. 64.

21 *Kyōchū sui a[ri]* 境中有水. Meister Dōgen setzt hier an die Stelle von *hei* 缾 in Nansens Worten, *heichū sui a[ri]* 缾中有水 (»im Krug ist Wasser«), seine eigene Variante, nämlich *kyōchū sui a[ri]* 境中有水, »es gibt Wasser in den Gegebenheiten«.

22 *Suichū kyō a[ri]* 水中有境. Dies ist die für Meister Dōgen so charakteristische Umkehrung der Worte, die hier darauf hindeutet, dass in Wirklichkeit das Wasser und die Gegebenheiten, das heißt, Subjekt und Objekt, untrennbar miteinander verbunden sind.

23 Siehe *Hekigan roku*, Nr. 92.

24 *Sōshin shitsumei* 喪身失命, »seinen Körper und sein Leben verlieren«. Der Satz scheint anzudeuten, dass Meister Kyōgen hier der Verlierer war. Der Mönch hatte Kyōgens Worte nicht verstanden und ging weg.

25 Nach einem alten chinesischen Sprichwort sollte ein General, der eine Schlacht verloren hat, nie mehr über den Krieg sprechen.

26 *Ou [o] to[ku]* 説黄, wörtl. »das Gelbe lehren«, bedeutet die Wirklichkeit auszudrücken oder sie selbst zu sein. *Ou* 黄, »gelb«, ist die Farbe der Erde in China, die für etwas Konkretes und Reales steht.

27 *Koku [o] i[u]* 道黒, wörtl. »auf das Schwarze hinweisen«, beschreibt das Tun der Meister. *Koku* 黒, »das Schwarze«, ist ein Symbol für falsche Ideen und Ansichten und schlechte Gewohnheiten. In ihrem Tun und ihren Reden weisen die Meister auf das Schwarze hin, sodass ihre Schüler es erkennen. 道, sonst meist *dō* ausgesprochen, ist hier *i[u]* und bedeutet »sprechen«, »hinweisen«, »lehren«. Vgl. Kap. 39, *Dōtoku*.

28 Dies bezieht sich auf die Stege, die unter die Saiten einer japanischen Zither, dem Koto, gelegt werden, um die Tonhöhe festzulegen. Das Koto mit fest geleimten Stegen zu spielen, symbolisiert das Anhaften an bestimmte Ideen oder Regeln, kurz, eine starre, unflexible Haltung, die nicht auf die sich ständig verändernden Gegebenheiten reagiert.

29 Meister Setchō Jūken. »Zen-Meister Myōkaku« ist sein posthumer Titel.

30 *Resshō sōchū* 列聖叢中, wörtl. »in einem Dickicht heiliger Reihen«, beschreibt ein großes Kloster, in dem die Praktizierenden in vielen Reihen Zazen praktizieren. *Sō* 叢 steht für *sōrin* 叢林, sanskr. *piṇḍavana*, das heißt, ein Ort, an dem viele Mönche zusammenkommen. *Sōrin* 叢林 ist auch eine Bezeichnung für ein Zen-Kloster.

31 *Konshin muku* 渾身無孔, wörtl. »der ganze Körper ohne Makel«, ist eine Metapher für die Wirklichkeit.

32 *Sude ni inmo nin* すでに恁麼人, »schon ein Mensch, der nicht erfassbar ist«. Siehe Kap. 29, *Inmo*.

33 *Hō-ō hō nyoze* 法王法如是, »die Wirklichkeit, so, wie sie ist, [ist] der Dharma des Dharma-Königs«. *Nyoze* 如是 bedeutet »Sosein« oder »die Wirklichkeit, so, wie sie ist«.

34 Die Faust symbolisiert im *Shōbōgenzō* »Tun und Handeln in der Wirklichkeit«.

# 82

# 示庫院文

# Jikuinmon

## Worte zur Beachtung in der Küchen-Halle

*JI bedeutet »bekannt machen« oder, wie hier, »beachten«, KUIN ist der Name der Küchen-Halle in einem buddhistischen Kloster, und MON bedeutet »Worte« oder »Sätze«. Dieses Kapitel gehörte ursprünglich nicht zum Shōbōgenzō. Es wurde erst 1690, als Meister Han-gyō Kōzen die 95-Kapitel-Ausgabe des Shōbōgenzō herausbrachte, hinzugefügt, wie auch im Fall der Kapitel Bendōwa und Jū-undō shiki. Für Meister Dōgen war die Zubereitung der Mahlzeiten für den Sangha eines Klosters von höchster Bedeutung, und er erläuterte seine Sicht der Tätigkeiten in der Küche eingehend in dem Buch Tenzo kyōkun, »Anleitungen für den Küchenchef«. Einer der Gründe, warum Meister Dōgen dieses Buch schrieb und die Tätigkeit des Küchenchefs so hoch einschätzte, ist seinen Erfahrungen als junger Mönch in China zuzuschreiben. Gleich nach seiner Ankunft in China begegnete er einem alten Mönch, der eine große Befriedigung darin sah, Koch in einem Kloster zu sein, und ihm erklärte, dass Kochen buddhistische Praxis sei. Später begegnete Meister Dōgen einem anderen alten Mönch, der trotz der Mittagshitze unermüdlich Pilze für die kommende Mahlzeit der Mönche trocknete, und Meister Dōgen erkannte, wie wichtig das Kochen der Mahlzeiten für die Praktizierenden in einem Kloster ist. Deshalb war es ein Anliegen Meister Dōgens, diese Tradition im Eiheiji fortzuführen.*

Am sechsten Tag des achten Mondmonats im vierten Jahr der Ära Kangen [1246] lehrte ich den Versammelten:

> *Bei der Zubereitung der Mahlzeiten für den Sangha*
> *Ist die Ehrerbietung das Wesentliche.*

In der authentischen Weitergabe des Dharmas aus dem entfernten Indien und dem näher gelegenen China war es seit dem Hinübergehen des Tathāgata üblich, dass die Götter dem Buddha und dem Sangha ehrerbietig himmlische Gaben darbrachten und die Könige dem Buddha und dem Sangha achtungsvoll königliche Mahlzeiten darreichten. Ferner gibt es Beispiele, dass [Nahrung für den Sangha] sowohl aus den Häusern wohlhabender Laienanhänger, Männer wie Frauen, als auch aus denen der gewöhnlichen Arbeiter und Diener[1] dargeboten wurden. Ein solches ehrerbietiges Darbieten von Gaben zeugt von großem Respekt und reiner Aufrichtigkeit. Wesen, die im Himmel über uns und in der Welt der Menschen diese respektvollsten Formen der Höflichkeit praktizieren und ihre Ehrerbietung mit achtungsvollen Worten ausdrücken, sind sehr gut dazu befähigt, die Mahlzeiten und andere dargebrachte Gaben [für den Sangha] zuzubereiten. Dies hat eine tiefe Bedeutung. Jetzt, da ihr tief in den Bergen lebt, wird euch das authentische ehrerbietige Verhalten und die achtungsvollen Worte in der Küchen-Halle eines Klosters direkt weitergegeben. Dies bedeutet, dass ihr im Himmel und in der Welt der Menschen den Buddha-Dharma erlernt.

Beispielsweise sollte die Reissuppe am Morgen[2] nicht [einfach] »Reissuppe« genannt werden, sondern »erhabene Reissuppe« oder »Morgen-Reissuppe«. Desgleichen solltet ihr die Mittagsmahlzeit nicht [einfach] »Mittagessen«, sondern »die erhabene Mittagsmahlzeit« nennen. Sagt nicht [zueinander]: »Stampfe den Reis«, sondern: »Würdest du bitte den Reis weiß machen!« Wenn ihr den Reis wascht, sagt: »Würdest du bitte den Reis ins Wasser tauchen!«, und nicht: »Wasche den Reis!« Sagt nicht: »Wähle das Gemüse aus«, sondern sagt: »Würdest du bitte die Zutaten für das Nebengericht[3] auswählen.« Sagt nicht einfach: »Ich koche die Suppe«, sondern: »Ich bereite die erhabene Suppe vor.« Sagt nicht: »Ich mache eine Brühe«, sondern: »Ich bereite die ehrwürdige Brühe vor«, und sagt, dass »der erhabene Reis für die Mittagsmahlzeit« oder »die ehrwürdige Morgen-Reissuppe gut gekocht wurde«.

In der Küche solltet ihr mit allen Töpfen, die Reis oder Suppe enthalten, ehrerbietig umgehen. [Die Küchengegenstände] achtlos zu behandeln führt zu Unglück und Irrtümern, und daraus entstehen keine guten Wirkungen. Während ihr die Reissuppe am Morgen oder die erhabene Mittagsmahlzeit zubereitet, darf niemand den Reis, das Nebengericht oder etwas anderes in der Küche mit seinem Atem berühren. Sogar trockene Küchengegenstände solltet ihr nicht mit dem Ärmel eurer Kleidung streifen. Wenn eure Hand den Kopf oder das Gesicht berührt hat, solltet ihr damit weder das Geschirr noch die Mahlzeiten[4] selbst anfassen, bevor ihr eure Hände gewaschen habt. Wenn ihr euch bei der Zubereitung der Mahlzeiten – sei es beim Reinigen des Reises, beim Kochen des Reises oder beim Kochen der Suppe – an einer juckenden Stelle des Körpers gekratzt habt, solltet ihr danach unbedingt eure Hände waschen. An den Orten, wo die Mahlzeiten zubereitet werden, könnt ihr Sätze aus den Sūtren oder die Worte der alten Meister rezitieren, aber ihr solltet niemals über weltliche Angelegenheiten sprechen oder schmutzige Worte gebrauchen.

Grundsätzlich solltet ihr das Vorhandensein von Reis, Gemüse, Salz, Sojasoße und den verschiedenen anderen Zutaten mit respektvollen Worten schätzen. Sprecht nicht in unhöflicher Weise, indem ihr sagt: »Das ist der Reis« oder »das ist das Gemüse«. Wenn Mönche oder Novizen an dem Ort vorbeigehen, wo der Morgenreis oder die Mittagsmahlzeit zubereitet wird, müssen sie sich leicht verbeugen. Heruntergefallenes Gemüse oder Reis usw. sollten nach der Mahlzeit [anderweitig] verwendet werden. Diese Regel gilt, solange die Mahlzeiten noch nicht beendet sind. Küchengegenstände, die der Zubereitung der Mahlzeiten dienen, müssen gut behandelt und verwahrt werden und dürfen nur zum Kochen verwendet werden. Ihr dürft nicht erlauben, dass die Küchengegenstände von Laien, die das Kloster besuchen, mit ungewaschenen Händen angefasst werden. Gemüse, Früchte usw., die von Laien gespendet und noch nicht gereinigt sind, müssen gewaschen und über Räucherwerk und Feuer gehalten werden, erst dann werden sie den drei Juwelen und dem Sangha dargereicht. Heute ist es in den Klöstern und Tempeln des großen Königreichs der Song üblich, die Reiskuchen, Milchkuchen, Dampfkuchen usw., die von Laien gestiftet wurden, noch einmal zu dämpfen, bevor sie den Mönchen dargereicht werden. Dadurch werden sie gereinigt. Wir servieren solche Gaben nicht, ohne sie zu dämpfen.

Dies sind nur einige wenige von den vielen Dingen, die beachtet werden müssen. Ihr verehrungswürdigen Mönche der Küchenhalle solltet das grundlegende Prinzip [dieser Worte] verstehen und es in die Praxis umsetzen. In der Ausübung all eurer Pflichten solltet ihr die obigen Maßstäbe nicht verletzen.

*Jedes dieser zuvor beschriebenen Dinge*
*Ist das Herzblut der Buddhas und Vorfahren.*
*Sie sind die Augen eines Flickenmönchs.*
*Außenstehende haben sie niemals erkannt,*
*Selbst himmlische Dämonen können nicht in ihnen weilen.*
*Sie werden nur den Schülern des Buddha weitergegeben.*
*Ehrwürdige Mönche der Küchenhalle,*
*Versteht diese Regeln und vergesst sie nicht.*[5]

Zur Beachtung[6] [aufgeschrieben] von dem Gründer-Mönch Dōgen.

[Der Meister] des Eihei-ji

*Wendet sich nun [direkt] an die Hauptmönche der Küchenhalle.*
*Von heute an ist Folgendes zu beachten:*
*Wenn es bereits nach zwölf Uhr mittags ist*
*Und ein Spender*[7] *gekochten Reis bringt,*
*Wird der Reis bis zum nächsten Tag aufgehoben.*
*Wenn er jedoch Kuchen und Früchte, Reissuppe oder etwas Ähnliches bringt,*
*werden wir es essen, selbst wenn es schon Abend ist.*[8]
*Solche Gaben sind Medizin*[9] *in den Orden der Buddhas und Vorfahren.*
*Außerdem folgen wir damit den Spuren derer im großen Königreich der Song,*
*Die die Wahrheit erlangt haben.*

Der Tathāgata erlaubte es, dass die Mönche in den schneereichen Bergen Unterwäsche tragen, und auf diesem Berg hier erlauben wir im Winter auch die Medizin.[10]

Der Begründer des Eihei-ji.

Kigen [sein Siegel[11]]

# Anmerkungen

1 Arbeiter und Diener, sankr. *vaiśyas* und *śudras*, waren die dritte und vierte Kaste im indischen Vier-Kasten-System. Die Kastenherkunft spielte in Buddhas Orden keine Rolle, denn der Mönch oder die Nonne war Mitglied einer kastenlosen monastischen Gemeinschaft.

2 In den Klöstern bestand die Morgenmahlzeit aus Reissuppe.

3 »Das Nebengericht« ist *sai* 菜, wörtl. »Gemüse«. Hier hat das Wort die Bedeutung von *sōzai* 惣菜, das »Zuspeise« bedeutet. Eine normale Mahlzeit in einem japanischen Kloster besteht aus einer großen Schale Reis, einer mittleren Schale Miso-Suppe, einer kleinen Schale Eingepökeltem und ein oder zwei Nebengerichten: meistens Gemüse, Eier, Tōfu usw.

4 »Mahlzeiten« ist *saishuku* 斎粥, wörtl. »Mittagsmahl und (Morgen-)Reissuppe«. Diese zwei waren traditionell die einzigen Mahlzeiten in einem Kloster.

5 Dieser Absatz steht im Urtext in rein chinesischer Schrift und in Gedichtform, ist aber höchstwahrscheinlich von Meister Dōgen selbst geschrieben worden.

6 Das Wort *ji* oder *shime[su]* 示, »aufzeigen« oder »darlegen«, findet sich am Ende der meisten Kapitel des *Shōbōgenzō* und wird gewöhnlich mit »dargelegt (vor einer Versammlung am ... )« übersetzt. Aber dieses Kapitel wurde in Form einer Notiz zur Beachtung für die Mönche der Küchen-Halle aufgeschrieben.

7 Dies ist im Allgemeinen ein Laie, der dem Kloster Nahrung spendet, in Sanskrit *dānapati*.

8 In den buddhistischen Klöstern des Theravāda in den heißen Ländern Südostasiens ist es auch heute noch nicht erlaubt, nach dem Mittagsmahl noch etwas zu essen.

9 *Yakuseki* 薬石, wörtl. »Medizinstein«. Traditionell wird der Begriff so interpretiert, dass die Mönche manchmal einen heißen Stein auf ihren Unterleib legten, um sich warm zu halten. Dieser Stein wurde *yakuseki* 薬石 genannt und war gleichzeitig auch die Bezeichnung für eine Abendmahlzeit, die dieselbe wärmende Wirkung hatte. Aber diese Interpretation kann infrage gestellt werden. Eine einfachere Erklärung ist, dass sich *seki* 石, »der Stein«, auf die Steinnadel bezieht, die in der chinesischen Akupunktur verwendet wurde. Danach würde es sich bei *yakuseki* 薬石 einfach um »Medizin« handeln. In den relativ kalten Ländern wie China und Japan nahmen die buddhistischen Mönche auch Abendmahlzeiten ein und sie nannten sie »Medizin«.

10 Meister Dōgen schrieb diese Sätze in rein chinesischer Schrift, und im Urtext stehen sie getrennt von dem vorhergehenden Gedicht.

11 *Kigen* 希玄 war einer der Namen Meister Dōgens. Er signierte hier mit dem Namen Kigen und setzte sein Siegel daneben.

# 83
# 出家
# Shukke
# Haus und Familie verlassen

*Im alten Indien war es üblich, dass diejenigen, die auf der Suche nach der Wahrheit waren, ihr Haus und ihre Familien verließen. Dieser Brauch wurde in den späteren buddhistischen Orden beibehalten. Gautama Buddha selbst verließ mit 29 Jahren seine Familie und begann sein Leben als Mönch. Deshalb wird in den buddhistischen Orden die Tradition sehr verehrt, dass die Menschen der Wahrheit ihr Haus und ihre Familien verlassen, um Mönch oder Nonne zu werden. In diesem Kapitel erklärt Meister Dōgen diesen Brauch.*

Im Zen en shingi[1] heißt es: *»Alle Buddhas der drei Zeiten sagen, dass Haus und Familie zu verlassen, [um Mönch oder Nonne zu werden,]*[2] *bedeutet, die Wahrheit zu verwirklichen. Die achtundzwanzig Vorfahren in Indien und die sechs Vorfahren im China der Tang-Dynastie, die das [Geist-]Siegel der Buddhas weitergegeben haben, waren allesamt Mönche.*[3] *Vielleicht war es ihnen dadurch, dass sie die Regeln und Gebote*[4] *genau eingehalten haben, möglich, zum universellen Maßstab für die drei Welten zu werden. Wenn ihr Zen praktizieren und euch um die Wahrheit bemühen wollt, ist es daher das Wichtigste, [zuerst] die Gebote zu empfangen. Wie wäre es möglich, dass ihr Buddhas und [Nachfolger unserer] Vorfahren werdet, wenn ihr euch nicht von Irrtümern frei macht und euch davor hütet, Unrecht zu tun?*

*So werden die Gebote empfangen: Die drei Gewänder*[5] *und die Ess-Schalen*[6] *müssen zur Verfügung stehen, und außerdem neue und saubere Unterkleidung.*[7] *Solltet ihr keine neue Unterkleidung haben, wascht [die alten] sauber. Ihr solltet euch niemals die Gewänder oder Ess-Schalen anderer ausleihen und damit auf die Plattform treten, um die Gebote zu empfangen. Konzentriert euch mit ganzer Kraft und achtet darauf, nicht gegen die Regeln zu verstoßen. Es ist nicht unbedeutend, die Form eines Buddhas anzunehmen und die Gebote zu empfangen, und somit das zu empfangen, was der Buddha selbst empfangen und benutzt hat. Wie könntet ihr diese wichtige Angelegenheit leichtnehmen? Angenommen, ihr würdet euch die Gewänder und Ess-Schalen anderer ausleihen, dann hättet ihr die Gebote nicht wirklich empfangen, selbst wenn ihr auf die Plattform getreten wärt und die Gebote [der Form nach] empfangen hättet. Außer in dem Fall, dass ihr [die Gebote] noch einmal empfangen würdet, müsstet ihr euer ganzes Leben lang ohne die Gebote sein, ihr würdet euch nutzlos mit der Linie des Mahāyāna*[8] *verbinden und unrechtmäßig die frommen Gaben anderer annehmen. Die Anfänger in der Buddha-Wahrheit können die Gebote des Dharmas noch nicht verinnerlicht haben, aber es sind die Meister, die sie dazu bringen, ins [Unrecht] zu fallen, weil sie [die Wichtigkeit der Gebote] nicht lehren. Nun habe ich euch eine sehr strenge Ermahnung erteilt, und es möge mir erlaubt sein zu hoffen, dass sie sich tief in eure Herzen einprägt. Wenn ihr bereits die Gebote für die Śrāvakas*[9] *empfangen habt, solltet ihr jetzt die Bodhisattva-Gebote empfangen. Dies ist euer erster Schritt, um in den Dharma einzutreten.«*[10]

Ihr solltet wissen, dass die Verwirklichung der Wahrheit der Buddhas und Vorfahren nichts anderes ist, als Haus und Familie zu verlassen und die Gebote zu empfangen. Das Herzblut der Buddhas und Vorfahren ist es, Haus und Familie zu verlassen und die Gebote zu empfangen. Wer sein Haus und seine Familie nicht verlässt, kann niemals [Nachfolger] unserer Vorfahren sein. Wenn ihr den Buddhas und Vorfahren begegnen wollt, verlasst Haus und Familie und empfangt die Gebote.

*Als Mahākāśyapa*[11] *dem Weltgeehrten folgte, hatte er den Wunsch, Haus und Familie zu verlassen und sich von allen [weltlichen] Dingen zu lösen. Der Buddha sagte: »Sei willkommen, Mönch!«, und [Mahākāśyapas] Kopf- und Barthaare fielen von selbst ab und ein Kesa bedeckte seinen Körper.*[12]

Wenn [ein Mensch] Buddha folgt und sich von allen [weltlichen] Dingen befreit, ist es, wie zuvor beschrieben, das hervorragende Beispiel, Haus und Familie zu verlassen und die Gebote zu empfangen.

Im dritten Teil des großen Prajñā-[pāramitā-]sūtras[13] heißt es: *»Der von der Welt geehrte Buddha sagte: ›Wenn ein Bodhisattva-Mahāsattva erwägt, eines Tages auf die Thronfolge zu verzichten und Haus und Familie zu verlassen, wird er genau an diesem Tag die höchste, rechte und ausgeglichene Wahrheit verwirklichen. An diesem Tag wird er das wunderbare Dharma-Rad drehen und bewirken, dass unzählige empfindende Wesen den Staub und Schmutz der Welt verlassen und mit dem reinen und klaren Dharma-Auge sehen. In dieser Zeit wird er zahllose empfindende Wesen dazu bringen, dass sie für immer die mannigfaltigen Hindernisse überwinden und ihren Geist und ihre Weisheit freisetzen. Ferner wird er zahllose empfindende Wesen dazu bringen, dass sie nicht mehr zurückfallen und von der höchsten rechten und ausgeglichenen Wahrheit abweichen. Wenn nun dieser Bodhisattva-Mahāsattva alle diese Dinge verwirklichen will, so sollte er die Pāramitā der großen Weisheit erlernen.‹«*[14]

Kurz gesagt: Die höchste Wahrheit erfüllt sich vollkommen an dem Tag, an dem ihr Haus und Familie verlasst und die Gebote empfangt. Sie erfüllt sich niemals an einem anderen Tag. Deshalb verwirklicht ihr die höchste Wahrheit genau an dem Tag, an dem ihr beschließt, Haus und Familie zu verlassen. Und der Tag, der die Verwirklichung der höchsten Wahrheit hervorbringt, ist genau der, an dem ihr Haus und Familie verlasst. Haus und Familie zu verlassen ist ein Salto und das Drehen des wunderbaren Dharma-Rades. Haus und Familie zu verlassen ist nichts anderes als zu bewirken, dass zahllose empfindende Wesen nicht mehr zurückfallen und von der höchsten Wahrheit abweichen. Bedenkt, dass Haus und Familie zu verlassen und die Gebote zu empfangen für euch selbst und für die anderen an diesem Ort hier die vollkommene Erfüllung der höchsten Wahrheit ist, und dass ihr und die anderen nie mehr zurückfallen und von ihr abweichen könnt. Diese vollkommene Erfüllung der höchsten Wahrheit bringt ihrerseits wiederum den Tag hervor, an dem ihr Haus und Familie verlasst.

Versteht, dass dieser Tag über [alle Vorstellungen von] Einheit und Verschiedenheit hinausgeht. An dem Tag, an dem ihr Haus und Familie verlasst, praktiziert und erfahrt ihr drei unzählbare und unbeschreibbare Weltzeitalter. An dem Tag, an dem ihr Haus und Familie verlasst, weilt ihr im Ozean zahlloser Weltzeitalter, und ihr dreht das wunderbare Dharma-Rad. Der Tag, an dem ihr Haus und Familie verlasst, ist jenseits aller Bezeichnungen für die Zeit, [wie z. B.] »die Essenszeit«, und er ist jenseits von sechzig kleinen Weltzeitaltern. Der Tag, an dem ihr Haus und Familie verlasst, überschreitet die Vergangenheit, Gegenwart und Zukunft, und er springt vollkommen über eure Gehirne hinaus. Der Tag, an dem ihr Haus und Familie verlasst, ist bereits jenseits des Tages, an dem ihr Haus und Familie verlasst. Und obwohl dies alles so ist, ist, wenn sämtliche Netze und Käfige durchbrochen sind, der Tag, an dem ihr Mönch oder Nonne werdet, einfach der Tag, an dem ihr Mönch oder Nonne werdet, und es ist der Tag, an dem ihr die Wahrheit verwirklicht, einfach der Tag, an dem ihr die Wahrheit verwirklicht.

Im Kapitel 13 der großen Abhandlung[15] steht: *»Der Buddha hielt sich im Jetavana-Park auf, als ein betrunkener Brahmane zu ihm kam und Mönch werden wollte. Der Buddha wies die anderen Mönche an, ihm den Kopf zu rasieren und ihn mit dem Kesa zu bekleiden. Als der Brahmane wieder nüchtern war, war er überrascht und völlig verwirrt zu sehen, dass er plötzlich die Form eines Mönchs angenommen hatte und rannte sogleich weg. Da fragten die anderen Mönche den Buddha, warum er dem Brahmanen erlaubt hatte, Mönch zu werden, obwohl dieser nur wieder in sein Haus zurückkehren würde. Der Buddha sagte: ›Unzählige Weltzeitalter lang hatte dieser Brahmane nicht den Willen, sein Haus und seine Familie zu verlassen. Im betrunkenen Zustand hat er einen Augenblick lang diesen Willen ein wenig erweckt, und deshalb wird er in Zukunft ein Mönch werden.‹ Es gibt viele solcher Geschichten. Selbst wenn ein Mönch oder eine Nonne die Gebote bricht, ist es besser, Mönch oder Nonne zu sein, als ein Laie, der die Gebote einhält, denn mit den Geboten der Laien könnt ihr die Befreiung nicht verwirklichen.«*[16]

Der wesentliche Punkt von Buddhas Belehrung ist klar: In Buddhas Lehre ist es grundlegend, Haus und Familie zu verlassen, um Mönch oder Nonne zu werden. Wer Haus und Familie noch nicht verlassen hat, ist kein [Mensch] des Buddha-Dharmas. Zu Lebzeiten des Tathāgata haben die verschiedenen Andersgläubigen, die ihre falschen Ansichten aufgegeben und sich dem Buddha-Dharma zugewandt haben, als Erstes immer darum gebeten, Mönch oder Nonne werden zu dürfen. Entweder gab ihnen der Weltgeehrte [die Gebote] selbst und begrüßte sie dann mit den Worten »sei willkommen, Mönch«, oder er ließ ihnen von den anderen Mönchen das Kopf- und Barthaar rasieren, ließ sie Haus und Familie verlassen und die Gebote empfangen. Für jeden Einzelnen wurden die entsprechenden Mittel bereitgestellt, sodass sie sogleich Haus und Familie verlassen und die Gebote empfangen konnten. Bedenkt also, wenn Buddhas

Lehre bereits den Körper und Geist [eines Menschen] bedeckt, fällt sein Kopfhaar auf natürliche Weise aus und sein Körper hüllt sich in das Gewand. Wenn es die Buddhas [einem Menschen] nicht erlauben [Mönch oder Nonne zu werden], wird sein Haar und sein Bart nicht rasiert und sein Körper wird nicht mit dem Kesa bedeckt werden und er wird Buddhas Gebote nicht empfangen können. Deshalb ist Haus und Familie zu verlassen und die Gebote zu empfangen die persönliche Bestätigung des Buddha-Tathāgata.

Śākyamuni Buddha sagte: »*Gute Söhne! Der Tathāgata sieht die verschiedenen Lebewesen, die sich an den unbedeutenden Dingen erfreuen, wenige Tugenden und viele Laster haben, und spricht zu ihnen: ›In meiner Jugend verließ ich Haus und Familie und erlangte das höchste und vollkommene Erwachen. Seitdem ich Buddhas Wahrheit erfahren habe, ist die Ewigkeit so, wie sie ist. Ich sage dies nur, weil ich mit geschickten Mitteln alle Lebewesen lehren und verwandeln möchte, sodass sie auf den Buddha-Weg gelangen.‹*«[17]

Deshalb wird die Verwirklichung des Ewigen so ausgedrückt: »In meiner Jugend verließ ich Haus und Familie.« »Das höchste und vollkommene Erwachen [anuttarā-samyak-saṃbodhi]« ist genau dasselbe wie »in meiner Jugend verließ ich Haus und Familie«. Wenn [der Buddha] sagt, dass er in seiner Jugend Haus und Familie verlassen hat, dann verwirklichen auch die Lebewesen, die sich an den unbedeutenden Dingen erfreuen, wenige Tugenden und viele Laster haben, [dasselbe,] das heißt, sie verlassen in ihrer Jugend Haus und Familie. Überall dort, wo ihr die Dharma-Lehre »in meiner Jugend verließ ich Haus und Familie« hört, wo ihr sie seht, erfahrt und erforscht, begegnet ihr Buddhas höchstem und vollkommenen Erwachen. Wenn [Buddha] die verschiedenen Lebewesen befreit, die sich an den unbedeutenden Dingen erfreuen, sagt er zu ihnen: »In meiner Jugend habe ich Haus und Familie verlassen und das höchste und vollkommene Erwachen erlangt.« Obwohl ich die Sache so beschrieben habe, könnte am Ende doch jemand fragen: »Wie wertvoll ist das Verdienst, Haus und Familie zu verlassen?« Darauf würde ich diesem Menschen antworten: »So wertvoll wie dein Kopf!«

Shōbōgenzō Shukke

Dargelegt vor einer Versammlung im Kloster Eihei in der Präfektur Fukui am fünfzehnten Tag des neunten Mondmonats im vierten Jahr der Ära Kangen [1246].

# Anmerkungen

1 *Zen en shingi*, »Die reinen Regeln für Zen-Klöster«, ist ein Text mit zehn Kapiteln, der 1103 von Meister Chōrō Sōsaku herausgegeben wurde. Dieses Zitat aus dem ersten Kapitel findet sich auch in Kap. 86, *Shukke kudoku*, und Kap. 94, *Jukai*.

2 *Shukke suru* 出家する, »das Haus verlassen«, bedeutet 1. Haus und Familie im geistigen Sinn zu verlassen, das heißt, über die Maßstäbe und Werte der weltlichen Gesellschaft hinauszugehen, und 2. Haus und Familie im konkreten Sinn zu verlassen, das heißt, in den Mönchs- oder Nonnenstand einzutreten.

3 *Śramaṇa* oder buddhistischer Mönch.

4 Dies sind die Regeln der Disziplin, die für alle Praktizierenden gelten und die auch »die Gebote«, sanskr. *vinaya*, genannt werden.

5 Mit dem Gewändern sind die drei Arten des Kesa gemeint. Es gibt das Kesa mit drei Streifen, das so genannte Rakusu, das Kesa mit sieben Streifen und das Kesa mit neun oder mehr Streifen. Die Tradition des Kesa erläutert Meister Dōgen ausführlich in Kap. 12, *Kesa kudoku*.

6 Die Tradition der buddhistischen Ess-Schalen wird eingehend in Kap. 78, *Hatsu-u*, erläutert.

7 Hier handelt es sich um das Koromo und das dazugehörige weiße Gewand, das unter dem Koromo getragen wird.

8 Wörtl. »mit der Linie der Leerheit«.

9 Die Gebote für die Śrāvakas sind die des Hīnayāna. Diese bestehen aus 250 Geboten für Mönche und 348 für Nonnen. Die Gebote des Mahāyāna sind die 16 so genannten Bodhisattva-Gebote, die Meister Dōgen sehr ausführlich in Kap. 94, *Jukai*, erklärt.

10 Diese Passage wird auch in Kap. 94, *Jukai*, zitiert.

11 Meister Mahākāśyapa war Gautama Buddhas Nachfolger und der erste Vorfahre in Indien.

12 Siehe *Keitoku dentō roku*, Kap. 1.

13 In Sanskrit das *Mahā-prajñā-pāramitā-sūtra*.

14 Dieser Absatz aus dem Sūtra wird auch in Kap. 86, *Shukke kudoku*, zitiert.

15 *Dairon* 大論 ist die Kurzform von *Daichido ron* 大智度論, »Kommentar über die Vollendung der großen Weisheit«.

16 Eine leicht veränderte Version dieses Absatzes wird in Kap. 86, *Shukke kudoku*, zitiert.

17 Siehe Lotos-Sūtra, Kap. 16, »Des Tathāgata Lebensdauer«. Vgl. Borsig, S. 283.

# 84

# 三時業

# Sanji no gō

# Karma in den drei Zeiten

*SAN bedeutet »drei«, JI bedeutet »Zeit«, und GŌ steht für sanskr. ›karman‹, »Handlung«. Der Begriff »Karma« geht aber »Handlung« hinaus und bedeutet, dass alles, was wir heute tun, aufgrund von unzähligen Ursachen und Wirkungen den Verlauf zukünftiger Ereignisse beeinflusst. Die Annahme, dass Karma eine unabhängig von uns existierende Energie sei, die den Verlauf unseres ganzen Lebens bestimmt, ist jedoch falsch. Wer schafft Karma? Wir selbst. Was immer wir denken, sagen, anstreben, tun oder unterlassen – wir schaffen Karma. Bei allem, was wir tun, entstehen Ursachen und Wirkungen. Deshalb schrieb Meister Dōgen im Shōbōgenzō das wichtige Kap. 89, Shinjin inga, »Tiefes Vertrauen in Ursache und Wirkung«. Wenn wir Ursache und Wirkung richtig verstehen und wissen, dass die Auswirkungen unserer Handlungen unausweichlich sind, müssen wir auch Zweifel hegen, ob es zufällige Ereignisse gibt. Solche scheinbar zufälligen Ereignisse kommen jedoch im täglichen Leben immer wieder vor. Weil die Gründe für diese Ereignisse im Verborgenen liegen, lehrte der Buddha, dass die Auswirkungen aller Handlungen sich über drei Zeiten erstrecken können: Manchmal wirken sie sich sofort aus, manchmal nach einem kurzen und manchmal nach einem längeren Zeitraum. Mit dieser Lehre befasst sich Meister Dōgen in diesem Kapitel.*

*Unser neunzehnter Vorfahre [in Indien], der ehrwürdige Kumāralabdha[1] kam eines Tages in ein Land in Zentralindien. Dort lebte ein großer Praktizierender namens Gayata[2], der ihn fragte: »In meiner Familie hatten die Eltern immer ein unerschütterliches Vertrauen in die drei Juwelen. Dennoch wurden sie von Krankheiten heimgesucht und ihre Unternehmungen waren nicht erfolgreich. Demgegenüber waren unsere Nachbarn immer bei guter Gesundheit und ihre Unternehmungen fügten sich harmonisch, obwohl die Familie seit Langem die Tätigkeiten Ausgestoßener[3] verrichtet hatte. Weshalb sind diese Menschen glücklich und welcher Art ist unsere Schuld?« Der Ehrwürdige sagte: »Wie könntest du auch nur den geringsten Zweifel hegen? Grundsätzlich verhält es sich so, dass die Vergeltung für gute und schlechte Taten in den drei Zeiten wirkt. Im Allgemeinen sehen die Menschen aber nur, dass der Tod für die Guten früh kommt, während die Verderbten ein langes Leben haben. [Es scheint so, als ob] dem Verbrecher Glück und dem Tugendhaften Unglück widerfahre. Deshalb sagen manche, es gebe weder Ursache und Wirkung noch irgendeine Gesetzmäßigkeit, nach der ein schlechter Mensch unglücklich und ein guter glücklich würde. Vor allem wissen solche*

*Menschen nicht, dass [Ursache und Wirkung] einander folgen wie der Schatten einer Gestalt und wie der Ton einer Schwingung, und dass es auch nicht ein Hundertstel oder ein Tausendstel von Unterscheidung zwischen ihnen gibt. Ferner wissen solche Menschen nicht, dass [Ursache und Wirkung] sich niemals erschöpfen, auch nicht in hunderttausend Weltzeitaltern.«*[4] *Als Gayata diese Worte hörte, fielen alle Zweifel von ihm ab.*[5]

Vom Tathāgata ausgehend war der ehrwürdige Kumāralabdha der neunzehnte Dharma-Nachfolger. Der Tathāgata selbst erwähnte seinen Namen. [Kumāralabdha] hatte nicht nur Klarheit über den Dharma erlangt und ihn authentisch von Buddha Śākyamuni empfangen, er hat auch den Dharma aller Buddhas der drei Zeiten verwirklicht. Nachdem der ehrwürdige Gayata die obige Frage gestellt hatte, lernte und praktizierte er des Tathāgatas wahren Dharma im Orden des ehrwürdigen Kumāralabdha und wurde schließlich der zwanzigste Meister-Vorfahre [in Indien]. Auch hier erinnerte sich der Weltgeehrte, dass Gayata in späterer Zeit der zwanzigste Vorfahre sein würde. Deshalb solltet ihr vor allem die Kriterien des Buddha-Dharmas erlernen, so, wie die alten Meister dies getan haben. Ihr solltet euch keinesfalls mit den Menschen der heutigen Zeit zusammentun, die verkehrte Ansichten[6] haben und Ursache und Wirkung ignorieren. Solche Menschen wissen nichts von Ursache und Wirkung, sie verstehen weder die karmische Vergeltung noch kennen sie die drei Zeiten, und deshalb unterscheiden sie nicht zwischen Recht und Unrecht.[7]

Die Aussage, dass »die Vergeltung für rechte und unrechte [Taten] in den drei Zeiten wirkt«, bedeutet, dass sich die Vergeltung entweder unmittelbar in der Gegenwart auswirkt oder im nächsten Leben oder zu einem noch späteren Zeitpunkt. [Die Gegenwart, ein nächstes Leben oder später,] dies nennen wir »die drei Zeiten«. Wenn ihr die Wahrheit der Buddhas und Vorfahren lernt und praktiziert, müsst ihr zuerst diese Grundwahrheit der karmischen Vergeltung in den drei Zeiten lernen und klären. Weil viele Menschen dies nicht tun, machen sie Fehler und verfallen in verkehrte Ansichten. Sie fallen nicht nur verkehrten Ansichten anheim, sondern auch üblen Zuständen[8], und sind langen Perioden des Leidens ausgesetzt. Während sie es versäumen, weiter die Wurzeln des Rechten zu pflanzen, verlieren sie viele ihrer Verdienste, und der Weg zur Wahrheit wird lange Zeit behindert. Ist dies nicht bedauerlich? Das Karma in den drei Zeiten umfasst sowohl rechte als auch unrechte [Taten].

Erstens: »Karma, dessen Auswirkungen unmittelbar in der Gegenwart erfolgt« – Wenn ihr jetzt, in diesem Leben, [gutes oder schlechtes] Karma erzeugt und vermehrt, erfahrt ihr die unterschiedlichen ausgereiften Wirkungen[9] unmittelbar in diesem Leben. Dies nennen wir »das Karma, das sich unmittelbar in der Gegenwart auswirkt«.

Das heißt, wenn ein Mensch in diesem Leben recht oder unrecht handelt, erfährt er die entsprechende Vergeltung in diesem Leben. Dies nennen wir »Karma, das sich unmittelbar in der Gegenwart auswirkt«.

Nun zitiere ich das Beispiel eines Mannes, der aufgrund einer unrechten Handlung in diesem Leben die Vergeltung seines Unrechts erleidet.

*Es gab einen Holzfäller, der sich eines Tages auf seinem Weg in den Bergen im Schnee verirrte. Die Dunkelheit war schon hereingebrochen und [der Holzfäller] wäre im tiefen Schnee und in der eisigen Kälte fast gestorben, als er in einen dichten Wald hineinging und einen Bären sah. Das Fell des Bären war tief blau und seine Augen leuchteten wie zwei Fackeln. Der Mann starb fast vor Angst. Dieser Bär war in Wahrheit jedoch ein Bodhisattva, der für eine Zeit lang den Körper eines Bären angenommen hatte. Als der Bär die Angst und die Verzweiflung [des Holzfällers] sah, tröstete er ihn und sagte: »Du solltest dich nicht fürchten. Manchmal kommt es vor, dass Vater und Mutter ihr Kind verraten, [aber] ich bin dir jetzt keinesfalls schlecht gesinnt.« Dann ging er auf den Holzfäller zu, hob ihn auf und trug ihn in eine Höhle, um seinen Körper aufzuwärmen. Nachdem sich der Holzfäller erholt hatte, sammelte der Bär verschiedene Wurzeln und Früchte und forderte ihn auf zu essen, wie es ihm beliebe. Weil der Bär dachte, dass er den Mann vielleicht auf diese Weise nicht genug wärmen konnte, nahm er ihn ihn in den Arm und legte sich neben ihn. Sechs Tage lang kümmerte sich der Bär auf diese Weise um den Mann. Am siebten Tag klarte der Himmel auf und der Weg wurde wieder sichtbar. Der Bär hatte dies bereits bemerkt und sammelte wieder süße Früchte auf und gab sie dem Mann, bis dieser gesättigt war. Er führte ihn aus dem Wald heraus und verabschiedete sich höflich. Der Holzfäller fiel vor dem Bären auf die Knie, dankte ihm und fragte: »Wie kann ich dein Wohlwollen und deine Güte vergelten?« Der Bär sagte: »Ich möchte keine Belohnung und hoffe nur, dass du in derselben Weise, wie ich deinen Körper in den letzten Tagen gepflegt habe, auch du mein Leben beschützen wirst.« Der Mann versprach dies ehrerbietig, nahm sein Holz auf die Schulter und stieg den Berg hinunter. Da traf er zwei Jäger, die ihn fragten, ob er irgendwelche Tiere im Wald gesehen habe. Der Holzfäller antwortete: »Mit Ausnahme eines Bären habe ich keine Tiere gesehen.« Da drängten ihn die Jäger, ob er ihnen den Bären nicht zeigen könne. Der Holzfäller sagte, dass er ihnen den Bären zeigen würde, wenn sie ihm zwei Drittel des Bärenfleisches gäben. Die Jäger waren einverstanden und sie gingen zusammen los. Letztlich erlegten die Jäger den Bären und teilten das Fleisch in drei Teile. Als der Holzfäller seinen Teil des Fleisches mit seinen Händen nehmen wollte, fielen beide Hände durch die Kraft seines schlechten Karmas ab wie die Perlen einer durchtrennten Perlenkette oder wie zerschnittene Lotoswurzeln. Die Jäger waren sehr bestürzt. Erstaunt fragten sie nach dem Grund. Der Holzfäller, der sich nun schämte, erzählte die ganze Geschichte. Die Jäger schalten den Holzfäller und sagten: »Dieser Bär hat dir so viel Gutes getan, wie konntest du ihn verraten? Es ist erstaunlich, dass nicht dein ganzer Körper verrottet ist!« Daraufhin trugen sie das Fleisch des Bären [in ein Kloster] und machten es dem Sangha zum Geschenk. Einer der älteren Mönche, der die wunderbare Weisheit hatte, den Geist [anderer zu kennen], trat sogleich in die Stille [des Zazen] ein und sah, welche Art von Fleisch dies war. Er sah, dass dies das Fleisch eines großen Bodhisattvas war, der allen Lebewesen Glück und Freude geschenkt hatte. Daraufhin verließ er die Stille und erzählte den Mönchen von dieser Sache. Die Mönche waren sehr schockiert, als sie dies hörten. Dann sammelten sie Feuerholz, um das Fleisch zu verbrennen, nahmen die verbleibenden Knochen, errichteten einen Stūpa, führten Niederwerfungen aus und brachten Gaben dar.*

*Ein solches schlechtes Karma wird in jedem Fall – früher oder später – seine Vergeltung erfahren.*[10]

Dies nennen wir »das Karma einer unrechten Handlung, das sich unmittelbar in der Gegenwart auswirkt«. In der Regel solltet ihr die Güte und das Wohlwollen, das euch andere entgegenbringen, immer vergelten wollen. Erwartet aber keine Belohnung, wenn ihr anderen gegenüber gütig und wohlwollend seid. Jemand, der einen gütigen und wohlwollenden Menschen verrät und ins Unglück bringt, wie in der obigen Geschichte, wird unausweichlich die Vergeltung dieses schlechten Karmas erleiden. Mögen menschliche Wesen niemals den Geist dieses Holzfällers haben! Als dieser sich am Waldrand von dem Bären verabschiedete, sagte er: »Wie kann ich deine Güte vergelten?« Dennoch brachte ihn die Gier dazu, zwei Drittel des Bärenfleisches haben zu wollen, und wegen seines Geizes tötete er, was ihm Güte und Wohlwollen entgegengebracht hatte. Mögen Laien, Mönche und Nonnen niemals einen Geist haben, der ohne Güte und Wohlwollen ist! Ein Schlag, der durch die Kraft des schlechten Karmas zwei Arme abtrennt, wirkt schneller als die scharfe Schneide eines Schwertes.

Nun zitiere ich das Beispiel einer rechten Handlung, welche die entsprechend rechte Vergeltung unmittelbar in der Gegenwart bewirkte:

*Der König Kaniṣka des Landes Gandhāra*[11] *hatte einst einen Eunuchen als Gefolgsmann, der nur mit den inneren Angelegenheiten des Hofes befasst war. Eines Tages sah der Eunuch während eines Ausflugs außerhalb der Stadt eine Herde von Stieren, fünfhundert an der Zahl, die in die Stadt getrieben wurden. Der Eunuch fragte den Hirten: »Was für Stiere sind das?« Der Hirte antwortete: »Diese Stiere werden in die Stadt getrieben, um kastriert zu werden.« Insgeheim dachte der Eunuche: »Ich selbst muss aufgrund eines lange angesammelten Karmas im Körper eines Eunuchen leben. Nun werde ich meinen Reichtum dafür verwenden, diese Stiere vor dem Elend der Kastration zu retten.« Schließlich zahlte er dem Hirten den Preis [für die Stiere] und ließ sie alle frei. Die Kraft dieser guten Handlung hatte zur Folge, dass der Eunuche sofort einen männlichen Körper bekam. Darüber war er tief erfreut. Dann ging er in die Stadt zurück, hielt am Stadttor an und sandte einen Boten zu dem König, um ihn um eine Audienz zu bitten. Der König ließ ihn eintreten und fragte erstaunt nach dem Grund. Da erzählte der Mann die Einzelheiten seiner Geschichte. Als der König dies hörte, war er überrascht und erfreut. Er bot ihm freudig kostbare Geschenke an, gab ihm eine höhere Stellung am Hof und machte ihn zu seinem Außenminister.*[12]

Ein solches gutes Karma bringt früher oder später unweigerlich gute Wirkungen hervor.

Auch wenn der Körper eines Stiers nicht so kostbar ist, wird hier klar aufgezeigt, dass der Mensch, der ihn rettet, gute Wirkungen erfährt. Wie viel mehr werdet ihr die vielen Arten rechter Handlungen vermehren, wenn ihr das Feld der Gütigen würdigt und das Feld der Tugendhaften ehrt.[13] Dies nennen wir »das Karma, bei dem man die Vergeltung rechter Handlungen unmittelbar in der Gegenwart erfährt«. Es gibt viele Geschichten wie diese, welche die Vergeltung von Recht und Unrecht beschreiben, aber ich kann sie nicht alle zitieren.

Zweitens: »Karma, das sich im nächsten Leben auswirkt«, bedeutet, dass ihr in diesem Leben das Karma [guter oder schlechter Handlungen] erzeugt und vermehrt und die verschiedenen ausgereiften Wirkungen in einem zweiten Leben erfahrt. Dies nennen wir »Karma, das Vergeltung im nächsten Leben nach sich zieht«.

Das heißt, dass Menschen, die in diesem Leben die fünf schlechten Taten begehen, die zur [Hölle] des nie endenden Leidens[14] führen, unausweichlich in ihrem nächsten Leben in die Hölle kommen. »Das nächste Leben« bedeutet das Leben, das diesem Leben folgt. Es gibt Menschen, die für weniger schwere Vergehen in ihrem nächsten Leben in die Hölle kommen, und es gibt andere, die durch den Einfluss eines späteren [guten Karmas] in ihrem nächsten Leben nicht in die Hölle kommen; in diesem Fall wirkt sich [ihr Karma] erst zu einem späteren Zeitpunkt aus. Was nun die folgenden fünf schweren Verbrechen betrifft, welche die Hölle nach sich ziehen, so ist die Hölle unausweichlich, wenn sich die Vergeltung [solcher Verbrechen] im nächsten Leben auswirkt. Das nächste Leben wird auch »ein zweites Leben« genannt. Die fünf schweren Vergehen, die zur Hölle führen, sind: 1. seinen Vater zu töten, 2. seine Mutter zu töten, 3. einen heiligen [Arhat] zu töten, 4. schuld am Vergießen von Buddhas Blut zu sein, und 5. den Sangha des Dharma-Rades zu stören.[15] Dies sind die fünf Taten, die die Hölle nach sich ziehen. Wir nennen sie auch »die fünf schweren Verbrechen«. Die ersten drei beziehen sich auf das Töten selbst und das vierte ist ein Verbrechen, das zum Töten gehört, [denn] es ist unmöglich für einen Menschen, den Tathāgata zu töten; aber sein Blut fließen zu lassen ist ein schweres Vergehen. Durch die Karma-Vergeltung dieser fünf Verbrechen wird die Hölle in einem nächsten Leben unausweichlich. Die Menschen, die nicht eines frühen Todes sterben, sind: *die Bodhisattvas in ihrem letzten Körper, die Bodhisattvas in ihrem letzten Leben im Tuṣita-Himmel*[16]*, [die himmlischen Wesen] des nördlichen Kontinents*[17]*, Jyotiṣka*[18] *und der Arzt des Buddha.*[19] Das fünfte Verbrechen, den Sangha des Dharma-Rades zu stören, bedeutet, verleumderische Worte zu gebrauchen. Für diese fünf tödlichen Vergehen kommt man durch das Karma, das im nächsten Leben vergolten wird, unausweichlich in die Hölle. Devadatta[20] beging drei dieser fünf Verbrechen. Das heißt, er tötete die Nonne Utpalavarṇā[21], die ein großer Arhat war. Dies wird als das Töten eines Arhats angesehen. Dann versuchte er den Weltgeehrten zu töten, indem er einen großen Felsblock nach ihm warf; der Felsblock wurde aber von einem Berggott aufgehalten und fiel in Stücke, aber ein Splitter traf die Zehe des Tathāgata. Die Zehe war gebrochen und es floss Buddhas Blut. [Devadattas] Verbrechen war also schuld am Vergießen von Buddhas Blut. Außerdem brachte [Devadatta] fünfhundert Novizen und unwissende Mönche dazu, ihm auf den Berg Gayā[22] zu folgen, wo er [von Buddhas Sangha] abweichende Methoden einführte und so die Harmonie des Sanghas störte. Wegen dieser drei schweren Verbrechen musste Devadatta in die Hölle nie endender Leiden, und noch heute erleidet er dort ewige Qualen. Sogar Devadatta, der [früher] zu den vier Buddhas[23] gehörte, muss in der Hölle leiden. Der Mönch Kokālika[24] verleumdete Śāriputra und Maudgalyāyana[25], indem er diese fälschlicherweise eines Vergehen beschuldigte, das den Ausschluss aus dem Sangha[26] nach sich zieht. Der Weltgeehrte selbst warnte ihn davor und der König Brahma stieg [vom Himmel] herunter, um diese Tat zu vermeiden, aber [Kokālika] ließ nicht ab davon. Er verleumdete die beiden ehrwürdigen [Schüler des Buddha] und kam in die Hölle. Als der Mönch, der die vierte Vertiefung[27] missverstand, das Ende seines Lebens erreichte, fiel er in die Hölle, weil er den Buddha verleumdet hatte. Dies nennen wir »das Karma, das die Vergeltung im nächsten Leben zur Folge hat«.

Drittens: »Das Karma, das die Vergeltung zu einem späteren Zeitpunkt nach sich zieht«, bedeutet: Wenn wir in diesem Leben [gutes oder schlechtes] Karma erzeugen und vermehren und deshalb in einem dritten oder vierten Leben oder sogar hundert oder tausend Leben später die verschiedenen ausgereiften Wirkungen erfahren, nennen wir dies »das Karma, das die Vergeltung zu einem späteren Zeitpunkt nach sich zieht«.

Das heißt, wenn die Menschen, die in diesem Leben recht oder unrecht handeln, den Wirkungen des guten oder schlechten Karmas in ihrem dritten oder vierten Leben oder sogar nach hundert oder tausend Leben ausgesetzt sind, nennen wir dies »das Karma, das die Vergeltung zu einem späteren Zeitpunkt nach sich zieht«. Die Verdienste, die die Bodhisattvas in drei großen Weltzeitaltern[28] ansammeln, werden meist zu einem späteren Zeitpunkt vergolten. Weil viele Praktizierende solche Grundwahrheiten nicht kennen, ziehen sie [Ursache und Wirkung] in Zweifel, wie der Ehrwürdige Gayata, der in der Geschichte noch ein Laie war. Wäre Gayata nicht dem ehrwürdigen Kumāralabdha begegnet, hätte er seine Zweifel schwerlich auflösen können. Wenn die Praktizierenden [in Bezug auf das Karma] richtig denken, löst sich das Unrichtige sogleich auf, wenn sie aber falsch denken, verschwindet das Richtige sogleich.

*Im Land Śrāvastī*[29] *lebten einst zwei Menschen, von denen einer immer das Rechte tat und der andere immer das Unrechte. Der eine, der immer das Rechte tat, hatte in seinem ganzen Leben immer nur das Rechte getan und niemals das Unrechte. Der andere, der immer das Unrechte tat, hatte in seinem Leben immer nur das Unrechte getan und niemals das Rechte. Als der tugendhafte Mensch an das Ende seines Lebens gelangte, erschien vor ihm unmittelbar [der Bereich] der mittleren Existenz in der Hölle, da sich die Vergeltung der unrechten Taten[, die er in einem früheren Leben getan hatte, nun] zu einem späteren Zeitpunkt auswirkte. Dieser Mensch dachte nun: »Mein ganzes Leben lang habe ich immer nur das Rechte getan und niemals das Unrechte. Eigentlich sollte ich in einem himmlischen Bereich wieder geboren werden. Warum erscheint dieser Bereich der mittleren Existenz*[30] *[in der Hölle] vor mir?« Schließlich kam ihm folgender Gedanke: »Ich muss wohl [noch] schlechtes Karma haben, dessen Vergeltung sich zu einem späteren Zeitpunkt auswirkt. Weil dieses [schlechte Karma] nun zur Reifung gekommen ist, erscheint diese mittlere Existenz der Hölle vor mir.« Dann erinnerte er sich an die rechten Taten, die er in seinem Leben ausgeführt hatte, und seine Freude war tief. Durch diesen alles überragenden Gedanken [an das Rechte, das er getan hatte,] verschwand die mittlere Existenz in der Hölle sogleich und die mittlere Existenz im Himmel erschien unmittelbar vor ihm. Als sein Leben danach zum Ende kam, wurde er im Himmel über uns wieder geboren.*[31]

Dieser Mensch, der in seinem Leben nur das Rechte getan hatte, dachte also nicht nur an das [schlechte] Karma, das sich zu einem späteren Zeitpunkt auswirkt, sondern auch daran, dass sich die Vergeltung für das Rechte, das er in seinem jetzigen Leben getan hatte, sich ebenfalls in der Zukunft auswirken würde. Und aus diesem Grund war seine Freude tief. Weil dieser Gedanke richtig war, verschwand die mittlere Existenz in der Hölle sofort, die mittlere Existenz im Himmel erschien unmittelbar vor ihm, und er wurde im Himmel wieder geboren, als sein Leben zu Ende war. Wäre nun dieser Mensch ein schlechter Mensch gewesen und wäre am Ende seines Lebens die mittlere Existenz in der Hölle vor ihm erschienen, hätte er gedacht: »Die guten Taten meines ganzen Lebens haben überhaupt keine Verdienste bewirkt. Wie könnte ich die mittlere Existenz in der Hölle sehen, wenn es [die Vergeltung] für gute und schlechte Taten gäbe?« Mit diesem Gedanken hätte er Ursache und Wirkung geleugnet und die drei Juwelen verleumdet. Wenn dieser Mensch nun so gedacht hätte, wäre sein Leben sofort zu Ende gewesen und er wäre in die Hölle gekommen. Weil dieser Mensch aber nicht so war, wurde er im Himmel wieder geboren. Diese Wahrheit solltet ihr kennen und euch klar darüber sein.

*Als der Mensch, der nur Unrecht getan hatte, ans Ende seines Lebens gelangte, erschien aufgrund des guten Karmas, das sich zu einem späteren Zeitpunkt auswirkt, plötzlich die mittlere Existenz im Himmel vor ihm. Nun dachte er: »In meinem ganzen Leben habe ich nur Unrechtes getan und niemals das Rechte. Ich verdiene es, in der Hölle wieder geboren zu werden. Warum erscheint nun plötzlich die mittlere Existenz des Himmels vor mir?« Schließlich kam ihm der falsche Gedanke, dass rechtes und unrechtes Tun keine Wirkungen nach sich zöge und dass diese Wirkungen auch nicht zu verschieden Zeiten erfolgen würden. Aufgrund dieser falschen Ansicht verschwand die mittlere Existenz im Himmel sofort und die mittlere Existenz in der Hölle erschien unmittelbar vor ihm. Danach wurde er am Ende seines Lebens in der Hölle wieder geboren.*[32]

Dieser Mensch hatte in seinem Leben nur Unrechtes getan und niemals eine einzige rechte Tat. Nicht nur das: Als er am Ende seines Lebens eine mittlere Existenz im Himmel vor sich sah, konnte er nicht erkennen, dass dies [sein gutes Karma aus früheren rechten Handlungen] war, welches die Vergeltung erst sehr viel später nach sich zieht. Deshalb dachte er [fälschlicherweise]: »In meinem ganzen Leben habe ich nur Unrechtes getan und doch werde ich in einem himmlischen Bereich wieder geboren werden. Also gibt es weder Recht noch Unrecht.« Wegen dieser verkehrten Sicht, die [die Vergeltung] guter und schlechter Taten leugnet, verschwand die mittlere Existenz im Himmel unmittelbar und sofort erschien die mittlere Existenz in der Hölle vor ihm. Als sein Leben zu Ende war, wurde er in der Hölle geboren. So war es also seiner falschen Sicht zuzuschreiben, dass die mittlere Existenz im Himmel verschwand. Deshalb solltet ihr Praktizierenden niemals solche falschen Ansichten haben. Bis die Kraft eures Körpers sich erschöpft hat, solltet ihr lernen, was falsch und was richtig ist. Von Anfang an ist es falsch [zu glauben], Ursache und Wirkung würden nicht existieren, man könnte Buddha, den Dharma und den Sangha verleumden und es gäbe keine [Vergeltung] in den drei Zeiten und auch keine Befreiung. Bedenkt, dass ihr in diesem Leben keine zwei oder drei Körper habt. Wenn ihr sinnlos verkehrte Ansichten hegt und unnütz die

Wirkungen eines schlechten Karmas erfahrt, wäre das nicht bedauerlich? Auch wenn ihr Unrecht tut und fälschlicherweise denkt, es gäbe kein Unrecht und auch keine Vergeltung für das Unrecht, so bedeutet dies nicht, dass ihr nicht die Vergeltung eurer unrechten Taten erleiden müsstet.

*Ein Priester am Hof*[33] *namens Kogetsu fragte einst Meister Chōsa [Kei-]Shin*[34]*: »Ein alter Meister sagte: ›Wenn du [die Wahrheit] verstehst, sind karmische Hindernisse*[35] *von Beginn an leer, aber bevor du das verstanden hast, musst du deine lange angesammelte Schuld abtragen.‹ Wie ist es möglich, dass der Ehrwürdige Siṃha*[36] *und unser zweiter Vorfahre, der große Meister [Eka]*[37]*, ihre Schuld vollständig abtragen mussten?«*

*Chōsa antwortete: »Tugendhafter! Du hast nicht begriffen, was ›von Beginn an leer‹ bedeutet.«*

*Der andere fragte: »Was bedeutet ›von Beginn an leer‹?«*

*Chōsa sagte: »Karmische Hindernisse.«*

*Der andere fragte: »Was sind karmische Hindernisse?«*

*Chōsa sagte: »Sie sind von Beginn an leer.«*

*Kogetsu war sprachlos.*

*Dann unterwies Chōsa ihn mit dem folgenden Vers:*

*Angenommene Existenz ist von Anfang an nichtexistent.*
*Ihr Verschwinden bedeutet aber auch nicht, dass sie nicht existiert.*
*»Nirvāṇa ist das Abtragen der Schuld« bedeutet,*
*dass es in der Natur des Einen keinen Unterschied gibt.*[38]

Chōsas Antwort ist keine Antwort.[39] Hier fehlt die Grundwahrheit [von Ursache und Wirkung], die Kumāralabdha dem Gayata lehrte. Ihr solltet wissen, dass [Meister Chōsa] nicht das Prinzip karmischer Hindernisse kennt. Wenn die Nachkommen der Buddhas und Vorfahren sich durch Praxis und Erfahrung um die Wahrheit bemühen, müssen sie unbedingt als Erstes, wie der ehrwürdige Kumāralabdha, Klarheit über dieses Karma in den drei Zeiten erlangen. Diese [Anstrengung] ist bereits die Handlung unserer Vorfahren, und ihr solltet nicht aufhören sie zu praktizieren, und sie nicht vernachlässigen. Abgesehen von diesem [Karma in den drei Zeiten] gibt es noch das Karma, das auf unbestimmte Zeit wirkt[40], und es gibt die acht Arten des Karmas[41], die ihr ebenfalls umfassend erfahren und erforschen solltet. Die Menschen, die dieses Grundprinzip der karmischen Vergeltung noch nicht geklärt haben, sollten sich nicht nutzlos als die Lehrer der Menschen und Götter ausgeben. Auch wenn ihr die Vergeltung der schlechten Taten in den drei Zeiten erfahren werdet, könnt ihr sie bekennen und bereuen.[42] Diese Handlung wird eure schweren Vergehen umwandeln, und [die Vergeltung] wird leichter zu ertragen sein. Außerdem wird es das unrechte Tun beenden und euch reinigen. Wenn ihr euch an den guten Taten erfreut, wird sich das gute Karma immer stärker vermehren. Es kommt immer darauf an, ob eure Taten schwarz oder weiß[43] sind.

*Der Weltgeehrte sagte: »Das Karma, das ihr erzeugt, wird niemals gelöscht, auch nicht in hundert Weltzeitaltern. Wenn Ursachen und Bedingungen aufeinandertreffen, werdet ihr die [entsprechenden] Wirkungen und Resultate auf natürliche Weise erfahren.*

*Deshalb solltet ihr alle wissen: Wenn eure Taten nur schwarz sind, werdet ihr die Ausreifung von nur schwarzen Wirkungen erfahren. Wenn eure Taten nur weiß sind, werdet ihr die Ausreifung von nur weißen Wirkungen erfahren. Wenn eure Taten schwarz und weiß sind, werdet ihr die entsprechenden Ausreifungen verschiedener [schwarzer und weißer] Wirkungen erfahren. Deshalb solltet ihr die nur schwarzen Taten und die schwarz-weißen Taten aufgeben. Ihr solltet euch darum bemühen, nur die Taten zu erlernen und zu praktizieren, die weiß sind.« Nachdem alle in der großen Versammlung diese Lehre des Buddha gehört hatten, waren sie voller Freude und Vertrauen.*[44]

SHŌBŌGENZŌ SANJI NO GŌ

Diese Abschrift wurde im Gebäude des Hauptmönchs im Kloster Eihei am neunten Tag des dritten Mondmonats im fünften Jahr der Ära Kenchō [1253][45] erstellt.

Ejō

# Anmerkungen

1 Meister Kumāralabdha wurde in Nordindien geboren. In Kap. 15, *Busso*, wird er als der neunzehnte Vorfahre bezeichnet.

2 Gayata war zum Zeitpunkt der Frage noch Laie. Nachdem Meister Kumāralabdha ihm den Dharma weitergab, wurde er der zwanzigste Vorfahre in Indien. Er lebte und lehrte in der Stadt Rājagṛha.

3 Ein Ausgestoßener, sanskr. *caṇḍāla*, war ein Mensch der niedrigsten Kaste im indischen Kastensystem. Er musste als Jäger, Schlachter und Scharfrichter arbeiten.

4 Dieses Zitat findet sich auch in Kap. 89, *Shinjin inga.*

5 Siehe *Keitoku dentō roku*, Kap. 2.

6 *Jaken* 邪見, »verkehrte Ansicht«, steht für sanskr. *mithyā-dṛṣṭi*. Dies ist die falsche Auffassung, dass alle guten und schlechten Taten ohne Wirkung seien.

7 Zu Meister Dōgens Zeit, einer Zeit des Umbruchs innerhalb der Kamakura-Zeit (1185–1333), war die Meinung weit verbreitet, dass es im Mahāyāna-Buddhismus nicht von Belang sei, ob man recht oder unrecht handelt, was den Lehren des Buddha aber vollkommen widerspricht.

8 *Akudō* 悪道. *San-akudō* 三悪道 sind drei psychisch üble Zustände: 1. der Zustand der Hölle, 2. der Zustand der hungrigen Geister und 3. der Zustand der Tiere.

9 *Ijūka* 異熟果, »unterschiedlich ausgereifte Wirkungen«. *Jūka* 熟果 steht für sanskr. *vipāka-phala*, »die Ausreifung von Wirkungen«. *I* 異 bedeutet »Unterschied« und beschreibt die Tatsache, dass verschiedene Ursachen auch verschiedene Wirkungen nach sich ziehen.

10 Siehe *Daibibasha ron*, sanskr. *Abhidharma-mahāvibhāṣa-śāstra*, Absatz 114. Es handelt sich um einen Kommentar, der möglicherweise von Meister Vasumitra, dem siebten Vorfahren in Indien, in Zusammenarbeit mit fünfhundert Arhats der Sarvāstivāda-Schule herausgegeben wurde.

11 Ein König namens Kaniṣka soll im ersten oder zweiten Jahrhundert das Reich Gandhāra gegründet haben. Nachdem er von Meister Aśvagoṣa, dem zwölften Vorfahren in Indien, bekehrt worden war, soll er ein großer Befürworter des Buddha-Dharmas gewesen sein.

12 Siehe *Daibibasha ron*, Teil 114.

13 Dies bezieht sich auf *shi fukuden* 四福田, »die vier Felder des Glücks«: 1. *shuden* 趣田, »das Feld der Tierwelt«, das Glück, das durch die Güte den Tieren gegenüber entsteht, 2. *kuden* 苦田, »das Feld der Leidenden«, das Glück, das durch die Güte Not leidenden Menschen gegenüber entsteht, 3. *onden* 恩田, »das Feld der Gütigen«, das Glück, das durch die Güte entsteht, wenn man die Güte der Eltern vergilt, und 4. *tokuden* 徳田, »das Feld der Tugendhaften«, das Glück, das entsteht, wenn man die Güte derer vergilt, die Heilige sind.

14 *Go mugen-gō* 五無間業, sanskr. *pañcāvīci-karmāṇi*. *Mugen* 無間 ist die Kurzform von *mugen jigoku* 無間地獄, »die Hölle nie endender Leiden«, sanskr. *avīci*.

15 *Ha hōrin sō* 破法輪僧, »den Sangha des Dharma-Rades stören«, bedeutet, im Sangha falsche Ansichten zur Buddha-Lehre zu verbreiten. *Ha katsuma sō* 破羯磨僧, »die Praxis des Sanghas stören«, bedeutet im Sangha falsche Übungsmethoden zu verbreiten.

16 Diese Bodhisattvas lehren im Tuṣita-Himmel. Danach steigen sie auf die Erde hinunter, um ihr letztes Leben zu leben, bevor sie Buddha werden.

17 In der alten indischen Kosmologie leben die Menschen auf dem Kontinent südlich des Berges Sumeru, der im Zentrum des Kosmos steht. Im nördlichen Kontinent, sanskr. *uttara-kuruḥ*, leben die himmlischen Wesen.

18 Dies war ein wohlhabender Mann und Schüler des Buddha, der in Rājagṛha lebte. Der Legende nach soll er geboren worden sein, als der Körper seiner Mutter verbrannt wurde.

19 Der Arzt des Buddha hieß Jīvaka. Er war der Sohn einer Kurtisane und wurde kurz nach der Geburt von ihr ausgesetzt, jedoch gerettet und von einem Prinzen aufgezogen. Als junger Mann studierte er Medizin an der berühmten Universität von Takkasīla (heute die Stadt Taxila in Pakistan). Danach wurde er der Arzt des Königs von Rājagṛha und war ein Laienanhänger des Buddha.

20 Devadatta war ein Vetter des Buddha, und wie hier erzählt wird, wurde er zu einem seiner Widersacher. Dennoch preist ihn der Buddha in Kapitel 12, »Devadatta«, des Lotos-Sūtras als einen guten Freund und prophezeit, dass er ein Buddha werden würde.

21 Die Nonne Utpalavarṇā erlangte die sechs übernatürlichen Kräfte und wurde noch zu Buddhas Lebzeiten ein Arhat. Sie wird auch in Kap. 12, *Kesa kudoku*, erwähnt.

22 Eine Kurzform von Gayāśīrṣa, heute Brahmayoni, westlich der Stadt Gayā gelegen. Den Namen *Zōzu-sen* 象頭山, »Elefantenkopf-Berg«, erhielt er, weil sein Gipfel angeblich die Form eines Elefantenkopfes hatte.

23 *Shibutsu* 四仏, »die vier Buddhas«, sind die vier Buddhas der Weltquartiere, die im Norden, Süden, Osten und Westen eines Mandalas dargestellt sind. Sie dienen dem Buddha Vairocana, der im Zentrum des Mandalas thront. Der Satz bezieht sich wahrscheinlich auf die Zeit, als Devadatta noch dem Buddha diente, bevor er vom Weg abkam.

24 Der Mönch war ein Schüler Devadattas.

25 Zwei von Buddhas zehn großen Schülern.

26 Dies ist ein (sanskr.) *pārājika* oder ein Vergehen, dass den Ausschluss aus dem Sangha nach sich zieht.

27 *Shizen biku* 四禅比丘. Dies ist auch der Titel von Kap. 90.

28 Es heißt, dass ein Bodhisattva seine Verdienste drei große Weltzeitalter lang ansammelt, bevor er ein Buddha wird.

29 Śrāvastī war die Hauptstadt des Königreichs Kośala und wurde manchmal wie ein unabhängiges Land behandelt.

30 *Chū-u* 中有, »mittlere Existenz«, sanskr. *antāra-bhava*. Dies ist ein ursprünglich brahmanischer Begriff, der die Seele in ihrer mittleren Existenz zwischen Tod und Wiedergeburt beschreibt.

31 Siehe *Daibibasha ron*, Teil 69.

32 Ebenda.

33 *Gubu* 供奉 war der Titel des Priesters, der mit den Zeremonien der Buddha-Verehrung befasst war, die im Palast stattfanden.

34 Meister Chōsa Keishin (starb 868) war ein Nachfolger von Meister Nansen Fugan.

35 Karmische Hindernisse sind Störungen oder Schwierigkeiten, die als Auswirkungen von Unrecht aus der Vergangenheit in der Gegenwart wirken.

36 Meister Siṃha war der vierundzwanzigste Vorfahre in Indien. Es heißt, er sei vom König des Königreichs Kaśmīra (dem heutigen Kaschmir) hingerichtet worden.

37 Meister Taiso Eka. Auch von ihm heißt es, er sei getötet worden.

38 Siehe *Keitoku dentō roku*, Kap. 3.

39 Der Mönch hatte den ursprünglichen Zustand der Leerheit und die konkreten Beschränkungen durch Ursache und Wirkungen als zwei getrennte Dinge verstanden. Deshalb weist Meister Chōsa in dem Gedicht auf die unteilbare Einheit der Wirklichkeit hin. Er

wollte dem Mönch erklären, dass er sich nicht um vergangenes Karma sorgen solle, da es nur die wirkliche Existenz hier und jetzt gibt. Meister Dōgen kritisierte Meister Chōsas Antwort, weil er darin eine Tendenz sah, Ursache und Wirkung zu negieren.

40 *Fujōgō* 不定業 ist die Kurzform von *fujō jugō* 不定受業, »das Karma, bei dem die Vergeltung in einem unbestimmten Zeitraum erfahren wird«, das heißt, ein Karma, das unbegrenzt wirkt.

41 Die acht Arten des Karmas sind die rechten Taten, die sich sowohl in den drei Zeiten als auch in einem unbestimmten Zeitraum auswirken, sowie die unrechten Taten, die sich sowohl in den drei Zeiten als auch in einem unbestimmten Zeitraum auswirken.

42 *San-ge* 懺悔, »bekennen und bereuen«. Wenn wir die Gebote empfangen, rezitieren wir z. B. den folgenden Vers:

*gashaku shozō shoakugō* 我昔所造諸悪業
*kaiyū mushi donjinchi* 皆由無始貪瞋痴
*jūshin ku-i shishoshō* 従身口意之所生
*issai gakon kaisange* 一切我今皆懺悔

»Die vielen unrechten Taten, die ich in der Vergangenheit begangen habe, entspringen alle seit anfangloser Zeit meiner Gier, meinem Zorn und meinem Unwissen. Mein Körper, mein Mund und mein Geist haben sie erzeugt. Jetzt bekenne und bereue ich sie alle.«

43 Schwarz oder weiß bedeutet »recht oder unrecht«, »richtig oder falsch«.

44 Siehe *Dai hō shakkyō*, sanskr. *Mahā-ratnakūta-sūtra*, »das Sūtra der großen Schatz-Ansammlung«, Kap. 57.

45 Dies ist eines der zwölf Kapitel, die Meister Dōgen in den letzten Jahren seines Lebens begonnen hatte. Es wurde nach seinem Tod von seinem Hauptschüler und Dharma-Nachfolger Ejō abgeschrieben. Die obige Version ist die der 95-Kapitel-Ausgabe des *Shōbōgenzō*. Die Version der 12-Kapitel-Ausgabe ist etwas länger.

# 85
# 四馬
# Shime
# Die vier Pferde

*SHI bedeutet »vier« und ME »Pferde«, also bedeutet SHIME »die vier Pferde«. In einer alten buddhistischen Schrift, dem Saṃyuktāgama-sūtra, steht eine Geschichte über vier Arten von Pferden: Pferde, die die Absicht des Reiters erkennen, wenn sie nur die Peitsche sehen, Pferde, die die Absicht des Reiters erkennen, wenn die Peitsche ihre Haut berührt, Pferde, die die Absicht des Reiters erkennen, wenn die Peitsche ihr Fleisch berührt und Pferde, die die Absicht des Reiters erst dann erkennen, wenn die Peitsche bis zu ihren Knochen eindringt. Die Unterschiede zwischen diesen vier Pferden werden oft als Metapher verwendet, um die verschiedenen Ebenen intuitiver Weisheit der Schüler auf dem Buddha-Weg zu veranschaulichen. Den Buddha-Weg zu erlernen bedeutet nicht nur, die Lehre verstandesmäßig aufzunehmen, es geht vielmehr darum, die Worte und das konkrete Handeln des Lehrers intuitiv zu erfassen. Dies erklärt Meister Dōgen in diesem Kapitel anhand der Metapher der vier Pferde.*

[Dies ist eine Geschichte] des Weltgeehrten: Eines Tages kam ein Andersgläubiger an den Ort, wo der Buddha sich aufhielt, und fragte ihn: »*Meine Frage hat weder mit Worten noch mit Schweigen zu tun.*«[1]

Der Weltgeehrte blieb eine Weile sitzen.

Der Andersgläubige warf sich ehrerbietig vor dem Buddha nieder und pries ihn mit den Worten: »*Wie hervorragend, Weltgeehrter. Euer Wohlwollen und Mitgefühl ist so groß, dass die Wolke meiner Täuschungen sich geöffnet hat und ich [in die Wahrheit] eintreten kann.*« Dann warf sich der Mann nieder und ging weg.

Als der Mann weggegangen war, fragte Ānanda den Buddha: »*Was hat dieser Andersgläubige erlangt, dass er euch preisen, in [die Wahrheit] eintreten und weggehen konnte?*«

Der Weltgeehrte sagte: »*Er war wie ein gutes Pferd in der Welt, das rennt, wenn es die Form der Peitsche sieht.*«[2]

Seitdem unser alter Meister [Bodhidharma] aus dem Westen kam und bis zum heutigen Tag haben viele gute Lehrer diese Geschichte aufgegriffen und den Menschen dargelegt, die den Buddha-Dharma erfahren und erforschen wollten. [Durch diese Geschichte] haben viele den Buddha-Dharma geklärt, haben ihm vertraut und sind in ihn eingegangen, manchmal nach Jahren, manchmal nach Monaten oder Tagen. Wir nennen sie »die Geschichte von einem Andersgläubigen, der den Buddha befragte«. Ihr solltet wissen, dass der Weltgeehrte zwei Lehrweisen eingeführt hat: die heilige Belehrung und das heilige Schweigen. Wer durch diese Geschichte fähig wird [in die Wahrheit] einzutreten, ist »wie ein gutes Pferd, das rennt, wenn es [nur] die Form der Peitsche[3] sieht«. Und ein Mensch, der [wie der Andersgläubige] durch eine Belehrung eintreten kann, die jenseits der heiligen Belehrung und jenseits des heiligen Schweigens ist, ist ebenso.[4]

Unser alte Vorfahre Nāgārjuna sagte: »*Wenn ich die Menschen mit Worten lehre, ist es, als ob schnelle Pferde sogleich den richtigen Weg einschlagen, wenn sie die Form einer Peitsche sehen.*« Im Allgemeinen neigen die Menschen bei jeder Gelegenheit und unter allen Umständen dazu, den falschen Weg einzuschlagen, ob sie nun vom Erscheinen und Vergehen der Dharmas, von den drei Fahrzeugen oder dem einen Fahrzeug[5] hören, aber wenn sie die Form der Peitsche häufig sehen, werden sie sicherlich den richtigen Weg einschlagen. Wenn ihr einem Meister folgt und ihm als Mensch begegnet, gibt es keinen Ort, wo er euch nicht mit Worten lehrt, und es gibt keine Zeit, in der ihr nicht die Form der Peitsche seht. [Jeder] ist befähigt, den richtigen Weg einzuschlagen, unabhängig davon, ob er die Form der Peitsche sogleich, nach drei großen Weltzeitaltern oder erst nach zahllosen Weltzeitaltern sieht.

Im Saṃyuktāgama-sūtra[6] heißt es: »*Der Buddha sprach zu den Mönchen: ›Es gibt vier Arten von Pferden. Das erste Pferd sieht die Form [einer Peitsche], erschrickt sogleich und folgt dem Willen des Reiters. Das zweite erschrickt, wenn [die Peitsche] seine Haut berührt, und folgt dann dem Willen des Reiters. Das dritte ist überrascht, nachdem [die Peitsche] sein Fleisch berührt hat. Das vierte wacht erst auf, wenn [die Peitsche] bis zu seinen Knochen eingedrungen ist. Das erste Pferd ist wie jemand, der in anderen Gruppen*[7] *von der Vergänglichkeit*[8] *hört und dann Abscheu*[9] *empfinden kann. Das zweite Pferd ist wie jemand, der in seiner eigenen Gruppe von der Vergänglichkeit hört und dann Abscheu empfinden kann. Das dritte Pferd ist wie jemand, der in seiner eigenen Familie von der Vergänglichkeit hört und dann Abscheu empfinden kann. Das vierte Pferd ist wie jemand, dessen eigener Körper von der Krankheit befallen wird und nur dann Abscheu empfinden kann.‹*«[10]

Dies sind »die vier Pferde« des Āgama[-Sūtras]. [Die Lehre von den vier Pferden] wird überall dort gehört, wo die Menschen den Buddha-Dharma praktizieren und erfahren. Wahre und gute Lehrer, die in dieser Welt der Menschen und im Himmel erscheinen und als Abgesandte des Buddha seine Nachfolger und selbst Meister sind, haben sie ausnahmslos selbst erfahren und erforscht und geben sie zum Wohl ihrer Schüler weiter. Jene, die sie nicht kennen, sind keine guten Lehrer für die Menschen und himmlischen Wesen. Die Lebewesen, die dem Buddha-Weg nahe sind und als Menschen eine lange Zeit die Wurzeln des Guten[11] entwickelt haben, werden zweifellos [von dieser Lehre] hören. Diejenigen, die sich vom Buddha-Weg entfernt haben, werden sie weder hören noch kennen. Deshalb sollten die Meister unverzüglich erwägen, diese Geschichte zu lehren, und die Schüler sollten sich sogleich wünschen, sie zu hören. Die Worte »Abscheu empfinden« bedeuten: »Wenn der Buddha den Dharma mit einem einzigen Ton darlegt, verstehen die Lebewesen ihn entsprechend ihrer Veranlagung. Manche fürchten sich, manche freuen sich, manche empfinden Abscheu und lösen sich [von der Welt], und manche schneiden ihre Zweifel ab.«[12]

Im Sūtra des Großen [Nirvāṇas] heißt es: *»Der Buddha sprach: ›Gute Söhne! [Die Lebewesen zu lehren] ist wie Pferde zuzureiten. Im Allgemeinen gibt es vier Arten: 1. solche, die man zureitet, indem man ihr Fell berührt; 2. solche, die man zureitet, indem man ihre Haut berührt; 3. solche, die man zureitet, indem man ihr Fleisch berührt, und 4. solche, die man zureitet, indem man ihre Knochen berührt. Je nachdem, an welcher Stelle der Reiter die Pferde berührt, folgen sie seinem Willen. Der Tathāgata ist ebenso. Er schult die Lebewesen durch die vier Arten des Dharmas: 1. die einen belehrt er über das Leben, und sie nehmen Buddhas Worte an wie [ein Pferd], dessen Fell berührt wurde und das dann dem Willen des Reiters folgt; 2. die anderen belehrt er über das Leben und das Altern, und sie nehmen Buddhas Worte an wie [ein Pferd], dessen Fell und Haut berührt wurde und das dann dem Willen des Reiters folgt; 3. wieder andere belehrt er über das Leben, das Altern und den Tod, und sie nehmen Buddhas Worte an wie [ein Pferd], dessen Fell, Haut und Fleisch berührt wurde, und das dann dem Willen des Reiters folgt; 4. wieder andere belehrt er über das Leben, aber auch über das Altern, die Krankheit und den Tod, und sie nehmen Buddhas Worte an wie [ein Pferd], dessen Fell, Haut, Fleisch und Knochen berührt wurden, und das dann dem Willen des Reiters folgt. Gute Söhne! Wenn man Pferde zureitet, gibt es keine Gewissheit, aber wenn der Tathāgata die Lebewesen schult, lehrt er sie mit Einsicht und ohne Fehl. Deshalb wird der Buddha 'Lehrmeister der Menschen' genannt.‹«*[13]

Diese Geschichte wird »die vier Pferde des Nirvāṇa-Sūtras« genannt. Es gibt keinen Schüler [Buddhas], der sie nicht erlernen, und keinen Buddha, der sie nicht lehren würde. Wir hören sie, wenn wir den Buddhas ehrerbietig folgen und ihnen dienen, und wir hören sie unfehlbar, wenn wir den Buddhas begegnen und ihnen Gaben darbringen. Wenn uns der Buddha-Dharma weitergegeben wird, lassen wir nicht davon ab, die Lebewesen [durch diese Geschichte] zu lehren, unzählige Zeitalter lang, und ohne davon abzuweichen. Wenn wir schließlich die Buddhaschaft erlangt haben, lehren wir die Bodhisattvas, Śrāvakas und die großen Orden der Menschen und himmlischen Wesen durch diese Geschichte, so als würden wir zum ersten Mal den Willen zur Wahrheit erwecken. Deshalb erschöpfen sich die Samen der [drei] Juwelen, Buddha, Dharma und Sangha, niemals. Weil dies so ist, unterscheiden sich die Belehrungen der Buddhas völlig von denen der Bodhisattvas.

Denkt daran, dass es grundsätzlich vier Methoden gibt, Pferde zuzureiten, nämlich ihr Fell zu berühren, ihre Haut zu berühren, ihr Fleisch zu berühren und ihre Knochen zu berühren. Obwohl [aus dem Nirvāṇa-Sūtra] nicht ersichtlich ist, welcher Gegenstand das Fell berührt, haben die großen Wesen, die uns den Dharma weitergegeben haben, alle verstanden, dass es eine Peitsche sein muss. Andererseits könnte es verschiedene Methoden geben – bei den einen bedient sich der Reiter einer Peitsche und bei anderen bedient sich der Reiter keiner Peitsche. Das Zureiten der Pferde mag sich auch nicht nur darauf beschränken, ihnen die Peitsche zu geben. Acht Fuß hohe [Pferde] nennen wir »Drachenpferde«. Es ist höchst selten, dass solche Pferde in der Welt der Menschen zugeritten werden. Ferner gibt es die so genannten »Tausend-Meilen-Pferde«, die tausend Meilen an einem Tag zurücklegen können. Bei den ersten fünfhundert Meilen schwitzen solche Pferde Blut, [aber] nach weiteren fünfhundert Meilen sind sie erfrischt und rennen sehr schnell. Nur wenige Menschen können solche Pferde reiten, und nur wenige wissen, wie man sie zureitet. Diese Art von Pferden gibt es nicht in China, [aber] in anderen Ländern. [Aus dem Sūtra] ist auch nicht ersichtlich, dass jedem dieser Pferde die Peitsche oft gegeben werden muss. Trotzdem sagte ein alter Meister: »Wenn wir Pferde zureiten, müssen wir ihnen unbedingt die Peitsche geben. Ohne Peitsche kann man kein Pferd zureiten. Dies ist die Art, wie man Pferde trainiert.« Gegenwärtig gibt es die vier Arten, das Fell, die Haut, das Fleisch und die Knochen zu berühren. Ohne das Fell zu berühren, kann man die Haut und die Knochen nicht berühren, und ohne das Fell und die Haut zu berühren, kann man das Fleisch und die Knochen nicht berühren. Deshalb solltet ihr wissen, dass [ein Lehrer] die Peitsche geben muss. Dass dies [im Sūtra] nicht genau erklärt wird, mag einem Mangel an Sätzen zuzuschreiben sein.[14] In vielen Sūtren kommt es vor, dass [Worte] ausgespart werden.

Der Weltgeehrte Tathāgata, der große Lehrmeister der Menschen, ist auch wie [ein Zureiter von Pferden]. Er lehrt und schult die Lebewesen mit Einsicht und ohne Fehl. Kurz: Manche nehmen Buddhas Worte sogleich an, wenn er sie über das Leben belehrt, manche nehmen Buddhas Worte an, wenn er sie über das Leben und das Alter belehrt, manche nehmen Buddhas Worte an, wenn er sie über das Leben, das Alter und die Krankheit belehrt, und manche nehmen Buddhas Worte erst an, wenn er sie über das Leben, das Alter, die Krankheit und den Tod belehrt. Jene, die die letzten drei Belehrungen hören, können nicht umhin, auch die Worte[15] [über das Leben] zu hören, so wie der Zureiter der Pferde es nicht vermeiden kann, das Fell zu berühren, wenn er die Haut, das Fleisch und die Knochen des Pferdes berührt. Die Worte »wenn er sie über das Leben, das Alter, die Krankheit und den Tod belehrt« bedeuten, dass der von der Welt geehrte Tathāgata die Lebewesen einfach über das Leben, das Alter, die Krankheit und den Tod belehrt, wobei er sie nicht dazu bringen will, dem Leben, dem Alter, der Krankheit und dem Tod zu entfliehen. Er lehrt nicht, dass das Leben, das Alter, die Krankheit und der Tod die Wahrheit seien, und er belehrt die Lebewesen auch nicht deshalb, weil er ihnen verständlich machen wollte, dass das Leben, das Alter, die Krankheit und der Tod die Wahrheit seien. Wenn der Tathāgata die Lebewesen über das Leben, das Alter, die Krankheit und den Tod belehrt, dann möchte er sie dahin bringen, dass sie die Wirklichkeit des höchsten und vollkommenen Erwachens [anuttarā-samyaksaṃbodhi] erfahren. Nur aus diesem Grund lehrt und schult der Weltgeehrte Tathāgata die Lebewesen mit Einsicht und ohne Fehl. Deshalb wird der Buddha »der große Lehrmeister der Menschen« genannt.

Shōbōgenzō Shime

Diese Abschrift wurde an einem Tag des Sommer-Trainings im siebten Jahr der Ära Kenchō [1255] nach den Aufzeichnungen des Meisters erstellt.[16]

Ejō

# Anmerkungen

1 Der Andersgläubige fragte nach einer Belehrung jenseits der Worte und jenseits des Schweigens.

2 Siehe *Keitoku dentō roku*, Kap. 27.

3 *Ben-ei* 鞭影, wörtl. »das Bild der Peitsche«, das symbolisch für Buddhas Belehrungen steht.

4 Gemeint sind diejenigen, die intuitiv den Zustand einer reinen Handlung, das heißt, das Sitzen beim Zazen, erfassen können.

5 Die drei Fahrzeuge sind die Wege des Śrāvakas, des Pratyekabuddhas und des Bodhisattvas. Das eine Fahrzeug ist der Weg des Buddha. Die Lehre von den drei Fahrzeugen und dem einen Fahrzeug lehrt der Buddha in Kap. 3 des Lotos-Sūtras, »Ein Gleichnis«. Siehe auch Kap. 17, *Hokke ten hokke.*

6 Das *Zō agon kyō*, »die Sammlung der gruppierten Lehrreden«, ist das dritte der vier Āgama-Sūtren, die von Guṇabhadra zur Zeit der Liu-Song-Dynastie (420–479) ins Chinesische übertragen wurden.

7 Shūraku 聚落, wörtl. »Gruppe« oder »Gemeinschaft«.

8 Mujō 無常, »Unbeständigkeit« oder »Vergänglichkeit«, bedeutet hier Unheil oder Tod.

9 En 厭, »Abneigung«, bedeutet hier die intuitive Abscheu vor der Unbeständigkeit und Unberechenbarkeit weltlicher Dinge.

10 *Maka shikan hogyō den guketsu*, Band 2, Kap. 5.

11 *Zenkon* 善根, »gute Wurzeln«, sind gute Taten, die die Wurzeln der Freude sind.

12 Siehe *Yuimakitsu shōsetsu kyō* (»das Vimalakīrti-Sūtra«). Das Zitat steht im Kapitel »Das Buddha-Land«.

13 Siehe *Daihatsu nehan kyō* (»Das Große Parinirvāṇa-Sūtra«), aus Kap. 18, »Bongyō bon«, über das reine Verhalten.

14 Aus dem Zitat im Nirvāṇa-Sūtra ist zwar zu ersehen, dass es die Peitsche ist, die das Fell des Pferdes berührt, aber das Wort *ben* (oder *muchi*) 鞭, »Peitsche«, kommt in dem Zitat nicht vor.

15 Der Buddha lehrt manchmal über das Alter, die Krankheit und den Tod, aber im Grunde geht es in seiner Lehre immer um das Leben.

16 Dieses Kapitel gehört zu der 12-Kapitel-Ausgabe des *Shōbōgenzō*, die Meister Dōgen in den letzten Jahren seines Lebens begann. Sein Nachfolger Meister Ko-un Ejō erstellte diese Abschrift 1255 nach den Aufzeichnungen seines Meisters, also zwei Jahre nach Meister Dōgens Tod.

# 86

# 出家功徳

# Shukke kudoku

# Das Verdienst der Hauslosigkeit

*SHUTSU bedeutet »weggehen«, »verlassen« oder »darüber hinausgehen«. KE ist »das Haus« oder »die Familie«, und KUDOKU bedeutet »Verdienst«. So bedeutet SHUKKE KUDOKU »das Verdienst der Hauslosigkeit«, das heißt, das Verdienst derer, die ihr Haus und ihre Familien verlassen, um Mönch oder Nonne zu werden. In diesem Kapitel erläutert Meister Dōgen sehr nachdrücklich und anhand vieler Zitate aus den Sūtren, welch hohes Verdienst im Buddha-Dharma darin besteht, seine Familie zu verlassen und in die Hauslosigkeit zu gehen. Die meisten von uns wachsen in einer Familie auf, und der Einfluss unserer Familie ist im Allgemeinen stärker, als wir glauben. Im Buddha-Dharma geht es darum, die Wahrheit oder die Wirklichkeit zu erkennen. Um dahin zu gelangen, ist es absolut notwendig, über die Gewohnheiten und Muster, die wir unter dem Einfluss unserer Familien angenommen haben, hinauszugehen, denn sie halten uns sehr leicht davon ab, die Wirklichkeit klar zu sehen. Deshalb wird die Tradition und das Verdienst der Hauslosigkeit im Buddha-Dharma so hochgehalten, wie Meister Dōgen es in diesem Kapitel überzeugend darlegt.*

Der Bodhisattva Nāgārjuna[1] sagte: *»Wenn mich jemand fragt: ›Warum ist es notwendig, die Gebote für Hauslose anzunehmen, wenn es für jemanden, der die Gebote für Laien[2] erhält, auch möglich ist, den Bodhisattva-Weg zu gehen, Nirvāṇa zu erlangen und im Himmel wieder geboren zu werden?‹, so antworte ich: ›Auch wenn beide [Laien und Hauslose] die Befreiung erlangen können, so gibt es doch den schwierigen und den leichten Weg. Im Leben eines Laien gibt es viele Arten von Arbeiten und Pflichten. Wenn Laien ihren Geist auf die Wahrheit und den Dharma ausrichten wollen, werden ihre Geschäfte darunter leiden, und wenn sie sich ganz ihren Geschäften widmen, wird die Wahrheit darunter leiden. Laien sollten daher den Dharma praktizieren können, ohne sich [für das eine und gegen das andere] entscheiden zu müssen oder [das eine für das andere] aufzugeben. Dies nennen wir 'den schwierigen Weg'. Wenn ihr Hauslose werdet und die weltlichen Angelegenheiten aufgebt, so ist es möglich, die verschiedenen Erregungen und Störungen [des weltlichen Lebens] aufzulösen und euren Geist einzig auf die Praxis der Wahrheit zu richten. Dies nennen wir 'den leichten Weg'. Da das Leben in einer Familie laut, Ärgernis erregend und zudem mit viel Arbeit und Pflichten verbunden ist, ist ein solches Leben Ursache unzähliger Hindernisse und Quelle vieler Vergehen. Daher nennen wir dies 'den schwierigen Weg'. Wenn ihr jedoch*

*Hauslose werdet, seid ihr z. B. wie ein Mensch, der weggegangen ist und an einem entlegenen Ort zwischen unbebauten Feldern lebt. Ein solcher Mensch erfährt den geeinten Geist, sodass der Geist keine Gedanken mehr erzeugt und es keine Unruhe mehr gibt. Die Hauslosen sind frei von Gedanken im Innern, und auch die äußeren Dinge haben sich aufgelöst, so, wie es in einem Vers*[3] *beschrieben wird:*

*Wir sitzen still unter den Bäumen des Waldes.*
*In der Gelassenheit lösen sich alle Übel auf.*
*Sich ohne anzuhaften auf den Geist [des Universums] einzustimmen,*
*Diese Freude ist jenseits der Freuden himmlischer Wesen.*

*Andere suchen Reichtum und Ansehen,*
*Schöne Kleider und komfortable Betten.*
*Solche weltlichen Freuden geben keinen Frieden.*
*Die Suche nach Gewinn bringt keine Zufriedenheit.*

*Wir kleiden uns in das Flickengewand und betteln um Essen.*
*Ob wir uns bewegen oder nicht, unser Geist bleibt immer ausgeglichen.*
*Mit unserem Auge der Weisheit*
*Sehen wir die Wirklichkeit aller Dharmas.*

*Um in die vielen Dharma-Tore einzutreten,*
*Üben wir uns im Gleichgewicht und in der Einsicht.*
*Der Geist des Verstehens und der Weisheit nährt sich in der Stille.*
*Er ist jenseits der drei Welten.‹*

*Ihr seht also, dass es leicht ist, die Gebote zu empfangen und die Wahrheit zu praktizieren, wenn ihr Haus und Familie verlasst. Wenn ihr Haus und Familie verlasst und die Gebote einhaltet, erlangt ihr unendlich viele Verdienste des Guten und eine Ausgeglichenheit, mit denen ein Mensch vollkommen zufrieden sein kann. Deshalb sollten die weiß Gekleideten*[4] *ihre Familien verlassen und die Gebote für Mönche und Nonnen empfangen.*[5]

*Davon abgesehen ist der Dharma der Hauslosigkeit der schwierigste aller Dharmas, wie es [die folgende Geschichte zeigt]: Der Brahmane Jambukhādaka fragte Śāriputra: ›Was ist das Schwierigste im Buddha-Dharma?‹*

*Śāriputra antwortete: ›Es ist schwierig, Haus und Familie zu verlassen.‹*

*[Der Brahmane] fragte weiter: ›Was ist schwierig daran, Haus und Familie zu verlassen?‹*

*Śāriputra antwortete: ›Es ist schwierig, innere Freude zu finden, wenn man Haus und Familie verlassen hat.‹*

*[Der Brahmane] fragte: ›Wenn man die innere Freude bereits gefunden hat, was ist dann das Schwierigste?‹*

*Śāriputra sagte: ›Es ist schwierig, das Rechte zu praktizieren.‹*

*Deshalb solltet ihr Haus und Familie verlassen. Wenn jemand ein Hausloser wird, sagt sich der König der Dämonen erstaunt und traurig: ›Dieser Mensch hat seine Triebe und Begierden besiegt! Sicherlich wird er Nirvāṇa erlangen und zu den Sangha-Schätzen gehören.‹*[6] *Im Übrigen, selbst wenn sie die Gebote brechen und schlechte Taten begangen haben, werden die Mönche und Nonnen durch den Buddha-Dharma Befreiung erlangen, nachdem sie für ihre schlechten Taten gebüßt haben. Die Nonne Utpalavarṇā erläutert dies im Jātaka-Sūtra.*[7] *Diese Nonne erlangte zu Lebzeiten des Buddha die sechs übernatürlichen Kräfte und wurde ein Arhat. Sie ging in die Häuser der adeligen Damen, pries den Nonnenstand und sagte zu ihnen: ›Schwestern, ihr solltet Nonnen werden.‹*

*Die adeligen Damen antworteten: ›Wir sind jung, schön und voller Leben. Es würde uns schwerfallen, die Gebote einzuhalten. Es könnte vorkommen, dass wir sie brechen.‹*

*Darauf sagte die Nonne: ›Wenn ihr die Gebote brecht, dann brecht ihr sie. Ihr solltet trotzdem [Nonnen] werden.‹*

*Da fragten sie: ›Wenn wir die Gebote brechen, werden wir zur Hölle fahren. Warum sollten wir sie brechen wollen?‹*

*Die Nonne antwortete: ›Wenn ihr zur Hölle fahrt, fahrt ihr zur Hölle.‹*

*Die adeligen Damen brachen in Gelächter aus und sagten: ›In der Hölle werden wir für unsere schlechten Taten bestraft. Warum sollten wir in die Hölle fahren wollen?‹*

*Da sagte die Nonne: ›Ich denke zurück an ein früheres Leben. Damals war ich Kurtisane und trug allerlei ausgefallene Kleider und verwendete eine alte gehobene Sprache. Eines Tages zog ich aus Übermut das Gewand einer Nonne an. Durch die direkte und indirekte Wirkung dieser Handlung wurde ich zu Lebzeiten Kāśyapa Buddhas*[8] *eine Nonne. Da ich stolz auf meine vornehme Herkunft und Schönheit, eitel und überheblich war, brach ich die Gebote. Deshalb musste ich in die Hölle und für meine verschiedenen Vergehen büßen. Danach begegnete ich Śākyamuni Buddha, zog mich von der Welt zurück, erlangte die sechs übernatürlichen Kräfte und wurde ein Arhat. So weiß ich: Wenn wir Mönch oder Nonne werden und die Gebote empfangen, helfen uns die direkten und indirekten Wirkungen dieser Handlung, ein Arhat zu werden, und zwar sogar dann, wenn wir die Gebote brechen. Wenn ich nur Unrecht getan und die Gebote nicht empfangen hätte, das heißt, ohne die direkte und indirekte Wirkung dieser Handlung geblieben wäre, hätte ich die Wahrheit niemals erlangen können. Ich wäre ein Leben nach dem anderen in die Hölle gekommen. Wieder aus der Hölle herausgekommen, hätte ich wieder Unrecht getan. Nach dem Tod wäre ich wieder in die Hölle zurückgekehrt, und es hätte nicht den geringsten Fortschritt gegeben. Jetzt weiß ich aus eigener Erfahrung, dass wir die Früchte des Buddha-Weges ernten, wenn wir Nonne werden und die Gebote empfangen, sogar wenn wir sie immer wieder brechen, weil eine solche Handlung sich direkt und indirekt auswirkt.‹*[9]

*Ferner, als der Buddha sich im Jetavana-Park aufhielt, kam ein betrunkener Brahmane zu ihm und bat darum, Mönch werden zu dürfen. Der Buddha wies die anderen Mönche an, ihm den Kopf zu rasieren und ihn mit dem Kesa zu bekleiden. Als der Brahmane wieder nüchtern wurde, war er überrascht und völlig verwirrt, zu sehen, dass er plötzlich die Form eines Mönchs angenommen hatte, und rannte sofort weg. Da fragten die anderen Mönche den Buddha, warum er dem Brahmanen erlaubt hatte Mönch zu werden.*

*Der Buddha sagte: ›Unzählige Zeitalter lang hatte dieser Brahmane nicht den Willen, Haus und Familie zu verlassen. Im betrunkenen Zustand hat er einen Augenblick lang ein wenig den Willen erweckt, und so wird er in ferner Zukunft Mönch werden und die Wahrheit erlangen.‹ In mehreren Geschichten dieser Art wird dargestellt, dass das Verdienst der Hauslosigkeit unermesslich ist. Deshalb können die Laien, die die fünf Gebote*[10] *empfangen haben, sich nicht mit den Mönchen und Nonnen messen.«*[11]

So erlaubte der Weltgeehrte dem betrunkenen Brahmanen, Mönch zu werden und die Gebote zu empfangen, weil er sah, dass [der Brahmane] mit dieser Handlung zum ersten Mal die Samen für die Verwirklichung der Wahrheit pflanzte. Bedenkt, dass es seit alten Zeiten bis heute für die Menschen ohne das Verdienst der Hauslosigkeit nicht möglich war, die Buddha-Wahrheit zu erlangen. Dieser Brahmane wurde Mönch, weil er, ein wenig[12] angetrunken, für einen kurzen Augenblick den Willen zur Wahrheit erweckte, seinen Kopf rasiert bekam und die Gebote empfing. Obwohl dieser Augenblick kurz war und er danach wieder nüchtern wurde, wird das Verdienst [dieser Handlung] bewahrt und nährt die guten Wurzeln in ihm, die ihn zum Erlangen der Wahrheit führen werden. Dies geht aus den goldenen Worten der Wahrheit des Weltgeehrten hervor, und es ist der ursprüngliche Wunsch des Tathāgata, als er in dieser Welt erschien. Alle Lebewesen der Vergangenheit, Gegenwart und Zukunft sollten diese Grundwahrheit annehmen, ihr vertrauen und sie ehrerbietig praktizieren. In Wahrheit ist die Erweckung des [Bodhi-]Geistes und das Erlangen der Wahrheit unumgänglich eine Sache von Augenblicken.[13] Solcherart war das Verdienst dieses Brahmanen, der einen Augenblick lang Mönch werden wollte. Wie könnte das Verdienst derer, die für ein Leben lang Mönch oder Nonne geworden sind und die Gebote empfangen haben, geringer sein als das dieses betrunkenen Brahmanen?

Die heiligen raddrehenden Könige[14] erschienen mehr als achttausend Jahre vor uns; sie herrschten über die vier Kontinente und waren reichlich mit den sieben Schätzen ausgestattet. Zu jener Zeit waren die vier Kontinente wie ein reines Land. Die Freude und das Glück dieser Rad-Könige ist daher mit Worten nicht zu beschreiben. Es heißt, dass einige von ihnen über die dreitausendfache Welt[15] herrschten. Nun unterscheiden sich [die Könige] mit dem goldenen, dem silbernen, dem eisernen und dem kupfernen Rad, denn sie herrschten jeweils über einen, zwei, drei oder alle vier Kontinente.[16] Sie gleichen sich jedoch darin, dass ihre Körper zweifelsohne frei von den zehn Vergehen[17] waren. Auch wenn ein solcher heiliger Rad-König mit so viel Glück und Freude gesegnet war, verzichtete er zugunsten des Kronprinzen auf den Thron, wenn er auch nur ein einziges weißes Haar auf seinem Kopf entdeckte; er verließ sofort den Palast und seine Familie, kleidete sich in das Kesa und ging in die Berge oder Wälder, um die Wahrheit zu erlernen, sodass er am Ende seines Lebens unfehlbar im Brahma-Himmel wieder geboren wurde. Ein solcher König nahm das weiße Haar von seinem Kopf und legte es in einen silbernen Helm; es wurde im königlichen Palast aufbewahrt und dem nächsten Rad-König weitergegeben. Der nächste Rad-König tat dasselbe, wenn er das erste weiße Haar auf seinem Kopf entdeckte. Die Lebensspanne, die einem heiligen Rad-König noch blieb, nachdem er seinen Palast verlassen hatte, kann nicht mit der der heutigen Menschen verglichen werden. Es heißt, dass ein Rad-König über achtzigtausend [Jahre alt] wurde und sein Körper die zweiunddreißig Merkmale [eines Buddhas] trug. Die Menschen von heute können sich nicht mit ihm vergleichen. Dennoch verließ ein solcher König seinen Palast und schulte sich in der Wahrheit, um durch sein Tun Verdienste zu erlangen, wenn er ein weißes Haar auf seinem Kopf entdeckte und die Vergänglichkeit [seines Lebens] erkannt hatte. Die heutigen Könige können sich nicht mit den heiligen Rad-Königen messen. Wenn die Könige heute ihre kostbare Zeit inmitten ihrer Begierden verschwenden und [ihre Paläste] nicht verlassen, könnten sie dies in zukünftigen Zeitaltern bereuen. Umso mehr haben die Könige einer unbedeutenden Nation in einem weit entfernten Land [wie Japan] nicht das Verdienst [wahrer] Könige, obwohl sie »Könige« genannt werden. Wenn sie [aber] Palast und Familie verlassen und die Wahrheit praktizieren würden, so würden die himmlischen Wesen sie mit Freude beschützen, und die Drachen-Götter würden sie ehrerbietig unter ihre Fittiche nehmen. Zweifelsohne würden die Augen der Buddhas sie erkennen und sich ihrer erfreuen.

[Die Nonne Utpalavarṇā] war früher eine Kurtisane. Sie kleidete sich in das Gewand einer Nonne, nicht weil sie gläubig war, sondern aus Übermut. Obwohl dies das Vergehen war, den Dharma leichtgenommen zu haben, konnte sie dem Buddha-Dharma in einem nächsten Leben deshalb begegnen, weil sie ihren Körper mit dem Gewand einer Nonne bedeckt hatte. »Das Gewand einer Nonne« ist das Kesa. Da sie aus Übermut das Kesa getragen hatte, begegnete sie Kāśyapa Buddha in einem nächsten Leben, in welchem sie Haus und Familie verließ, die Gebote empfing und Nonne wurde. Letztlich begegnete sie Śākyamuni Buddha, weil das Verdienst [sich mit dem Kesa bedeckt zu haben] nicht weniger geworden war, obwohl sie aufgrund ihrer schlechten Taten in die Hölle gekommen war und dafür gebüßt hatte. Da sie Buddha begegnet war und den Dharma gehört, den Bodhi-Geist erweckt und sich geschult hatte, befreite sich [die Nonne Utpalavarṇā] für immer von den drei Welten und wurde ein großer Arhat, ausgestattet mit den sechs [übernatürlichen] Kräften und den drei Arten des Wissens. Zweifellos muss sie die höchste Wahrheit erlangt haben. Wenn ihr also von Anfang an nur um der höchsten Wahrheit willen reines Vertrauen erweckt, auf das Kesa vertraut und es empfangt, so wird dieses Verdienst schneller zur Reife kommen als das einer Kurtisane, und es wird umso unermesslicher sein, als ihr um der höchsten Wahrheit willen den Bodhi-Geist erweckt, Haus und Familie verlasst und die Gebote empfangt. Eine solche Tugend wird ohne einen menschlichen Körper sehr selten erbracht. Obwohl es im westlichen Himmel und im östlichen Land [in Indien und in China] viele Mönche, Nonnen, Laien, Bodhisattvas und alte Meister gab, konnte keiner von ihnen sich mit unserem Vorfahren und Meister Nāgārjuna messen. Nur Meister Nāgārjuna griff solche Geschichten wie die des betrunkenen Brahmanen und der Kurtisane auf, um alle Lebewesen zu ermutigen, ihre Familien zu verlassen und die Mönchs- oder Nonnengebote zu empfangen. Das Obige ist die genaue Aufzeichnung der goldenen Worte des Weltgeehrten durch unseren Vorfahren und Meister Nāgārjuna.

Der Weltgeehrte sagte: »*In der Welt der Menschen*[18] *gibt es vier Arten der höchsten Auszeichnung: 1. Buddha zu begegnen, 2. den Dharma zu hören, 3. Mönch oder Nonne zu werden, und 4. die Wahrheit zu verwirklichen.*«

Bedenkt also, dass diese vier Arten höchster Auszeichnung jenseits des nördlichen Kontinents[19] sind und die verschiedenen Himmelsbereiche bei Weitem übertreffen. Da ihr nun, durch die Kraft lang angesammelter guter Wurzeln, diesen höchst vortrefflichen Körper [eines Menschen] erhalten habt, solltet ihr freudig Haus und Familie verlassen und die Mönchs- oder Nonnengebote empfangen. Verschwendet also diesen höchst vortrefflichen Körper des Guten nicht, indem ihr euer tautropfengleiches Leben dem Wind der Vergänglichkeit überlasst. Wenn ihr ein Leben nach dem anderen dazu benutzt, Haus und Familie zu verlassen, werdet ihr viele Verdienste erwerben und Tugenden ansammeln.

Einst sagte der Weltgeehrte: »*Im Buddha-Dharma sind die Wirkungen und Resultate der Hauslosigkeit unvorstellbar. Selbst wenn jemand einen Stūpa der sieben Schätze so hoch wie [der Berg Sumeru der] dreiunddreißig Götter*[20] *errichten würde, wäre das Verdienst, das damit erlangt würde, geringer als das der Hauslosigkeit. Weshalb? Weil ein Stūpa der sieben Schätze von gierigen und bösen Menschen zerstört werden kann, während das Verdienst, Mönch oder Nonne zu werden, unzerstörbar ist. Deshalb ist es ein unermessliches Verdienst, wenn jemand Männer oder Frauen über dieses Verdienst unterweist, wenn er männliche und weibliche Sklaven befreit oder Bürgern erlaubt, [Hauslose zu werden], oder mit seinem Körper selbst Haus und Familie verlässt und in die Wahrheit eingeht.*«[21]

Der Weltgeehrte wusste genau, wie groß das Verdienst [der Hauslosigkeit] ist, und so unterwies er die Menschen mit dem [obigen] Vergleich. Als Śrīvaddhi[22] dies hörte, wollte er sogleich Mönch werden und die Gebote empfangen, obwohl er bereits hundertzwanzig Jahre alt war; er saß zusammen mit den jungen Mönchen in den hinteren Reihen, schulte sich und wurde ein großer Arhat. Ihr solltet wissen, dass sich unser menschlicher Körper in diesem Leben vorübergehend aus den direkten und indirekten Verbindungen der vier Elemente und der fünf Daseinskomponenten bildet und immer den acht Arten des Leidens[23] ausgesetzt ist. Außerdem erscheint und vergeht dieser Körper von Augenblick zu Augenblick, ohne jemals anzuhalten. Während wir ein Mal mit zwei Fingern schnippen, sind bereits fünfundsechzig Augenblicke [kṣāṇas] erschienen und wieder vergangen, aber weil [unser Geist] stumpf ist, bemerken wir dies nicht. An einem Tag und in einer Nacht existieren 6.400.099.980 Augenblicke, in denen jede der fünf Daseinskomponenten erscheint und wieder vergeht, aber wir sind uns dessen nicht bewusst. Wie bedauerlich, dass wir unser Erscheinen und Vergehen selbst nicht erkennen können. [Nur] der weltgeehrte Buddha und Śāriputra hatten die Fähigkeit, die Zeit des Erscheinens und Vergehens eines solchen Augenblicks zu erfassen, und obwohl es sehr viele andere Heilige gegeben hat, konnte keiner von ihnen [die Kürze eines Augenblicks] erkennen. Allein durch die Augenblicklichkeit ihres Erscheinens und Vergehens erzeugen die Lebewesen gutes und schlechtes Karma, und allein durch die Augenblicklichkeit ihres Erscheinens und Vergehens erwecken die Lebewesen den Willen zur Wahrheit und erlangen sie. Auf diese Weise erscheint und vergeht unser menschlicher Körper. Selbst wenn wir ihn hegen und pflegen, steht er niemals still. Seit undenkbaren Zeiten hat es niemals auch nur einen Menschen gegeben, dessen Körper deshalb stillgestanden wäre, weil er ihn nur ungern aufgibt. Dieser menschliche Körper gehört euch nicht, aber wenn wir ihn benutzt, um Mönch oder Nonne zu werden und die Gebote zu empfangen, werdet ihr die Frucht eines Buddhas erfahren, die so unzerstörbar ist wie ein Diamant, und ihr werdet das höchste und vollkommene Erwachen der Buddhas der drei Zeiten erfahren. Welcher weise Mensch wollte sich nicht mit Freude darum bemühen?

Weil dies so ist, gaben die acht Söhne des früheren Buddhas Sonne-Mond-Leuchte ihren königlichen Rang als Herrscher der vier Kontinente auf und traten in den hauslosen Stand ein.[24] Die sechzehn Söhne des Buddhas Universelle Durchdringung und Weisheit wurden [schon als Knaben] Hauslose[25], und während dieser Buddha Universelle Durchdringung und Weisheit unbewegt in der Stille [des Samādhis] saß, lehrten sie den Versammelten das Lotos-Sūtra, und jetzt sind sie die Tathāgatas der zehn Richtungen.[26] Als die achtzigtausend Koṭis[27] von Menschen aus der Schar, die der raddrehende heilige König [Cakravartin] anführte, sahen, dass die sechzehn Königssöhne auf ihren Rang verzichtet hatten und Mönche wurden, wollten auch sie Hauslose werden, und der König erlaubte es ihnen auf der Stelle. Auch die beiden Söhne des Königs Wunderbarer Majestätischer Schmuck wurden Mönche, zusammen mit ihrem königlichen Vater und der Königin.[28]

Denkt daran: Wann immer große Heilige [in der Welt] erschienen sind, haben sie die Hauslosigkeit immer als den wahren Dharma angesehen. Ihr solltet niemals sagen, diese Menschen hätten ihr Haus und ihre Familien verlassen, weil sie dumm oder beschränkt gewesen wären; sie taten es, weil sie weise waren, und ihr solltet euch wünschen, es ihnen gleichzutun. Zu Lebzeiten des Buddha Śākyamuni wurden [sein Sohn] Rāhula und [sein Neffe] Ānanda usw. Hauslose. Außerdem gibt es [das Beispiel] von tausend [Menschen aus dem Geschlecht] der Śākyas[29], die ihre Familien verlassen haben, und das von zwanzigtausend Śākyas, die Hauslose wurden. Dies sind ausgezeichnete Beispiele. Angefangen von den fünf früheren Gefährten des Buddha[30], die gleich [nach Buddhas erster Lehrrede] Hauslose wurden, bis hin zu Subhadra[31], der an [Buddhas Lebens-]Ende Mönch wurde, haben alle, die dem Buddha gefolgt sind, sogleich ihr Haus und ihre Familien verlassen. Ihr solltet wissen, dass diese Handlung ein unermessliches Verdienst darstellt. Deshalb sollten die Menschen dieser Welt, die ihre Kinder und Enkel lieben, sie ohne Aufschub Mönche oder Nonnen werden lassen. Und wenn [Kinder und Enkel] mit ihren Vätern und Müttern fühlen, sollten sie diese dazu ermutigen, Mönch oder Nonne zu werden. Deshalb heißt es in einem Vers:

*Ohne die vergangenen Zeitalter*
*Gäbe es keine Buddhas der Vergangenheit.*
*Ohne die Buddhas der Vergangenheit*
*Könnten wir Haus und Familie nicht verlassen*
*Und die Gebote empfangen.*[32]

Dies ist ein Vers der Buddha-Tathāgatas. Er widerlegt die Behauptung der Andersgläubigen, vergangene Zeitalter würden nicht existieren. Deshalb solltet ihr wissen, dass der Dharma der Buddhas der Vergangenheit bedeutet, Haus und Familie zu verlassen und die Gebote zu empfangen. Ihr könnt euch glücklich schätzen, in einer Zeit zu leben, in der ihr Haus und Familie verlassen und die Gebote empfangen könnt. Dies zu tun ist der wunderbare Dharma der Buddhas der Vergangenheit. Solltet ihr es aber aus Trägheit versäumen, Haus und Familie zu verlassen und die Gebote zu empfangen, wäre es schwierig für euch, zu wissen, was euch daran gehindert hat. Mit diesem physischen Körper[33], der das niedrigste Ding ist, könnt ihr die höchsten Verdienste vollbringen. Das Verdienst [der Hauslosigkeit] könnte das Höchste in dieser Welt der Menschen und in den drei Welten sein. Deshalb solltet ihr unbedingt Haus und Familie verlassen und die Gebote empfangen, solange dieser menschliche Körper noch in der Welt der Menschen weilt.

Ein alter Heiliger[34] sagte: »*Auch wenn sie die Gebote brechen, übertreffen jene, die Haus und Familie verlassen haben, die Laien, die die Gebote empfangen haben und sie einhalten. Deshalb ermutigen die Sūtren die Menschen einzig dazu, Haus und Familie zu verlassen und die Gebote zu empfangen. Diese Wohltat ist schwer zu vergelten. Ein Mensch, der [andere] darin bestärkt, Haus und Familie zu verlassen, tut nichts anderes, als sie zu einer verehrungswürdigen Handlung zu ermutigen. Die Wirkungen und Resultate, die dadurch gewonnen werden, übertreffen [sogar] die des Königs Yama, der raddrehenden Könige und des Gottes Śakra. Deshalb bestärken die Sūtren einzig die Menschen darin, Haus und Familie zu verlassen, und diese Wohltat ist schwer zu vergelten. Solche Wohltaten gibt es nicht, wenn man die Menschen dazu ermutigt, die Laiengebote zu empfangen und einzuhalten, und deshalb ist dies in den Sūtren auch nicht nachzuweisen.*«[35]

Bedenkt also: Jene, die Haus und Familie verlassen haben, selbst wenn sie die Gebote verletzen, übertreffen dennoch die Laien, die die Gebote einhalten. Als [eine Handlung der] Hingabe an Buddha ist Mönch oder Nonne zu werden in jedem Fall das Höchste. Die Wirkungen und Resultate [für jene], die andere dazu ermutigen, Haus und Familie zu verlassen, übertreffen bei Weitem die des Königs Yama, der raddrehenden Könige und des Gottes Śakra. Selbst wenn einfache Arbeiter[36] oder niedriggestellte Bedienstete[37] ihr Haus und ihre Familie verlassen und die Gebote empfangen, übertreffen sie die Krieger und hohe Beamte[38], und in Wirklichkeit überragen sie sogar den König Yama, die raddrehenden Könige und den Gott Śakra. Diese [Verdienste] gelten aber nicht für die Laien, und deshalb solltet ihr eure Familien verlassen. Denkt daran, dass die Lehre des Weltgeehrten, auch wenn sie nicht erfassbar ist, in weiten

Kreisen von dem weltgeehrten [Meister Vasumitra] und den fünfhundert großen Arhats[39] zusammengetragen und verbreitet wurde. Deshalb sind wir [heute] in der Lage, Klarheit über die Grundwahrheiten des Buddha-Dharmas zu erlangen. Demgegenüber sind die gewöhnlichen Lehrer späterer Zeitalter nicht einmal imstande, die Weisheit eines einzigen dieser Arhats zu erahnen, der die drei Arten des Wissens hat und die sechs [übernatürlichen] Kräfte besitzt. Wie viel weniger noch könnten sie [die Weisheit] der fünfhundert Arhats verstehen? Diese wussten nämlich, was die gewöhnlichen Lehrer späterer Zeitalter nicht wissen, sie erkannten, was [gewöhnliche Lehrer] nicht erkennen, und sie verwirklichten, was [gewöhnliche Lehrer] nicht verwirklichen. Aber nichts, was die gewöhnlichen Lehrer wissen, war [den fünfhundert Arhats] unbekannt. Deshalb solltet ihr die engstirnigen und beschränkten Erklärungen der gewöhnlichen Lehrer späterer Zeitalter nicht mit den Worten der heiligen Arhats vergleichen, die die drei Arten des Wissens besaßen.

Im Abhidharma-mahāvibhāṣa-śāstra, [Kapitel] 120, heißt es: *»Wenn sogar jemand, der den Willen zur Wahrheit erweckt und seine Familie verlassen hat, ein heiliges Wesen genannt wird, wie viel mehr gilt dies für einen Menschen, der das vollkommene Verständnis des Dharmas erlangt hat?«*[40]

Bedenkt also, dass ein Mensch, der den Willen zur Wahrheit erweckt und seine Familie verlässt, »ein heiliges Wesen« genannt wird.

Śākyamuni Buddha legte fünfhundert große Gelübde[41] ab. *Das einhundertsiebenunddreißigste lautet: »Wenn ich in Zukunft die rechte Wahrheit verwirklicht haben werde und es Männer geben wird, die um meines Dharmas willen ihr Haus und ihre Familie verlassen wollen, gelobe ich zu bewirken, dass sie frei von Hindernissen sein werden, insbesondere von Gebrechlichkeit, Verlust des Gewahrseins, Verwirrung, Stolz, Mangel an Schamgefühl, Dummheit, Mangel an Weisheit und frei von vielen Verstrickungen und Zerstreutheiten des Geistes. Würde ich nicht so handeln, hätte ich nicht die rechte Wahrheit verwirklicht.«*

*Das einhundertachtunddreißigste Gelübde lautet: »Wenn ich in Zukunft die rechte Wahrheit verwirklicht haben werde und es Frauen geben wird, die um meines Dharmas willen ihr Haus und ihre Familien verlassen, die Wahrheit erlernen und die großen Gebote empfangen wollen, so gelobe ich zu bewirken, dass sie dies tun können. Würde ich nicht so handeln, hätte ich nicht die rechte Wahrheit verwirklicht.«*

*Das dreihundertvierzehnte Gelübde lautet: »Wenn ich in Zukunft die rechte Wahrheit verwirklicht haben werde und es Lebewesen geben wird, die nur wenig gute Wurzeln haben, aber [trotz] dieser [wenigen] guten Wurzeln in ihrem Geist Liebe und Freude empfinden, werde ich bewirken, dass sie in einem späteren Zeitalter in den Buddha-Dharma eintreten, Haus und Familie verlassen und die Wahrheit erlernen werden. Ich werde bewirken, dass sie fest und friedvoll in den zehn Geboten der Reinheit*[42] *weilen werden. Würde ich nicht so handeln, hätte ich nicht die rechte Wahrheit verwirklicht.«*

Bedenkt also, dass die guten Söhne und Töchter, die heute ihr Haus und ihre Familien verlassen haben, alle durch die Kraft der großen Gelübde unterstützt wurden, die der Weltgeehrte in der Vergangenheit abgelegt hat. Dadurch waren diese Söhne und Töchter fähig, unbehindert Mönch oder Nonne zu werden und die Gebote zu empfangen. Durch seine Gelübde hat der Tathāgata bereits bewirkt, dass ihr eure Familien verlassen konntet. Damit sollte euch klar geworden sein, dass diese Handlung das wertvollste und höchste große Verdienst darstellt.

Der Buddha sagte: »*Ferner, wenn es einen Menschen gäbe, der die Gebote zwar nicht empfangen hat, mir aber folgt, sein Bart- und Kopfhaar rasiert und das Kesa trägt, werden sogar jene, die diesem Menschen Verehrung erweisen, letztlich in das Schloss der Angstlosigkeit eintreten können. Deshalb lehre ich auf diese Weise.*«[43]

Ihr könnt also klar erkennen, dass ein Mensch, der sein Bart- und Kopfhaar rasiert und das Kesa trägt, fähig ist, andere Menschen, die ihm Verehrung erweisen, in das Schloss der Angstlosigkeit eintreten zu lassen, auch wenn er die Gebote nicht empfangen hat.

Ferner sagte der Buddha: »*Wenn es einen Menschen gäbe, der um meinetwillen seine Familie verlässt und, obwohl er die Gebote nicht empfangen hat, sein Bart- und Kopfhaar rasiert und das Kesa trägt, werden jene, die diesen [Menschen], entgegen meinem Dharma, stören oder ihm Leid antun, damit den Dharma- und den Vergeltungs-Körper*[44] *der Buddhas der drei Zeiten verletzen und von den drei üblen Zuständen*[45] *ergriffen werden.*«

Der Buddha sagte: »*Wenn es lebende Wesen gäbe, die um meinetwillen ihre Familien verlassen, ihr Bart- und Kopfhaar rasieren und das Kesa tragen, wären diese bereits vom Siegel des Nirvāṇas*[46] *geprägt, auch wenn sie die Gebote nicht eingehalten haben. Wenn nun andere, entgegen meinem Dharma, jene Wesen, die ihre Familien verlassen, die Gebote aber nicht eingehalten haben, stören würden, wenn sie sie schmähen, erniedrigen oder beleidigen würden, sie tätlich angreifen, festbinden oder mit der Hand, dem Schwert oder dem Stock schlagen würden, wenn sie ihnen das Gewand, die Ess-Schalen oder ihre Lebensgrundlage wegnehmen würden, dann wäre dies so, als ob sie den wahren Vergeltungs-Körper der Buddhas der drei Zeiten verletzt und die Augen aller menschlichen und himmlischen Wesen beleidigt hätten. Das ist so, weil solche Menschen den Samen des wahren Dharmas und der drei Juwelen, welche die Buddhas besitzen, verbergen wollen, weil sie die himmlischen und menschlichen Wesen davon abhalten wollen, Wohltaten und Verdienste zu erwerben, und weil sie bewirken wollen, dass diese himmlischen und menschlichen Wesen in die Hölle kommen. Das ist so, weil [solche Störenfriede] die drei üblen Zustände hervorbringen und fördern.*«[47]

Bedenkt also, dass [Menschen], die ihr Haar rasieren und das dunkel gefärbte Gewand [tragen], vom Siegel des unübertroffenen, großen Nirvāṇas geprägt werden, auch wenn sie die Gebote nicht eingehalten haben. Wenn jemand solche Menschen stört, verletzt er den Vergeltungs-Körper der Buddhas der drei Zeiten. Dies könnte einem sehr schweren Vergehen gleichkommen. Ihr solltet nun klar erkannt haben, dass das Verdienst, Haus und Familie zu verlassen, den Verdiensten der Buddhas der drei Zeiten sehr nahekommt.

Der Buddha sagte: »*Grundsätzlich sollten jene, die ihr Haus und ihre Familie verlassen haben, kein Unrecht tun. Wenn sie Unrecht tun, haben sie ihre Familie nicht wirklich verlassen. Der Körper und der Mund derjenigen, die ihre Familien verlassen haben, sollten in Übereinstimmung miteinander sein, und wenn sie nicht in Übereinstimmung miteinander sind, haben solche Menschen ihre Familien noch nicht wirklich verlassen. Ich selbst habe Haus und Familie verlassen, das heißt, ich habe meinen Vater, meine Mutter, meine Brüder, meine Frau und mein Kind, meine Verwandten und meine Bekannten verlassen, um die Wahrheit zu praktizieren. Dies war genau die Zeit, in der ich viele gute Einsichten sammeln konnte; es war nicht die Zeit übler Einsichten. ›Gute Einsichten‹ bedeutet, dass ich Mitgefühl für alle Lebewesen empfand, so als wären sie Säuglinge. ›Üble Einsichten‹ unterscheiden sich davon.*«[48]

Euer eigenes ursprüngliches Wesen, das Haus und Familie verlässt, ist das Mitgefühl für alle Lebewesen, so als wären sie Säuglinge. Haus und Familie verlassen bedeutet in sich selbst schon, dass kein Unrecht getan wird und dass Körper und Mund übereinstimmen. Da das Verlassen der Familie bereits eine solche Handlung ist, ist das Verdienst so wie zuvor beschrieben.

Der Buddha sagte: »*Ferner, Śāriputra*[49], *wenn die Bodhisattva-Mahāsattvas an dem Tag, an dem sie ihre Familie verlassen, Anuttarā-samyak-saṃbodhi verwirklichen und an diesem Tag das Dharma-Rad drehen wollen, sodass zahllose Lebewesen durch ihre Lehrreden den Staub und Schmutz [der Welt] aufgeben und inmitten aller Dharmas die Reinheit des Dharma-Auges erlangen und sie jenseits der [gewöhnlichen] Wahrnehmung der Dharmas gelangen, und [wenn diese Bodhisattva-Mahāsattvas] ihren Geist von allen Befleckungen befreien wollen und zahllose Lebewesen dazu bringen wollen, nicht mehr zurückzufallen oder von Anuttarā-samyak-saṃbodhi abzugehen, dann sollten sie die Prajñā-pāramitā erlernen.*«[50]

Die Bodhisattva-Mahāsattvas, die die Prajñā-pāramitā erlernen, sind unsere Vorfahren. Deshalb wird Anuttarā-samyak-saṃbodhi unfehlbar an dem Tag verwirklicht, an dem ihr eure Familie verlasst. Andererseits, wenn [diese Bodhisattva-Mahāsattvas] sich drei Weltzeitalter oder auch zahllose Weltzeitalter lang schulen und [die Prajñā-pāramitā] praktizieren und erfahren, beflecken sie diese niemals mit [Vorstellungen wie] »endlich« oder »unendlich«. Ihr Schüler solltet dies wissen.

Der Buddha sagte: »*Wenn ein Bodhisattva-Mahāsattva denkt: ›Eines Tages werde ich [als Prinz] auf die Thronfolge verzichten und meine Familie verlassen. An diesem Tag werde ich das höchste, rechte und ausgeglichene Erwachen verwirklichen und gleichzeitig das wunderbare Dharma-Rad drehen und bewirken, dass unzählbare fühlende Wesen den Staub und Schmutz [der Welt] verlassen und das reine Dharma-Auge erlangen. Ich werde unzählbare fühlende Wesen dazu bringen, dass sie sich für immer von allen Befleckungen befreien, sodass sie ihren [reinen] Geist und ihre intuitive Weisheit freisetzen. Weiterhin werde ich bewirken, dass zahllose fühlende Wesen das höchste rechte und ausgeglichene Erwachen erlangen und niemals wieder zurückfallen oder davon abgehen.‹, wenn dieser Bodhisattva-Mahāsattva alle diese Dinge verwirklichen will, sollte er die Prajñā-pāramitā erlernen.*«[51]

Dies ist [Buddhas] gütige Darlegung seiner Verdienste, als er in seinem letzten Körper als Bodhisattva [in die Welt] hinabstieg, in einem königlichen Palast geboren wurde, auf die Thronfolge verzichtete, die rechte Wahrheit verwirklichte und das Dharma-Rad drehte, um alle Lebewesen zu befreien.

*»Der Prinz Siddhārta*[52] *sah an Chandakas*[53] *Gürtel ein Schwert, dessen Griff mit Perlen und Edelsteinen in der Art der sieben Schätze verziert war und verschiedene andere Ausschmückungen hatte. Er fasste den Griff des Schwertes mit seiner rechten Hand und zog es aus der Scheide. Dann ergriff er mit der linken Hand seinen Haarzopf, der die tiefblaue Farbe des Lotos hatte, und schnitt ihn ab, wobei er selbst das Schwert führte. Dann hielt er den Haarzopf mit seiner linken Hand empor und warf ihn in die Luft. [Der Gott] Śakra-devānām-indra, dessen Geist in diesem Augenblick von einer nie zuvor erfahrenen Freude erfüllt war, fing den Haarzopf des Prinzen auf, hielt ihn empor und ließ ihn nie wieder auf die Erde fallen. Mit einem wunderbaren himmlischen Gewand bekleidet, empfing [Śakra des Prinzen Haarzopf] und bewahrte ihn auf. Dann brachten die himmlischen Wesen [dem Haarzopf] ihre schönsten Geschenke dar.«*[54]

Dies ist die Geschichte des Śākyamuni-Tathāgata, der früher ein Prinz gewesen war, um Mitternacht über die Mauer [des Palastes] stieg und dann in die Berge ging und seinen Haarzopf abschnitt. Zu jener Zeit kamen himmlische Wesen, die in der Reinheit[55] verweilen, rasierten seinen Kopf und schenkten ihm das Kesa. Dies waren immer die verheißungsvollen Zeichen eines Tathāgata, der sich in der Welt offenbart, und es ist das normale Handeln der Buddhas, die von der Welt geehrt werden. Unter den Buddhas der drei Zeiten und der zehn Richtungen gab nicht einen einzigen, der Buddha geworden wäre, während er sich noch in seiner Familie aufhielt. Das Verdienst derer, die Haus und Familie verlassen und die Gebote empfangen haben, existiert heute, weil es in der Vergangenheit Buddhas gab. Deshalb beruht die Verwirklichung der Wahrheit der Lebewesen zweifellos darauf, dass sie ihre Familien verlassen und die Gebote empfangen haben. Kurz: Die Verdienste derer, die Haus und Familie verlassen und die Gebote empfangen haben, sind deshalb unermesslich, weil dies das normale Handeln der Buddhas ist. In den heiligen Lehren wird dargelegt, dass auch Laien die Buddhaschaft verwirklichen können, aber dies ist nicht die wahre Überlieferung. Es wird auch gesagt, dass der Körper einer Frau die Buddhaschaft verwirklichen kann, aber auch dies ist nicht die wahre Überlieferung. Die authentische Lehre der Buddhas und Vorfahren ist, dass wir Haus und Familie verlassen und Buddha werden.

*Zur Zeit des vierten Vorfahren [in Indien], des ehrwürdigen Upagupta, lebte Dhītika*[56]*, der Sohn eines Reichen. Er kam zu dem Ehrwürdigen, verneigte sich vor ihm und bat darum, Mönch werden zu dürfen. Der Ehrwürdige fragte: »Wirst du deine Familie mit dem Körper oder mit dem Geist verlassen?«*

*Dhītika antwortete: »Ich bitte weder wegen des Körpers noch wegen des Geistes darum, Mönch werden zu dürfen.«*

*Der Ehrwürdige fragte: »Wenn es nicht wegen des Körpers und nicht wegen des Geistes ist, wer ist es dann, der seine Familie verlässt?«*

*Dhītika antwortete: »Menschen, die Haus und Familie verlassen, sind grundsätzlich ohne Ich und Mein. Weil sie ohne Ich und Mein sind, ist ihr Geist jenseits von Werden und Vergehen.*[57] *Da ihr Geist jenseits von Werden und Vergehen ist, ist dies [für sie] der normale Weg.*[58] *Alle Buddhas sind derart; ihr Geist ist ohne Form und Gestalt, und ihre Körper sind ebenso.«*

*Der Ehrwürdige sagte: »Du wirst das große Erwachen verwirklichen und dein Geist wird auf natürliche Weise das Höchste durchdringen. Es ist gut, dass du durch deine Hingabe an Buddha, Dharma und Sangha die heiligen Samen [der Buddhaschaft] in dir nährst und zur Blüte bringst.« Dann ließ er [Dhītika] Mönch werden und gab ihm die Gebote.*[59]

So ist es die höchste und vortrefflichste Wirkung, dem Dharma der Buddhas zu begegnen und Haus und Familie zu verlassen. Diese Handlung wird weder wegen des Ich oder des Mein noch wegen des Körpers oder des Geistes vollzogen. [In Wahrheit] sind es nicht »euer Körper« und »euer Geist«, die die Familie verlassen. Solcherart ist die Grundwahrheit, dass Mönch oder Nonne zu werden jenseits von Ich und Mein ist. Wenn Mönch oder Nonne zu werden jenseits von Ich und Mein ist, könnte dies genau dem Handeln eines Buddhas entsprechen. Es ist einfach das normale Handeln eines Buddhas. Und weil es das normale Handeln eines Buddhas ist, ist [Mönch oder Nonne zu werden] jenseits von Ich und Mein und es ist jenseits von Körper und Geist. Eine solche Handlung ist nicht mit [den Handlungen] der drei Welten[60] zu vergleichen. Aus diesem Grund ist es die höchste aller Handlungen, wenn man sein Haus und seine Familie verlässt. Dies geschieht weder plötzlich noch allmählich, und es ist weder normal[61] noch unnormal; es ist weder Kommen noch Gehen, weder Verweilen noch Werden, weder weit noch eng, weder groß noch klein. Dieser Dharma geht über Tun und Nicht-Tun hinaus. Die alten Meister, die den Buddha-Dharma von Angesicht zu Angesicht weitergegeben haben, haben ausnahmslos Haus und Familie verlassen und die Gebote empfangen. Solcherart ist die Wahrheit von Dhītika, der dem Ehrwürdigen Upagupta zum ersten Mal begegnete und ihn darum bat, Mönch werden zu dürfen. So ging Dhītika in die Hauslosigkeit, empfing die Gebote, lernte den Dharma unter Upagupta und wurde schließlich der fünfte Vorfahre [in Indien].

*Der siebzehnte Vorfahre [in Indien], der Ehrwürdige Saṃghanandi, war der Sohn des Königs Schatz-Schmuck in der Stadt Śrāvastī.*[62] *Von Geburt an konnte er sprechen und pries immer die Dinge Buddhas. Im Alter von sieben Jahren empfand er Abscheu vor den weltlichen Freuden und wandte sich mit diesem Vers an seine Eltern:*

> *Ich verneige mich bis zum Boden vor meinem großen, gütigen Vater,*
> *Und mit Ehrerbietung vor der Mutter meiner Knochen und meines Blutes.*
> *Nunmehr wünsche ich mein Zuhause zu verlassen, um Mönch zu werden,*
> *Und bitte euch, mir dies aus Mitgefühl zu erlauben.*

*Seine Eltern blieben hart und geboten ihm Einhalt. Als er jedoch jeden Tag das Essen von sich wies, erlaubten sie ihm, ein Mönch in der Familie zu sein.*[63] *Sie gaben ihm den Namen Saṃghanandi*[64] *und machten den Mönch Zenrita zu seinem Lehrer. Und so lernte Saṃghanandi neunzehn Jahre lang [den Buddha-Dharma], ohne davon abzugehen oder der Sache überdrüssig zu werden. Aber immer dachte der Ehrwürdige bei sich: »Mein Körper bleibt in diesem königlichen Palast. Wie könnte man mich einen ›Mönch‹ nennen?« Eines Abends fiel ein himmlisches Leuchten [auf die Erde] und Saṃghanandi sah einen ebenen Pfad vor sich. Unwillkürlich schritt er langsam diesen Pfad entlang. Nach zehn Meilen kam er zu einem großen Felsen, in dem sich eine Höhle befand, und er setzte sich still in das Innere der Höhle. Sein Vater, der seinen Sohn bereits vermisst hatte, schickte seinen Lehrer Zenrita auf die Suche nach ihm, [aber] niemand konnte erfahren, wo er sich befand. In den darauf folgenden zehn Jahren verwirklichte der Ehrwürdige die Wahrheit und erhielt die Bestätigung. Danach begab er sich in das Königreich Madai, um zu lehren.*

Zu jener Zeit wurde der Ausdruck »Mönch in der Familie« zum ersten Mal gehört. Weil [Saṃghanandi] über eine lange Zeit gute Wurzeln entwickelt hatte, fand er den ebenen Pfad des himmlischen Leuchtens und verließ schließlich den königlichen Palast, um in einer Felsenhöhle zu praktizieren. Er ist ein hervorragendes Beispiel. Menschen, die nicht an weltlichen Freuden hängen und Abscheu vor dem Staub der Welt empfinden, sind Heilige, während jene, die von den fünf Begierden[65] angezogen sind und darüber die Befreiung vergessen, gewöhnliche und beschränkte Menschen sind. Obwohl die Kaiser Daisō und Shukusō[66] sehr gerne mit Mönchen verkehrten, hingen sie doch an ihrem königlichen Rang, den sie niemals aufgaben. Als [Meister Daikan Enō noch] der Laie Ro[67] war, verließ er seine Mutter und wurde unser Vorfahre: Dies ist das Verdienst derer, die ihre Familien verlassen. Den Laien Hō[68] hingegen, der zwar auf seine Schätze, aber nicht auf den Staub [der Welt] verzichten konnte, sollten wir als sehr beschränkt ansehen. Vergleicht die Kraft der Wahrheit des Herrn Ro niemals mit der Verehrung der Alten im Stil des Herrn Hō. Jene, die den klaren Blick haben, verlassen ausnahmslos Haus und Familie, während die beschränkten Menschen [ihr Leben] zu Hause beenden, was die Ursache und Bedingung schwarzen Karmas ist.

Eines Tages hielt Zen-Meister Nangaku Ejō spontan diese Lobrede: *»Der Dharma des Nicht-Werdens*[69] *existiert, wenn jemand Mönch oder Nonne wird. Im Himmel über uns und in der Welt der Menschen gibt es nichts, was diesen Dharma übertrifft.«*[70]

»Der Dharma des Nicht-Werdens« ist der wahre Dharma des Tathāgata. Deshalb ist er im Himmel und in der Welt der Menschen unübertrefflich. Die Worte »im Himmel über uns« bedeuten, dass sechs Himmel in der Welt des Begehrens, achtzehn Himmel in der Welt der Form und vier Himmel in der Welt der Nicht-Form existieren. Aber kein einziger dieser Himmel übertrifft die Handlung eines Menschen, der sein Haus und seine Familie verlässt.

Zen-Meister Banzan Hōshaku[71] sagte: *»Zen-Freunde! Das richtige Erlernen des Weges ist wie die Erde, die den Berg in sich aufnimmt, aber nicht weiß, wie hoch und steil der Berg ist, oder wie ein Fels, der einen Edelstein enthält, aber nicht weiß, wie lupenrein der Edelstein ist. Wenn [ihr den Weg] auf diese Weise erlernt, sagen wir, dass ihr eure Familie verlassen habt.«*[72]

Der wahre Dharma der Buddhas und Vorfahren hat nicht immer etwas mit Wissen oder Nicht-Wissen zu tun. Sein Haus und seine Familie zu verlassen ist der wahre Dharma der Buddhas und Vorfahren, und deshalb ist das Verdienst dieser Handlung offensichtlich.

Zen-Meister Gigen[73] vom Kloster Rinzai in Chinshū[74] sagte: »*Grundsätzlich sollten jene, die ihr Haus verlassen haben, eine ausgeglichene und rechte Sicht [des Buddha-Dharmas] verwirklichen können. Sie sollten in der Lage sein, die Buddhas von den Dämonen, das Wahre vom Falschen und das Gewöhnliche vom Heiligen zu unterscheiden. Wenn sie nicht in der Lage sind, zwischen Dämonen und Buddhas zu unterscheiden, dann haben sie nur ein Haus verlassen, um in ein anderes Haus einzutreten. Deshalb werden sie gewöhnliche Lebewesen genannt, die nur Karma erzeugen. Sie können nicht wahre Hauslose genannt werden.*«[75]

Diese »ausgeglichene und rechte Sicht« bedeutet tiefes Vertrauen in Ursache und Wirkung, tiefes Vertrauen in die drei Juwelen usw. »Zwischen Buddha [und Dämonen] zu unterscheiden« bedeutet, der Verdienste der Buddhas klar gewahr zu sein, und dies sowohl in Bezug auf die Ursachen als auch auf die Resultate. Wir unterscheiden zweifellos das Wahre vom Falschen und das Gewöhnliche vom Heiligen. Wenn ihr nicht Klarheit über den Unterschied zwischen Dämonen und Buddhas erlangt, beeinträchtigt ihr euer Erlernen der Wahrheit, ihr macht Rückschritte und kommt vom Weg ab. Wenn ihr jedoch das Werk der Dämonen erkennt und ihnen nicht folgt, macht ihr keine Rückschritte im Erlernen der Wahrheit. Dies nennen wir den Dharma derer, die wirklich Hauslose geworden sind. Es ist ein Übel der heutigen Zeit, dass viele das Werk von Dämonen als den Buddha-Dharma ansehen. Ihr Schüler solltet die Dämonen sogleich erkennen und Klarheit über die Praxis und Erfahrung eines Buddhas erlangen.

Zu jener Zeit, als der Tathāgata ins Parinirvāṇa[76] einging, wandte sich der Bodhisattva Mahākāśyapa an den Buddha: »*Weltgeehrter! Ein Tathāgata besitzt vollkommen die Kraft, das Wesen anderer Menschen zu durchschauen.*[77] *In Bezug auf Sunakṣatra*[78] *müsst ihr sicherlich gewusst haben, dass er die Wurzeln des Guten [in sich wieder] abschneiden wird. Aufgrund welcher Ursachen und Bedingungen habt ihr ihm dennoch erlaubt, Mönch zu werden?*«

Der Buddha antwortete: »*Guter Sohn! Früher, als ich meine Familie verlassen habe und Mönch wurde, sind mir mein jüngerer Bruder Nanda*[79]*, meine Neffen Ānanda und Devadatta, mein Sohn Rāhula und andere [Mitglieder des Stammes der Śākya] gefolgt und haben die Wahrheit praktiziert. Wenn ich Sunakṣatra nicht erlaubt hätte, seine Familie zu verlassen, hätte er im normalen Verlauf der Dinge den Rang eines Königs einnehmen können. Hätte er seine Macht als König frei ausgeübt, wäre er in der Lage gewesen, den Buddha-Dharma zu zerstören. Aufgrund solcher Ursachen und Bedingungen erlaubte ich ihm, Mönch zu werden und den Weg zu praktizieren. Guter Sohn! Wenn Sunakṣatra nicht Mönch geworden wäre, wäre endlose Zeitalter lang nichts Gutes entstanden, auch wenn er [heute] seine guten Wurzeln [wieder] abgeschnitten hat. Nachdem er Mönch wurde, konnte er die Gebote empfangen und sie* *einhalten, er konnte den älteren Mönchen, den ehrwürdigen Vorfahren und Menschen von Tugend dienen und sie verehren, und er bekam die Möglichkeit, [die Wahrheit] zu erlernen und die Vertiefungen, von der ersten bis zur vierten*[80]*, zu erfahren. Dies nennen wir ›gute Ursachen‹, und aus guten Ursachen können gute Dharmas entstehen. Wenn einmal gute Dharmas entstanden sind, ist es möglich, die Wahrheit zu erlernen und zu praktizieren. Und wenn es möglich ist, die Wahrheit zu erlernen und zu praktizieren, ist es auch möglich, das vollkommene Erwachen zu erlangen. Deshalb erlaubte ich Sunakṣatra, Mönch zu werden. Guter Sohn! Ich könnte nicht ein Tathāgata genannt werden, der die zehn Kräfte*[81] *besitzt, wenn ich dem Mönch Sunakṣatra nicht erlaubt hätte, seine Familie zu verlassen und die Gebote zu empfangen. Guter Sohn! Ein Buddha weiß, ob ein Lebewesen den heilsamen oder unheilsamen Weg geht. Obwohl dieser Mann die Möglichkeit hatte, beide Wege zu gehen, war es wohl so, dass er seit langer Zeit seine guten Wurzeln abgeschnitten und den unheilsamen Weg gegangen ist. Weshalb? Der Grund ist, dass die gewöhnlichen Menschen wie er sich nicht mit guten Freunden verbinden, dass sie nicht den wahren Dharma hören, dass sie nicht über das Gute nachdenken und nicht in Übereinstimmung mit dem Dharma handeln. Aufgrund solcher Ursachen und Bedingungen hat Sunakṣatra wohl seine guten Wurzeln abgeschnitten und die schlechten entwickelt.«*[82]

Deshalb solltet ihr wissen, dass die Güte und das Mitgefühl des weltgeehrten Tathāgata so groß ist, dass er den Lebewesen erlaubt, ihre Familien zu verlassen, um ihnen die Ursachen guter Wurzeln zukommen zu lassen, obwohl er weiß, dass sie die guten Wurzeln in ihnen immer wieder abschneiden[83] werden. Dass die Lebewesen die Wurzeln des Guten abschneiden, kommt daher, dass sie sich nicht mit guten Freunden verbinden, dass sie nicht den wahren Dharma hören, dass sie nicht über das Gute nachdenken und nicht in Übereinstimmung mit dem Dharma handeln. Die Schüler von heute sollten unbedingt eine enge Verbindung mit guten Freunden eingehen. »Ein guter Freund« ist jemand, der darauf besteht, dass Buddha wirklich existiert, und der euch lehrt, dass es Recht und Unrecht gibt. Kurz: Jemand, der Ursache und Wirkung nicht in Abrede stellt, wird »ein guter Freund« oder »ein guter Lehrer« genannt. Die Lehre eines solchen Menschen ist der wahre Dharma. Über diese Grundwahrheit nachzudenken bedeutet, »über das Gute nachzudenken«. Wenn ihr dies tut, handelt ihr »in Übereinstimmung mit dem Dharma«. Deshalb solltet ihr die gewöhnlichen Menschen dazu ermutigen, Haus und Familie zu verlassen und die Gebote zu empfangen, ganz gleich, ob sie euch vertraut oder fremd sind. Kümmert euch nicht darum, ob sie in der Zukunft [vom Weg] abkommen oder nicht, und sorgt euch nicht darum, ob sie praktizieren oder nicht. Dies könnte in Wirklichkeit der wahre Dharma des Śākyamuni sein.

Der Buddha wandte sich an die Mönche: *»Ihr solltet wissen, dass der König [der Totenwelt] Yama einst lehrte: ›Eines Tages werde ich mich vom Leiden befreien und in der Welt der Menschen geboren werden. Da ich einen menschlichen Körper haben werde, werde ich Haus und Familie verlassen, mein Bart- und Kopfhaar rasieren, die drei Gewänder tragen und die Wahrheit als Mönch erlernen können.‹ Sogar der König*

*Yama hatte solche Gedanken. Um so mehr [gilt dies für euch], da ihr jetzt einen menschlichen Körper habt und Mönche werden könnt. Deshalb solltet ihr Mönche die Tätigkeiten des Körpers, des Mundes und des Geistes mit Achtsamkeit ausüben und keine Mängel zulassen. Ihr solltet euch von den fünf [niederen] Fesseln*[84] *befreien und die fünf [guten] Wurzeln*[85] *nähren. Mönche wie ihr sollten sich auf diese Weise schulen.«* Als die Mönche Buddhas Lehre hörten, waren sie voller Freude und übten mit Hingabe.[86]

Ihr habt nun klar erkannt, dass der Wunsch nach einem Leben in der Welt der Menschen solcherart ist, sogar im Fall des Königs Yama. Ein menschliches Wesen, das bereits geboren wurde, sollte deshalb ohne zu zögern Bart- und Kopfhaar rasieren, die drei Dharma-Gewänder tragen und Buddhas Wahrheit erlernen. Dies sind die Verdienste in dieser Menschenwelt, die jenseits der Verdienste anderer Welten sind. Es zeugt von großer Beschränktheit, wenn man in der Welt der Menschen geboren wird und sich doch begehrlich dem öffentlichen Leben verschreibt oder eine weltliche Karriere anstrebt und sein Leben sinnlos als Diener von Königen und Ministern verbringt, umgeben von Träumen und Illusionen, um dann in späteren Zeitaltern in die dunkelste Dunkelheit gehen zu müssen, ohne etwas zu haben, worauf man sich stützen könnte. Ihr habt nicht nur einen menschlichen Körper bekommen, was sehr selten vorkommt, sondern ihr seid auch dem Buddha-Dharma begegnet, der so selten anzutreffen ist. Deshalb solltet ihr sogleich alle weltlichen Angelegenheiten ablegen, eilends Haus und Familie verlassen und die Wahrheit erlernen. Königen, Ministern, Frauen, Kindern und Verwandten könnt ihr zweifellos überall begegnen, aber dem Buddha-Dharma könnt ihr kaum jemals begegnen, so wie auch der Uḍumbara-Blume.[87] Wenn die Vergänglichkeit [des Lebens] sich plötzlich zeigt, können euch Könige, Minister, Freunde und Verwandte, Diener, Frauen, Kinder und kostbare Schätze nicht retten; jeder kann nur allein in die Unterwelt gehen. Nur euer gutes oder schlechtes Karma wird euch begleiten. In dem Augenblick, in dem ihr euren menschlichen Körper verliert, könnte es sein, dass ihr den Verlust eures menschlichen Körpers tief bedauert. [Deshalb] solltet ihr sogleich Haus und Familie verlassen, solange ihr noch einen menschlichen Körper habt. Genau dies könnte der wahre Dharma der Buddhas der drei Zeiten sein.

Für diejenigen, die ihr Haus und ihre Familie auf die obige Weise verlassen, gibt es die vier Arten der Dharma-Praxis, die auch *»die vier Pfeiler des Glaubens«*[88] *genannt werden. Diese sind: 1. ein Leben lang unter Bäumen sitzen, 2. ein Leben lang Flickengewänder tragen, 3. ein Leben lang um Essen betteln, 4. ein Leben lang alte Medizin*[89] *einnehmen. Wer jeden dieser vier Pfeiler praktiziert, wird »jemand, der Haus und Familie verlassen hat« genannt, und man bezeichnet ihn als »Mönch«. Wenn ihr sie nicht praktiziert, kann man euch nicht »Mönch« nennen. Aus diesem Grund werden [die vier Pfeiler] die Dharma-Praxis derer genannt, die Haus und Familie verlassen haben.*

Die Dharma-Praxis derer, die Haus und Familie verlassen haben, ist die authentisch übermittelte Unterweisung der Buddhas und Vorfahren in Indien und China. Die Worte »ein Leben lang das Kloster nicht verlassen«[90] gehören unmittelbar zu diesen vier Arten der Dharma-Praxis, die wir »die vier Pfeiler der Praxis« nennen. Ihr solltet wissen, dass es der falsche Dharma ist, wenn jemand gegen diese vier Pfeiler verstößt und fünf Pfeiler einführt. Wer könnte einem solchen Menschen vertrauen oder ihn bestätigen? Der wahre Dharma ist der Dharma, den die Buddhas und Vorfahren authentisch weitergegeben haben. Haus und Familie in Übereinstimmung mit diesem [überlieferten Dharma] zu verlassen, ist das höchste und kostbarste Glück für einen Menschen. Deshalb haben [die Mönche] Nanda, Ānanda, Devadatta, Aniruddha[91], Mahānāma[92] und Bhadrika[93] im westlichen Himmel [Indien] sehr schnell ihre Familien verlassen. Sie waren die Enkel des Königs Siṃhahanu[94] und gehörten der edlen Kaste der Krieger an. Deshalb waren sie wohl ein hervorragendes Beispiel für die späteren Generationen. Die Menschen von heute, die keine Krieger sind, sollten ihre Körper gerne [für den Dharma] hingeben, und was könnte diejenigen zurückhalten, die nicht einmal Prinzen sind? [Die königlichen Śākyas] kamen vom höchsten Rang in der Welt und erlangten den höchsten Rang der drei Welten.[95] Dies [nennen wir] »Haus und Familie verlassen«. Wenn die Könige geringerer Nationen [als Indien] und die vielen Menschen aus [der Republik] Licchavi[96] ihr Haus und ihre Familien nicht verlassen haben, [dann deshalb,] weil sie hoch schätzten, was nicht hoch geschätzt werden sollte, weil sie stolz auf etwas waren, was nicht zu Stolz berechtigt, und weil sie dort blieben, wo sie nicht hätten bleiben sollen. Wer könnte solche Menschen nicht als unzulänglich und sehr beschränkt ansehen? Der ehrwürdige Rāhula war ein Sohn [des Buddha, als er noch] Bodhisattva war, und ein Enkel des Königs Śuddhodana, der ihm den Thron überlassen hätte. Dennoch ließ ihn der Weltgeehrte Haus und Familie verlassen. Daher solltet ihr wissen, dass der Dharma der Hauslosigkeit den höchsten Wert besitzt. [Rāhula] war der Hervorragendste unter Buddhas Schülern in der strikten Einhaltung [der Ordensregeln][97]; sogar heute ist er noch nicht ins Nirvāṇa eingegangen, sondern lebt in dieser Welt als ein Feld der Freude und des Glücks für alle Lebewesen. Unter den alten Meistern Indiens, die die Schatzkammer des wahren Dharma-Auges weitergegeben haben, gab es viele Prinzen, die der Welt entsagt haben. Unser erster Vorfahre in China [Bodhidharma] war der Sohn des Königs von Koshi.[98] Da er seiner königlichen Herkunft keine Bedeutung beimaß, empfing und bewahrte er den wahren Dharma. Ihr solltet nun klar erkannt haben, dass es von höchstem Wert ist, sein Haus und seine Familie zu verlassen. Wie könnte ein Mensch, der einen Körper hat, [auch wenn er] sich nicht mit diesen [Prinzen] messen kann, aber in der Lage ist, Haus und Familie zu verlassen, sich nicht beeilen, dies zu tun? Auf welche Art von morgen sollte er warten? Es könnte weise sein, eure Familie sehr schnell zu verlassen, ohne auch nur den nächsten Atemzug abzuwarten. Denkt daran, dass die Güte des Meisters, der euch Mönch oder Nonne werden und die Gebote empfangen lässt, der eures Vaters und eurer Mutter gleichkommt.

Im ersten Buch des Zen en shingi[99] heißt es: »*Alle Buddhas der drei Zeiten sagen, dass Haus und Familie zu verlassen, [um Mönch oder Nonne zu werden,] bedeutet, die Wahrheit zu verwirklichen. Die achtundzwanzig Vorfahren in Indien und die sechs Vorfahren im China der Tang-Dynastie, die das [Geist-]Siegel der Buddhas wei-*

*tergegeben haben, waren allesamt Mönche. Vielleicht war es ihnen dadurch, dass sie die Regeln und Gebote genau eingehalten haben, möglich, zum universellen Maßstab für die drei Welten zu werden. Wenn ihr Zen praktizieren und euch um die Wahrheit bemühen wollt, ist es daher das Wichtigste, [zuerst] die Gebote zu empfangen. Wie wäre es möglich, dass ihr Buddhas und [Nachfolger unserer] Vorfahren werdet, wenn ihr euch nicht von Irrtümern frei macht und euch davor hütet, Unrecht zu tun?«*

Es könnte sein, dass sogar die Klöster, die im Niedergang begriffen sind, immer noch leuchtende Blumenhaine und Orte jenseits der gewöhnlichen Gräser und Bäume sind.[100] Vielleicht sind sie wie Milch, die mit Wasser vermischt wurde. Wenn ihr Milch verwendet, solltet ihr sie nur mit Wasser vermischen und nicht mit einer anderen Substanz. Deshalb hat die authentische Lehre, in der »alle Buddhas der drei Zeiten sagen, dass Mönch oder Nonne zu werden bedeutet, die Wahrheit zu verwirklichen«, den höchsten Wert. Keiner der Buddhas der drei Zeiten hat es je versäumt, sein Haus und seine Familie zu verlassen. Dies ist die Schatzkammer des wahren Dharma-Auges, der wunderbare Geist des Nirvāṇas und die höchste Wahrheit, die die Buddhas und Vorfahren authentisch weitergegeben haben.

Shōbōgenzō Shukke kudoku

An einem Tag des Sommer-Trainings im siebten Jahr der Ära Kenchō [1255].[101]

# Anmerkungen

1 Der vierzehnte Vorfahre in Indien.
2 Zu Meister Nāgārjunas Zeit gab es 250 Gebote für Mönche und 348 für Nonnen. Die buddhistischen Laien hielten nur fünf Gebote ein.
3 Meister Nāgārjuna zitiert hier einen Vers aus einem alten buddhistischen Sūtra oder einem Kommentar.
4 Die Laien kleideten sich damals in Weiß, im Gegensatz zu dem Schwarz der buddhistischen Mönche und Nonnen.
5 *Gu soku kai* 具足戒, wörtl. »sich mit den Geboten ausstatten«, sanskr. *upasaṃpadā*, bedeutet, die 250 Gebote für die Mönche und die 348 Gebote für die Nonnen zu empfangen.
6 »Sangha-Schätze« oder »Juwelen des Sangha« heißen besonders hervorragende Schüler Buddhas. In Kap. 88, *Ki-e sanbō*, werden die fünf ersten Schüler Buddhas, seine früheren Begleiter in der Askese, als »Juwel des Sanghas« bezeichnet.
7 *Honshō kyō* 本性経, »Das Sūtra von Buddhas (früheren) Leben«, sind die Geschichten von Buddhas früheren Leben als Bodhisattva.
8 Kāśyapa Buddha war der sechste der sieben alten Buddhas. Śākyamuni Buddha wird als der siebte angesehen. Siehe Kap. 15, *Busso*.
9 *Daichido ron*, sanskr. *Mahā-prajñā-pāramitopadeśa*, Kap. 30. Diese Passage des *Daichido ron* wird auch in Kap. 12, *Kesa kudoku*, zitiert.
10 *Gokai* 五戒, »die fünf Gebote« für Laien, sanskr. *pañca-śīlāni*, sind: 1. nicht töten, 2. nicht stehlen, 3. keinen Ehebruch begehen, 4. nicht lügen, und 5. keinen Alkohol trinken. An diesen fünf Geboten orientieren sich die Laien in den Ländern des Hīnayāna-Buddhismus, wie z. B. Thailand, heute noch.
11 *Daichido ron*, Kap. 30. Siehe auch Kap. 83, *Shukke*.
12 Die Formulierung »ein wenig« (*wazuka ni* わずかに) deutet darauf hin, dass die Trunkenheit des Brahmanen nicht so bedeutsam war wie sein Wille, Mönch zu werden.
13 *Kṣāṇas*. Es heißt, dass während eines einzigen Fingerschnippens bereits 65 *kṣāṇas* (Augenblicke) vergangen seien.
14 *Tenrinjō-ō* 転輪聖王, »die heiligen raddrehenden Könige«, sanskr. *cakravarti-rāja*, werden in den Sūtren, wie z. B. im Lotos-Sūtra, erwähnt.
15 Der Ausdruck *sanzen sekai* 三千世界 beschreibt in der alten indischen Kosmologie die zahllosen Welten oder Bereiche, über welche die Rad-Könige herrschten.
16 Der Legende nach soll ein König mit dem goldenen Rad über alle vier Kontinente geherrscht haben, ein König mit dem silbernen Rad über die Kontinente im Osten, Westen und Süden, ein König mit dem eisernen Rad über die Kontinente im Osten und Süden, und ein König mit dem kupfernen Rad nur über den Kontinent im Süden.
17 Töten, stehlen, die Ehe brechen, lügen, schmeicheln, beleidigen, heuchlerische Worte gebrauchen, begehren, zornig sein und falsche Ansichten haben.
18 *Nanshū* 南洲, »der südliche Kontinent« oder »die Menschenwelt«, sanskr. *Jambudvīpa*, befindet sich nach der indischen Kosmologie südlich des Berges Sumeru und bezeichnet den Bereich, in dem die Menschen leben.
19 *Hokushū* 北洲, »der nördliche Kontinent«, sanskr. *Uttara-kura*, bezeichnet die Welt der himmlischen Wesen.

20 *Sanjūsan ten* 三十三天, »die dreiunddreißig Götter«, sanskr. *trāyastriṃśa*. Der Legende nach soll der Gott Śakra-devānām-indra in der Mitte des Berges Sumeru thronen, umgeben von jeweils acht Göttern in den vier Himmelsrichtungen.

21 Siehe *Kengu kyō*, »Das Sūtra von den Weisen und den Toren«, Kap. 4.

22 *Fukuzō* 福増, wörtl. »der Reichtum Vermehrende«, sanskr. *Śrīvaddhi*, war der Name eines reichen Mannes aus Rājagṛha, der in Kap. 4 des *Kengu kyō* genannt wird. Er war bereits über hundert, als er Śāriputra bat, Mönch werden zu dürfen, aber dieser lehnte wegen dessen Alter ab. Der Buddha jedoch erlaubte ihm später dennoch, Mönch zu werden.

23 Die acht Arten des Leidens sind: 1. Geburt, 2. Alter, 3. Krankheit, 4. Tod, 5. die Trennung von denen, die wir lieben, 6. das Zusammensein mit denen, die wir nicht lieben, 7. die Suche nach dem, was nicht erlangt werden kann, und 8. die sich ständig aufbauenden fünf Daseinskomponenten, aus denen immer wieder neue Begierden entstehen.

24 Siehe Lotos-Sūtra, Kap. 1, »Einleitung«. Vgl. Borsig, S. 48.

25 Siehe Lotos-Sūtra, Kap. 7, »Das Gleichnis der Zauberstadt«. Vgl. Borsig, S. 178.

26 Ebenda. Borsig, S. 179.

27 Eine unendlich große Zahl, die zehn oder hundert Millionen entspricht.

28 Siehe Lotos-Sūtra, Kap. 27, »Die frühere Begebenheit mit dem König Śubhavyūha (Wunderbar majestätischer Schmuck)«. Vgl. Borsig, S. 377.

29 Śākya war der Name des Geschlechts, in das Buddha geboren wurde. Deshalb wird er Śākyamuni, »Der Weise (aus dem Geschlecht) der Śākyas«, genannt.

30 Die fünf früheren Gefährten des Buddha waren Ajñāta-Kauṇḍinya, Aśvajit, Bhadrika, Mahānāma-koliya und Daśabala-kāśyapa. Buddhas Vater hatte ihnen befohlen, seinen Sohn bei den asketischen Übungen zu begleiten. Sie verließen den Buddha, als er die Askese von sich wies, wurden aber die ersten Mönche in Buddhas Orden, als sie seine erste Lehrrede über die vier Wahrheiten hörten.

31 Subhadra war ein Brahmane, der kurz vor Buddhas Tod Mönch wurde und als letzter in seinen Orden eintrat.

32 *Daibibasha ron*, Kap. 76. Diese Passage wird auch in Kap. 87, *Kuyō shobutsu*, zitiert.

33 *Eshin* 依身. *E* 依 bedeutet »angewiesen sein« und *shin* 身 »Körper«. *Eshin* 依身 steht für den Körper als Basis unseres Bewusstseins, das heißt, unseren physischen Körper.

34 Dies bezieht sich auf Meister Vasumitra, den siebten Vorfahren in Indien, der etwa vierhundert Jahre nach Buddhas Tod das *Abhidharma-mahāvibhāṣa-śāstra* zusammenstellte. Er hatte viele Helfer, die unter dem Namen »die fünfhundert Arhats« bekannt wurden.

35 Siehe *Daibibasha ron*, Kap. 66.

36 Arbeiter, sanskr. *vaiśya*, gehörten im indischen Vier-Kasten-System zur dritten Kaste.

37 Niedriggestellte Bedienstete, sanskr. *śudra*, gehörten der vierten und niedrigsten Kaste an. Ihre Aufgabe war es, den Angehörigen der drei höheren Kasten zu dienen.

38 Krieger und hohe Beamte, sanskr. *kṣatriya*, gehörten zur zweiten Kaste.

39 Dies bezieht sich wieder auf den siebten Vorfahren in Indien, Meister Vasumitra und seine Helfer, die fünfhundert heiligen Arhats, die das *Abhidharma-mahāvibhāṣa-śāstra* beim vierten Konzil im Königreich Kaniṣka zusammengetragen und bekannt gemacht haben.

40 *Ninpō* 忍法, »das Verständnis des Dharmas«, wird traditionell so interpretiert, dass ein Mensch den wahren Wert der vier edlen Wahrheiten erkennt. *Nin* 忍 steht zwar für sanskr. *kṣanti*, »Geduld« und »Standfestigkeit«, aber gleichzeitig hat es auch die Bedeutung von *nin* 認, »Verständnis« oder »Erkenntnis«.

41 Siehe *Hige kyō*, sanskr. *Karuṇā-puṇḍarīka-sūtra*. In der chinesischen Übersetzung dieses Sūtras gibt es nur 335 Gelübde. In Kap. 12, *Kesa kudoku*, zitiert Meister Dōgen Gelübde

aus dem *Hige kyō* und bezieht sich auch dort auf fünfhundert große Gelübde.

42 Die zehn Gebote der Reinheit werden ausführlich in Kap. 94, *Jukai*, erläutert.

43 Siehe *Daishū kyō*, »Das Sūtra der großen Ansammlung«, sanskr. *Mahā-saṃnipāta-sūtra*, Kap. 53.

44 *Hosshin* 法身, »der Dharma-Körper«, sanskr. *dharmakāya*, beschreibt den Körper eines Buddhas, und *hōjin* 報身, »der Vergeltungs-Körper«, sanskr. *saṃbhogakāya*, wörtl. »Freuden-Körper«, beschreibt den konkreten physischen Körper, der das Resultat vergangener Taten ist.

45 Die drei üblen Bereiche sind die Zustände der Wesen in der Hölle, der hungrigen Geister und der Tiere.

46 *Nehan-in* 涅槃印, »das Siegel des Nirvāṇas«, ist das vierte der vier Dharma-Siegel, sanskr. *dharmoddāna*. Diese vier sind: 1. Alles ist Leiden, 2. Alle Dharmas sind ohne Selbst, 3. Alle Handlungen sind vergänglich, und 4. Nirvāṇa ist Ruhe und Frieden. Es heißt, dass diese vier Dharma-Siegel oder charakteristischen Merkmale des Buddha-Dharmas Buddhas Lehre von nicht-buddhistischen Lehren unterscheidet.

47 Siehe *Daishū kyō*, Kap. 53.

48 Siehe *Daihatsu nehan kyō* (»Das große Parinirvāṇa-Sūtra«, sanskr. *Mahā-parinirvāṇa-sūtra*), Kap. 23.

49 Śāriputra war einer der zehn großen Schüler des Buddha. Das Herz-Sūtra wendet sich an Śāriputra.

50 Siehe *Maka hannya haramitsu kyō*, Kap. 1. Siehe auch *Shōbōgenzō*, Kap. 2, *Makahannya haramitsu*.

51 *Dai hannya haramitsu kyō*, Kap. 3. Dieses Sūtra wurde von Genjō im Jahr 659 aus dem Sanskrit ins Chinesische übertragen. Es ist eine Sammlung von 600 Bänden, die den größten Teil der Prajñā-pāramitā-Literatur wiedergeben.

52 Siddhārta, wörtl. »der den Sinn (seines Kommens) erfüllte«, war der Name, den Buddha als Prinz bekam.

53 Dieser war ein Diener am Königshof, der dem Prinz Siddhārta als Pferdelenker diente.

54 Siehe *Butsu hongyō jikkyō*, »Die Sammlung der vergangenen Taten des Buddha«, Teil 18.

55 *Jōgo ten* 浄居天, »der Himmel des Verweilens in der Reinheit«, sanskr. *anāgāmin*, ist der Bereich derer, die nicht wieder geboren werden.

56 Dhītika stammte aus Magadha und wurde später der Nachfolger von Meister Upagupta, das heißt, der fünfte Vorfahre.

57 Es gibt nur den Geist im gegenwärtigen Augenblick. Siehe Kap. 11, *Uji*.

58 *Jōdō* 常道. *Jō* 常 bedeutet »beständig«, »gewöhnlich« oder »normal«. *Dō* 道, wörtl. »der Weg«, steht sehr oft für sanskr. *bodhi*, »das Erwachen«.

59 Siehe *Keitoku dentō roku*, Kap. 1.

60 Die Welt des Begehrens, die Welt der Form und die Welt der Nicht-Form. Siehe Kap. 75, *Sangai yuishin*.

61 *Jō* 常 ist hier dasselbe Wort wie in Anm. 58.

62 Dies war die Hauptstadt des alten indischen Königreichs Kośala.

63 *Zaike shukke* 在家出家. Das heißt, er wurde formell Mönch, blieb aber bei seiner Familie.

64 *Saṃghanandi* bedeutet »Freude des Sanghas«.

65 Die fünf Begierden entsprechen den fünf Sinnen: die Begierde nach Anblick, die Begierde nach Klang, die Begierde nach Geruch, die Begierde nach Geschmack und die Begierde nach Gefühlen.

66 Daisō und Shukusō waren Kaiser der Tang-Dynastie, die zur Zeit des Meisters Nan-yō Echū lebten. Siehe Kap. 80, *Tashintsū*.

67 *Ro koji* 盧居士. *Ro* 盧 war der Familienname von Meister Daikan Enō, dem sechsten Vorfahren in China. In Kap. 30, *Gyōji*, wird erzählt, wie der Meister seine Mutter verließ, um sich dem Dharma zu widmen. *Koji* 居士, »Hausherr«, sanskr. *gṛhaparti*, wird in Kap. 8, *Raihai tokuzui*, erklärt.

68 Der Laie Hō-on (gest. 808) war ursprünglich ein Schüler von Meister Sekitō Kisen und erhielt später den Dharma von Meister Baso, obwohl er niemals Mönch wurde. Er wird auch in Kap. 73, *Sanjūshichibon bodai bunpō*, erwähnt.

69 *Mushō* 無生, »Nicht-Werden«. »Nicht-Werden« wird oft als ein Synonym für das Nirvāṇa verwendet. Es beschreibt 1. die ewige Zeitlosigkeit, die keinen Anfang hat, und 2. die Wirklichkeit des gegenwärtigen Augenblicks, der weder zur Vergangenheit noch zur Zukunft gehört und deshalb weder entsteht noch vergeht.

70 Siehe *Tenshō kōtō roku*, Kap. 8.

71 Meister Banzan Hōshaku (720–814) war ein Nachfolger von Meister Baso Dō-itsu.

72 Siehe *Keitoku dentō roku*, Kap. 7

73 Meister Rinzai Gigen (ca. 815–867) war ein Nachfolger von Meister Ōbaku Ki-un.

74 Die heutige Provinz Hebei im Nordosten Chinas.

75 Siehe *Rinzai Eshō Zenji goroku*.

76 Der Ausdruck *parinirvāṇa*, »vollkommenes Erlöschen«, beschreibt den Tod Buddhas und unterscheidet sich von dem Begriff *nirvāṇa*, »das Erlöschen« aller Begierden, das der Buddha zu seinen Lebzeiten verwirklicht hat.

77 Dies ist eine der zehn übernatürlichen Kräfte eines Buddhas. Siehe unten, Anm. 81.

78 Sanskr. »*Sunakṣatra*« ist im Text wiedergegeben als *Zenshō* 善星, »guter Stern«. Es heißt, Sunakṣatra sei einer der bediensteten Mönche des Buddha gewesen, sei später in die Welt zurückgekehrt und habe den Buddha und seine Lehre verleumdet. Im *Daihatsu nehan kyō* wird er als Beispiel eines Menschen genannt, der extreme Sichtweisen vertritt, wie z. B., dass es weder Buddha noch Dharma noch Nirvāṇa gebe.

79 Nanda war ein Sohn von Buddhas Vater, dem König Śuddhodana, aus seiner zweiten Ehe mit Mahāprajāpatī. Buddhas leibliche Mutter Mahāmāyā starb kurz nach dessen Geburt.

80 Wörtl. »die vier Dhyānas«. Die vier Dhyānas sind die vier Stufen der Vertiefung, die der Buddha gelehrt hat.

81 *Nyorai gusoku jūriki* 如来具足十力, wörtl. »der mit den zehn Kräften ausgestattete Tathāgata«, sanskr. *daśa-tathāgata-balāni*. Die traditionelle Interpretation der zehn übernatürlichen Kräfte ist die folgende: Ein Buddha hat die Fähigkeit, 1. das Richtige vom Falschen zu unterscheiden, 2. das Ergebnis der vergangenen, gegenwärtigen und zukünftigen Taten zu erkennen, 3. die verschiedenen Stadien der Meditation, z. B. die vier Vertiefungen oder Dhyānas, die drei Samādhis usw. zu verstehen, 4. die höheren und niederen Fähigkeiten der Menschen zu erkennen, 5. die verschiedenen Neigungen der Menschen zu durchschauen, 6. die verschiedenen Zustände der Menschen zu erkennen, 7. die Bestimmung (Nirvāṇa, Hölle usw.) der Menschen zu durchschauen, 8. vergangene Ereignisse zu erkennen, 9. Tod und Leben zu durchschauen, und 10. zu wissen, wie man die Triebkräfte zum Versiegen bringt.

82 Siehe *Daihatsu nehan kyō*, Kap. 33.

83 *Danzenkon* 断善根, »einer, der die guten Wurzeln abschneidet«, sanskr. *icchantika*, beschreibt einen Menschen, der nur seinen eigenen Wünschen und Neigungen folgt und deshalb kein Vertrauen zu Buddha und in das Gesetz von Ursache und Wirkung hat.

84 *Goketsu* 五結, »die fünf Fesseln«. *Go* 五 bedeutet »fünf« und *ketsu* 結 »Fessel« oder »Hemmung«. *Goketsu* 五結 könnte zwei verschiedene Bedeutungen haben: entweder die ersten fünf der »zehn Fesseln«, die die Menschen ans Dasein ketten, oder auch die »fünf Hemmungen«. Die ersten fünf niederen »Fesseln« (der zehn) sind: 1. Persönlichkeitsglaube, 2. Zweifelssucht, 3. Hängen an Regeln und Riten, 4. Sinnliches Begehren und 5. Groll. Die »fünf Hemmungen« sind: 1. Begierde, 2. Abneigung, 3. Mattheit, 4. Unruhe und 5. Zweifel.

85 *Gokon* 五根, »die fünf Wurzeln«, sanskr. *pañcendriyāṇi*, sind: 1. Vertrauen (*śraddhā*), 2. Tatkraft (*vīrya*), 3. Bewusstheit (*smṛti*), 4. Meditation (*samādhi*), und 5. Weisheit (*prajñā*).

86 *Kise in hongyō*, Teil 4.

87 Die Uḍumbara-Blume ist das Symbol für etwas, was höchst selten zu erfahren ist. Es heißt, sie erblühe nur ein Mal in dreitausend Jahren. Siehe auch Kap. 68, *Udonge*.

88 *Shi-e* 四依, »die vier Pfeiler des Glaubens«, werden im *Daijōgi shō*, Teil 2, aufgeführt.

89 *Chinki yaku* 陳棄薬. Hier handelt es sich wohl um die in der weltlichen Gesellschaft nicht mehr verwendete Medizin, die aus dem Kot und Urin von Tieren hergestellt wird.

90 *Isshō furi sōrin* 一生不離叢林, »sein ganzes Leben lang das Kloster nicht verlassen«, sind die Worte von Meister Jōshū Jūshin. Siehe Kap. 39, *Dōtoku*.

91 Aniruddha war ein Neffe des Buddha und einer seiner zehn großen Schüler.

92 Hier könnte es sich um Mahānāma-koliya handeln, der einer der fünf Asketen war, die Buddha früher begleiteten. Dieser Mönch gehörte allerdings nicht zum Stamm der Śākya wie Buddha, sondern zu dem der Koliya.

93 Bhadrika war einer der fünf früheren Gefährten des Buddha und auch zum Stamm der Śākya gehörig.

94 König Siṃhahanu, wörtl. »der die Klauen eines Löwen hat«, war der Vater des Königs Śuddhodana und Großvater des Buddha.

95 *Sangai* 三界, »die drei Welten«, bedeutet hier die ganze Welt oder das ganze Universum.

96 Die Republik des Stammes der Licchavi war zu Buddhas Lebzeiten eine der bedeutendsten Republiken im zentralen Gangestal.

97 *Mitsugyō daiichi* 密行第一, wörtl. »der Erste in der verborgenen Praxis«. Jeder von Buddhas Schülern war bekannt für eine besondere Gabe. Rāhula war berühmt für seine strikte Einhaltung der Gebote.

98 Koshi war ein Staat in Südindien.

99 Siehe *Zen en shingi*, Teil 1. Dieses Zitat findet sich auch in Kap. 83, *Shukke*, und in Kap. 94, *Jukai*.

100 Meister Dōgen fühlte wohl, dass sogar in den Klöstern, in denen die Ordensregeln nicht mehr strikt eingehalten wurden, noch etwas vom Leben der buddhistischen Mönche geblieben war, was wertvoll und jenseits weltlicher Angelegenheiten war.

101 Dies ist ein Kapitel der 12-Kapitel-Ausgabe des *Shōbōgenzō*, das Meister Dōgen am Ende seines Lebens begann. Im Jahr 1246 hatte er eine kurze Darlegung zum Thema der Hauslosigkeit gegeben (siehe Kap. 83, *Shukke*). Es ist wahrscheinlich, dass er vorhatte, einen längeren Vortrag zu diesem Thema zu halten, und deshalb viele Zitate aus den Sūtren und Schriften sammelte und Kommentare dazu schrieb. Nach seinem Tod im Jahr 1253 brachte sein Nachfolger, Meister Ko-un Ejō, sehr wahrscheinlich Meister Dōgens Aufzeichnungen heraus und lehrte dieses Kapitel im Sommer-Training des Jahres 1255.

# 87

# 供養諸仏

# Kuyō shobutsu

# Den Buddhas Gaben darbringen

*Kuyō ist »Gaben darbringen«, shobutsu bedeutet »Buddhas«, und so bedeutet kuyō shobutsu »den Buddhas Gaben darbringen«. Im Buddha-Dharma gibt es eine Tradition der Gläubigen, den Buddhas, das heißt, den Menschen, die die Wahrheit verwirklicht haben, Gaben der Verehrung darzubringen. Für Buddhisten ist es daher ganz natürlich, den Buddhas Gaben darzubringen. Vom rein spirituellen Standpunkt aus gesehen mögen manche es nicht als notwendig ansehen, den Buddhas materielle Gaben darzubringen, denn sie halten die religiöse Verehrung für genug. Aber der Buddha-Dharma ist eine Religion der Wirklichkeit, in der das konkrete Tun und Handeln eines Menschen geschätzt und verehrt wird, deshalb wird dem Darbringen materieller Gaben und Geschenke für die Buddhas eine große Bedeutung beigemessen; es zeigt das aufrichtige Vertrauen eines Menschen in die Praxis und Lehre des Buddha, ganz gleich, wie klein oder groß die Gabe ist. In diesem Kapitel erklärt Meister Dōgen, dass das Verdienst in der Handlung des Darbringens selbst liegt.*

Der Buddha sagte:

> *Ohne die vergangenen Zeitalter*
> *Gäbe es keine Buddhas der Vergangenheit.*
> *Ohne die Buddhas der Vergangenheit*
> *Könnten wir Haus und Familie nicht verlassen und die Gebote empfangen.*[1]

Ihr solltet Klarheit darüber erlangen, dass die Buddhas der Vergangenheit, Gegenwart und Zukunft[2] zweifellos existieren. Wenn ihr über die Buddhas sprecht, solltet ihr niemals sagen, dass sie einen Anfang oder keinen Anfang hätten. Wenn ihr fälschlicherweise annehmt, dass [Buddhas] einen Anfang und ein Ende oder keinen Anfang und kein Ende hätten, dann erlernt ihr nicht den Buddha-Dharma. Menschen, die den Buddhas der Vergangenheit Gaben der Verehrung darbringen[3], Haus und Familie verlassen und ihnen folgen und ihnen dienen, werden zweifellos selbst Buddhas. Durch das Verdienst ihrer Gaben machen sie sich selbst zu Buddhas. Wie könnten die Lebewesen, die noch niemals auch nur einen Buddha verehrt und ihm Gaben dargebracht haben, selbst Buddhas werden? Niemand wird ein Buddha ohne Ursache.

Das Folgende findet sich im Butsu hongyō jikyō (Kap. 1, »Das Darbringen von Gaben der Verehrung«).[4] *Der Buddha sagte zu Maudgalyāyana*[5]*: »Ich erinnere mich, dass ich* *früher unter unzähligen Weltgeehrten viele gute Wurzeln gepflanzt und mich bemüht habe, Anuttarā-samyak-saṃbodhi zu erlangen.*

*Maudgalyāyana! Ich erinnere mich, dass ich früher den Körper eines raddrehenden Königs hatte und dreißig Koṭis*[6] *von Buddhas begegnete, die alle einen einzigen Namen hatten, der ›Śākya‹ war. Ich und eine große Schar von Śrāvakas verehrten diese Buddhas, warteten ihnen auf, brachten ihnen Gaben dar und statteten sie mit vier Dingen aus, nämlich Kleidung, Essen und Trinken, Bettzeug und Medizin. Zu jener Zeit gaben diese Buddhas mir aber nicht die Bestätigung, dass ich Anuttarā-samyak-saṃbodhi erlangen, ein Lehrer der Götter und Menschen und ein weltgeehrter Buddha werden und in einem zukünftigen Zeitalter die rechte Wahrheit erlangen würde.*

*Maudgalyāyana! Ich erinnere mich, dass ich früher den Körper eines raddrehenden Königs hatte und acht Koṭis von Buddhas begegnete, die alle den Namen ›Brennende Fackel‹ hatten. Ich und eine große Schar von Śrāvakas priesen und verehrten sie und statteten sie mit vier Dingen aus, nämlich Kleidung, Essen und Trinken, Bettzeug und Medizin, und wir brachten ihnen Fahnen und Flaggen, Blumen und Räucherwerk dar. Zu jener Zeit gaben diese Buddhas mir nicht die Bestätigung, dass ich Anuttarā-samyak-saṃbodhi erlangen, ein Durchdringer der Welt, ein Lehrer der Götter und Menschen und ein weltgeehrter Buddha werden und in einem zukünftigen Zeitalter die rechte Wahrheit erlangen würde.*

*Maudgalyāyana! Ich erinnere mich, dass ich früher den Körper eines raddrehenden Königs hatte und drei Koṭis von Buddhas begegnete, die alle den Namen ›Puṣya‹ hatten. Ich und eine große Schar von Śrāvakas statteten sie vollständig mit den Gaben der vier Dinge aus. Zu jener Zeit gaben mir diese Buddhas nicht die Bestätigung, dass ich Buddha werden würde.«*

Abgesehen von den oben genannten Buddhas brachte [der Tathāgata] zahllosen anderen Buddhas Gaben dar. Als er den Körper eines raddrehenden Königs hatte, hat er wohl tatsächlich über die vier Kontinente geherrscht, und die Dinge, die er den Buddhas darbrachte, müssen unendlich zahlreich gewesen sein. Wenn er ein großer raddrehender König gewesen ist, muss er auch der König der dreitausendfachen Welt gewesen sein, und die Gaben, die er den Buddhas zu jener Zeit dargebracht hat, mögen völlig jenseits der Vorstellungen der gewöhnlichen Menschen von heute gewesen sein. Auch wenn der Buddha dies alles hier erklärt, ist es wohl dennoch sehr schwer zu verstehen.

Das Folgende findet sich im Butsuzō kyō[7] (Kap. 8, »Die reine Sicht«). *Der Buddha sprach zu Śāriputra*[8]*: »Ich erinnere mich an früher, als ich drei Koṭis von Buddhas begegnete, die alle den Namen ›Śākyamuni‹ hatten. Für jeden von ihnen wurde ich ein heiliger raddrehender König, und da ich Anuttarā-samyak-saṃbodhi erlangen wollte, brachte ich ihnen und ihren Schülern ein Leben lang Kleidung, Essen und Trinken, Bettzeug und Medizin dar. Dennoch bestätigten diese Buddhas mir nicht, dass ich in einem zukünftigen Zeitalter Buddha werden würde. Weshalb? Weil ich durch [meine Gaben] etwas erreichen wollte.*[9]

*Śāriputra! Ich erinnere mich an früher, als ich achttausend Buddhas begegnen konnte, die alle den Namen ›Beständiges Licht‹ hatten. Für jeden von ihnen wurde ich ein raddrehender König, und weil ich Anuttarā-samyak-saṃbodhi erlangen wollte, brachte ich ihnen und ihren Schülern ein Leben lang Gaben von Kleidung, Essen und Trinken, Bettzeug und Medizin dar. Dennoch bestätigten mit diese Buddhas nicht, dass ich in einem zukünftigen Zeitalter ein Buddha werden würde. Weshalb? Weil ich durch [meine Gaben] etwas erreichen wollte.*

*Śāriputra! Ich erinnere mich an früher, als ich sechzigtausend Koṭis von Buddhas begegnete, die alle den Namen ›Strahlende Klarheit‹ hatten. Für jeden von ihnen wurde ich ein raddrehender König, und weil ich Anuttarā-samyak-saṃbodhi erlangen wollte, brachte ich ihnen und ihren Schülern ein Leben lang Gaben von Kleidung, Essen und Trinken, Bettzeug und Medizin dar. Dennoch gaben auch diese Buddhas mir nicht die Bestätigung, dass ich in einem zukünftigen Zeitalter ein Buddha sein würde. Weshalb? Weil ich durch [meine Gaben] etwas erreichen wollte.*

*Śāriputra! Ich erinnere mich an früher, als ich drei Koṭis von Buddhas begegnete, die alle den Namen ›Puṣya‹ hatten. Für jeden von ihnen wurde ich ein raddrehender König und brachte ihnen ehrerbietig die vier Dinge dar. Keiner von ihnen gab mir die Bestätigung, dass ich Buddha werden würde, weil ich durch [meine Gaben] etwas erreichen wollte.*

*Śāriputra! Ich erinnere mich an ein vergangenes Zeitalter, als ich achtzehntausend Buddhas begegnen konnte, die alle den Namen ›Berg-König‹ hatten. Dieses Zeitalter wurde ›die höhere Acht‹ genannt. Unter diesen achtzehntausend Buddhas rasierte ich mein Haar und färbte mein Gewand und schulte mich in Anuttarā-samyak-saṃbodhi, aber keiner dieser Buddhas gab mir die Bestätigung, weil ich durch [meine Gaben] etwas erreichen wollte.*

*Śāriputra! Ich erinnere mich an ein vergangenes Zeitalter, als ich fünfhundert Buddhas begegnen konnte, die alle den Namen ›Über den Blumen‹ hatten. Für jeden von ihnen wurde ich ein raddrehender König und ich brachte ihnen und ihren Schülern Gaben jeder Art dar. Keiner dieser Buddhas gab mir die Bestätigung, weil ich durch [meine Gaben] etwas erreichen wollte.*

*Śāriputra! Ich erinnere mich an früher, als ich fünfhundert Buddhas begegnen konnte, die alle den Namen ›Würdevolles Verdienst‹ hatten. Allen diesen Buddhas brachte ich Gaben dar, aber keiner von ihnen gab mir die Bestätigung, weil ich durch [meine Gaben] etwas erreichen wollte.*

*Śāriputra! Ich erinnere mich an ein vergangenes Zeitalter, als ich zweitausend Buddhas begegnen konnte, die alle den Namen ›Kauṇḍinya‹*[10] *hatten. Für jeden von ihnen wurde ich ein raddrehender König, und ich brachte ihnen alle Arten von Gaben dar, aber keiner von ihnen gab mir die Bestätigung, weil ich durch [meine Gaben] etwas erreichen wollte.*

*Śāriputra! Ich erinnere mich an ein vergangenes Zeitalter, als ich neuntausend Buddhas begegnen konnte, die alle den Namen ›Kāśyapa‹ hatten. Ich brachte diesen Buddhas und ihren vielen Schülern die Gaben der vier Dinge dar, aber keiner von ihnen gab mir die Bestätigung, weil ich durch [meine Gaben] etwas erreichen wollte.*

*Śāriputra! Ich erinnere mich an ein vergangenes Zeitalter, in dem zehntausend Weltzeitalter lang kein Buddha mehr erschien. In den ersten fünfhundert Weltzeitaltern dieser Zeitspanne gab es neunzigtausend Pratyekabuddhas. Viele Leben lang brachte ich ihnen allen Gaben von Kleidung, Essen und Trinken, Bettzeug und Medizin dar, und ich verehrte und pries sie. In den nächsten fünfhundert Weltzeitaltern brachte ich weiteren vierundachtzigtausend Pratyekabuddhas Gaben der vier Dinge dar, und ich verehrte und pries sie.*

*Śāriputra! Nach diesen Tausenden von Weltzeitaltern erschienen keine Pratyekabuddhas mehr. So starb ich in der Menschenwelt, wurde in der Brāhmawelt geboren und war der große König Brahmā. Auf diese Weise vergingen fünfhundert Weltzeitalter, und ich wurde immer wieder in der Brāhmawelt geboren, war der große König Brahmā und wurde nie mehr wieder in der Menschenwelt geboren. Nach diesen fünfhundert Weltzeitaltern wurde ich wieder in der Menschenwelt geboren und herrschte über sie. Als mein Leben dort beendet war, wurde ich im Bereich der Könige der vier Himmel*[11] *geboren, und als mein Leben dort zu Ende war, wurde ich im zweiten der sechs Himmel*[12] *geboren und war Śakra-devānām-indra. Nachdem ich fünfhundert Weltzeitalter lang in der Menschenwelt geboren worden war, wurde ich die nächsten fünfhundert Weltzeitalter danach in der Brāhmawelt geboren und war der große König Brahmā.*

*Śāriputra! In neuntausend Weltzeitaltern wurde ich nur ein Mal in der Menschenwelt geboren, und in neuntausend Weltzeitaltern wurde ich nur im Himmel über uns geboren. Als das Weltzeitalter des großen Feuers kam, durch das ein Weltzeitalter beendet wird, wurde ich im Himmel des hellen Klangs*[13] *geboren. Als die Welt [wieder neu] erschaffen wurde, wurde ich wieder im Brāhmahimmel geboren. Neuntausend Weltzeitalter lang wurde ich nicht mehr in der Menschenwelt geboren.*

*Śāriputra! In diesen neuntausend Weltzeitaltern erschienen keine Buddhas mehr und auch keine Pratyekabuddhas, und viele Lebewesen wandten sich üblen Wegen zu.*

*Śāriputra! Nach dem Vergehen dieser zehntausend Weltzeitalter erschien ein Buddha namens ›Tathāgata, Bewahrer des Universums‹.*[14] *Dieser Buddha war einer, der die Gaben verdiente*[15]*, einer, der das rechte allumfassende Wissen hatte*[16]*, einer, der vollkommen in der Klarheit und im Tun war*[17]*, einer, der Abschied [von der Welt] genommen hatte*[18]*, einer, der die Welt durchdrang*[19]*, ein Unübertroffener*[20]*, der über die Menschen herrscht*[21]*, ein Lehrer der Götter und Menschen*[22]*, ein weltgeehrter Buddha.*[23] *Zu jener Zeit, als mein Leben in der Brāhmawelt beendet war, wurde ich in der Menschenwelt geboren. Ich wurde ein raddrehender König namens ›Weiter Himmel‹, dessen Lebenszeit neunzigtausend Jahre betrug. Ich verbrachte also neunzigtausend Jahre damit, diesem Buddha und neunzig Koṭis von Mönchen alle Arten von Gaben für ihr Wohlergehen darzubringen, weil ich Anuttarā-samyak-saṃbodhi erlangen wollte. Auch dieser Buddha ›Bewahrer des Universums‹ gab mir nicht die Bestätigung, dass ich in einem zukünftigen Zeitalter ein Buddha werden würde. Weshalb? Weil ich zu jener Zeit noch nicht die wirkliche Form aller Dharmas ergründen und verwirklichen konnte und noch an die eigennützige Sichtweise des Ichs, das etwas erreichen will, gefesselt war.*

*Śāriputra! Während dieses Weltzeitalters erschienen hundert Buddhas, die alle verschiedene Namen hatten. Für jeden von ihnen wurde ich ein raddrehender König, und da ich Anuttarā-samyak-saṃbodhi erlangen wollte, verbrachte ich mein Leben damit, diesen Buddhas und ihren Schülern Gaben darzubringen. Auch diese Buddhas gaben mir nicht die Bestätigung, dass ich in einem zukünftigen Zeitalter Buddha werden würde, weil ich durch [meine Gaben] etwas erreichen wollte.*

*Śāriputra! Ich erinnere mich an die Vergangenheit, als ich siebenhundert Asaṃkhyeyas*[24] *von Weltzeitaltern lang tausend Buddhas begegnen konnte, die alle den Namen ›Jambūnada‹*[25] *hatten. Ich verbrachte viele Leben damit, ihnen die Gaben der vier Dinge darzubringen. Aber auch sie bestätigten mich nicht, weil ich durch [meine Gaben] etwas erreichen wollte.*

*Śāriputra! Ich erinnere mich an die Vergangenheit, als ich während dieser siebenhundert Asaṃkhyeyas von Weltzeitaltern sechshundertzwanzig Myriaden von Buddhas begegnen konnte, die alle den Namen ›Alle Formen sehend‹ hatten. Für jeden von ihnen wurde ich ein heiliger raddrehender König, und ich brachte ihnen und ihren Schülern ein Leben lang Gaben für ihr Wohlergehen dar. Auch sie gaben mir nicht die Bestätigung, weil ich durch [meine Gaben] etwas erreichen wollte.*

*Śāriputra! Ich erinnere mich an die Vergangenheit, als ich während dieser siebenhundert Asaṃkhyeyas von Weltzeitaltern vierundachtzig Buddhas begegnen konnte, die alle den Namen ›Kaiserliche Form‹ hatten. Für jeden von ihnen wurde ich ein heiliger raddrehender König, und ich brachte ihnen und ihren Schülern ein Leben lang Gaben für ihr Wohlergehen dar. Auch sie gaben mir nicht die Bestätigung, weil ich durch [meine Gaben] etwas erreichen wollte.*

*Śāriputra! Ich erinnere mich an die Vergangenheit, als ich während dieser siebenhundert Asaṃkhyeyas von Weltzeitaltern fünfzehn Buddhas begegnen konnte, die alle den Namen ›Sonnen-Klarheit‹ hatten. Für jeden von Ihnen wurde ich ein heiliger raddrehender König, und ich brachte ihnen und ihren Schülern ein Leben lang Gaben für ihr Wohlbefinden dar. Auch sie bestätigten mich nicht, weil ich durch [meine Gaben] etwas erreichen wollte.*

*Śāriputra! Ich erinnere mich an die Vergangenheit, als ich während dieser siebenhundert Asaṃkhyeyas von Weltzeitaltern zweiundsechzig Buddhas begegnen durfte, die alle den Namen ›Gute Stille‹ hatten. Für jeden von ihnen wurde ich ein heiliger raddrehender König, und ich brachte ihnen Gaben für ihr Wohlergehen dar. Auch sie gaben mir nicht die Bestätigung, weil ich durch [meine Gaben] etwas erreichen wollte.*

*Auf diese Weise ging es weiter, bis ich dem Buddha ›Beständiges Licht‹ begegnen durfte und sogleich in den Bereich des Nicht-Werdens*[26] *eintreten konnte. Dieser Buddha ›Beständiges Licht‹ gab mir sogleich die Bestätigung, dass ich in einem zukünftigen Zeitalter, nach vielen Asaṃkhyeyas von Weltzeitaltern, ein Buddha werden und mein Name ›Śākyamuni Tathāgata‹ sein würde. Er bestätigte mir, dass ich einer sein würde, der die Gaben verdient, einer, der das rechte allumfassende Wissen hat, einer, der vollkommen in der Klarheit und im Tun ist, einer, der über die Welt herrscht, ein Lehrer der Götter und Menschen und ein von der Welt geehrter Buddha.«*

Seitdem der Buddha am Anfang dreißig Koṭis von Śākyamuni Buddhas begegnet ist, denen er viele Leben lang Gaben darbrachte, bis zu seiner Begegnung mit dem Tathāgata »Beständiges Licht«, verbrachte er unzählige Leben im Körper eines heiligen raddrehenden Königs und verehrte [diese Buddhas] und brachte ihnen Gaben dar. Die Lebenszeit solcher heiligen raddrehenden Könige war wohl oft länger als achtzigtausend Jahre. Während dieser achtzigtausend Jahre brachte er diesen Buddhas Gaben aller Arten von Annehmlichkeiten dar. Der Buddha »Beständiges Licht« ist [identisch mit dem] Tathāgata »Brennende Leuchte«.[27] Im Butsu hongyō jikkyō und im Butsuzō kyō begegnete Buddha dreißig Koṭis von Śākyamuni Buddhas; in beiden Sūtren wird daher dasselbe gelehrt.

*Im ersten Asaṃkhyeya begegnete der Bodhisattva Śākya [der künftige Buddha] fünfundsiebzigtausend Buddhas, von denen der erste »Śākyamuni« und der letzte »Schatz-Haarzopf«[28] hieß, und er diente ihnen und brachte ihnen Gaben dar. Im zweiten Asaṃkhyeya begegnete er siebenundsechzigtausend Buddhas, von denen der erste »Schatz-Haarzopf« und der letzte »Brennende Leuchte« hieß, und er diente ihnen und brachte ihnen Gaben dar. Im dritten Asaṃkhyeya begegnete er siebenundsiebzigtausend Buddhas, von denen der erste wiederum »Brennende Leuchte« und der letzte »Hervorragendes Gewahrsein«[29] hieß, und er diente ihnen und brachte ihnen Gaben dar. Während der Bodhisattva Śākya nun einundneunzig Weltzeitalter lang die Merkmale[30] und das Karma verschiedenartiger Ausreifung[31] ausgebildet hatte, begegnete und diente er sechs Buddhas und brachte ihnen Gaben dar. Der erste hieß »Hervorragende Beobachtung« und der letzte »Kāśyapa«.*[32]

Grundsätzlich hat der Buddha in diesen drei großen Asaṃkhyeyas von Weltzeitaltern, in denen er den verschiedenen Buddhas diente und ihnen Gaben darbrachte, sich nicht geschont, [alles] zu geben, angefangen von seinem Körper und seinem Leben bis hin zu seinem Königreich, seinen Städten, Frauen und Kindern, den sieben Schätzen, männlichen und weiblichen [Bediensteten] usw. [Dieser Verzicht] ist jenseits menschlicher Erwägungen. Als Gaben brachte er [den Buddhas] silberne Schalen dar, die bis zum Rand voll mit goldener Hirse waren, oder er brachte goldene oder silberne Schalen dar, die bis zum Rand voll waren mit der Hirse der sieben Schätze. Er spendete [den Buddhas] Azuki-Bohnen, brachte ihnen alle Arten von Blumen des Wassers und der Erde dar und feinstes Räucherwerk aus Sandelholz, Aloe usw. Er brachte dem Buddha »Brennende Leuchte« fünfstielige blaue Lotosblumen dar, die er für fünfhundert Gold- und Silberstücke gekauft hatte, und schenkte ihm ein Gewand aus Wildlederhaut. Wenn ihr den Buddhas Gaben darbringt, so beschenkt ihr sie im Allgemeinen nicht mit Dingen, die ihnen notwendig oder nützlich wären. Solange ihr lebt, bringt ihr ihnen eure Gaben dar; zögert und verschwendet also eure Zeit nicht! Von welchem Nutzen wären sogar Gold und Silber für die Buddhas? Welchen Nutzen hätten sie selbst von Blumen und Räucherwerk? Es ist vielmehr der großen Güte und dem Mitgefühl der Buddhas zu verdanken, dass sie diese Gaben annehmen, um den Lebewesen Verdienste zukommen zu lassen.

Das Folgende findet sich im Mahā-parinirvāṇa-sūtra[33] (Teil 22). *Der Buddha lehrte: »Gute Söhne! Ich erinnere mich an unzählbare grenzenlose Nayutas*[34] *von Weltzeitaltern, als die Welt ›Sāhā‹ genannt wurde. Zu jener Zeit lebte ein weltgeehrter Buddha namens Śākyamuni Tathāgata. Er war einer, der die Gaben verdiente, der das rechte und allumfassende Wissen hatte, der vollkommen in der Klarheit und Handlung war, einer, der Abschied [von der Welt] genommen hatte, ein Durchdringer der Welt, ein Unübertroffener, ein Herrscher der Menschen, ein Lehrer der Menschen und Götter, ein weltgeehrter Buddha. Vor einer großen Schar von Versammelten legte er das Große Nirvāṇa-Sūtra dar. Zu jener Zeit, als ich gerade von guten Freunden kam und hörte, dass der Buddha dieses Sūtra vor einer großen Versammlung lehren würde, war ich voller Freude und wollte ihm eine Gabe darbringen. Da ich arm war und nichts besaß, dachte ich daran, [um dem Buddha eine Gabe darbringen zu können,] meinen eigenen Körper zu verkaufen. Unglücklicherweise fand ich niemanden, der meinen Körper kaufen wollte. Als ich bereits nach Hause zurückkehren wollte, traf ich auf der Straße einen Mann und ich sagte zu ihm: ›Mein Herr, ich möchte meinen Körper verkaufen. Möchtet Ihr ihn nicht kaufen?‹*

*Der Mann erwiderte: ›Zu Hause habe ich eine Arbeit zu verrichten, die jenseits dessen ist, was ein Mensch ertragen kann. Wenn Ihr sie an meiner Stelle verrichten könntet, kaufe ich Euren Körper.‹*

*Ich fragte ihn: ›Welcher Art ist die Arbeit, die Ihr zu Hause habt und die jenseits dessen ist, was ein Mensch ertragen kann?‹*

*Der Mann gab mir diese Antwort: ›Ich habe eine schreckliche Krankheit. Ein guter Arzt hat mir [folgende] Medizin verschrieben: Ich muss jeden Tag drei Pfund Menschenfleisch zu mir nehmen. Wenn Ihr mir tatsächlich jeden Tag drei Pfund vom Fleisch Eures Körpers gebt, werde ich mich verpflichten, Euch fünf Goldmünzen zu geben.‹*

*Als ich dies hörte, war mein Herz voller Freude, und ich sagte zu ihm: ›Wenn Ihr mir die Goldmünzen gebt und noch sieben Tage, um meine Angelegenheiten zu ordnen, werde ich mich verpflichten, sogleich zurückzukommen und für Euch zu arbeiten.‹*

*Da sagte der Mann: ›Sieben Tage ist unmöglich. Wenn Ihr das tun könnt, was ich beschrieben habe, erlaube ich Euch einen Tag.‹*

*Gute Söhne! Ich nahm die Goldmünzen und kehrte zum Buddha zurück. Ich verneigte mein Haupt und mein Gesicht tief vor ihm und gab ihm alles, was ich besaß. Danach hörte ich das Sūtra mit einem reinen Geist. Da ich in jener Zeit aber noch stumpf und dumm war, konnte ich [von dem ganzen Sūtra] nur diesen einen Vers annehmen und behalten:*

*Der Tathāgata hat das Nirvāṇa erfahren,*
*Das Leben und Tod für immer auslöscht.*
*Wer dieses Sūtra mit einem reinen Geist hört,*
*Wird immer unermessliche Freude empfinden.*

*Nachdem ich diesen Vers gehört hatte, ging ich sogleich zurück in das Haus des reichen Mannes. Gute Söhne! Obwohl ich dem Kranken ausnahmslos jeden Tag drei Pfund meines Fleisches gab, konnte ich dadurch, dass ich mich an diesen Vers erinnerte, einen Monat lang ohne Schmerzen sein. Gute Söhne! Durch diese direkte und indirekte Ursache wurde die Krankheit des Mannes geheilt, und mein eigener Körper heilte ebenfalls ohne auch nur eine Wunde. Zu jener Zeit, als ich sah, dass mein Körper vollkommen gesund war, erweckte ich den Willen zu Anuttarā-samyak-saṃbodhi. [Ich dachte,] wenn die Kraft eines einzigen Verses solcherart ist, wie viel größer muss dann die Kraft sein, wenn ich [das ganze Sūtra] annehmen, bewahren, lesen und rezitieren würde? Als ich sah, dass dieses Sūtra eine solche Wirkung hatte, wurde mein Wille [ein Buddha zu werden] immer stärker und stärker, und ich gelobte, dass mein Name ›Śākyamuni Buddha‹ sein würde, wenn es mir gelänge, in der Zukunft die Wahrheit zu erlangen. Gute Söhne! Dass es mir heute möglich ist, der großen Versammlung [dieses Sūtra] darzulegen, ist der direkten und indirekten Wirkung dieses einen Verses zu verdanken. Gute Söhne! Weil dies die Wahrheit ist, ist dieses himmlische Nirvāṇa unvorstellbar. Im Nirvāṇa vollenden sich zahllose und unendliche Verdienste. Genau dies ist der tiefe und geheimnisvolle Schatz der Buddha-Tathāgatas.«*

Der Bodhisattva, der zu jener Zeit seinen Körper verkaufte, war der Vorläufer des Śākyamuni Buddha der Gegenwart. Wenn wir uns noch auf andere Sūtren beziehen, [wird klar, dass] der Anfang des ersten Asaṃkhyeyas von Weltzeitaltern die Zeit war, als [dieser Bodhisattva] dem Śākyamuni Buddha der Vergangenheit Gaben darbrachte. Damals war der Bodhisattva Dachdecker und sein Name war »Große Klarheit«. Als er dem Śākyamuni Buddha der Vergangenheit und seinen Schülern Gaben darbrachte, waren diese von drei Arten: Strohkissen[35], süße Getränke und Leuchten.[36] Zu jener Zeit legte der Bodhisattva dieses Gelübde ab: »Mein Land, mein Name, meine Lebenszeit und meine Schüler sollen genau so sein wie die dieses Śākyamuni Buddha.« Das Gelübde, das der Bodhisattva damals ablegte, hat sich heute bereits verwirklicht. Wenn ihr also den Buddhas Gaben darzubringen gedenkt, solltet ihr niemals sagen, dass euer Körper elend und euer Haushalt arm seien. Seinen eigenen Körper zu verkaufen, um dem Buddha eine Gabe darzubringen, ist der wahre Dharma des großen Meisters Śākyamuni der Gegenwart. Wer könnte sich darüber nicht glücklich schätzen? In der Geschichte wird erzählt, dass [der Bodhisattva] einem reichen Mann begegnet sei, der Tag für Tag drei Pfund Fleisch von seinem Körper abschnitt. [Dies] hätte ein anderer Mensch, sogar ein guter Freund oder Lehrer, nicht ertragen. Aber die [obige] Tugend existiert, weil sie durch den tiefen Wunsch, [dem Buddha] Gaben darzubringen, getragen wird. Die Tatsache, dass ihr heute den wahren Dharma des Tathāgata hören könnt, mag dem Fleisch des Körpers aus der fernen Vergangenheit [zu verdanken] sein, das euch [Menschen] der heutigen Zeit dargebracht wird. Die vier Zeilen des obigen Gedichtes sind nicht für fünf Goldmünzen zu kaufen. In den drei Asaṃkhyeyas von Weltzeitaltern und den einhundert großen Weltzeitaltern, in denen Leben empfangen und wieder genommen wurde, blieb dieses Gedicht unvergesslich; es wurde an den Orten dieser und jener Buddhas immer wieder von Neuem bestätigt, und so besitzt es in Wahrheit wohl unvorstellbare Tugenden und Verdienste. Die Schüler, denen Buddhas Lehre weitergegeben wurde, sollten es annehmen und mit tiefer Demut bewahren. Der

Tathāgata hat bereits gelehrt, dass die Kraft eines einzigen Verses solcherart ist. Das Verdienst [des Verses] könnte unendlich tiefgründig sein.

Im Lotos-Sūtra heißt es:

*Wenn Menschen einem Stūpa oder einem Schrein,*
*Einer Statue oder einem Gemälde [des Buddha]*
*Aufrichtig ihre Verehrung mit Räucherwerk, Fahnen und Baldachinen erweisen,*
*Wenn sie andere Menschen dazu anhalten, Musik zu machen,*
*Trommeln zu schlagen oder das Horn oder die Muscheln zu blasen,*
*Pfeifen und Flöten, Laute und Harfe zu spielen*
*Und Biwas, Zimbeln und Gongs,*
*Und wenn sie mit solchen wunderbaren Tönen*
*Den Buddhas Ihre Verehrung erweisen*
*Oder mit freudigen Herzen*
*Lieder singen und die Verdienste der Buddhas preisen,*
*Selbst wenn der Ton nur schwach ist,*
*Haben alle diese Menschen den Buddha-Weg verwirklicht.*
*Wenn ein Mensch, dessen Geist zerstreut und verwirrt ist,*
*Auch nur mit einer einzigen Blume*
*Einem [Buddha-]Bild Verehrung darbringt,*
*Wird er allmählich unzähligen Buddhas begegnen.*
*Oder ein Mensch, der sich verneigt,*
*Oder nur seine Hände zusammenlegt,*
*Oder auch nur eine Hand hebt,*
*Oder den Kopf ein wenig beugt*
*Und so dem Buddha-Bild seine Ehrerbietung erweist,*
*Der wird nach und nach den unzähligen Buddhas begegnen,*
*Und er wird auf natürliche Weise die höchste Wahrheit erlangen,*
*Und überall wird er unzählige Lebewesen befreien.*[37]

Dies sind die Gehirne und Augen der Buddhas der drei Zeiten. Ihr solltet euch mit allen Kräften darum bemühen, diesen Weisen zu begegnen und es ihnen gleichzutun. Verschwendet nicht eure kostbare Zeit!

Der große Meister Sekitō Musai sagte: »Ich bitte euch, verschwendet eure Zeit nicht!«[38] Solche Tugenden und Verdienste lassen euch Buddha werden, und dies[e Wahrheit] gilt gleichermaßen für die Vergangenheit, die Gegenwart und die Zukunft; es kann nicht zwei oder drei [Wahrheiten] geben.[39] Solcherart ist ein Mensch, der [durch seine Verehrung] die Frucht eines Buddhas erlangt hat.

Der alte Meister Nāgārjuna sagte:

*»Wenn wir uns um die Wirkungen [eines Lebens als] Buddha bemühen, sind es kleine Dinge, wie nur einen Vers zu preisen, nur ein Namas*[40] *zu rezitieren, nur ein Räucherstäbchen anzuzünden und nur eine Blume darzubringen, die uns unfehlbar ermöglichen, die Buddhaschaft zu erlangen.«*

Obwohl dies allein von dem Meister-Vorfahren und Bodhisattva Nāgārjuna gelehrt wurde, solltet ihr euer Leben solchen Dingen widmen. Mehr noch, es ist die Lehre des großen Meisters Śākyamuni Buddha, wie sie von dem Meister-Vorfahren Nāgārjuna authentisch weitergegeben und hochgehalten wurde. Ihr solltet euch glücklich schätzen, dass ihr solche Schätze erhalten habt, die es euch ermöglichen, den Schatz-Berg der Buddha-Wahrheit emporzusteigen und in den Schatz-Ozean der Buddha-Wahrheit einzutauchen. Dies mag der Kraft der Verehrung zuzuschreiben sein, die ihr den Buddhas in langen Weltzeitaltern entgegengebracht habt. Zweifelt nicht daran, dass [solche kleine Dinge der Verehrung] euch unfehlbar zu Buddhas machen. Es ist ganz gewiss so. Solcherart ist die Lehre Śākyamuni Buddhas.

*»Ferner gibt es Beispiele dafür, dass kleine Ursachen große Wirkungen hervorbringen und kleine Handlungen große Resultate bewirken können. Wenn ihr euch beispielsweise um die Buddha-Wahrheit bemüht und [Buddha] mit einem einzigen Vers preist, nur einmal ein Namu-Butsu rezitiert oder nur ein einziges Räucherstäbchen verbrennt, werden es euch [diese kleinen Dinge] zweifellos ermöglichen, Buddha zu werden. Und dies umso mehr, wenn wir hört und wisst, dass die wirkliche Form aller Dharmas weder entsteht noch vergeht, weder nicht entsteht noch nicht vergeht. Dann werdet ihr keine Irrtümer begehen, selbst wenn euer Tun und Handeln karmischen Ursachen und Bedingungen unterliegt.«*[41]

Der alte Meister Nāgārjuna hat die Lehre des Weltgeehrten, die so klar und augenfällig ist, direkt empfangen und authentisch weitergegeben. [Nāgārjunas Lehre] ist die rechte und traditionelle Übertragung der goldenen Worte der unverfälschten Wahrheit. Auch wenn dies die Lehre des alten Meister-Vorfahren Nāgārjuna selbst ist, solltet ihr seine Lehre niemals mit der anderer Meister vergleichen. Vielmehr solltet ihr euch glücklich schätzen, der authentischen Weitergabe und Verbreitung der Darlegungen des Weltgeehrten begegnet zu sein. Diese heiligen Lehren solltet ihr nicht wahllos mit den nichtssagenden Ausführungen der gewöhnlichen Lehrer in China vergleichen.

Der alte Meister Nāgārjuna sagte: *»Ferner, weil die Buddhas den Dharma verehren, erweisen sie dem Dharma durch ihre Gaben Verehrung, und sie machen den Dharma zu ihrem Lehrer. Weshalb? [Weil] die Buddhas der drei Zeiten die wirkliche Form aller Dharmas*[42] *zu ihrem Lehrer machen.*

*[Jemand] fragt: ›Warum bringen die Buddhas dem Dharma in ihren eigenen Körpern keine Gaben dar, sondern bringen ihre Gaben [nur] dem Dharma in den anderen dar?‹ [Ich] antworte: ›Die Buddhas folgen den Dingen und Phänomenen der Welt. Wenn ein Mönch dem Juwel des Dharmas Gaben darbringen möchte, bringt er die Gaben nicht dem Dharma in seinem eigenen Körper dar, sondern bringt sie dem Dharma der anderen dar, [das heißt, jenen,] die den Dharma kennen, ihn verstehen und bewahren. Die Buddhas sind ebenso. Selbst wenn der Dharma in ihren eigenen Körpern existiert, so bringen sie ihre Gaben dem Dharma in den anderen Buddhas dar.‹*

*[Jemand] fragt: ›Da die Buddhas durch ihre Gaben keine Verdienste erlangen wollen, warum bringen sie dann Gaben dar?‹ [Ich] antworte: ›Die Buddhas pflegen*

*zahllose Asaṃkhyeyas von Weltzeitaltern lang Tugenden und Verdienste, und sie praktizieren beständig alle Formen des Guten, aber sie tun dies nicht um der Belohnung willen, sondern weil sie das Verdienst selbst verehren. Deshalb bringen sie Gaben dar und erweisen anderen ihre Verehrung.‹*

*Zum Beispiel gab es zu Buddhas Lebzeiten einen blinden Mönch, der Gewänder nähte, obwohl er nichts sehen konnte. Eines Tages glitt der Faden aus dem Nadelöhr und er fragte: ›Gibt es hier jemanden, der Verdienste liebt und der den Faden für mich wieder einfädelt?‹ Da kam der Buddha zu ihm und sagte: ›Ich bin jemand, der Verdienste liebt, und komme, um ihn für dich einzufädeln.‹ Der Mönch erkannte den Buddha an seiner Stimme. Er erhob sich sofort, legte sein Gewand an und warf sich vor dem Buddha nieder. Dann fragte er den Buddha: ›Der Buddha hat alle Verdienste bereits vollkommen verwirklicht. Warum sagt er, dass er Verdienste liebt?‹ Der Buddha antwortete: ›Auch wenn ich alle Verdienste bereits verwirklicht habe, kenne ich zutiefst die Ursachen der Verdienste, ich kenne die Wirkung, die Vergeltung und die Macht der Verdienste. Dass ich jetzt hervorragend unter allen Lebewesen bin, ist auf diese Verdienste zurückzuführen, und deshalb liebe ich die Verdienste.‹ Nachdem der Buddha diesem Mönch die Verdienste gepriesen hatte, unterwies er ihn spontan im Dharma. Dieser Mönch erlangte die Reinheit des Dharma-Auges, dessen Klarheit jenseits seiner physischen Augen war.«*[43]

Ich hörte diese Geschichte vor langer Zeit während einer nächtlichen Unterweisung im Raum meines früheren Meisters. Danach konnte ich sie mit den Worten des Daichido ron abgleichen. Die Unterweisung meines Meister-Vorfahren, der [mir] den Dharma weitergab, war klar, und er hatte nichts ausgelassen. Diese Sätze befinden sich im Teil zehn des [Dai-]Chido ron. Daraus ist klar ersichtlich, dass alle Buddhas ausnahmslos die wirkliche Form aller Dharmas zu ihrem großen Lehrer machen. Auch Śākyamuni bestätigte diese herkömmliche Methode aller Buddhas. Dass sie die wirkliche Form aller Dharmas zu ihrem großen Lehrer gemacht haben, bedeutet, dass sie den drei Juwelen – Buddha, Dharma und Sangha – Gaben dargebracht und ihnen ihre Verehrung erwiesen haben. Unzählbare Asaṃkhyeyas von Weltzeitaltern lang sammeln die Buddhas zahllose Verdienste und Wurzeln des Guten an, ohne nach Belohnung zu suchen; sie bringen die Gaben deshalb dar, weil sie die Verdienste selbst verehren. [Sogar] wenn sie Bodhi, die Frucht eines Buddhas, erlangt haben, lieben sie immer noch die kleinen Verdienste, und deshalb führte [der Buddha] den Faden für den blinden Mönch in das Nadelöhr. Wenn ihr das Verdienst von Bodhi, der Frucht eines Buddhas, klären und verstehen wollt, führt die obige Geschichte dies sehr klar vor Augen. Weil dies so ist, kann das Verdienst von Bodhi, das die Frucht eines Buddhas ist, und die Wahrheit, die die wirkliche Form aller Dharmas ist, niemals den Vorstellungen der gewöhnlichen Menschen von heute entsprechen. Gewöhnliche Menschen denken nämlich, die wirkliche Form aller Dharmas sei es, Unrecht zu tun, und sie meinen, dass Bodhi, die Frucht eines Buddhas, nur bedeuten könne, etwas zu gewinnen.[44] Mit solchen falschen Annahmen können sie niemals den [zwei extremen] Sichtweisen entgehen, wonach [die Dinge dieser Welt] entweder ewig[45] oder gar nicht andauerten.[46] Wie könnten sie vollkommen die wirkliche Form aller Dharmas ergründen, die nur ein Buddha zusammen mit einem Buddha[47] vollkommen ergründet? [Sie können es nicht,] weil das, was ein Buddha zusammen mit einem anderen Buddha vollkommen ergründet, genau die wirkliche Form aller Dharmas ist.

*Grundsätzlich gibt es zehn Arten, Gaben darzubringen: 1. einem Menschen Gaben darbringen, 2. einem Schrein Gaben darbringen, 3. dem, was gegenwärtig existiert, Gaben darbringen, 4. dem, was gegenwärtig nicht existiert, Gaben darbringen, 5. das Darbringen der Gaben durch uns selbst, 6. das Darbringen der Gaben durch andere, 7. das Darbringen von Besitz, 8. das Darbringen des Außergewöhnlichen, 9. die Reinheit beim Darbringen der Gaben, und 10. das Darbringen der Verwirklichung der Wahrheit.*[48]

*Die erste dieser Arten der Darbringung, bei der ihr einem Menschen Gaben darbringt, bedeutet, dass ihr eure Gaben dem Körper eines Buddhas darbringt. Dies nennen wir »einem Menschen Gaben darbringen«.*

*Die zweite Art der Darbringung, bei der ihr einem Schrein*[49] *Gaben darbringt, bedeutet, dass ihr einem Schrein oder Stūpa Gaben darbringt. Im Sōgi ritsu*[50] *heißt es, dass ein [Ort], an dem Reliquien*[51] *aufbewahrt werden, »Stūpa«*[52] *genannt wird, während ein »Schrein« keine Reliquien enthält. Manche sagen, dass man in beiden Fällen von einem »Schrein« spricht. Außerdem wird das Sanskrit-Wort Stūpa, das »Chuba«*[53] *ausgesprochen wird, hier [in China und Japan] »ein quadratisches Grabmal« oder »ein Schrein« genannt. In den Āgama[-Sūtren] wird es als »Shicha« bezeichnet.*[54]

Ob wir nun »Stūpa« oder »Schrein« sagen, es scheint sich um dasselbe zu handeln. Andererseits sagte der große Zen-Meister Nangaku [Eshi][55] im Hokke senbō[56]: *»Von ganzem Herzen verneigen wir uns in Verehrung vor den Reliquien, vor den Bildnissen der Ehrwürdigen [Meister], vor den Schreinen, vor den wunderbaren Stūpas und vor dem Tathāgata Überreiche Schätze und dem Juwelen-Stūpa, der sein ganzer Körper der Welten in den zehn Richtungen ist.«* Daraus geht klar hervor, dass Schreine und Stūpas, Reliquien und Bildnisse des Ehrwürdigen unterschieden werden.

Das Folgende findet sich im Sōgi ritsu (Kapitel 33). *Dies ist der Dharma über Stūpas: Der Buddha hielt sich im Königreich Kośala auf und wanderte umher. Eines Tages sah ein Brahmane, der gerade sein Stück Land pflügte, den Weltgeehrten vorbeigehen. Er stützte sich auf seinen Stock und verneigte sich ehrerbietig vor dem Buddha. Als der Weltgeehrte dies sah, lächelte er. Die [ihn begleitenden] Mönche fragten den Buddha: »Warum lächelt ihr? Wir würden dies so gerne hören.«*

*Der Buddha erklärte den Mönchen: »Dieser Brahmane hat sich jetzt vor zwei Weltgeehrten verbeugt.«*

*Die Mönche fragten: »Vor welchen zwei?«*

*Der Buddha sagte: »Als der Brahmane sich vor mir verneigte, befand sich der Stūpa von Kāśyapa-Buddha direkt unter seinem Stock.«*

*Die Mönche sagten zum Buddha: »Gerne würden wir den Stūpa von Kāśyapa-Buddha sehen.«*

*Der Buddha sagte zu den Mönchen: »Dann müsst ihr diesen Brahmanen fragen, ob er euch dieses Stück Land gibt.«*

*Die Mönche baten den Brahmanen um das Land, und der Brahmane machte es ihnen sofort zum Geschenk. Nachdem sie [das Land] erworben hatten, offenbarte der Weltgeehrte den Stūpa der sieben Schätze des Kāśyapa-Buddha. Er war ein Yojana hoch und die Breite seiner Vorderfront war ein halbes Yojana. Als der Brahmane den Stūpa sah, sagte er umgehend zum Buddha: »Weltgeehrter! Mein Familienname ist Kāśyapa. Dies soll mein Kāśyapa-Stūpa sein.«*

*Dann baute der Weltgeehrte am selben Ort einen Stūpa für Kāśyapa Buddha. Die Mönche fragten den Buddha: »Dürfen wir Schlamm und Erde für den Stūpa beitragen?«*

*Der Buddha sagte: »Das dürft ihr.« Dann lehrte er den folgenden Vers:*

*Hunderttausend Pfund reinen Goldes,*
*Die jemand als Almosen gibt,*
*Sind nicht einen Schlammball wert,*
*Mit dem ein Mensch aufrichtigen Herzens*
*Den Stūpa eines Buddhas erbaut.*

*Zu jener Zeit baute der Weltgeehrte selbst den Stūpa für Kāśyapa Buddha. Auf einer quadratischen Basis, die von einer Art Geländer umgeben war, erhob sich eine runde kuppelartige Konstruktion in zwei Stockwerken, an deren vier Ecken quadratische Steintore angebracht waren. Auf der Spitze des Stūpas befand sich ein langer Mast, in den Ringe eingelassen waren, die nach oben hin spitz zuliefen und an deren Ende sich Fahnen und Banner befanden.*[57] *Der Buddha sagte: »Auf diese Weise sollte ein Stūpa erbaut werden.« Als der Stūpa fertig geworden war, warf sich der Weltgeehrte selbst nieder, da er die Buddhas der Vergangenheit sehr verehrte. Die Mönche sagten zum Buddha: »Weltgeehrter! Dürfen auch wir uns niederwerfen?« Der Buddha sagte: »Ihr dürft!« Dann lehrte er den folgenden Vers:*

*Hunderte und Tausende [von Gaben aus] Gold,*
*Welche die Menschen als Almosen geben,*
*Gleichen nicht dem rechten Geist [eines Menschen],*
*Der sich ehrerbietig vor dem Stūpa eines Buddhas verneigt.*

*Zu jener Zeit kamen Menschen aus der ganzen Welt und brachten Räucherwerk und Blumen als Gaben für den Weltgeehrten, denn sie hatten gehört, dass der Weltgeehrte einen Stūpa gebaut hatte. Weil der Weltgeehrte den Buddhas der Vergangenheit seine Verehrung erwies, nahm er das Räucherwerk und die Blumen an und brachte sie als Gaben zum Stūpa. Die Mönche fragten den Buddha: »Weltgeehrter! Dürfen auch wir Gaben darbringen?« Der Buddha sagte: »Ihr dürft.« Dann lehrte er den folgenden Vers:*

*Hunderte und Tausende von Karren mit Gold,*
*Welche die Menschen als Almosen geben,*
*Gleichen nicht dem rechten Geist [eines Menschen],*
*Der Blumen und Räucherwerk für einen Stūpa darbringt.*

*Zu jener Zeit kamen viele Menschen gleich einer Wolke zusammen, und der Buddha wies Śāriputra an, ihnen den Dharma zu lehren. Dann lehrte der Buddha den folgenden Vers:*

*Hunderte und Tausende von Menschen-Welten*
*Gefüllt mit Almosen aus reinem Gold*
*Gleichen nicht dem Darbringen einer einzigen Gabe des Dharmas,*[58]
*Die bewirkt, dass andere sich dem Dharma widmen.*

*Zu jener Zeit gab es in der Versammlung einige, die die Wahrheit erlangten. Dann lehrte der Buddha den folgenden Vers:*

*Hunderte und Tausende von Menschen-Welten*
*Gefüllt mit Almosen aus reinem Gold*
*Gleichen nicht dem Darbringen einer einzigen Gabe des Dharmas,*
*Die bewirkt, dass ein Mensch die Wahrheit verwirklicht.*

*Zu jener Zeit erlangte ein Brahmane das unzerstörbare Vertrauen [in die Lehre]. Er tischte sogleich vor dem Stūpa eine Mahlzeit für den Buddha und den Sangha auf. Als der König Prasenajit*[59] *hörte, dass der Weltgeehrte einen Stūpa für Kāśyapa Buddha gebaut hatte, befahl er, siebenhundert Karren mit Ziegeln zu beladen, und er besuchte den Buddha an diesem Ort. Er warf sein Haupt vor den Füßen des Buddha nieder und sagte: »Weltgeehrter! Ich möchte diesen Stūpa erweitern. Darf ich es tun?« Der Buddha sagte: »Ihr dürft!« Dann sagte der Buddha zu dem großen König: »In einem vergangenen Zeitalter, zur Zeit des Parinirvāṇas des Buddha Kāśyapa, lebte ein König namens ›Gutes Glück‹, der einen Stūpa der sieben Juwelen bauen wollte. Einer seiner Untergebenen sagte zu dem König: ›In einem späteren Zeitalter wird es Menschen geben, die sich gegen den Dharma wenden und sich des schweren Vergehens, diesen Stūpa zu zerstören, schuldig machen werden. Großer König, ich flehe Euch an, baut [diesen Stūpa] aus Ziegeln und bedeckt [nur] seine Außenwände mit Gold und Silber. Wenn jemand das Gold und Silber wegnimmt, wird der Stūpa immer noch intakt bleiben.‹ Der König tat, wie es sein Untergebener ihm geraten hatte. Er baute den Stūpa aus Ziegeln und bedeckte die Außenwände mit Gold und Silber. Der Stūpa war ein Yojana hoch und seine Vorderfront ein halbes Yojana breit. Das [den Stūpa umgebende] Geländer war aus Kupfer. Nach sieben Jahren, sieben Monaten und sieben Tagen war der Stūpa vollendet. Danach brachte der König Räucherwerk und Blumen für [Kāśyapa] Buddha und den Sangha der Mönche dar.« König Prasenajit sagte zum Buddha: »Dieser König war reich an Verdiensten und besaß seltene Schätze. Ich werde nun [den Stūpa erweitern], aber ich werde mich niemals mit diesem König messen können.« Sofort begann er den Stūpa zu bauen, und nach sieben Monaten und sieben Tagen war dieser vollendet. Danach brachte König Prasenajit Gaben und Geschenke für den Buddha und den Sangha der Mönche.*

*Das Konstruktionsprinzip eines Stūpas: Die Basis des Stūpas sollte ein quadratischer Bau sein, der von einer Art Geländer umgeben ist. Darauf wird eine runde, kup-*

*pelartige Konstruktion aus zwei Stockwerken errichtet, an dessen vier Ecken quadratische Steintore angebracht sind. Die Spitze des Stūpas sollte aus einem langen Mast bestehen, in den viele Ringe eingelassen sind, die nach oben hin spitz zulaufen und an deren Ende Fahnen und Banner hängen. Wenn jemand sagt, der Weltgeehrte brauche einen solchen Stūpa nicht mehr, da er Gier, Hass und Verblendung bereits aufgelöst hat, macht er sich eines schweren Vergehens schuldig, das einer Verletzung der Ordensregeln gleichkommt, weil die karmische Vergeltung schwer sein wird. Dies nennen wir »das Konstruktionsprinzip eines Stūpas«.*

*Der Bau eines Stūpas: Wenn ihr ein Kloster erbauen wollt, müsst ihr euch vorher erkundigen, ob es auf dem Stück Land einen geeigneten Platz für den Stupa gibt. Stūpas dürfen weder im Süden noch im Westen stehen, sondern nur im Osten oder im Norden. Der Bereich, in dem die Mönche leben, darf sich nicht mit dem Bereich des Buddha überschneiden, und der Bereich des Buddha darf sich nicht mit dem Bereich der Mönche überschneiden. Wenn der Stūpa nah an einem Wald gelegen ist, in dem Leichen bestattet werden, oder wenn streunende Hunde Überreste ihres Fressens heranschleppen und die Stätte schänden könnten, sollte ein Geländer um den Stūpa herum gebaut werden. Die Gebäude für die Mönche sollten im Westen oder im Süden erbaut werden. Das Wasser aus den Gebäuden der Mönche darf nicht in den Bereich des Buddha fließen, aber das Wasser aus dem Bereich des Buddha kann in das der Mönche fließen. Der Stūpa sollte auf einer hohen und markanten Stelle stehen. Im Umkreis des Stūpas ist es nicht erlaubt, Gewänder zu waschen oder sie zum Trocknen in die Sonne zu hängen. Es ist auch nicht erlaubt, Lederschuhe zu tragen, den Kopf oder die Schulter zu bedecken, [laut] zu rülpsen oder auf den Boden zu spucken. Wenn jemand sagt, der Weltgeehrte brauche einen solchen Stūpa nicht mehr, da er Gier, Hass und Verblendung bereits aufgelöst hat, macht er sich eines schweren Vergehens schuldig, das einer Verletzung der Ordensregeln gleichkommt, weil die karmische Vergeltung schwer sein wird. Dies nennen wir den »Bau eines Stūpas«.*

*Die Nischen des Stūpas: Zu jener Zeit besuchte der König Prasenajit den Buddha, warf sein Haupt vor seinen Füßen nieder und sagte: »Weltgeehrter! Wenn wir einen Stūpa für Kāśyapa Buddha bauen, dürfen wir Nischen anbringen?« Der Buddha sagte: »Ihr dürft. In einem vergangenen Zeitalter, nach dem Parinirvāṇa des Kāśyapa Buddha, errichtete der König namens ›Gutes Glück‹ einen Stūpa für Kāśyapa und brachte in den vier Ecken des Stūpas Nischen an. Für die Nischen im oberen Teil des Stūpas fertigte er Bilder von Löwen und alle Arten farbenreicher Malereien und an den unteren Nischen brachte er Gitter an. Die [unteren] Nischen waren der Platz für die Blumen. In ihrem Inneren hingen Fahnen und Flaggen.« Wenn jemand sagt, der Weltgeehrte habe immer noch Freude an seiner eigenen Verherrlichung, obwohl er sich bereits von Gier, Hass und Verblendung befreit hat, macht er sich eines schweren Vergehens schuldig, das einer Verletzung der Ordensregeln gleichkommt, weil die karmische Vergeltung schwer sein wird. Dies nennen wir »die Nischen für den Stūpa«.*

Nun habt ihr verstanden, dass es die herkömmliche Methode der Buddhas ist, einen Stūpa für die ewigen Buddhas zu bauen, sich vor ihm niederzuwerfen und Gaben darzubringen, wenn sie Bodhi, die Frucht eines Buddhas, erlangt haben. Begebenheiten wie die obigen gibt es in großer Zahl, aber jetzt habe ich nur diese zitiert. In der Buddha-Lehre ist die Existenz-Schule[60] von Bedeutung, und innerhalb dieser Schule sind die Regeln für den Sangha[61] ganz grundlegend. Hokken[62] brachte diese Ordensregeln zum ersten Mal nach China, nachdem er sich einen Weg durch das Dickicht und die Dornen gebahnt hatte, in Indien angekommen war und den Geiergipfel erstiegen hatte. Die Lehren, die authentisch von einem Dharma-Vorfahren zum anderen weitergegeben wurden, entsprechen genau denen der Existenz-Schule.

*Die dritte Art der Darbringung ist, dass wir unsere Gaben dem darbringen, was gegenwärtig existiert. Dies bedeutet, dass wir den Körpern der Buddhas und ihren Schreinen direkt begegnen und ihnen Gaben darbringen.*

*Die vierte Art der Darbringung ist, dass wir unsere Gaben dem darbringen, was gegenwärtig nicht existiert. Dies bedeutet, dass wir für die Buddhas und ihre Schreine, die gegenwärtig nicht existieren, Zeremonien abhalten und ihnen Gaben darbringen. Das heißt, dass wir [in jedem Fall] Gaben darbringen, ob die Buddhas, Schreine und Stūpas gegenwärtig existieren oder nicht, wir bringen den Buddhas, den Schreinen und Stūpas also auch dann Gaben dar, wenn diese gegenwärtig nicht existieren. Dadurch, dass wir unsere Gaben dem darbringen, was gegenwärtig existiert, erwerben wir große Verdienste; dadurch, dass wir unsere Gaben dem darbringen, was gegenwärtig nicht existiert, erwerben wir noch größere Verdienste, weil eine solche Gabe von Großmut zeugt und das Ganze umfasst. Dadurch, dass wir unsere Gaben sowohl dem darbringen, was gegenwärtig existiert, als auch dem, was gegenwärtig nicht existiert, erwerben wir die allergrößten der größten Verdienste.*

*Die fünfte Art der Darbringung ist das Darbringen der Gaben durch uns selbst. Dies bedeutet, dass wir den Buddhas und Schreinen mit unserem eigenen Körper Verehrung erweisen und ihnen Gaben darbringen.*

*Die sechste Art der Darbringung ist das Darbringen der Gaben durch andere. Dies bedeutet, dass wir andere dazu anhalten, nicht müde im Darbringen von Gaben zu werden, wenn sie irgendetwas, auch wenn es wenig ist, besitzen. Dies bedeutet, dass wir selbst [den Buddhas] Gaben darbringen und andere dazu anhalten, dies zu tun. Wenn ihr selbst [den Buddhas] Gaben darbringt, erwerbt ihr große Verdienste. Wenn ihr andere dazu anhaltet, Gaben darzubringen, erwerbt ihr noch größere Verdienste. Die größten Verdienste werden erlangt, wenn ihr eure Gabe dem wahren Selbst der anderen darbringt.*

*Die siebte Art der Darbringung ist die, wenn wir den Buddhas, Schreinen, Stūpas und Reliquien Dinge darbringen, die wir besitzen. Man sagt, dass es drei Arten des Darbringens von Besitz gibt: 1. das Darbringen lebensnotwendiger Dinge, wie Kleidung, Essen usw., 2. das Darbringen von Gegenständen der Verehrung, wie Räucherwerk, Blumen usw., 3. das Darbringen von Beiwerk, also anderen Schätzen, Schmuck usw.*

*Die achte Art der Darbringung ist das Darbringen des Außergewöhnlichen. Es gibt drei Arten dieser Darbringung: 1. die verschiedenen Gaben mit großer Verehrung darzubringen, 2. die Gaben mit einem reinen und gläubigen Herzen und in dem Ver-*

*trauen darzubringen, dass Buddha-Verdienste von hohem Wert sind, 3. die Gaben mit der Absicht darzubringen, [anderen] die Verdienste zu übertragen und zu bewirken, dass sie den Zustand eines Buddhas erstreben.*

*Die neunte Art der Darbringung ist die Reinheit beim Darbringen der Gaben. Es gibt zwei Arten der Reinheit: einerseits den Geist der Reinheit, der frei von jeglichem Vergehen ist, und andererseits das Geben von Eigentum, das rein und frei von Dingen ist, die den Dharma schänden.*

*Die zehnte Art der Darbringung ist das Darbringen der Verwirklichung der Wahrheit. Dies bedeutet, dass wir die Gaben nach unserer Verwirklichung der Wahrheit darbringen. Dies nennen wir »das Darbringen der Verwirklichung der Wahrheit«. Die Frucht eines Buddhas ist ein Zustand der Vollendung, und die Praxis, die es uns ermöglicht, diesen Zustand zu erlangen, ist das Darbringen von Gaben, und dies nennen wir »das Darbringen der Verwirklichung der Wahrheit«. Wir nennen das Darbringen der Verwirklichung der Wahrheit entweder »das Darbringen des Dharmas« oder »das Darbringen der Taten«. Innerhalb dieser zwei Arten gibt es wiederum drei [Kategorien]: Es könnte die Darbringung der Verwirklichung der Wahrheit sein, wenn ihr 1. euer Eigentum darbringt, 2. eure Freude darbringt, und 3. eure Praxis darbringt.*

*Wenn ihr den Buddhas eure Verehrung durch das Darbringen von Gaben erweist, sind die obigen zehn Arten [bereits] darin enthalten. Ähnliche Aufzählungen gibt es für die Darbringung von Gaben für den Dharma und für den Sangha. Dem Dharma Gaben darzubringen bedeutet, dass ihr die Grundwahrheiten und Übungsmethoden, die der Buddha gelehrt hat, verehrt, indem ihr ihnen Gaben darbringt, und es bedeutet auch, dass ihr die Sūtrenbände verehrt, indem ihr ihnen Gaben darbringt. Dem Sangha Gaben darzubringen bedeutet, dass man allen heiligen Wesen der drei Fahrzeuge und ihren Schreinen, Statuen und Stūpas sowie auch den Mönchen, die gewöhnlichen Menschen gleichen, Gaben darbringt.*

Außerdem gibt es sechs Arten des Geistes bei der Darbringung der Gaben: 1. der unübertreffliche Geist des Feldes der Beglückung[63], [denn] das Höchste wird im Bereich dieses Glück bringenden Ackers hervorgebracht, 2. der hervorragende Geist des Wohlwollens, [denn] alle Tugenden und alles Glück entstehen durch die drei Juwelen [Buddha, Dharma und Sangha], 3. der Geist, der bei sehr hoch stehenden Lebewesen in Erscheinung tritt, 4. der Geist, dem man so selten begegnet wie der Uḍumbara-Blume[64], 5. der einzigartige [von anderen] unabhängige Geist der dreitausendfach großen tausendfachen Welt[65], und 6. der Geist, der im weltlichen und überweltlichen Bereich auf den verlässlichen Kriterien [der kosmischen Ordnung] beruht, wie [der Geist] des Tathāgata, der weltliche und überweltliche Methoden anwendet, die den Lebewesen als Grundlage dienen und auf die sie vertrauen können. Dies ist der Geist, der auf verlässlichen Kriterien basiert. Wenn ihr den drei Juwelen mit diesen sechs Arten des Geistes Gaben darbringt, werdet ihr unendlich viele Verdienste erlangen, auch wenn es nur kleine Gaben sind. Wie viel mehr Verdienste werdet ihr erlangen, wenn ihr eine große Zahl von Gaben darbringt?

Ihr solltet eure Gaben unbedingt mit einem aufrichtigen Geist darbringen. Alle Buddhas haben dies ausnahmslos geübt und praktiziert. In den Sūtren und Ordensregeln wird überall von solchem Handeln berichtet, und außerdem haben die Buddhas und Vorfahren diese selbst authentisch von Angesicht zu Angesicht weitergegeben. [Den Buddhas] tage- und monatelang zu dienen und für sie zu arbeiten, ist nichts anderes als die Zeit des Darbringens von Gaben. Die konkreten Anweisungen, wie man Statuen und Reliquien aufstellt, Darbringungszeremonien ausführt, sich niederwirft und Stūpas und Schreine erbaut, wurden nur im Haus der Buddhas und Vorfahren und niemandem anders als den Nachfolgern der Buddhas und Vorfahren weitergegeben. Außerdem wird [das Darbringen von Gaben] gegen den Dharma verstoßen, wenn [die Richtlinien dafür] nicht dem Dharma entsprechen. Wenn das Darbringen von Gaben gegen [die Richtlinien] des Dharmas verstößt, ist es nicht echt, und wenn es nicht echt ist, sind auch die Verdienste gering. Deshalb solltet ihr unbedingt die authentisch weitergegebenen Methoden des Darbringens von Gaben erlernen, die dem Dharma entsprechen. Zen-Meister Reitō[66] kümmerte sich Monate und Jahre um den Stūpa von Sōkei, und der Arbeiter Ro[67] stampfte Tag und Nacht den Reis für die Mönche: Dies sind [gute Beispiele dafür], wie man Gaben darbringt, die vollkommen dem Dharma entsprechen. Sie dienen nur als Musterbeispiel [für viele andere], die ich aus Zeitmangel nicht anführen kann. Auf diese Weise solltet ihr eure Gaben darbringen.

Shōbōgenzō Kuyō shobutsu

[Dargelegt] an einem Tag des Sommer-Trainings im siebten Jahr der Ära Kenchō [1255].[68]

# Anmerkungen

1 Siehe *Daibibasha ron*, Kap. 76. Dieses Zitat findet sich auch in Kap. 86, *Shukke kudoku*.

2 *Sanze* 三世, wörtl. »die drei Zeiten«.

3 *Kuyō* 供養, »seine Verehrung durch das Darbringen von Gaben erweisen«, steht in den Sūtren für sanskr. *pūjana*.

4 Die Ergänzung in Klammern ist im Text klein gedruckt und könnte von einem späteren Herausgeber hinzugefügt worden sein.

5 Einer von Buddhas zehn großen Schülern, der bekannt war für seine übernatürlichen Kräfte.

6 *Koṭi* bedeutet eine immens große Zahl im indischen Zahlensystem, in der Größenordnung von manchmal zehn, manchmal hundert Millionen.

7 *Butsuzō kyō*, »das Buddha-Schatz-Sūtra«, sanskr. *Buddhagarba-sūtra*. Es wurde von Kumārajīva aus dem Sanskrit ins Chinesische übertragen.

8 Śāriputra war einer der zehn großen Schüler Buddhas.

9 *Ushotoku* 有所得 bedeutet »Gewinn erwarten« oder »etwas erreichen wollen«. Dies bezieht sich nicht nur auf materiellen, sondern auch auf spirituellen Gewinn. Chogyam Trungpa bezeichnete *ushotoku* 有所得 als »spirituellen Materialismus«. Hier bedeutet der Ausdruck, dass die Motivation des Buddha eine andere war als das Darbringen der Gaben selbst.

10 Sanskr. *Kauṇḍinya* bedeutet »aus Kuṇḍina kommend«. Kuṇḍina ist der Name eines Ortes und gleichzeitig der Name eines legendären indischen Weisen, des *ṛṣi* Kauṇḍinya.

11 *Shiten ōden* 四天王天, sanskr. *cātur-mahārāja-kāyikā*, ist der erste der sechs Himmel in der Welt des Begehrens.

12 Der zweite der sechs Himmel in der Welt des Begehrens, sanskr. *trāyastriṃśa*, wörtl. »dreiunddreißig«. Diese Zahl bezieht sich auf eine indische Legende, wonach der Gott Śakra-devānām-indra im Zentrum dieses Himmels leben soll und in den vier Himmelsrichtungen von jeweils acht Göttern umgeben wird.

13 *Kō-on ten* 光音天, sanskr. *ābhāsvara*, ist ein Himmel, der zur zweiten Gruppe der Himmel in der Welt der Formen gehört.

14 *Fushu nyorai* 普守如来. *Fushu* 普守 steht für ein unbekanntes Wort im Sanskrit. *Nyorai* 如来, »der So-Gekommene« oder »der in der Soheit Angekommene«, ist sanskr. *Tathāgata*, das als eines der zehn Merkmale eines Buddhas angesehen wird.

15 *Ōgu* 応供, sanskr. *Arhat*.

16 *Shōhenchi* 正遍知, sanskr. *samyak-saṃbuddha*.

17 *Myōgyōsoku* 明行足, sanskr. *vidyā-caraṇa-saṃpanna*.

18 *Zenzei* 善逝, sanskr. *sugata*.

19 *Sekenge* 世間解, sanskr. *lokavit*.

20 *Mujōji* 無上士, sanskr. *anuttarā*.

21 *Chōgo jōbu* 調御丈夫, sanskr. *puruṣa-damya-sārathiḥ*.

22 *Tenninshi* 天人師, sanskr. *śāstā-deva-manuṣyānām*.

23 *Butsu-seson* 仏世尊, »ein von der Welt geehrter Buddha«, sanskr. *buddha-bhagavat*.

24 Sanskr. *asaṃkhyeya* bedeutet »unermesslich«.

25 Dieser Buddha wird in China und in Japan im Allgemeinen *Enbudan gon* 閻浮檀金, »Jambūnanda-Gold«, genannt, sanskr. *Jambūnada-suvarṇa*.

26 *Mushōnin* 無生忍 steht für *Mushō hōnin* 無生法忍, das den Zustand eines Bodhisattvas beschreibt, der die Wirklichkeit oder die wahre Natur der Erscheinungen der Welt erkannt hat, das heißt, den Dharma der Nicht-Erscheinung, der jenseits von Werden und Vergehen ist. *Mushō* 無生, »Nicht-Erscheinen« oder »Nicht-Werden«, beschreibt sowohl den augenblicklichen als auch den ewigen Aspekt der Wirklichkeit.

27 Meister Dōgen sieht in den beiden Namen »Beständiges Licht« (Dīpaṃkara im *Butsu zō kyō*) und »Brennende Leuchte« (Dīpaṃkara im *Butsu hongyō jikkyō*) denselben Buddha.

28 *Hōkei* 宝髻, sanskr. *Ratnaśikhin*.

29 *Shōkan* 勝観, sanskr. *Vipaśyin*. Vipaśyin war der erste der sieben alten Buddhas. Siehe Kap. 15, *Busso*.

30 *Sō* 相, »Merkmal« oder »Form«, bezieht sich auf die zweiunddreißig Merkmale, *sanjūnisō* 三十二相, die den Körper eines Buddhas auszeichnen.

31 *I-juku-gō* 異熟業, »das Karma (oder die Taten) verschiedener Ausreifung«, bedeutet, dass man alle Arten von guten Taten und Handlungen ausgeübt hat. Die Ausreifung unserer Taten und Handlungen wird in Kap. 84, *Sanji no gō*, eingehend erläutert.

32 Kāśyapa war der sechste der sieben alten Buddhas. Der siebte war Śākyamuni Buddha selbst. Diese Passage stammt aus dem *Kusha ron*, sanskr. *Abidharma-kośa-śāstra*, Teil 18.

33 Siehe *Daihatsu nehan kyō*.

34 *Nayuta* ist eine altindische Bezeichnung für eine sehr große Menge. Die genaue Bedeutung ist unklar, möglicherweise sind es hundert oder sogar tausend Milliarden. In China und Japan bedeutet Nayuta heute $10^{60}$.

35 *Soza* 艸座, wörtl. »ein Sitz aus Gras«, für sanskr. *tṛṇa-śayyā*, wörtl. »ein Bett aus Gras«.

36 *Nentō* 然燈, wörtl. »Brennende Leuchte« (Dipaṃkara Buddha). Hier handelt es sich wohl um Papierleuchten oder Kerzen.

37 Lotos-Sūtra, Kap. 2, »Geschicklichkeit«. Vgl. Borsig, S. 75 f.

38 *Kōin muna[shiku] wata[ru koto] naka[re]* 光陰莫虚度. Dies ist ein Vers aus dem *Sandōkai* von Meister Sekitō Kisen (700–790), der ein Nachfolger von Meister Seigen Gyōshi war.

39 Eine Wahrheit oder ein Grundprinzip gilt sowohl für die Vergangenheit als auch für die Gegenwart und die Zukunft.

40 Worte der Verehrung oder der Zufluchtnahme. Hier bedeutet es wohl, die Formel der Zufluchtnahme zu Buddha, Dharma und Sangha zu rezitieren. Siehe Kap. 88, *Kie sanbō*.

41 Siehe *Daichido ron*, Teil 7.

42 *Shohō jissō* 諸法実相, »die wirkliche Form aller Dharmas«, erläutert Meister Dōgen in dem gleichnamigen Kapitel 50.

43 Siehe *Daichido ron*, Teil 10.

44 *Ushotoku* 有所得, »etwas gewinnen« oder »etwas erreichen«.

45 *Hongō honken* 本劫本見 bezeichnet eine extreme Sichtweise, nach der es Dinge oder Wesen im Universum gibt, die ewig andauern. Diese Sichtweise wird traditionell mit dem Ausdruck *jōken gedō* 常見外道, wörtl. »die unbuddhistische Ewigkeits-Sicht« bezeichnet. Siehe Kap. 89, *Shinjin inga*.

46 *Matsukō makken* 末劫末見 bezeichnet die andere extreme Sichtweise, nach der es nichts gibt, was andauert, und somit gute Handlungen auch in der Zukunft keine guten Wirkungen hervorbringen können. Diese Sichtweise wird traditionell mit dem Ausdruck *danken gedō* 断見外道, wörtl. »die unbuddhistische Zerstörungs-Sicht« bezeichnet.

47 *Yuibutsu yobutsu* 唯仏与仏, »Nur die Buddhas zusammen mit den Buddhas«, ist der Titel von Kapitel 91.

48 Siehe *Daijōgi shō*, Teil 14.

49 *Shidai* 支提 ist die rein phonetische Wiedergabe von sanskr. *caitya*. *Caitya* ist ein Schrein, der zu einem Stūpa gehört. Im Allgemeinen werden die Sūtren in einem Schrein aufbewahrt, Reliquien in einem Stūpa.

50 *Sōgi ritsu* ist die Kurzform von *Makasōgi ritsu*, einer 40-bändigen Übersetzung der Ordensregeln der Mahāsaṃghika-Schule oder »Schule des großen Sanghas«, eine der zwei großen Schulen des Hīnayāna-Buddhismus. Die chinesische Übersetzung des *Makasōgi ritsu* wurde durch Buddhabhadra und Hokken während der Chin-Dynastie (317–419) erstellt.

51 *Shari* 舎利, die phonetische Wiedergabe von sanskr. *śarīra*, »Gebeine« oder »Reliquien«.

52 *Tōba* 塔婆, die phonetische Wiedergabe von sanskr. *stūpa*. In diesem Fall bedeutet *tō* 塔 selbst auch »Turm«, »Pagode« oder »Stūpa«.

53 *Chuba* 偸婆 ist eine dem Chinesischen näherkommende phonetische Wiedergabe von sanskr. *stūpa* (pāli *thupa*).

54 *Shichō* 支徴, die phonetische Wiedergabe von sanskr. *caitya*. Im Urtext steht eine Anmerkung in kleiner Schrift, dass *chō* 徴 in diesem Fall nicht 'chō', sondern 'cha' ausgesprochen wird.

55 Meister Nangaku Eshi (515–577), nicht zu verwechseln mit Meister Nangaku Ejō, war der zweite Meister der Tendai-Schule in China. »Großer Zen-Meister« ist sein Titel im Tendai.

56 *Hokke senbō* 法華懺法 (Kurzform von *Hokke zanmai sengi* 法華三昧懺儀), Tendai Chigi, dem dritten Meister der Tendai-Schule, zugeschrieben.

57 *Rinsō* 輪相, eine Verzierung, die man heute noch auf den Spitzen der Stūpas in Tibet und Nepal sowie auf denen der Pagoden in China und Japan sehen kann.

58 *Hōse* 法施, »die Gabe des Dharmas«, sanskr. *dharma-dāna*, ist eine der drei Arten großzügigen Gebens, die sich auf das Darlegen der Buddhalehre bezieht. Die zwei anderen sind: *zaise* 財施, »das Geben materieller Dinge«, sanskr. *āmiṣa-dāna*, und *mu-ise* 無畏施, »das Geben von Furchtlosigkeit«, sanskr. *abhaya-dāna*. Die verschiedenen Arten großzügigen Gebens werden in Kap. 45, *Bodaisatta shishōbō*, erläutert.

59 Prasenajit war der König von Kośala und ein Laien-Schüler des Buddha.

60 *Ubu* 有部 (Kurzform für *setsu issai ubu* 説一切有部), wörtl. »die Schule, die lehrt, dass alle Dinge und Phänomene existieren«. Im engeren Sinn bezieht sich der Ausdruck auf den Sarvāstivāda, eine der zwanzig Hīnayāna-Schulen, die etwa 300 Jahre nach dem Tod Buddhas aus dem Staviravāda hervorgegangen ist. Im weiteren Sinn könnten wir »Existenz« auch als die Erfahrung der wahren Wirklichkeit interpretieren.

61 *Sōgi ritsu*, wörtl. »Regeln der Disziplin für den Sangha«. Im engeren Sinn steht der Ausdruck für *Makasōgi ritsu*, »die Ordensregeln der Mahāsaṃghika-Schule«. In einem weiteren Sinn könnte *Sōgi ritsu* sich auf die authentisch überlieferten Ordensregeln (sanskr. *vinaya*) des Buddha beziehen.

62 Hokken war ein chinesischer Mönch, der 399 nach Indien aufbrach und nach sechsjähriger harter Reise (»Dickicht und Dornen«) dort eintraf. Er lernte Sanskrit und brachte im Jahr 414 viele Texte des *tripiṭaka* (Ordensangelegenheiten, Lehrreden und die systematische Philosophie) nach China. Danach übersetzte er zusammen mit Buddhabhadra das *Makasōgi ritsu* und andere Texte. Er starb im Alter von 82 Jahren.

63 *Fukuden mujōshin* 福田無上心, »der unübertroffene Geist des Feldes der Beglückung«, ist die Geisteshaltung beim Zazen. Beim Zazen tragen wir das Kesa, welches *fukuden-e* 福田衣, »das Gewand des Feldes der Beglückung«, genannt wird. Die Vortrefflichkeit des Geistes beim Zazen wird ausführlich in Kap. 12, *Kesa kudoku*, beschrieben.

64 Die Uḍumbara-Blume ist hier ein Symbol für den Geist eines Buddhas, den man so selten antrifft wie die Uḍumbara-Blume, die nur alle tausend Jahre erblüht.

65 *Sanzen daisen sekai* 三千大千世界, »die dreitausendfach große tausendfache Welt«, ist ein altindischer Begriff, der die zahllosen Bereiche der Wirklichkeit beschreibt.

66 Meister Sōkei Reitō (666–760). Er wurde unter Meister Daikan Enō Mönch und diente ihm bis zu dessen Tod. Danach kümmerte er sich um eine Pagode, in der das Kesa Meister Enōs aufbewahrt wurde. Bis zu seinem Tod im Alter von 95 Jahren weigerte er sich, der Einladung des Kaisers zu folgen, in die Hauptstadt zu kommen.

67 Meister Daikan Enō (638–713). Sōkei ist der Name des Berges, wo er und Meister Reitō lebten. Ro ist Meister Enōs Familienname. Bevor er Mönch wurde, arbeitete er unter diesem Namen als Arbeiter, dessen Aufgabe es war, den Reis für die Mönche zu stampfen. Siehe Kap. 30, *Gyōji*.

68 Dieses Kapitel gehört zur 12-Kapitel-Ausgabe des *Shōbōgenzō*. Meister Dōgens Vorgehensweise in diesem Kapitel ähnelt der von Kap. 86, *Shukke kudoku*, in dem er kurze Kommentare zu den ausführlichen Zitaten aus den Sūtren anfügt. Meister Dōgen starb 1253, also zwei Jahre, bevor sein Nachfolger Ko-un Ejō dieses Kapitel darlegte.

# 88

# 帰依三宝

# Ki-e sanbō

# Zufluchtnahme zu den drei Juwelen

*KI-E bedeutet »Verehrung« oder »Zufluchtnahme«. SANBŌ sind »die drei Juwelen«, das heißt, Buddha, Dharma und Sangha. »Buddha« bezeichnet den historischen Gautama Buddha und gleichzeitig die Menschen, die Gautama Buddhas Wahrheit verwirklicht haben. »Dharma« bedeutet »Buddhas Lehre«, »die Wirklichkeit«, »das universelle Gesetz« usw. »Sangha« ist die große buddhistische Gemeinschaft der Praktizierenden, die seit Buddhas Lebzeiten aus Mönchen, Nonnen und männlichen und weiblichen Laien besteht. Die drei Juwelen sind von unermesslichem Wert im Buddha-Dharma. Meister Dōgen erklärt in diesem Kapitel, wie wichtig es ist, den drei Juwelen unsere Verehrung zu erweisen, indem wir Zuflucht zu ihnen nehmen. Er sagt: Die Zuflucht zu den drei Juwelen steht am Anfang und am Ende des Buddha-Weges.*

Im Zen en shingi[1] heißt es: *»Erweist du Buddha, Dharma und Sangha deine Verehrung?«* (Frage eins [im Abschnitt] 120.)

Ihr solltet euch klar darüber sein, dass die Buddhas und Vorfahren, sowohl in Indien als auch in China, die Verehrung von Buddha, Dharma und Sangha authentisch weitergegeben haben. Wenn ihr nicht Zuflucht [zu diesen drei Juwelen] nehmt[2], könnt ihr sie nicht verehren, und wenn ihr sie nicht verehrt, könnt ihr keine Zuflucht zu ihnen nehmen. Das Verdienst der Zufluchtnahme zu Buddha, Dharma und Sangha wird unfehlbar erlangt, wenn sich die mystische Verbindung mit der Wahrheit verwirklicht. Wenn sich diese mystische Verbindung mit der Wahrheit[3] verwirklicht, nehmt ihr unfehlbar Zuflucht, ganz gleich, ob im Himmel, in der Menschenwelt, in der Hölle oder im Bereich der Dämonen und Tiere. Und wenn ihr einmal Zuflucht genommen habt, wird [ihr Verdienst] sich in jedem Leben, in jedem Alter, an jedem Ort und an jedem Platz weiterentwickeln und wachsen; ihr werdet Verdienste ansammeln, Tugenden zusammentragen und Anuttarā-samyak-saṃbodhi vollenden. Dies gilt sogar dann, wenn ihr von schlechten Freunden [in die Irre] geführt werdet oder Hindernissen begegnet, die euch Dämonen in den Weg gelegt haben, und ihr deshalb eine Zeit lang die Wurzeln des Guten abschneidet und unempfänglich für die Buddha-Wahrheit[4] seid. [Durch die Zufluchtnahme] pflanzt ihr weiterhin die Wurzeln des Guten, und deren Verdienste werden sich weiter bilden. Letztlich schwinden die Verdienste der Zufluchtnahme zu den drei Juwelen niemals. Zu Lebzeiten des Tathāgata wie auch nach seinem Hinübergehen bedeutet diese Zufluchtnahme zu den drei Juwelen, dass ihr mit aufrichtigem Vertrauen eure Hände zusammenlegt, euer Haupt neigt und das Folgende rezitiert:

*Beginnend mit meinem gegenwärtigen Körper*
*bis zur Verwirklichung des Körpers eines Buddhas nehme ich Zuflucht zu Buddha, Zuflucht zum Dharma und Zuflucht zum Sangha.*
*Ich nehme Zuflucht zu Buddha,*
*dem verehrungswürdigsten unter den Menschen.*
*Ich nehme Zuflucht zum Dharma,*
*dem verehrungswürdigsten, der jenseits aller Begierden ist.*
*Ich nehme Zuflucht zum Sangha,*
*der verehrungswürdigsten unter den Gemeinschaften.*
*Ich habe Zuflucht zu Buddha genommen,*
*Ich habe Zuflucht zum Dharma genommen,*
*Ich habe Zuflucht zum Sangha genommen.*[5]

Da ihr euch nun entschlossen habt, Bodhi, die noch weit entfernte Frucht eines Buddhas, zu erlangen, schafft ihr euch auf diese Weise das Rüstzeug. Auch wenn euer gegenwärtiger Körper und Geist von Augenblick zu Augenblick entsteht und wieder vergeht, wird sich euer Dharma-Körper eine lange Zeit weiterentwickeln und Bodhi sicherlich vollenden. In dem Ausdruck »Zuflucht nehmen« [wörtl. »zurückkommen und sich darauf stützen«] bedeutet das Wort »zurückkommen« dasselbe wie »sich hingeben«, und das Wort »sich darauf stützen« dasselbe wie »sich unterwerfen«. Deshalb sagen wir »Zuflucht nehmen«. Die Art und Weise sich hinzugeben ist zum Beispiel wie ein Kind, das zu seinem Vater zurückkehrt. Die Art und Weise sich zu unterwerfen ist zum Beispiel wie ein Volk, das sich auf seinen König stützt. Dies sind Worte der Befreiung. Ihr nehmt Zuflucht zu Buddha, weil er euer großer Lehrer ist. Ihr nehmt Zuflucht zum Dharma, weil er eine gute Medizin ist, und ihr nehmt Zuflucht zum Sangha, weil er aus hervorragenden Freunden besteht.

*[Jemand] könnte fragen: »Weshalb nehmt ihr allein zu diesen dreien Zuflucht?« Die Antwort ist: »Weil diese drei die letzten Orte der Zuflucht sind und weil sie die Lebewesen dazu bringen, sich von Leben und Tod zu befreien und die große Wahrheit zu erfahren. Deshalb nehmen wir Zuflucht zu ihnen. Letztlich besitzen diese drei Juwelen unvorstellbare Tugenden und Verdienste.«*[6]

»Hotoke«[7] wird in Indien ›buddaya‹[8] ausgesprochen. In China wird »Buddha« als »Erwachen zur Wahrheit«[9] bezeichnet, und dies bedeutet das Erwachen zur höchsten vollkommenen Wahrheit [Anuttarā-samyak-saṃbodhi]. »Dharma« wird in Indien ›daruma‹[10] oder, als eine Variante aus dem Sanskrit, ›donmu‹[11] ausgesprochen. In China sprechen wir vom »Gesetz des Universums«. Obwohl wir alle Dharmas, rechte, unrechte und neutrale, als »Dharmas« bezeichnen, ist der Dharma, den wir in den drei Juwelen verehren, der Dharma des universellen Gesetzes. »Sangha« wird in Indien ›sogya‹[12] ausgesprochen. In China nennen wir es »harmonische Gemeinschaft«. Auf diese Weise werden [die drei Juwelen] benannt und gepriesen.

*»Wenn wir die drei Juwelen als das, was bleibt und aufrechterhalten wird, verehren, sind sie das Juwel des Buddha durch die Bildwerke, Statuen und Stūpas. Sie sind das Juwel des Dharmas, das uns überliefert wurde durch das gelbe Papier auf einer roten Rolle [die Sūtren]. Sie sind das Juwel des Sanghas, das immer gegenwärtig ist, wenn ihr euch den Kopf rasiert, das Gewand [schwarz] färbt und die traditionelle Form der Dharma-Regeln einhaltet.*

*Wenn wir die drei Juwelen als Gautama Buddhas Formen der Lehre verehren, sind sie der Schatz des Buddha durch Śākyamuni Buddha, den Weltgeehrten, sie sind der Schatz des Dharmas durch das Drehen des Dharma-Rades und die Entfaltung der heiligen Lehren. Sie sind das Juwel des Sanghas durch die fünf Männer, Ajñāta-Kauṇḍinya und die anderen [vier ersten Schüler Buddhas].*[13]

*Wenn wir die drei Juwelen als den Körper des Dharmas verehren, sind sie die fünf Dharma-Körper*[14] *und werden ›das Juwel des Buddha‹ genannt. Die Wahrheit der Aufhebung [des Leidens]*[15] *und der Absichtslosigkeit werden ›Juwel des Dharmas‹ genannt, und sowohl die Verdienste derer, die [den Buddha-Dharma] erlernen, als auch jener, die jenseits des Lernens sind*[16]*, werden ›Juwel des Sanghas‹ genannt.*

*Wenn wir die drei Juwelen als den einen Körper [der Wirklichkeit] verehren, sind sie die Erfahrung und das Verständnis der großen Wahrheit. Dies nennen wir ›Juwel des Buddha‹. Die Reinheit jenseits aller Befleckungen wird ›Juwel des Dharmas‹ genannt, und wenn ihr euch ohne Zögern und Rückschritt mit dem höchsten Prinzip in Harmonie bringt, wird dies ›Juwel des Sanghas‹ genannt.«*[17]

Dies ist die Art und Weise, wie [die Menschen der Vergangenheit] Zuflucht zu den drei Juwelen genommen haben. Wenn den Lebewesen nur wenig Glück beschert ist und sie nur wenige Verdienste haben, werden sie die Namen der drei Juwelen noch nicht einmal hören können, wie viel weniger noch könnten sie Zuflucht zu ihnen zu nehmen?

Im Lotos-Sūtra heißt es: *»Die Lebewesen, die viele Vergehen begangen haben, werden aufgrund der direkten und indirekten Ursachen ihrer unrechten Taten zahllose Weltzeitalter lang die Namen der drei Juwelen nicht hören können.«*[18]

Das Lotos-Sūtra, das Sūtra der Blume des Dharmas, ist die eine große Sache[19] der Buddhas und Tathāgatas. Von allen Sūtren, die unser großer Lehrer Śākyamuni Buddha gelehrt hat, ist das Lotos-Sūtra der große König und der große Lehrer. Andere Sūtren und andere Dharmas stehen nur im Gefolge des Lotos-Sūtras und sind seine Untertanen. Die Lehren, die im Lotos-Sūtra stehen, sind nichts anderes als die Wahrheit, während sich der Buddha in anderen Sūtren geschickter Mittel bedient, was aber nicht seine ursprüngliche Absicht war. Würden wir andere Sūtren nehmen, sie mit dem Lotos-Sūtra vergleichen und sie preisen, wäre dies eine Umkehrung [der Dinge], denn die anderen Sūtren könnten ohne die Kraft und das Verdienst des Lotos-Sūtras nicht existieren. Die anderen Sūtren warten alle darauf, dem Lotos-Sūtra ihre Verehrung zu erweisen. Die obige Lehre [der Zuflucht zu den drei Juwelen] befindet sich im Lotos-Sūtra. Denkt daran, dass die Verdienste und Tugenden der drei Juwelen höchst wertvoll und unübertroffen sind.

Der Weltgeehrte sagte: »*Die gewöhnlichen Menschen, die Not und Unterdrückung fürchten, suchen oft Zuflucht in Bergen, Gärten, Wäldern, einsam gelegenen Bäumen, Schreinen*[20] *usw. Eine solche Zuflucht ist weder vortrefflich noch verehrungswürdig, denn auf diese Weise ist es nicht möglich, sich von den vielen Formen des Leidens zu befreien. Wenn die Lebewesen aber Zuflucht zu Buddha, Dharma und Sangha nehmen, werden sie in der Wirklichkeit der vier [edlen] Wahrheiten und durch weise Beobachtung das Leiden erkennen, die Ansammlung des Leidens erkennen und die Überwindung des Leidens erkennen. Durch weise Beobachtung werden sie begreifen, dass der achtfache edle Pfad zum ausgeglichenen und friedvollen Nirvāṇa führt. Diese Zufluchtnahme ist höchst vortrefflich, und sie ist wirklich verehrungswürdig. Durch diese Zufluchtnahme ist es immer möglich, sich von den vielen Arten des Leidens zu befreien.*«[21]

So hat der Weltgeehrte zum Wohl aller Lebewesen verkündet, dass jene, die sich vor Not und Unterdrückung fürchten, nicht sinnlos Zuflucht nehmen sollten zu Berg- oder Dämonen-Göttern oder Ähnlichem, auch nicht Zuflucht nehmen sollten zu nicht-buddhistischen Schreinen, denn durch eine solche Zuflucht können sie sich nicht von den vielen Arten des Leidens befreien. Im Allgemeinen ist es bezeichnend [für die Lebewesen], dass sie Zuflucht zu den falschen Lehren nehmen, *sich Regeln unterwerfen, die für Ochsen*[22]*, für Wild, für einen Dämon*[23]*, für Stumme, für Taube, für Hunde, für Geflügel oder für Fasane gelten, oder ihren Körper mit Asche bedecken, ihre Haare verfilzen lassen*[24] *oder ein Schaf opfern.*[25] *[Bei solchen Opfern] werden erst magische Formeln rezitiert und dann wird das Tier getötet. Solchen [falschen] Lehren zufolge soll der Mensch vier Monate lang Feuerrituale ausführen*[26] *oder während sieben Tagen [nur] Luft zu sich nehmen*[27] *oder den verschiedenen Göttern Unmengen von Blumen darbringen. [Es heißt, dass dadurch] alle Wünsche in Erfüllung gingen. Es gibt aber keinen Grund zu behaupten, dass der Mensch sich damit [vom Leiden] befreien könne. Die Weisen haben solche Methoden niemals empfohlen, und daher leiden die Lebewesen sinnlos, ohne gute Resultate zu erzielen.*[28]

Deshalb solltet ihr unbedingt Klarheit [über den Dharma] erlangen, sodass ihr euer Vertrauen nicht unnütz auf die verkehrten Mittel und Wege setzt. Selbst wenn eine Praxis sich von den zuvor beschriebenen Lehren und Regeln unterscheidet, solltet ihr nicht Zuflucht zu ihr nehmen, wenn dies bedeuten würde, Zuflucht zu einsam gelegenen Bäumen, nicht-buddhistischen Schreinen usw. zu nehmen. Es ist schwierig, einen menschlichen Körper zu erhalten, und dem Buddha-Dharma zu begegnen ist selten. Es wäre bedauerlich, wenn ihr ein Leben lang sinnlos Göttern oder Dämonen folgt oder viele Leben lang damit zubringt, den falschen Lehren anzuhängen. Wenn ihr sogleich Zuflucht zu den drei Juwelen, Buddha, Dharma und Sangha nehmt, könnt ihr euch nicht nur von den vielen Arten des Leidens befreien, ihr könnt Bodhi vollenden.

Im Sūtra der seltenen Ereignisse[29] heißt es: »*[Alle Wesen der] vier Kontinente und der sechs Himmel des Begehrens zu unterweisen und zu bewirken, dass sie die vierte Frucht [eines Arhats] erlangen, kommt nicht dem Verdienst eines Menschen gleich, der Zuflucht zu den drei Juwelen nimmt.*«[30]

»Die vier Kontinente« sind der östliche, westliche, südliche und nördliche Kontinent. Von diesen Kontinenten ist der nördliche [der der Engel] für die Lehre der drei Fahrzeuge nicht erreichbar.[31] Es könnte tatsächlich ein sehr seltenes Ereignis sein, wenn jemand alle Lebewesen [der vier Kontinente] unterweisen und sie zu Arhats machen kann. Aber selbst wenn es derartige wunderbare Taten gäbe, kämen sie nicht an das Verdienst heran, einen Menschen dazu zu bewegen, die drei Juwelen zu empfangen. Die sechs Himmel [in der Welt des Begehrens] werden ebenfalls als Bereiche angesehen, in denen es selten ist, dass ein Lebewesen die Wahrheit erlangt. Selbst wenn wir diesen [Lebewesen] dazu verhelfen, die vierte Frucht [eines Arhats] zu erfahren, wird das Verdienst niemals so tiefgründig und erhaben sein wie das eines Menschen, der die drei Juwelen empfängt.

Im Ekottarāgama-sūtra[32] heißt es: »*Ein Gott im Himmel der dreiunddreißig Götter*[33]*, der gerade die fünf Merkmale des Verfalls an sich entdeckte*[34]*, beklagte sich darüber, dass er nun als Wildschwein wieder geboren würde. Śakra-devānām-indra hörte dies, tadelte den Gott und sagte: ›Du solltest Zuflucht zu den drei Juwelen nehmen!‹ Der Gott tat sogleich, wie Śakra ihm geraten hatte, und entging auf diese Weise seiner Geburt als Wildschwein. Der Buddha lehrte den folgenden Vers:*

*Wesen, die zu Buddha Zuflucht nehmen,*
*Fallen nicht in die drei üblen Bereiche.*[35]
*Sie beenden alle Triebflüsse und leben [in der Welt] der Menschen und Götter.*
*Sie werden Nirvāṇa erlangen.*

*Nachdem [der zuvor beschriebene] Gott Zuflucht zu den drei Juwelen genommen hatte, wurde er in der Familie eines reichen Mannes geboren. Ferner konnte er Haus und Familie verlassen und jenseits des Studiums gelangen.*«

Kurz: Das Verdienst der Zufluchtnahme zu den drei Juwelen überschreitet alle verstandesmäßigen Erwägungen: Es ist unvorstellbar und unermesslich.

Als der Weltgeehrte noch in der Welt weilte, versammelten sich sechsundzwanzig Koṭis hungriger Geister um ihn. Sie waren so elend, dass ihre Tränen wie ein großer Regen dahinflossen. Sie wandten sich an den Buddha: »*Wir flehen Euch an, Weltgeehrter, habt Mitleid mit uns und rettet uns! Wir erinnern uns an vergangene Zeitalter, in denen wir [die vorher beschriebenen] unrechten Taten*[36] *unendliche Male begangen haben, und dies, obwohl es uns durch den Buddha-Dharma möglich war, Haus und Familie zu verlassen. Aufgrund solcher Taten haben wir zahllose Körper in den drei üblen Bereichen verbraucht, und weil es [danach] noch einen Rest von Vergeltung erforderte, wurden wir in der Welt der Drachen geboren und haben [auch dort] unendlich viel Leid ertragen.*« *Der Buddha sagte zu den Drachen:* »*Jetzt müsst ihr allesamt Zuflucht zu den drei Juwelen nehmen und mit aufrichtigem Geist das Rechte praktizieren. Aufgrund solcher rechter Taten werdet ihr dem letzten Buddha im Zeitalter der Weisen*[37] *begegnen. Sein Name wird ›das Kommen des Turmes‹ sein. Im Zeitalter dieses Buddhas werdet ihr eure unrechten Taten wiedergutmachen können.*« *Als die Drachen die-*

*se Worte hörten, nahmen sie alle Zuflucht zu den drei Juwelen und lebten den Rest ihres Lebens in großer Aufrichtigkeit.*[38]

Sogar der Buddha hatte keine andere Methode und keinen anderen Weg, um die Drachen [von ihrem Leiden] zu befreien: Er ließ sie einfach an den drei Zufluchten teilhaben. Obwohl [die Drachen] bereits Zuflucht zu den drei Juwelen genommen hatten, als sie Haus und Familie verließen, wurden sie aufgrund ihres schlechten Karmas als hungrige Geister wieder geboren. Zu diesem Zeitpunkt gab es keinen anderen Weg, um sie [von ihren Leiden] zu befreien, und deshalb ließ sie [der Buddha noch einmal] an den drei Zufluchten teilhaben. Ihr solltet wissen, dass der Weltgeehrte damit selbst bestätigt hat, dass das Verdienst der Zufluchtnahme höchst verehrungswürdig, vortrefflich, tiefgründig und unvorstellbar ist. Alle Lebewesen sollten unbedingt darauf vertrauen und Zuflucht nehmen. [Der Buddha] ließ sie nicht die Namen aller Buddhas der zehn Richtungen rezitieren, sondern nur Zuflucht zu den drei Juwelen nehmen. Die Absicht des Buddha ist tiefgründig: Wer könnte sie erahnen? Auch die Lebewesen der heutigen Zeit sollten sogleich Zuflucht zu den drei Juwelen nehmen, statt sinnlos die Namen der einzelnen Buddhas aufzusagen. Seid nicht so beschränkt, solch große Verdienste zu verschwenden.

*Zu jener Zeit befand sich eine blinde Drachenfrau unter den Versammelten. Das Innere ihres Mundes war geschwollen und entzündet, er war voller Würmer und Maden, als wären es Exkremente, ihr Mund war so schmutzig wie ein unreines weibliches Organ. Der Geruch nach Fisch aus ihrem Mund war kaum zu ertragen, und alle möglichen Wesen ernährten sich darin, sodass Blut und Eiter heraussickerte. Ihr ganzer Körper war beständig von Mücken, Wespen und giftigen Fliegen geplagt und der Gestank ihrer Organe war entsetzlich. Zu jener Zeit blickte der Weltgeehrte mit großem Mitgefühl auf diese blinde Drachenfrau, die solche Leiden zu ertragen hatte, und fragte sie: »Schwester! Wie kommt es, dass du einen so elenden Körper hast? Welche Taten hast du früher begangen?« Die Drachenfrau antwortete: »Weltgeehrter! Mein Körper ist jetzt von so vielen Leiden geplagt, dass er mir in keinem Augenblick Erleichterung verschafft. Selbst wenn ich dies beschreiben wollte, wäre es unmöglich. Ich erinnere mich an die vergangenen sechsunddreißig Koṭis. Hunderte und Tausende davon habe ich im Zustand eines elenden Drachen gelitten, ohne auch nur einen Augenblick lang davon befreit zu sein, weder am Tag noch in der Nacht. Der Grund ist, dass ich in einer weit entfernten Vergangenheit, während des einundneunzigsten Weltzeitalters im Buddha-Dharma des Vipaśyin Buddha*[39]*, eine Nonne wurde, aber mehr an die Sinneslust dachte als ein betrunkener Mann. Obwohl ich Haus und Familie verlassen hatte, konnte ich mit dem Dharma nicht eins werden: Ich breitete mein Bett in einem Kloster aus und beging eine Unzahl unreiner Taten. Ich wollte mich in der Leidenschaft vergessen und große Freuden erfahren. Aus Gier stahl ich das Eigentum der anderen und machte mir viele Gaben der Verehrung von Gläubigen zu Eigen. Wegen dieser Vergehen konnte ich im einundneunzigsten Weltzeitalter nicht den Körper eines himmlischen Wesens oder eines Menschen erlangen, sondern brannte in den Feuern der drei üblen Zustände.« Der Buddha fragte weiter: »Wenn dies so ist, Schwester, wo wirst du am Ende dieses mittle-*

*ren Weltzeitalters geboren werden?« Die Drachenfrau antwortete: »Durch die Macht der Ursachen und Umstände meiner früher begangenen Taten werde ich am Ende dieses Weltzeitalters von den Winden meines schlechten Karmas zurück in diese elenden Zustände geweht und so wieder geboren werden, selbst wenn ich in einer anderen Welt geboren werden sollte.« Nach diesen Worten flehte die Drachenfrau [den Buddha] an: »Ich bitte Euch, Weltgeehrter, habt Mitleid mit mir! Bitte befreit mich! Bitte befreit mich!« Da schöpfte der Weltgeehrte etwas Wasser mit seiner Hand und sagte: »Dieses Wasser wird ›die Medizin wunscherfüllender Freude‹ genannt. Jetzt spreche ich aufrichtig zu dir: In einer weit entfernten Vergangenheit habe ich meinen Körper und mein Leben aufgegeben, um eine Taube zu befreien. Bis zum Ende schwankte mein Entschluss nicht. Es kam mir niemals in den Sinn, [meinen Körper und mein Leben] zu schonen. Weil das, was ich sage, die Wahrheit ist, kann ich dich jetzt vollkommen von deinem Elend befreien.« Dann nahm der weltgeehrte Buddha das Wasser in seinen Mund und besprengte den Körper der blinden Drachenfrau damit. All ihr schreckliches Elend ging vorüber und ihre stinkenden Organe wurden völlig geheilt. So geheilt, wandte sich die Drachenfrau an ihn: »Nun bitte ich Euch, Buddha, [noch einmal] Zuflucht zu den drei Juwelen nehmen zu dürfen.« Der Weltgeehrte erlaubte es der Drachenfrau sofort.*

Diese Drachenfrau wurde vor langer Zeit eine Nonne im Dharma des Vipaśyin Buddha. Obwohl sie die Gebote brach, hat sie wohl gesehen und gehört, was man im Buddha-Dharma durchdringen und verstehen kann und was nicht. In dieser Geschichte begegnete sie Śākyamuni Buddha persönlich und bat ihn darum, [noch einmal] Zuflucht zu den drei Juwelen nehmen zu dürfen. Es muss gesagt werden, dass es ihren vielen [früher] angesammelten guten Wurzeln zu verdanken ist, dass sie die drei Juwelen vom Buddha selbst empfangen durfte. Das Verdienst, Buddha persönlich begegnet zu sein, hat seinen Ursprung zweifellos in den drei Juwelen.[40]

Wir sind keine blinden Drachen und haben nicht die Körper von Tieren. Dennoch sind wir nicht in der Lage, dem Tathāgata zu begegnen und die drei Juwelen von Buddha selbst zu empfangen. Wir sind weit davon entfernt, dem Buddha zu begegnen, und sollten uns schämen. Der Weltgeehrte selbst ließ [der Drachenfrau] die drei Juwelen zukommen. Deshalb solltet ihr wissen, dass die Verdienste der drei Juwelen tiefgründig und unvorstellbar sind. Als Śakra, der König der Götter, sich vor einem wilden Fuchs niederwarf und Zuflucht zu den drei Juwelen nahm[41], beruht dies auf der Tiefgründigkeit der Verdienste, die durch die drei Juwelen entstehen.

*Als sich der Buddha in einem Feigenbaumhain in der Nähe der Stadt Kapilavastu[42] aufhielt, fragte Śākya-Mahānāma[43] ihn: »Was ist ein Laienschüler?«[44] Der Buddha erklärte ihm: »Wenn ein guter Sohn oder eine gute Tochter im ganzen Besitz seiner oder ihrer [geistigen] Kräfte Zuflucht zu den drei Juwelen nimmt, nennen wir diesen einen ›Laienschüler‹.« Śākya-Mahānāma sagte: »Weltgeehrter! Was ist ein teilweiser Laienschüler?« Der Buddha sagte: »Mahānāma! Wenn jemand Zuflucht zu den drei Juwelen nimmt und außerdem noch eines der Gebote empfängt[45], wird er ein teilweiser Laienschüler genannt.«[46]*

Ein Schüler Buddhas zu werden ist daher unfehlbar mit der Zufluchtnahme zu den drei Juwelen verbunden. Denn welches der Gebote [Buddhas] der Schüler auch empfängt, er muss immer Zuflucht zu den drei Juwelen nehmen. Erst danach kann er die Gebote empfangen. Deshalb ist es [nur] durch die Zufluchtnahme zu den drei Juwelen möglich, die Gebote zu empfangen.

Im Hokku kyō[47] heißt es: »*Eines Tages brach Śakra, der König der Götter, in endloses Wehklagen aus, da er im Inneren wusste, dass er am Ende seines Lebens als Esel wieder geboren würde. Er sagte zu sich: ›Der Einzige, der mich vor diesem Unglück retten kann, ist der weltgeehrte Buddha.‹ Dann ging er an den Ort, wo der Buddha sich aufhielt, neigte sein Haupt, warf sich vor ihm nieder und nahm Zuflucht zu ihm. Noch bevor er sich erhoben hatte, war sein Leben zu Ende, und er wurde im Schoß einer Eselin wieder gezeugt. [Aber] die Eselin durchbiss ihren Zaum und zerbrach ein paar Tonkrüge in einem Töpferladen. Der Töpfer schlug auf die Eselin ein, und weil ihr Schoß dabei verletzt wurde, wurde [Śakra nicht in ihrem Schoß, sondern] wieder im Körper des Königs der Götter geboren. Der Buddha sagte: ›Als du dein Leben gehen ließest, hast du Zuflucht zu den drei Juwelen genommen; deine Vergehen sind bereits abgegolten.‹ Als der König der Götter dies hörte, erlangte er die erste Frucht [eines in den Strom Eingetretenen].*«[48]

Im Allgemeinen ist der Buddha, der Weltgeehrte, unübertrefflich, wenn es darum geht, uns von der Not und dem Elend dieser Welt zu retten. Deshalb beeilte sich Śakra, der König der Götter, den Weltgeehrten aufzusuchen. Noch während er sich auf den Boden niederwarf, war sein Leben zu Ende, und er wurde im Schoß einer Eselin geboren. Aufgrund des Verdienstes von [Śakras] Zufluchtnahme zu Buddha durchbiss die Eselin ihren Zaum und zerbrach ein paar Tonkrüge in einem Porzellanladen. Der Töpfer schlug auf die Eselin ein. Dies verletzte den Esel im Schoß der Mutter-Eselin, und [Śakra] konnte wieder im Körper des Königs der Götter geboren werden. So ist es der Kraft des Verdienstes der Zufluchtnahme zu den drei Juwelen zu verdanken, dass [Śakra] die erste Frucht [eines in den Strom Eingetretenen] erlangen konnte, als er Buddhas Lehre hörte. Deshalb muss es zweifellos die Kraft der Zufluchtnahme zu den drei Juwelen sein, die uns sogleich von der Not und dem Elend der Welt rettet und uns Bodhi, die höchste [Wahrheit], erfahren lässt.

Im Allgemeinen befreit die Kraft der Zufluchtnahme nicht nur von den drei üblen Zuständen, sie dringt auch in den Körper des Königs der Götter ein. Sie bringt also nicht nur Früchte und Belohnungen im Himmel, [sie befähigt uns auch,] heilige Wesen zu werden, die in den Strom [des Buddha-Dharmas] eingehen. In Wirklichkeit ist der Ozean der Verdienste und Tugenden der drei Juwelen unvorstellbar und unermesslich. Zu Lebzeiten des Weltgeehrten erfuhren Götter und Menschen dieses Glück. Da wir uns jetzt in der letzten Periode von fünfhundert Jahren[49] nach dem Hinübergehen des Tathāgata befinden, [ist die Frage,] wie sollten die Menschen und Götter [in einer Zeit des Verfalls des Buddha-Dharmas] leben? Gleichzeitig existieren die Bildwerke, Statuen, Stūpas usw. des Tathāgata noch unter uns. Wenn wir Zuflucht zu ihnen nehmen, können auch wir die Art von Verdiensten erlangen, die ich zuvor beschrieben habe.

Das Folgende findet sich im Mizo-u kyō.[50] *Der Buddha sagte: »Ich erinnere mich: Vor zahllosen Weltzeitaltern gab es im großen Königreich der Vima auf dem Berg Śita*[51] *einen wilden Fuchs. Eines Tages wurde er von einem Löwen verfolgt. Als er schon fast die Beute des Löwen war und verzweifelt versuchte, ihm zu entkommen, fiel er in einen Brunnen, aus dem er nicht mehr herauskommen konnte. Nach drei Tagen hatte sich der Fuchs mit seinem Tod abgefunden und sprach den folgenden Vers:*

*Welch elendes Schicksal!*
*Von unsäglichen Schwierigkeiten bedrängt,*
*Werde ich heute mein Leben in diesem Brunnen verlieren.*
*Alle Dinge und Phänomene sind vergänglich.*
*Ich bedaure, dass der Löwe meinen Körper nicht verschlungen hat.*
*In Verehrung nehme ich Zuflucht zu den Buddhas der zehn Richtungen.*
*Mögen sie wissen, dass mein Geist rein und selbstlos ist.*

*Śakra, der König der Götter, hörte die Namen der Buddhas; voller Ehrfurcht stellten sich ihm gar die Haare, und er erinnerte sich an die ewigen Buddhas. Dann dachte er für sich: ›Allein und ungeschützt, habe ich keinen Lehrer, der mich führt; da ich den fünf Begierden verfallen bin, werde ich in ihnen versinken.‹ Dann flog er sogleich, von achtzigtausend Göttern begleitet, zu dem Brunnen hinab in die Menschenwelt, um die Sache näher zu erkunden. Dort sah er den wilden Fuchs auf dem Grund des Brunnens, der mit seinen Pfoten in der Erde scharrte, um wieder nach oben zu kommen, sich aber nicht befreien konnte. Wieder dachte der König der Götter für sich: ›Ihr heiliges Wesen denkt vielleicht, es gebe keine Mittel und Wege [Euch zu befreien]. Ich sehe zwar jetzt die Gestalt eines wilden Fuchses vor mir, aber sicherlich seid ihr ein Bodhisattva, und kein gewöhnlicher Mensch. Die Worte, die ihr vorhin gesprochen habt, waren keine gewöhnlichen Worte. Deshalb bitte ich Euch, den Göttern des Himmels das Wesentliche des Dharmas zu lehren.‹ Der wilde Fuchs schaute nach oben und sagte: ›Du bist zwar der König der Götter, aber du hast dich niemals [im Dharma] geschult. Während der Lehrer des Dharmas hier unten ist, bleibst du selbst oben. Ohne deine Verehrung zu bekunden, möchtest du das Wesentliche des Dharmas hören. Das Wasser des Dharmas ist rein und vermag die Menschen zu retten. Weshalb bist du so stolz auf deine hohe Position?‹ Als der König der Götter dies hörte, war er sehr beschämt. [Aber] die Götter, die ihn begleiteten, waren so überrascht, dass sie lachten [und sagten]: ›Selbst wenn der König des Himmels sich [vor diesem Fuchs] niederwerfen würde, hätte es keinen Nutzen!‹ Da wandte sich der König der Götter an alle Versammelten: ›Seid ehrerbietig, nicht überrascht, und ohne Furcht. Dies geschah, weil ich so starrsinnig und unverständig bin und wenige Verdienste habe. Wir müssen unbedingt [von diesem Fuchs] das Wesentliche des Dharmas hören.‹ Daraufhin ließ [Śakra] ein kostbares Gewand vom Himmel heruntergleiten, der Fuchs zog sich damit nach oben und war befreit. Die Götter warteten ihm mit einem köstlichen Mahl aus himmlischem Nektar auf. Der wilde Fuchs kam wieder zu Kräften und sein Lebenswille nahm zu. Da er mitten im Elend unerwartet ein solches Glück erfahren hatte, war seine Freude grenzenlos, und er begann zu tan-*

*zen. Dann unterwies er den König und die anwesenden Götter im Wesentlichen des Dharmas.«*

Dies nennt man die Geschichte von [Śakra,] dem König der Götter, der sich vor einem Tier niederwarf und es zu seinem Lehrer machte. Dass der König der Götter einen wilden Fuchs zu seinem Lehrer machte, könnte der Beweis dafür sein, wie schwierig es ist, den Namen des Buddhas, des Dharmas und des Sanghas zu vernehmen. Da euch die lange angesammelten guten [Taten] jetzt zustattenkommen und ihr dem überlieferten Dharma des Tathāgata begegnen und Tag und Nacht die kostbaren Namen der drei Juwelen hören dürft, könnte es sein, dass [dieses Glück] auch mit der Zeit nicht schwindet. Dies könnte genau das Wesentliche des Dharmas sein. Sogar die Dämonen des Himmels können dem Elend entfliehen, wenn sie Zuflucht zu den drei Juwelen nehmen. Wie viel mehr ist es dann auch anderen Lebewesen möglich, durch die Zufluchtnahme Verdienste anzusammeln und anzuhäufen? Wie könntet ihr nicht darüber nachdenken? Grundsätzlich gilt: Wenn ihr den Weg als Schüler Buddhas praktiziert, solltet ihr euch unbedingt zuerst ehrerbietig vor den drei Juwelen der zehn Richtungen niederwerfen. Ihr solltet die drei Juwelen in den zehn Richtungen anrufen[52], Räucherwerk verbrennen und Blumen verstreuen. Erst dann solltet ihr zu gegebener Zeit die verschiedenen [anderen] Übungen praktizieren. Dies zu tun bedeutet, dass ihr den hervorragenden Spuren unserer Vorfahren folgt. Zudem ist dies ein alter Brauch der Buddhas und Vorfahren. Wenn ihr diesen Brauch, Zuflucht zu den drei Juwelen zu nehmen, noch nicht praktiziert habt, müsst ihr wissen, dass ihr noch den Dharma der himmlischen Dämonen oder den Dharma der Menschen praktiziert, die außerhalb des Buddha-Weges sind. Im Dharma der Buddhas und Vorfahren steht am Anfang [des Buddha-Weges] immer die Zeremonie der Zufluchtnahme zu den drei Juwelen.

Shōbōgenzō Ki-e sanbō

Die Abschrift dieser Aufzeichnungen meines früheren Meisters wurde an einem Tag des Sommer-Trainings im siebten Jahr der Ära Kenchō[53] [1255] beendet. Die Aufzeichnungen waren noch nicht im endgültigen Stadium angelangt, und der Meister hätte zweifellos noch Dinge korrigiert, hinzugefügt oder entfernt. Jetzt ist mir ein solches Vorgehen nicht mehr erlaubt, und so lese ich die Aufzeichnungen meines Meisters wie geschehen.[54]

# Anmerkungen

1 *Zen en shingi*, »Die reinen Regeln für Zen-Klöster«.
2 *Ki-e* 帰依, wörtl. »zurückkommen und sich darauf stützen«, steht für sanskr. *śaraṇa*, »Zuflucht« oder »Zufluchtnahme«.
3 *Kan-ō dōkō* 感応道交 bedeutet die mystische Verbindung zwischen den Buddhas und den Lebewesen oder zwischen der universellen Gesetzmäßigkeit und den Lebewesen.
4 *Issendai* 一闡提 im Text steht phonetisch für (sanskr.) *icchantika* und beschreibt ein Lebewesen, das nur seinen Begierden folgt. Ein Icchantika wurde entweder mit dem Ausdruck *danzenkon* 断善根, »einer, der die Wurzeln des Guten abschneidet«, oder *shinfugusoku* 信不具足, »einer der kein Vertrauen hat«, bezeichnet.
5 Zitiert aus dem *Zen en shingi*, Teil 9. Siehe auch Kap. 94, *Jukai*.
6 Aus dem *Daijōgi shō*, einem Kommentar in zwanzig Bänden zum Mahāyāna-Buddhismus, der im China der Sui-Dynastie (589–618) geschrieben wurde.
7 *Hotoke* 仏 ist das japanische Wort für Buddha.
8 *Buddaya* 仏陀耶 ist die phonetische Transkription von sanskr. *buddha*.
9 *Kaku* 覚 ist das letzte Schriftzeichen in *mujō shōtō kaku* 無上正等覚, »das Erwachen zur höchsten vollkommenen und ausgeglichenen Wahrheit«, sanskr. *anuttarā-samyak-saṃbodhi*.
10 *Daruma* 達磨 ist die phonetische Transkription von (sanskr.) *dharma*.
11 *Donmu* 曇無 ist die phonetische Transkription von (pāli) *dhamma*.
12 *Sogya* 僧伽 ist die phonetische Transkription von (sanskr.) *sangha*.
13 Es handelt sich um die fünf Asketen, die Buddha in der Zeit seiner Kasteiungen begleitet haben und die später seine Schüler und ersten Mönche seines Ordens wurden. Diese waren: Ajñāta-Kauṇḍinya, Aśvajit, Bhadrika, Mahānāman und Daśabala-Kāśyapa.
14 *Gobun hosshin* 五分法身, von sanskr. *asamasama-pañca-skandha*, die »fünf Körper«, *kaishin* 戒身, »der Körper der Gebote«, *jōshin* 定身, »der Körper des Gleichgewichts (beim Zazen)«, *eshin* 慧身, »der Körper der Weisheit«, *gedatsu-shin* 解脱身, »der Körper der Befreiung«, und *gedatsu-chiken-shin* 解脱知見身, »der Körper des Wissens um die Befreiung«.
15 *Mettai* 滅諦, die dritte der vier edlen Wahrheiten.
16 *Mugaku* 無学, wörtl. »nicht (mehr) Lernen« bezieht sich auf Menschen, die nicht mehr lernen müssen, das heißt, die Arhats sind. Hier bezieht sich der Ausdruck auf die letzte Stufe eines Śrāvakas im Hīnayāna, die auch »die vierte Wirkung« oder »die Ebene eines Arhats« genannt wird.
17 Zitat aus einem unbekannten Sūtra.
18 Siehe Lotos-Sūtra, Kap. 16, »Des Tathāgata Lebensdauer«. Vgl. Borsig, S. 289.
19 *Ichidaiji innen* 一大事因縁. Siehe Lotos-Sūtra, Kap. 2, »Geschicklichkeit«.
20 Aus Meister Dōgens nachfolgendem Kommentar geht hervor, dass es sich hier um nichtbuddhistische Schreine handeln muss.
21 Siehe *Kusha ron*, sanskr. *Abhidharma-kośa*, Teil 14.
22 »Sich den Regeln für Ochsen unterwerfen« bedeutet, das Leben eines Ochsen zu führen, was möglicherweise eine Art asketischer Praxis war.
23 Hier handelt es sich wohl um Rākṣasa, einen Dämon, der von menschlichem Fleisch lebt.
24 Dies bezieht sich auf die Asketen (sanskr. *jaṭila*), die zu Buddhas Lebzeiten mit verfilzten

Haaren umherwanderten.

25 Tieropfer waren im alten Indien gang und gäbe. Es ist dem historischen Einfluss des Buddha zu verdanken, dass das rituelle Opfer in Indien nicht mehr weit verbreitet ist.

26 Im alten Indien gab es viele Feuerrituale. Solche Rituale wurden von den Brahmanen-Priestern ausgeführt, die sehr komplizierte Kultvorschriften einhalten mussten, damit der Feuergott Agni das Geopferte zu den Göttern tragen würde. Andere Feuerrituale wurden praktiziert, um sich von Unreinheiten zu befreien.

27 Hier handelt es sich wohl um ein Fastenritual oder auch einen Luft-Kult.

28 Zitat aus einem unbekannten chinesischen Text.

29 *Ke-u kyō* ist die Kurzform von *Bussetsu ke-u kōryō kudoku kyō*, »Das Sūtra von Buddhas Darlegung des Vergleichs der Verdienste seltener Ereignisse«. Das Sūtra wurde von Jñānagupta (522–600) zur Zeit der Sui-Dynastie (589–618) aus dem Sanskrit ins Chinesische übertragen. Hier handelt es sich wahrscheinlich um einen Text, der das Sūtra zusammenfasst.

30 *Sanki [o] uku[ru]* 受三帰, »die drei Juwelen empfangen«. Die dreimalige Verehrungsformel »Ich nehme Zuflucht zu Buddha, ich nehme Zuflucht zum Dharma, ich nehme Zuflucht zum Sangha« steht am Anfang der Zeremonie der buddhistischen Gebote (*jukai*). Die Gebote zu empfangen bedeutet also, 1. die drei Juwelen zu empfangen, danach 2. die drei Gebote der Reinheit und schließlich 3. die zehn Gebote der Bodhisattvas anzunehmen. Diese Zeremonie wird eingehend in Kap. 94, *Jukai*, erklärt.

31 Der Kontinent im Norden des Berges Sumeru wird nur von Engeln bewohnt und ist für die Praktizierenden der drei Fahrzeuge, die Śrāvakas, Pratyekabuddhas und Bodhisattvas, nicht erreichbar.

32 Dieses Sūtra ist eines der vier Āgama-Sūtren, das zuerst 384 von Dharmanandi ins Chinesische übertragen wurde, aber dann verloren ging. Eine spätere Übersetzung wurde 397 von Gautama Saṃghadeva angefertigt.

33 *Trāyastriṃśa* (sanskr.) ist der Himmel der dreiunddreißig Götter, der der zweitgrößte Himmel in der Welt des Begehrens ist. Er befindet sich auf dem Gipfel des Berges Sumeru. Der Gott Śakra-devānām-indra thront in seiner Mitte und ist in jeder der vier Richtungen von jeweils acht Göttern umgeben.

34 Wenn ein himmlisches Wesen bald sterben wird, erscheinen an ihm fünf Merkmale des Verfalls: 1. die Blumenkrone auf seinem Kopf verwelkt, 2. er schwitzt unter den Armen, 3. seine Kleider werden schmutzig, 4. sein Körper verliert seinen Glanz, und 5. er sitzt zunehmend ungern an seinem angestammten Platz.

35 *San akudō* 三悪道 beschreibt die Bereiche der Hölle, die Bereiche der hungrigen Geister und die Bereiche der Tiere.

36 Die unrechten Taten dieser hungrigen Geister werden an einer früheren Stelle des Sūtras aufgeführt.

37 *Kengō* 賢劫 steht für sanskr. *bhadra-kalpa*, welches das gegenwärtige Zeitalter der Menschen ist und »das Zeitalter der Weisen« genannt wird.

38 Siehe *Daishū kyō* (sanskr. *Mahā-saṃnipāta-sūtra*), Teil 44.

39 Vipaśyin Buddha war der erste der sieben alten Buddhas. Siehe Kap. 15, *Busso*.

40 Das heißt, aufgrund ihrer früheren Zufluchtnahme, als sie unter Vipaśyin Buddha eine Nonne wurde.

41 Die Geschichte von Śakra und dem wilden Fuchs wird im nachfolgenden Teil des Kapitels zitiert.

42 Kapilavastu war der Name des Königreichs und der Hauptstadt der Familie der Śākyas, in der Gautama Buddha geboren wurde.

43 Mahānāma gehörte zur Familie des Buddha, den Śākyas, und war ein Laienschüler.

44 *Upāsaka* (sanskr.) ist ein männlicher Laienschüler.

45 Zu Buddhas Zeiten wurden die *gokai*, »die fünf Gebote für Laien«, sanskr. *pañca-śīlani*, manchmal einzeln empfangen. Diese sind: 1. kein Leben nehmen, 2. nicht nehmen, was einem nicht gehört, 3. nicht die Ehe brechen, 4. nicht lügen, und 5. keinen Alkohol zu sich nehmen.

46 Siehe *Daihatsu nehan kyō*, Teil 34.

47 *Hokku kyō*, wörtl. »das Sūtra der Dharmaworte«, ist eigentlich der Dhammapada, aus dem das folgende Zitat jedoch nicht stammen kann. Es dürfte sich daher um eine Fehlschreibung handeln, wie sie beim oftmaligen Abschreiben gelegentlich entstand. Die tatsächliche Quelle ist nicht bekannt.

48 *Shoka* 初果, »die erste Frucht«, beschreibt die Ebene eines Śrāvakas, der in den Strom des Dharmas eingetreten ist (sanskr. *srotāpanna*). Die vierte Frucht ist schließlich die Arhatschaft.

49 Es gibt verschiedene Theorien, die sich mit dem Verfall des Buddha-Dharmas nach dem Hinübergehen des Tathāgata befassen. Eine davon spricht von drei Perioden von jeweils fünfhundert Jahren. Meister Dōgen scheint sich hier auf die letzte der drei Perioden zu beziehen.

50 *Mizō-u kyō* ist die Kurzform von *Mizō-u innen kyō*, »das Sūtra nie dagewesener Ereignisse«.

51 Der Berg Śita und das Königreich Vima sind in der altindischen Kosmologie Orte, die sich auf dem Kontinent südlich des Berges Sumeru, der Menschenwelt, befinden.

52 In der japanischen Tradition beispielsweise umrundet man bei der Zufluchtnahme drei Mal den Ort der Zeremonie und rezitiert: »*Namu fudoya, namu taboya, namu sugyaya, namu susubusa* 南無仏陀耶、南無達磨耶、南無僧伽耶、南無祖師菩薩。– Verehrung dem Buddha! Verehrung dem Dharma! Verehrung dem Sangha! Verehrung den alten Meistern und Bodhisattvas!«

53 1255, zwei Jahre nach Meister Dōgens Tod.

54 Diese Anmerkung wurde zweifellos von Meister Dōgens Nachfolger Ko-un Ejō hinzugefügt. Dieses Kapitel ist in der 12-Kapitel-Ausgabe des *Shōbōgenzō* enthalten, die Meister Dōgen in den letzten Jahren vor seinem Tod zusammengestellt hat.

# 89

# 深信因果

# Shinjin inga

# Tiefes Vertrauen in Ursache und Wirkung

*Das erste* SHIN *bedeutet »tief« und das zweite (in der Kombination* JIN *ausgesprochen) bedeutet »Vertrauen«.* IN *ist »Ursache« oder »Ursachen« und* KA *(in der Kombination* GA *ausgesprochen) bedeutet »Wirkung« oder »Wirkungen«. So bedeutet* SHINJIN IN-GA *»tiefes Vertrauen in Ursache und Wirkung«. Zweifellos vertrauen wir im Buddha-Dharma vollkommen dem Gesetz von Ursache und Wirkung. Dennoch hat es immer wieder Anhänger des Mahāyāna-Buddhismus gegeben, die der Meinung waren, dass die Theorie von Ursache und Wirkung zur alten Lehre, dem Hīnayāna-Buddhismus gehöre, und dass Mahāyāna-Buddhisten in der Lage seien, über dieses Gesetz hinauszugehen. Eine solche Sicht ist jedoch abwegig. In diesem Kapitel betont Meister Dōgen ausdrücklich, dass es für das Verständnis des Buddha-Dharmas unabdingbar ist, Klarheit über das Gesetz von Ursache und Wirkung zu erlangen. Im chinesischen Zen gibt es eine berühmte Geschichte über einen buddhistischen Priester, der in den Körper eines wilden Fuchses zurückfiel, weil er das Gesetz von Ursache und Wirkung leugnete, und der später durch die Worte Meister Hyakujōs befreit wurde. Für viele Schüler des Buddha-Dharmas veranschaulicht diese Geschichte, dass es möglich ist, dem Gesetz von Ursache und Wirkung zu entgehen. Aber Meister Dōgen deckt ihre Irrtümer auf und bekräftigt damit die authentische Buddha-Lehre vom tiefen Vertrauen in Ursache und Wirkung.*

Wann immer Zen-Meister Daichi[1] vom Berg Hyakujō in Kōshū[2] einen informellen Lehrvortrag hielt, war ein alter Mann anwesend, der gemeinsam mit der Versammlung zuhörte. Wenn die Mönche sich zurückzogen, tat er es ebenso. Eines Tages jedoch blieb er. Schließlich richtete der Meister eine Frage an ihn: *»Was ist das für ein Mensch, der vor mir steht?«*

Der alte Mann antwortete: *»Ich bin kein Mensch. Vor langer Zeit, in den Tagen des Kāśyapa Buddha*[3], *war ich Meister auf diesem Berg.*[4] *Eines Tages fragte mich ein Schüler: ›Fällt selbst ein großer Praktizierender Ursache und Wirkung anheim?‹ Ich antwortete ihm: ›Er fällt der Ursache und Wirkung nicht anheim.‹*[5] *Seitdem bin ich fünfhundert Leben lang immer wieder in den Körper eines wilden Fuchses hineingefallen. Nun bitte ich Euch, Meister, mir ein Wort zu sagen, das mich verwandelt.*[6] *Ich sehne mich danach, mich von dem Körper des Fuchses zu befreien.«* Und dann fragte der alte Mann den Meister: »*Fällt selbst ein großer Praktizierender Ursache und Wirkung anheim?*«

Der Meister antwortete: »*Sei dir über Ursache und Wirkung sehr wohl im Klaren!*«[7]

Bei diesen Worten verwirklichte der alte Mann das große Erwachen und sagte, nachdem er sich vor dem Meister niedergeworfen hatte: »*Ich bin bereits von dem Körper des wilden Fuchses befreit. Nun würde ich gern auf dem Berg hinter dem Kloster bleiben. Darf ich den Meister bitten, das Ritual für einen verstorbenen Priester auszuführen?*«

Der Meister ließ den Mönchsobersten[8] den Holzblock schlagen[9], um die Mönche zu versammeln. Dann sagte er ihnen, dass er nach dem Essen das Ritual für einen verstorbenen Priester abhalten werde.

Die Mönche besprachen dies unter sich und sagten: »*Wir sind doch alle bei guter Gesundheit und niemand befindet sich im Krankenzimmer. Weshalb gibt es diese Totenzeremonie?*«

Nach dem Essen führte der Meister die Mönche zum Berg hinter dem Kloster an den Fuß eines Felsens, wo er mit dem Stock einen toten Fuchs hervorzog. Sie äscherten den Fuchs nach der traditionellen Methode ein. Am Abend hielt der Meister seine formelle Lehrrede in der Dharma-Halle und erwähnte die genannte Geschichte.

Daraufhin fragte Ōbaku[10]: »*Das Wort der Verwandlung, das der Mann in der Vergangenheit ausgesprochen hat, war die falsche Antwort für den Schüler, und so gelangte er fünfhundert Leben lang in den Körper eines wilden Fuchses. Hätte er in dem Augenblick keinen solchen Fehler gemacht, was wäre dann aus ihm geworden?*«

Der Meister sagte: »*Komm her, hier nach oben. Ich werde es dir sagen.*«

Ōbaku kam nach oben und versetzte dem Meister einen Schlag. Meister Hyakujō klatschte in die Hände, lachte und sagte: »*Du hast gerade ausgedrückt, dass der Bart eines Fremden*[11] *rot ist, aber es ist genauso richtig, dass ein Mann mit einem roten Bart ein Fremder ist.*[12]«

Dieser Teil der Geschichte ist im Tenshō kōtō roku[13] aufgezeichnet. [Obwohl sie das Prinzip klar aufzeigt,] gibt es Menschen, die den Buddha-Dharma erfahren und erforschen, aber keine Klarheit über die Grundwahrheit von Ursache und Wirkung erlangt haben und den Irrtum begehen, Ursache und Wirkung schlichtweg zu leugnen. Es ist bedauerlich, dass überall der Wind der Fäulnis weht und die Wahrheit unserer Vorfahren in Verfall geraten ist. Die Aussage, ein großer Praktizierender würde Ursache und Wirkung nicht anheimfallen, bedeutet nichts anderes als die Negierung von Ursache und Wirkung, die den Menschen, der dies behauptet, in üble Bereiche fallen lässt. Demgegenüber drückt die Aussage, dass man sich über Ursache und Wirkung sehr wohl im Klaren sein muss, zweifellos das tiefe Vertrauen in Ursache und Wirkung aus, weshalb der Mensch, der dies hört, von den üblen Bereichen befreit wird. Wundert euch nicht über solche Worte und zweifelt nicht daran. Unter den Menschen der heutigen Generation, die sich »Schüler des Zen-Weges« nennen, gibt es viele, die Ursache und Wirkung negieren. Woher wissen wir, dass sie Ursache und Wirkung negieren?

Wir wissen es aufgrund der Tatsache, dass sie die Worte »nicht anheimfallen« und »sich sehr wohl im Klaren sein« für identisch und nicht für verschieden halten. Deshalb wissen wir, dass sie Ursache und Wirkung negieren.

Der neunzehnte Vorfahre, der Ehrwürdige Kumāralabdha sagte: »*Grundsätzlich verhält es sich so, dass die Vergeltung für gute und schlechte Taten in den drei Zeiten wirkt. Im Allgemeinen sehen die Menschen aber nur, dass der Tod für die Guten früh kommt, während die Verderbten ein langes Leben haben. [Es scheint so, als ob] dem Verbrecher Glück und dem Tugendhaften Unglück widerfahre. Deshalb sagen manche, es gebe weder Ursache und Wirkung noch irgendeine Gesetzmäßigkeit, nach der ein schlechter Mensch unglücklich und ein guter glücklich würde. Vor allem wissen solche Menschen nicht, dass [Ursache und Wirkung] einander folgen wie der Schatten einer Gestalt und wie der Ton einer Schwingung, und dass es auch nicht ein Hundertstel oder ein Tausendstel von Unterscheidung zwischen ihnen gibt. Ferner wissen solche Menschen nicht, dass [Ursache und Wirkung] sich niemals erschöpfen, auch nicht in hunderttausend Weltzeitaltern.*«[14]

Daraus könnt ihr klar ersehen, dass unsere Vorfahren Ursache und Wirkung niemals negiert haben. Dass die Schüler späterer Zeitalter die wohlwollende Unterweisung unserer Gründer-Vorfahren nicht klären, [liegt daran,] dass sie die Alten nicht genug schätzen. Jene, die den alten Meistern nicht nacheifern und sich dennoch grundlos als gute Lehrer und Ratgeber der Menschen und Götter ausgeben, sind eine große Plage für die Menschen und Götter, sie sind die Feinde der Praktizierenden. Ihr, die ihr jetzt vor oder hinter mir seid, solltet Ursache und Wirkung niemals negieren, wenn ihr die jungen und spät [zum Buddha-Dharma] gekommenen Schüler unterweist. Es ist eine falsche Lehre und keinesfalls der Dharma der Buddhas und Vorfahren. Nur die Menschen, die träge im Studium des Buddha-Dharmas sind, können in diese falsche Sichtweise fallen.

Im heutigen China sagen Flickenmönche und ihresgleichen oft: »*Obwohl wir einen menschlichen Körper haben und dem Buddha-Dharma begegnet sind, haben wir nicht einmal Einsicht in ein oder zwei Leben. Der Hyakujō der Vergangenheit*[15] *jedoch, der ein wilder Fuchs wurde, konnte in fünfhundert Leben blicken. Ihr solltet also wissen, dass der Meister nicht der Vergeltung für sein Tun anheimgefallen ist. Es könnte sein, dass er nirgendwo verweilt, frei unter Fremden geht und das Dharma-Rad sich drehen lässt, auch wenn er an goldene Ketten gebunden war und dunkle Hindernisse zu überwinden hatte.*«[16]

Dies ist das Verständnis und die Sicht derer, die man [heute] für große Lehrer und gute Ratgeber hält. Es ist jedoch schwierig, diese Sicht und dieses Verständnis im Haus der Buddhas und Vorfahren zu finden. Unter den Menschen, Füchsen oder anderen Lebewesen gibt es wohl manche, die von Natur aus die Kraft haben, eine gewisse Zeitspanne zurück in frühere Existenzen zu blicken[17], aber [diese Einblicke] sind nicht das Resultat ihres klaren Verständnisses, sondern die gefühlten Auswirkungen ihrer schlechten Taten. Diese Grundwahrheit hat der Weltgeehrte den Menschen und Göttern überall gelehrt; sie nicht zu kennen ist der Gipfel an Nachlässigkeit im Studium [des Buddha-Dharmas] und höchst bedauerlich. Selbst wenn jemand in tausend oder zehntausend Leben zu blicken vermochte, wäre dies nicht unbedingt als Buddhas Lehre anzusehen. Es gibt Menschen außerhalb des Buddha-Weges, die bereits in achtzigtausend Weltzeitalter geblickt haben, aber dies wird nicht als der Buddha-Dharma angesehen. Gerade einmal in fünfhundert Leben zu blicken, zeugt nicht von großen Fähigkeiten. Der größte Irrtum der heutigen Zen Praktizierenden der Song-Dynastie besteht darin, dass sie die falsche Sicht, ein Mensch würde nicht den Ursachen und Wirkungen [seiner Handlungen] anheimfallen, nicht [als falsch] erkennen. Bedauerlicherweise haben sich verkehrt denkende Gruppen gebildet, die Ursache und Wirkung einfach negieren, und dies, obwohl sie dort leben, wo die wahre Lehre des Tathāgata sich entfaltet hat, und sie der authentischen Weitergabe [dieser Lehre] von einem Vorfahren zum nächsten begegnet sind. Deshalb sollten die Zen Praktizierenden umgehend Klarheit über die Grundwahrheit von Ursache und Wirkung erlangen. Was die Wahrheit in Hyakujōs Aussage »seid euch über Ursache und Wirkung sehr wohl im Klaren« betrifft, so wird Ursache und Wirkung darin keinesfalls ignoriert.[18] Es ist daher offensichtlich, dass ihr Wirkungen erfahrt, wenn ihr Ursachen geschaffen habt, und dies ist die Wahrheit der Buddhas und Vorfahren. Grundsätzlich solltet ihr den Menschen und Göttern den Buddha-Dharma nicht aufs Geratewohl lehren, bevor ihr diesen nicht selbst geklärt habt.

Der alte Meister Nāgārjuna[19] lehrte: *»Wenn wir Ursache und Wirkung in dieser Welt leugnen, so wie es die Menschen außerhalb des Buddha-Weges tun, dann gibt es weder Gegenwart noch Zukunft. Wenn wir Ursache und Wirkung jenseits dieser Welt*[20] *[im Buddha-Dharma] leugnen, dann gibt es keine drei Juwelen, keine vier [edlen] Wahrheiten und auch nicht die vier Stufen eines Śrāvakas.«*[21]

Ihr solltet also klar sehen, dass es nicht der Buddha-Weg ist, wenn ihr die Existenz von Ursache und Wirkung leugnet, sei es in dieser Welt oder jenseits dieser Welt. Die Gegenwart zu leugnen bedeutet [zu sagen], dass unser Körper zwar hier existiert, seine Essenz sei aber seit Urzeiten zur Erleuchtung gehörig und kehre zu ihr zurück. Diese Essenz sei nichts anderes als der Geist, der sich vom Körper unterscheide. Eine solche Sicht ist zweifellos das Verständnis der Menschen, die außerhalb des Buddha-Weges sind.

Andere wiederum sagen: Wenn ein Mensch stirbt, kehrt er unfehlbar in den Ozean der geistigen Welt[22] zurück. Selbst wenn er den Buddha-Dharma nicht erlernt und praktiziert, kehrt er auf natürliche Weise in den Ozean der Erleuchtung zurück. Deshalb behaupten [diese anderen], dass sich das Rad des Lebens und des Todes [danach] nicht mehr drehe und es daher auch keine Zukunft gebe. Dies ist die nihilistische Sicht[23] der Menschen außerhalb des Buddha-Weges. Menschen, die dieses falsche Verständnis [des Buddha-Dharmas] haben, sind niemals die Schüler Buddhas, auch wenn sie der Form nach wie Mönche aussehen. Zweifellos sind sie Menschen außerhalb des Buddha-Weges. Kurz gesagt: Da sie Ursachen und Wirkungen leugnen, begehen sie den Irrtum [zu glauben], Gegenwart und Zukunft würden nicht existieren. Sie leugnen Ursachen und Wirkungen deshalb, weil sie [den Dharma] nicht unter einem wahren und guten Lehrer erfahren und erforscht haben. Hätten sie eine lange Zeit unter einem wahren und guten Lehrer gelernt, könnten sie unmöglich der falschen Ansicht verfallen, Ursache und Wirkung würden nicht existieren. Ihr solltet der wohlwollenden Unterweisung unseres alten Meisters Nāgārjuna tief vertrauen und sie verehren. Ihr solltet sie ehrerbietig auf euer Haupt legen.[24]

Meister Genkaku, der große Meister Shinkaku aus Yōka[25], war ein hervorragender Schüler von Sōkei.[26] Davor hatte er das Lotos-Sūtra bei Tendai[27] studiert, wo er das Zimmer mit dem großen Meister Sakei Genrō[28] teilte. Als er gerade das Nirvāṇa-Sūtra las, überflutete ein goldenes Licht das Zimmer, und er verstand, was »Nicht-Geburt« bedeutet. Danach begab er sich zum Berg Sōkei und beschrieb dem sechsten Vorfahren [Meister Daikan Enō] seine Erfahrung. Sogleich gab ihm der sechste Vorfahre das Siegel der Bestätigung. Später schrieb [Genkaku] das Shōdōka[29], in dem er sagt: »Die weite Leere[30], [die auf der Idee unbegrenzter Freiheit basiert,] negiert Ursache und Wirkung; doch ein solches Chaos bringt nur Unheil und Verwirrung.« Ihr solltet also klar erkennen, dass die Negierung von Ursache und Wirkung Unheil und Verwirrung nach sich zieht. Bedenkt, dass sich die Meister vergangener Zeitalter alle im Klaren waren über Ursache und Wirkung, während die spät Lernenden der heutigen Zeit sich alle über Ursache und Wirkung täuschen. Dennoch könnt ihr, die ihr heute einen reinen und aufrichtigen Willen zur Wahrheit habt und den Buddha-Dharma um des Buddha-Dharmas willen erlernt, so wie die alten Meister Klarheit über Ursache und Wirkung erlangen. Wer sagt, es gebe keine Ursachen und keine Wirkungen, ist nicht auf dem Buddha-Weg.

In einer Lobrede auf die Alten kommentierte der ewige Buddha Wanshi[31] die zuvor erwähnte Begebenheit von Ursache und Wirkung mit den Worten:

*Ein Shaku Wasser, ein Jō*[32] *Welle.*[33]
*Was vor fünfhundert Leben geschah, ist bedeutungslos.*
*Beim Nachdenken über »nicht anheimfallen« oder »sich wohl im Klaren sein«*
*Verfangt ihr euch in den Nestern komplizierter Verflechtungen.*[34]
*Ha! Ha! Ha!*
*Versteht ihr, oder nicht?*
*Seid ihr frei und unbefangen,*
*Hindert euch niemand daran, baba und wawa zu lallen.*[35]
*Götter singen, Geister tanzen, und Musik ertönt von selbst.*
*Zwischen dem Händeklatschen gibt es ein paar Hurraschreie!*

Der obige Satz, »beim Nachdenken über ›das Nicht-Anheimfallen‹ oder ›das Sich-wohl-im-Klaren-Sein‹ verfangt ihr euch in den Nestern komplizierter Verflechtungen«, bedeutet einfach, dass »nicht anheimfallen« und »sich wohl im Klaren sein« auf dasselbe hinauslaufen könnten. Kurz: In diesem Fall von Ursache und Wirkung wurde die Theorie davon noch nicht vollkommen ausgedrückt.[36] Ihr fragt, warum? Der Grund liegt darin, dass [Wanshi] zwar direkt vor euch demonstriert, wie man sich vom Körper eines wilden Fuchses befreit, er aber nichts darüber sagt, [ob der Hyakujō der Vergangenheit,] nachdem er dem Körper eines Fuchses entkommen ist, in der Menschenwelt, im Himmel oder in einem anderen Bereich wieder geboren wird. Aber dies ist genau der Punkt, an dem die Menschen ihre Zweifel haben. Wenn der Mann, der sich von seinem Körper als Fuchs befreit hat, in einer guten Welt geboren wird, wird er im Himmel oder in der Menschenwelt geboren werden, und wenn er in einer üblen Welt geboren wird, wird er in den vier üblen Bereichen[37] geboren werden. Jedenfalls ist es unmöglich, dass er, nachdem er sich vom Körper eines Fuchses befreit hat, an einem Ort geboren wird, der bar jeglicher Existenz ist. Zu behaupten, dass die Lebewesen nach ihrem Tod in den Ozean der Geist-Essenz oder zu einem universellen Selbst zurückkehren, ist die Sichtweise derer, die außerhalb des Buddha-Weges sind.

In einer Lobrede auf die Alten sagte Meister Kokugon[38], der Zen-Meister Engo vom Berg Kassan:

*Wenn die Fische schwimmen, trübt sich das Wasser.*
*Wenn die Vögel fliegen, fallen ihre Federn.*
*Dem höchsten Spiegel*[39] *kann man nicht entrinnen.*
*Der große Raum ist öde und weit offen.*
*Was einmal geschehen ist, liegt in weiter Ferne.*
*Fünfhundert Leben entstehen einzig*
*aus den Ursachen und Wirkungen der großen Praxis.*
*Blitz und Donner brechen den Berg entzwei und der Wind wühlt den Ozean auf,*
*Aber das reine Gold verändert seine Farbe nicht,*
*selbst wenn es hundert Mal geschmiedet wird.*[40]

Sogar diese Lobrede zeigt eine Tendenz, Ursache und Wirkung zu negieren, und gleichzeitig neigt sie zur Ewigkeitssicht.[41]

In einem Lobgedicht auf die Alten sagte Meister Sōkō[42], der Zen-Meister Dai-e vom Berg Kinzan in Kōshū:[43]

*»Nicht anheimfallen« und »sich sehr wohl im Klaren sein«*
*Sind wie Steine und Erdklumpen auf den Pfaden zwischen den Reisfeldern.*
*Seitdem ich den silbernen Berg zerschmettert habe,*[44]
*Klatsche ich mit beiden Händen und lache in jeder Situation. Ha! Ha!*
*In Minshū*[45] *gab es den dummen, glücklichen Buddha.*[46]

Die Menschen der heutigen Song-Dynastie halten jemanden [der so spricht] für einen großen Meister. Aber Sōkōs Sicht und sein Verständnis reichen nicht einmal an die Vorstellung heran, den Buddha-Dharma mit geschickten Mitteln zu lehren. Seine Sichtweise und sein Verständnis neigen eher zum Naturalismus.

Was nun die Geschichte [von Meister Hyakujō und den wilden Fuchs] betrifft, so haben mehr als dreißig Menschen sich in Reden und Lobgedichten dazu geäußert, aber keiner von ihnen hat daran gezweifelt, dass [die Aussage] »er fällt Ursache und Wirkung nicht anheim« nichts anderes sein kann als die Negation von Ursache und Wirkung. Es ist bedauerlich, dass diese Menschen ein Leben lang träge waren und nutzlos in der Täuschung verbracht haben, ohne das Gesetz von Ursache und Wirkung zu klären. Wenn ihr den Buddha-Dharma erfahrt und erforscht, müsst ihr euch vor allem über Ursache und Wirkung im Klaren sein. Wer Ursache und Wirkung leugnet, könnte leicht der Gier nach Ruhm und Gewinn verfallen und seine Wurzeln des Guten abschneiden.[47]

Im Allgemeinen ist die Wahrheit von Ursache und Wirkung in lebendiger Weise offensichtlich; sie ist keine persönliche Angelegenheit: Diejenigen, die Unrechtes tun, fallen, und diejenigen, die das Rechte tun, erheben sich – dies gilt ohne auch nur ein Tausendstel oder ein Hundertstel an Abweichung. Würden Ursache und Wirkung verschwinden und substanzlos werden, könnten die Buddhas nicht in dieser Welt erscheinen, und unser Vorfahre [Meister Bodhidharma] hätte nicht aus dem Westen kommen können. Letztlich wäre es unmöglich für die Lebewesen, Buddha zu begegnen und den Dharma zu hören. Menschen wie Kongzi und Laozi[48] und dergleichen haben die Grundwahrheit von Ursache und Wirkung nicht geklärt, nur die Buddhas und Vorfahren haben Klarheit darüber erlangt und sie weitergegeben. In dieser Zeit des Niedergangs [des Buddha-Dharmas] begegnen die Schüler, denen wenig Glück beschert ist, keinem wahren Lehrer, und sie hören nicht den wahren Dharma. Deshalb können sie Ursache und Wirkung nicht klären. Wenn ihr Ursache und Wirkung leugnet, werdet ihr es nicht vermeiden können, durch das entstehende Chaos Unheil und Verwirrung anzuziehen. Selbst wenn ihr kein anderes Unrecht begangen habt, als Ursache und Wirkung zu leugnen, wird das Gift einer solchen Sicht in erster Linie schrecklich sein. Deshalb sollten die Menschen, die [den Buddha-Dharma] erfahren und erforschen möchten und den Bodhi-Geist als das Höchste ansehen, sogleich das Gesetz von Ursache und Wirkung klären, wenn ihnen daran liegt, die Güte und das Wohlwollen der Buddhas und Vorfahren zu vergelten.

Shōbōgenzō Shinjin inga

Ich kopierte dies an einem Tag des Sommer-Trainings im siebten Jahr der Ära Kenchō [1255] nach den Rohaufzeichnungen des Meisters. Diese waren noch nicht fertiggestellt, und zweifellos hätte es noch Überarbeitungen gegeben.

Ejō[49]

# Anmerkungen

1 Meister Hyakujō Ekai (749–814) war ein Nachfolger von Meister Baso Dō-itsu. »Zen-Meister Daichi« ist sein posthumer Name.
2 Ein Bezirk in der heutigen Provinz Jiangxi in Südostchina.
3 Kāśyapa Buddha war einer der sieben alten Buddhas.
4 *Jūsan* 住山, wörtl. »Wohnstatt auf dem Berg nehmen«, bedeutet der Meister eines Klosters zu sein.
5 *Furaku inga* 不落因果 bedeutet, dass er nicht der karmischen Vergeltung unterliegt.
6 *Ichi tengo* 一転語, wörtl. »ein Umkehrwort«, das ist ein Wort, das die Macht hat, einen Menschen zu verwandeln, wenn es zur rechten Zeit und am rechten Ort gesprochen und gehört wird. Der Begriff findet sich auch in Kap. 61, *Kenbutsu*.
7 *Fumai inga* 不昧因果 bedeutet, dass man nicht an dem Gesetz von Ursache und Wirkung zweifelt. Meister Dōgen verwendet die Ausdrücke *furaku inga* 不落因果, wörtl. »nicht dem Gesetz von Ursache und Wirkung anheimfallen«, und *fumai inga* 不昧因果, wörtl. »nicht im Unklaren über Ursache und Wirkung sein« oder »sich über Ursache und Wirkung sehr wohl im Klaren sein«, im *Shōbōgenzō* als Beispiele zweier widersprüchlicher Meinungen zum Kausalprinzip. Siehe insbesondere Kap. 76, *Dai shugyō*, Kap. 84, *Sanji no* gō, und Kap. 90, *Shizen biku*.
8 Ino 維那, der Mönchsoberste in der Zazen-Halle, war einer der Hauptverwalter des Klosters.
9 *Byaku-tsui* 白椎. In einem Kloster werden die Mönche zusammengerufen, indem man mit einem Hammer auf einen Holzblock, das so genannte *byaku-tsui* 白椎, schlägt.
10 Meister Ōbaku Ki-un (starb zwischen 855 und 859) war ein Nachfolger von Meister Hyakujō.
11 *Ko* 胡, »Barbar«, war im alten China die Bezeichnung für einen Fremden, der aus dem Nordosten, also aus Russland kam.
12 Siehe *Tenshō kōtō roku*, Kap. 8, und *Shinji shōbōgenzō*, Buch 2, Nr. 2. Das Kōan wird auch in Kap. 76, *Dai shugyō*, zitiert.
13 *Tenshō kōtō roku* ist die zweite der »fünf Aufzeichnungen zur Leuchte«, die in der Ära Tenshō der Song-Dynastie, etwa dreißig Jahre nach der ersten Aufzeichnung, dem *Keitoku dentō roku*, fertiggestellt wurde.
14 Siehe *Keitoku dentō roku*, Kap. 2. Ähnliche Worte werden auch in Kap. 84, *Sanji no gō*, zitiert.
15 Der Hyakujō der Vergangenheit ist der alte Mann, der in der Geschichte den Lehrvorträgen zuhörte und durch ein Wort des Hyakujō der Gegenwart vom Körper des wilden Fuchses befreit wurde.
16 Dies sind die beiden letzten Zeilen eines Gedichtes von Meister Dōan Jōsatsu, das im *Keitoku dentō roku*, Kap. 29, aufgezeichnet ist. Meister Dōan Jōsatsu gehört zu einer Seitenlinie von Meister Seigen Gyōshi. Man könnte diese Zeilen so interpretieren, dass unsere Anstrengungen im Leben nutzlos seien und wir frei und unabhängig leben sollten, ohne uns um Ursache und Wirkung zu kümmern.
17 *Shuku-tsū* 宿通 ist die Kurzform von *Shuku jūtsū* 宿住通, was die übernatürliche Kraft beschreibt, in frühere Existenzen blicken zu können. Siehe Kap. 25, *Jinzū*.
18 Meister Dōgen ersetzt hier das sino-japanische Wort *mai* 昧, »dunkel«, mit dem japani-

schen *kurashi* 暗し, das »unklar«, »dunkel« oder »unwissend« bedeutet.
19 Meister Nāgārjuna war der vierzehnte Vorfahre in Indien.
20 *Shusse* 出世, »außerhalb dieser Welt«, beschreibt den Bereich des Buddha-Dharmas im Gegensatz zur profanen Welt.
21 Die vier Stufen eines Śrāvakas sind: 1. in den Strom eintreten (*srotāpanna*), 2. einmal wiederkehren (*sakṛdāgāmin*), 3. nie mehr wiederkehren (*anāgāmin*), und 4. die höchste Ebene eines *Arhats*.
22 *Shōkai* 性海, wörtl. »der Ozean der Geist-Essenz«. Derselbe Begriff findet sich in Kap. 1, *Bendōwa*.
23 *Danken gedō* 断見外道, »die unbuddhistische Nihilismussicht«, steht für sanskr. *uccheda-dṛṣṭi*. Aus dieser Sicht wird geleugnet, dass es in der Zukunft eine Vergeltung für rechte und unrechte Taten gebe. Das andere Extrem ist *jōken gedō* 常見外道, »die unbuddhistische Ewigkeitssicht«, für sanskr. *śāśvata-dṛṣṭi*. Sowohl die eine als auch die andere Sichtweise sind extreme Sichtweisen, *henken* 辺見, sanskr. *antagrāha-dṛṣṭi*.
24 *Chōdai* 頂戴 bedeutet, einen verehrungswürdigen Gegenstand wie z. B. das Kesa als Zeichen der Ehrerbietung auf das Haupt zu legen.
25 Meister Yōka Genkaku. Sein posthumer Titel ist »Großer Meister Shinkaku«. »Yōka« war der Name der Stadt, in der er geboren wurde. Der ihn betreffende Text stammt aus dem *Keitoku dentō roku*.
26 Meister Daikan Enō (638–713), der sechste Dharma-Vorfahre in China.
27 Tendai war der Name des Berges, an dem Meister Tendai Chigi lebte und die so genannte Tendai-Schule begründete. Die Lehre der Tendai-Schule basiert auf der Lehre des Lotos-Sūtras, »das Sūtra der Blume des Dharmas«.
28 Dies war der achte Vorfahre der Tendai-Schule. Er starb 754 im Alter von 82 Jahren.
29 *Shōdōka*, »das Lied von der Erfahrung der Wahrheit«. Dieses berühmte Werk wird noch heute in vielen Sōtō-Tempeln in Japan rezitiert.
30 *Kū* 空, »Leere«. Meister Yōka Genkaku weist hier wohl auf die Gefahr hin, dass der Begriff Leere (*śūnyatā*) falsch interpretiert werden kann, nämlich als die absolute Nichtigkeit dieser Welt, und daraus zu folgern, dass alles erlaubt sei.
31 Meister Wanshi Shōkaku (1091–1157) war ein Nachfolger von Meister Tanka Shijun. Siehe auch Kap. 27, *Zazenshin*.
32 Ein *shaku* ist ein »Fuß« (ca. 30,3 cm), ein *jō* sind 10 Fuß.
33 Das heißt, die konkreten Dinge hier und jetzt.
34 *Kattō* 葛藤, »tiefgründige Verflechtungen«, siehe Kap. 46, *Kattō*.
35 Dies steht in Japan für Laute, die ein Baby von sich gibt und die hier Meister Wanshis gelassene Verfassung veranschaulichen.
36 Meister Dōgen war offensichtlich nicht ganz zufrieden mit Wanshis Gedicht.
37 Im Bereich der Hölle, der hungrigen Geister, der Tiere oder der zornigen Dämonen.
38 Meister Engo Kokugon (1063–1135) war ein Nachfolger von Meister Goso Hō-en. Er kommentierte das *Hekigan roku* (»die Aufzeichnungen vom Blauen Berg«). Siehe auch Kap. 66, *Shunjū*, und Kap. 74, *Tenbōrin*.
39 »Der Spiegel« scheint hier eine Metapher für ein Richtmaß, ein Kriterium oder das Gesetz von Ursache und Wirkung zu sein.
40 Dies ist ein Zitat aus dem *Engo Zenji goroku*, Kap. 19.
41 *Jōken* 常見, »die Ewigkeitssicht«. Siehe Anm. 23.
42 Meister Dai-e Sōkō (1089–1163) war ein Nachfolger von Meister Engo Kokugon. Meister Sōkō war der führende Protagonist des so genannten Kōan-Zen.
43 Das heutige Hangzhou, die Hauptstadt der Provinz Zhejiang.

44 »Den silbernen Berg zerschmettern« könnte ein Symbol für Sōkōs Erleuchtung sein.

45 Ein Distrikt in der heutigen Provinz Zhejiang.

46 *Hotei* 布袋, wörtl. »Leinentasche«. Dies ist der legendäre »glückliche Buddha«, der mit seiner ganzen Habe in einer Leinentasche verpackt von Tempel zu Tempel durch China wanderte. In vielen Statuen wird er mit einem dicken Bauch und einem lächelnden Gesicht dargestellt. Zwei Aufzeichnungen zufolge soll er entweder 916 oder in der Ära Tenpuku der Tang-Dynastie (901–903) gestorben sein. Das Zitat kommt aus dem *Dai-e Zenji goroku*, Kap. 10.

47 *Danzenkon* 断善根, »die Wurzeln des Guten abschneiden«, sanskr. *icchantika*, beschreibt einen Menschen, der in der Welt der Sinne und des Begehrens lebt.

48 Kongzi und Laozi gelten als die Begründer des Konfuzianismus und des Daoismus.

49 Meister Ko-un Ejō war Meister Dōgens Nachfolger. Meister Dōgen starb 1253, also zwei Jahre, bevor Ejō dies schrieb. Dieses Kapitel gehört zur 12-Kapitel-Ausgabe des *Shōbōgenzō*, die Meister Dōgen in den letzten Jahren seines Lebens zusammenstellte.

# 90

# 四禅比丘

# Shizen biku

# Der Mönch der vierten Vertiefung

*SHI bedeutet »vier«. ZEN ist sanskr. ›dhyāna‹, »Zazen« oder »der Zustand beim Zazen«. In den Sūtren des frühen Buddhismus werden bei der Meditation vier Stufen der Vertiefung (in Pāli: jhānas) beschrieben, und SHIZEN ist »die vierte Vertiefung« oder auch »das vierte Jhāna«. BIKU ist die phonetische Transkription von sanskr. ›bhikṣu‹ und bedeutet »Mönch«. SHIZEN BIKU oder »der Mönch der vierten Vertiefung« bezieht sich auf die Geschichte eines Mönchs, der dem Irrtum unterlag, die vierte Vertiefung für die vierte und höchste Wirkung im Buddha-Dharma zu halten, die nur ein Heiliger, ein Arhat, erlangen kann. Als der Mönch im Sterben lag, hatte er eine Vision, die nicht der vierten und höchsten Wirkung eines Arhats entsprach, und er dachte, der Buddha habe ihn getäuscht. Wegen dieses Vergehens kam er in die Hölle. Meister Dōgen zitiert diese und ähnliche Geschichten als Beispiele für Selbsttäuschungen der Praktizierenden in Bezug auf ihre Entwicklung. Zugleich warnt er in diesem Kapitel sehr eindringlich davor, zu glauben, Kongzi, Laozi und der Buddha hätten das Gleiche gelehrt.*

Das Folgende lesen wir beim vierzehnten Vorfahren [in Indien], dem alten Meister Nāgārjuna.[1] *Unter Buddhas Schülern gab es einen Mönch, der sehr hochmütig*[2] *wurde, als er die vierte Vertiefung erlangt hatte, denn er dachte, er habe bereits die vierte Wirkung*[3] *[eines Arhats] erlangt. Zu Beginn, als er die erste Vertiefung erlangte, dachte er, er sei ein In-den-Strom-Eingetretener*[4]*; als er die zweite Vertiefung erlangte, dachte er, er sei ein Nur-einmal-Wiederkehrender; als er die dritte Vertiefung erlangte, dachte er, er sei ein Nicht-mehr-Wiederkehrender, und als er die vierte Vertiefung erlangte, dachte er, er sei nun ein Arhat. Da wurde der Mönch sehr hochmütig und hörte auf, sich weiterzubilden. Als sein Leben zu Ende ging, sah er die Form einer Zwischenwelt*[5] *auf sich zukommen, die [jemand] sieht, der auf der vierten Ebene der Vertiefung angelangt ist. Da kam ihm dieser falsche Gedanke: »Es gibt kein Nirvāṇa. Der Buddha hat mich getäuscht!« Wegen dieser üblen Sichtweise verschwand die Zwischenwelt der vierten Vertiefung sofort, und er sah plötzlich die Form einer Zwischenwelt der Hölle endloser Leiden*[6]*, und als sein Leben zu Ende war, wurde er sogleich dort wieder geboren.*

*Die Mönche fragten den Buddha: »Wo wurde der obige Waldmönch*[7] *nach seinem Tod geboren?« Der Buddha sagte: »Dieser Mensch wurde in der nie endenden Hölle geboren.« Die Mönche waren sehr verwundert und fragten, wie es wohl möglich sei, dass Zazen und das Einhalten der Gebote zu diesem Ergebnis führen. Der Buddha antwortete den Mönchen wie zuvor und sagte: »Dies alles ist dem Stolz und Hochmut des Mönchs zuzuschreiben. Als er die vierte Vertiefung im Zen erlangt hatte, dachte er, er hätte die vierte Wirkung eines Arhats erlangt. Als er dann am Ende seines Lebens die Form der Zwischenwelt sah, die [ein Mensch] in der vierten Vertiefung sieht, hatte er diese verkehrte Sichtweise: ›Es gibt kein Nirvāṇa. Ich bin ein Arhat, und doch muss ich wieder geboren werden. Der Buddha hat mich getäuscht!‹ In diesem Augenblick sah er die Form der Zwischenwelt der Hölle endloser Leiden, und als er starb, wurde er dort geboren.« Dann lehrte der Buddha mit diesem Vers:*

*Dieser Mönch wusste zwar viel, hielt die Gebote ein und übte die Vertiefungen.*
*Dennoch musste er noch den Dharma erlangen,*
*in dem alle Selbsttäuschungen*[8] *enden.*
*Obwohl er diese Tugend besaß, war es schwer für ihn, darauf zu vertrauen.*
*Er fiel deshalb in die Hölle, weil er den Buddha verleumdet hat.*
*Dies hängt nicht mit der vierten Vertiefung zusammen.*[9]

Dieser Mönch wird »der Mönch der vierten Vertiefung« genannt oder auch »der unwissende Mönch«.[10] [Die Geschichte] warnt davor, die vierte Vertiefung mit der vierten Wirkung zu verwechseln. Außerdem warnt sie davor, den Buddha aus einer falschen Sicht heraus zu verleumden. In den großen Orden der Menschen und Götter war [diese Geschichte] bekannt. Seit den Lebzeiten des Buddha bis heute, sei es in Indien oder China, wurden die [Praktizierenden], die ihre falsche [Sicht] für die richtige hielten, mit den spöttischen Worten zurechtgewiesen: »Dies ist, als ob du die vierte Vertiefung erlangt hast und denkst, es sei die vierte Wirkung.« Kurz, der Mönch machte drei Fehler: Erstens lebte er allein im Wald und suchte keinen Lehrer auf, obwohl er so unwissend war, dass er nicht zwischen der vierten Vertiefung und der vierten Wirkung unterscheiden konnte. Glücklicherweise ereignete sich dies zu Lebzeiten des Tathāgata. Der obige Fehler hätte nicht auftreten müssen, wenn [der Mönch] sich regelmäßig an den Ort begeben hätte, wo der Buddha sich aufhielt. Dann hätte er den Buddha ständig sehen und den Dharma hören können. Stattdessen lebte er allein im Wald, begab sich nicht zum Buddha und hörte nicht den Dharma. Deshalb war er so. Und selbst wenn er nicht zum Buddha gegangen wäre, hätte er die Orte der großen Arhats aufsuchen und ihre Unterweisungen empfangen sollen. Nutzlos in der Einsamkeit zu leben ist ein Irrtum, der aus Überheblichkeit und Selbsttäuschung entsteht. Sein zweiter Fehler war, dass er dachte, er hätte bereits die erste Wirkung erlangt, als er die erste Vertiefung erlangt hatte; dass er dachte, er hätte bereits die zweite Wirkung erlangt, als er die zweite Vertiefung erlangt hatte; dass er dachte, er hätte bereits die dritte Wirkung erlangt, als er die dritte Vertiefung erlangt hatte; dass er dachte, er hätte bereits die vierte Wirkung erlangt, als er die vierte Vertiefung erlangt hatte. Dies war sein zweiter Fehler. Die Form der ersten, zweiten und dritten Ebene der Vertiefung und die der ersten, zweiten und dritten Wirkung sind nicht miteinander vergleichbar. Wie wäre es möglich, sie gleichzusetzen? Dieser Fehler entstand aus Unwissenheit, und es ist ein Fehler, der darauf zurückzuführen ist, dass der Mönch unwissend war und daher keinen Lehrer aufgesucht und ihm gedient hat.

*»Unter den Schülern des Upagupta*[11] *war ein Mönch, der mit aufrichtigem Herzen seine Familie verlassen und die vierte Vertiefung erlangt hatte. Er dachte aber, er hätte die vierte Wirkung erlangt. [Um den Mönch zu unterweisen,] bediente sich Upagupta eines geschickten Mittels. Er ließ ihn an einen entfernten Ort gehen, und auf dem Weg dorthin ließ er fünfhundert Händler und eine Bande von Räubern erscheinen. Als die Räuberbande die Händler überfiel, kam es zu einem Blutbad. Als der Mönch dies sah, war er voller Furcht und dachte sogleich: ›Ich bin kein Arhat. Ich muss die dritte Wirkung erlangt haben.‹ Nachdem alle Händler getötet waren, blieb nur noch die Tochter eines reichen [Händlers] übrig, die den Mönch inständigst bat: ›Lass mich mit dir gehen!‹ Der Mönch antwortete: ›Der Buddha erlaubt mir nicht, mit einer Frau zu gehen.‹ Das Mädchen sagte: ›Tugendhafter Mönch, dann werde ich dir aus der Entfernung folgen.‹ Da hatte der Mönch Mitleid mit dem Mädchen, und sie gingen in Sichtweite. Daraufhin ließ der Ehrwürdige [Upagupta] einen großen Fluss auftauchen. Das Mädchen sagte: ›Tugendhafter Mönch, würdest du den Fluss mit mir überqueren?‹ Der Mönch befand sich stromabwärts und das Mädchen stromaufwärts. Plötzlich fiel das Mädchen ins Wasser und rief um Hilfe: ›Tugendhafter Mönch, bitte rette mich.‹ Der Mönch legte seine Hände um sie und rettete sie. Als er an die Sanftheit ihrer Haut dachte, tauchte Begierde in seinem Geist auf. In diesem Augenblick erkannte er, dass er kein Nicht-mehr-Wiederkehrender war. Da er aber eine tiefe Zuneigung für das Mädchen empfand, führte er sie an einen einsamen Ort und wollte mit ihr schlafen. Als er sah, dass [das Mädchen] sich nun als sein Meister entpuppte, war er voller Scham und erhob sich mit geneigtem Haupt. Der Ehrwürdige sagte: ›Du hieltest dich für einen Arhat. Wie ist es möglich, dass du so etwas Unrechtes tun wolltest?‹ Dann führte er [den Mönch] in den Sangha zurück, ließ ihn bekennen, lehrte ihn das Wesentliche des Dharmas und machte ihn zu einem Arhat.«*[12]

Dieser Mönch machte zunächst den Fehler [falscher] Vorstellungen, als er jedoch Zeuge des Blutbades wurde, fürchtete er sich sehr. In diesem Augenblick wusste er, dass er kein Arhat war, aber er ging immer noch fehl in der Annahme, er hätte die dritte Wirkung erlangt. Danach, als er an die Sanftheit [der Haut] des Mädchens dachte und Begierde in seinem Geist aufkam, wusste er, dass er kein Nicht-mehr-Wiederkehrender war. Dieser Mönch dachte nicht daran, den Buddha, den Dharma oder die heiligen Lehren zu verleumden: Er war nicht wie jener [unwissende] Mönch der vierten Vertiefung. Dieser Mönch hatte die Kraft und Fähigkeit derer, die die heiligen Lehren erlernt haben, und so erkannte er selbst, dass er kein Arhat und auch kein Nicht-mehr-Wiederkehrender war. Die unwissenden Menschen heutzutage wissen weder, was ein Arhat, noch, was ein Buddha ist, und deshalb können sie nicht selbst erkennen, dass sie keine Arhats und keine Buddhas sind. Dass sie grundlos denken und sagen, sie seien Buddhas, ist wohl ein großer Irrtum und eine schwere Verkennung der Tatsachen. [Buddhas] Schüler sollten zuerst lernen, was ein Buddha ist.

*Ein Meister der Vergangenheit sagte: »Deshalb wissen wir, dass die Menschen, die die heiligen Lehren erlernt haben, von Anfang an die richtige Rangordnung kennen. Daher werden Überschreitungen, selbst wenn sie auftreten, leicht erkannt.«*[13]

Wie wahr sind doch diese Worte dieses Meisters der Vergangenheit! Selbst wenn sie den Fehler machen, eine [eigene] Meinung zu haben, werden die Menschen, die den Buddha-Dharma auch nur ein wenig erlernt haben, nicht von sich selbst oder von den anderen getäuscht.

*»Ich habe gehört: Da gab es einen Mann, der sich für einen Buddha hielt. Als der Himmel nicht aufklarte, wie er es erwartet hatte, dachte er, Dämonen müssten dies verhindert haben. Als [der Himmel] endlich aufklarte, er aber nicht den König Brahmā sah, der ihn darum bitten würde, den Dharma zu lehren, wusste er, dass er kein Buddha war, dachte aber, er sei ein Arhat. Als er hörte, dass andere schlecht über ihn sprechen, wurde er sehr gereizt. Da wusste er, dass er kein Arhat war, meinte aber, die dritte Wirkung erlangt zu haben. Als er dann eine Frau sah und lüsterne Gedanken in ihm aufstiegen, wusste er, dass er kein heiliger Mensch war. Auch dies[e Geschichte] lehrt, dass [ein Mensch,] der aufrichtig ist und die Form der Lehren kennt, so [wie dieser Mann] sein kann.«*[14]

Die Menschen, die den Buddha-Dharma kennen, werden sich auf diese Weise ihrer Täuschungen bewusst und befreien sich schnell von ihnen. Aber die Menschen, die den Buddha-Dharma nicht kennen, bleiben ihr ganzes Leben lang unverständig, und daran ändert sich nichts, selbst wenn sie Leben nach Leben empfangen. Der Schüler des Upagupta, der die vierte Vertiefung erlangt hatte und diese für die Arhatschaft hielt, war weise genug, zu erkennen, dass er kein Arhat war. Hätte der unwissende Mönch [der ersten Geschichte] am Ende seines Lebens die Zwischenwelt der vierten Vertiefung sehen und erkennen können, dass er kein Arhat war, hätte er sich nicht des Vergehens schuldig gemacht, den Buddha zu verleumden. Sein Vergehen wiegt umso schwerer, als er sich eine lange Zeit in der vierten Vertiefung befand. Weshalb konnte er nicht in sein Inneres blicken und selbst erkennen, dass er nicht die vierte Wirkung erlangt hatte? Hätte er es erkannt, wie hätte er [seine Haltung] nicht ändern können? [Stattdessen] hielt er sinnlos an seiner falschen Sichtweise fest und sank hoffnungslos in die verkehrte Anschauung.

Der dritte Fehler, den [der unwissende Mönch] am Ende seines Lebens machte, war ein enormes Vergehen, welches so schwer wog, dass er zu Recht in die endlose Hölle fiel. [Du unwissender Mönch,] selbst wenn du dein ganzes Leben gedacht hättest, die vierte Vertiefung sei die vierte Wirkung, aber am Ende deines Lebens gesehen hättest, dass [die Form, die du gesehen hast,] die Zwischenwelt der vierten Vertiefung war [und nicht die der vierten Wirkung], dann hättest du deinen lebenslangen Fehler bereuen und wissen können, dass du nicht die vierte Wirkung erlangt hast. Wie konntest du denken: »Der Buddha hat mich getäuscht und ein Nirvāṇa gelehrt, das es nicht gibt«? Dies ist ein Irrtum, der deinem Unwissen entspringt, und es ist eine Verleumdung des Buddha. Deshalb sah der Mönch damals die Zwischenwelt der Hölle endloser Leiden und wurde nach seinem Lebensende dort wieder geboren.

Wie wäre es möglich, dass ein Mensch, sogar ein heiliger Arhat, der die vierte Wirkung erlangt hat, dem Tathāgata ebenbürtig ist? Śāriputra war lange Zeit ein Arhat, der die vierte Wirkung erlangt hatte. Wenn wir die gesamte Weisheit der dreitausendfach großen tausendfachen Welt[15] und die Weisheit anderer hören – ausgenommen die Weisheit des Tathāgata – und sie mit dem sechzehntel Teil von Śāriputras Weisheit vergleichen würden, käme diese Summe an Weisheit nicht an Śāriputras sechzehntel Teil heran. Trotzdem dachte Śāriputra nicht, als er einen Dharma hörte, den der Tathāgata niemals zuvor gelehrt hatte: »Dies unterscheidet sich von dem, was der Buddha früher gelehrt hat und später [lehren wird, also] hat mich der Buddha betrogen«, sondern Śāriputra pries den Buddha mit den Worten: »[Der Weltgeehrte lehrt den wahren Weg] und nicht den der Dämonen.«[16] Der Tathāgata erlaubte dem alten Śrīvaddhi[17], [Mönch zu werden,] und Śāriputra tat dies nicht: Dies ist der große Unterschied zwischen der Wirkung eines Arhats und der eines Buddhas. Angenommen, die Welt der zehn Richtungen wäre voll mit Menschen wie Śāriputra und alle übrigen [großen] Schüler – auch wenn sie alle zusammen versuchen würden, Buddhas Weisheit zu ermessen, wäre dies unmöglich.[18] Kongzi und Laozi[19] besaßen niemals solche Tugenden und Verdienste. Wer unter den Schülern des Buddha-Dharmas könnte nicht Kongzi und Laozi verstehen? [Aber] kein Schüler des Kongzi und des Laozi konnte jemals den Buddha-Dharma verstehen. Viele Menschen im heutigen Königreich der Song halten die Theorie hoch, die Lehren des Kongzi, des Laozi und des Buddha seien gleich. Dies ist der Gipfel falscher Vorstellungen, wie ich später erklären werde. Als der Mönch der vierten Vertiefung seine eigene falsche Meinung für die richtige hielt und dachte, der Buddha hätte ihn betrogen, kehrte er der Buddha-Wahrheit für immer den Rücken. Sein Unwissen war so ungeheuerlich, dass es wohl dem der sechs nicht-buddhistischen Lehrer[20] gleichkommt.

*Ein Meister der Vergangenheit sagte: »Sogar zu Lebzeiten des Großen Meisters gab es Menschen mit falschen Anschauungen und Ansichten. Wie viel mehr noch ist es heute für die Menschen schwer, [die Wahrheit zu erkennen,] die nach dem Erlöschen [des Tathāgata] keinen Lehrer haben und keine einzige der Vertiefungen erlangen?«*[21]

Der obige »Große Meister« ist der weltgeehrte Buddha. In Wirklichkeit war es selbst zu Lebzeiten des Weltgeehrten für jene, die ihr Haus und ihre Familien verlassen haben, aufgrund ihrer Unwissenheit schwer, nicht falschen Anschauungen und Ansichten anheimzufallen. Wie viel weniger noch können wir, die wir an einem weit entfernten Ort im dekadenten Zeitalter der fünften Periode von fünfhundert Jahren nach dem Erlöschen des Tathāgata leben, solche Fehler vermeiden? Selbst dem Mönch, der die vierte Vertiefung erlangt hatte, ging es so. Wie viel weniger noch verdienen die Menschen erwähnt zu werden, die noch nicht einmal die vierte Vertiefung erlangt haben, die in die Gier nach Ruhm und Ansehen gesunken sind und deren Streben dahin geht, sich öffentliche Anerkennung zu verschaffen und weltliche Karrieren zu machen? Heute gibt es im Großen Königreich der Song viele unwissende und törichte Menschen, die sagen, die Lehren des Buddha und die des Kongzi und des Laozi würden völlig übereinstimmen und sich nicht voneinander unterscheiden.

*In der Ära Katai*[22] *des großen Königreichs der Song gab es einen Mönch namens Shōju*[23], *der die »Aufzeichnungen über die universelle Leuchte in der Ära Katai«*[24] *in dreißig Bänden herausgab. Er legte sie [dem Kaiser] mit den folgenden Worten vor: »Euer Diener [Shōju] hat die Worte des Kozan Chi-en*[25] *gehört, der sagte: ›Meine Wahrheit ist wie ein Kessel mit drei Füßen, welche die drei Lehren [des Buddha, des Kongzi und des Laozi] sind. Fehlte auch nur ein Fuß, würde der Kessel umkippen.‹ Euer Diener [Shōju] bewundert diesen Kozan Chi-en seit Langem und meditierte über seine Lehre; letztlich ist er zu dem Schluss gekommen, dass ›Integrität‹ die Essenz der Lehre des Kongzi ist, dass ›Nicht-Anhaften‹ die Essenz der Lehre des Dao ist, und dass ›das Schauen in die eigene Natur‹*[26] *die Essenz der Lehre des Śākyamuni ist. Integrität, Nicht-Anhaften und das Schauen in die eigene Natur sind zwar vom Namen her verschieden, aber grundsätzlich sind sie das Gleiche. Wenn man den Punkt meistert, an dem die drei Lehren zusammenkommen, gibt es nichts, was nicht mit dieser Wahrheit übereinstimmt.«*[27]

Nicht nur [Kozan] Chi-en und Shōju, auch viele andere fallen solchen Anschauungen und falschen Ansichten anheim. Der Irrtum solcher Menschen wiegt schwerer als der des Mönchs, der die vierte Vertiefung erlangt hatte und meinte, er wäre ein Arhat. Solche Menschen verleumden den Buddha, sie verleumden den Dharma und verleumden den Sangha. Sie negieren die Befreiung [der Lebewesen], ignorieren die drei Zeiten [Vergangenheit, Gegenwart und Zukunft] und leugnen [das Gesetz von] Ursache und Wirkung. Es besteht kein Zweifel daran, dass sie »durch das entstehende Chaos Unheil und Verwirrung anziehen«.[28] Sie gleichen denen, die denken, es gebe keine drei Juwelen, keine vier [edlen] Wahrheiten und auch keine vier Stufen eines Mönchs.[29] »Seine eigene Natur zu schauen« war niemals die Essenz des Buddha-Dharmas. Wo hat jemals einer der sieben Buddhas oder achtundzwanzig Vorfahren [in Indien] gesagt, der Buddha-Dharma würde nur bedeuten, seine wahre Natur zu schauen? Der Ausdruck »seine wahre Natur schauen« findet sich im Plattform-Sūtra[30] des sechsten Vorfahren [Meister Daikan Enō], aber dieser Text ist eine Fälschung. Er wurde nicht von einem Menschen geschrieben, dem die Schatzkammer des Dharmas authentisch weitergegeben wurde. Dies sind nicht Sōkeis[31] Worte, sondern ein [gefälschtes] Sūtra, auf das sich die Nachfolger der Buddhas und Vorfahren niemals gestützt haben. Da Shōju und [Kozan] Chi-en nie auch nur einen winzigen Teil des Buddha-Dharmas gekannt haben, wurde diese falsche Sicht eines Kessels mit drei Füßen erfunden.

*Ein Meister der Vergangenheit sagte: »Laozi and Zhuangzi*[32] *selbst waren sich nicht im Klaren über das Subjekt und das Objekt des Anhaftens oder Nicht-Anhaftens im kleinen Fahrzeug*[33], *wie viel weniger noch könnten sie Klarheit über die wirkliche Situation des Anhaftens und des Nicht-Anhaftens im großen Fahrzeug erlangt haben? Deshalb kommen sie nicht einmal annähernd an den Buddha-Dharma heran. Dennoch lassen sich die beschränkten Menschen dieser Welt von solchen Namen und Formen täuschen, und die Menschen des Zen, denen es an Urteilskraft mangelt, kommen von der wahren Lehre ab. Es würde ihnen gefallen, [Laozis] ›Tugend des Dao‹*[34] *oder*

*[Zhuangzis] ›gelassenes Dahinschlendern‹*[35] *den Lehren der Befreiung im Buddha-Dharma gleichzusetzen. Aber wie wäre dies möglich?«*

Seit jeher haben die Menschen, die sich von Namen und Formen täuschen lassen und die wahre Lehre nicht kennen, den Buddha-Dharma [den Lehren des] Zhuangzi und Laozi gleichgestellt. Aber unter denen, die den Buddha-Dharma auch nur ein wenig erforscht haben, hat es seit alten Zeiten niemanden gegeben, der Zhuangzi und Laozi Bedeutung beigemessen hätte.

*Im Shōjō hōgyō kyō*[36] *heißt es: »Den Bodhisattva Mondlicht*[37] *nennen sie [in China] Gankai.*[38] *Den Bodhisattva Licht und Reinheit*[39] *nennen sie Chūji*[40] *und den Bodhisattva Kāśyapa nennen sie Laozi.*[41]*«*

Seit alten Zeiten sagen die Menschen, die dieses Sūtra zitieren, dass Kongzi, Laozi usw. Bodhisattvas seien und ihre Lehren deshalb im Kern der Buddha-Lehre gleichen würden. Sie sagen, [Kongzi, Laozi usw.] seien zudem die Abgesandten des Buddha und ihre Lehren so auf natürliche Weise Buddhas Lehren. Alle diese Behauptungen sind falsch. Ein Meister der Vergangenheit sagte: »Wer die Gesamtheit [buddhistischer Sūtren] kennt, sagt, dass das obige Sūtra eine Fälschung ist.«[42] Wenn wir uns auf die Worte dieses alten Meisters stützen, [können wir sagen, dass] die Lehren von Kongzi, Laozi und des Buddha-Dharmas sich sogar noch mehr unterscheiden. [Kongzi und Laozi] sind Bodhisattvas, sie können sich also niemals mit der vierten und höchsten Wirkung eines Buddhas vergleichen. Außerdem gehört die Tugend, »sein Licht zu mildern und seine Spuren in Harmonie zu bringen«[43], einzig und allein zum Dharma der Bodhisattvas und der Buddhas der drei Zeiten. Die gewöhnlichen Menschen, die [in der Welt] des Staubes leben, sind nicht dazu fähig. Wie könnte ein gewöhnlicher Mensch, der seinen Geschäften nachgeht, die Freiheit haben, sich [mit den anderen] in Harmonie zu bringen? Bei Kongzi wird nicht gelehrt, dass man sich [den anderen] angleicht. Noch weniger kennen Kongzi und Laozi [die Lehre von den] Ursachen in der Vergangenheit, noch erklären sie Wirkungen in der Gegenwart. Ihr Ziel ist es, in einem einzigen Menschenleben die Kunst zu erlernen, Höhergestellten zu dienen und seinen Haushalt durch die Regeln der Loyalität und der Kindespflicht zu bestellen. Bei ihnen gibt es keine Lehre, die sich mit zukünftigen Zeitaltern befasst. Es könnte sogar sein, dass [Kongzi und Laozi] bereits die Abkömmlinge der Nihilisten sind.

Die alten Lehrer mit klarem Blick haben Kongzi und Laozi verachtet und sagten über sie, dass sie nicht einmal das kleine Fahrzeug kennen, geschweige denn das große. Jene aber, die wie [Kozan] Chi-en und Shōju gesagt haben, die drei Lehren würden sich nicht unterscheiden, sind beschränkte und mittelmäßige Menschen einer späteren dekadenten Zeit. Ihr, [Chi-en und Shōju,] sagt mir doch, welche Art von Vortrefflichkeit habt ihr, dass ihr die Lehren der alten Meister missachtet und grundlos behauptet, der Buddha-Dharma würde den Lehren des Kongzi und des Laozi gleichen? Eure Sichtweise ist nicht dazu geeignet, das Erfassbare und das Nicht-Erfassbare im Buddha-Dharma zu erklären. Nehmt eure Rucksäcke und erlernt und erforscht [den Dharma] unter einem Lehrer, der den klaren Blick hat. Chi-en und Shōju! Ihr habt niemals auch nur das kleine, geschweige denn das große Fahrzeug erfasst! Ihr wart sogar unwissender als [der Mönch], der die vierte Vertiefung erlangt hatte und dachte, er sei ein Arhat der vierten Wirkung. Es ist traurig, dass es dort, wo die Winde des Verfalls [der Buddha-Lehre] wehen, so viele Dämonen gibt.

*Ein alter Meister sagte: »Nach den Worten des Kongzi, des Kitan*[44] *und in den Schriften der drei Kaiser und fünf Herrscher*[45] *werden Haus und Familie durch die Kindespflicht und das Land durch die Loyalität geordnet. Das Volk zieht seinen Nutzen aus Rat und Beistand. Dies beschränkt sich jedoch nur auf die Gegenwart und erstreckt sich nicht auf die Vergangenheit und die Zukunft. Deshalb kann es niemals mit dem Buddha-Dharma verglichen werden, der [den Menschen] in den drei Zeiten zugutekommt. Wie könnte [ein solcher Vergleich] nicht irreführend sein?«*[46]

Wie wahr sind die Worte dieses alten Meisters. Sie bringen sehr gut das höchste Prinzip des Buddha-Dharmas zum Ausdruck und klären die Grundsätze der weltlichen Gesellschaft. Man kann die Worte der drei Kaiser und der fünf Herrscher nicht mit den Lehren der heiligen raddrehenden Könige vergleichen und auch nicht auf derselben Ebene mit denen des Königs Brahmā oder des Gottes Śakra diskutieren. Die Bereiche, in denen [die Kaiser in China] herrschen, wie auch die von ihnen erlangten Wirkungen und Resultate, liegen wohl weit unter denen [des Königs Brahmā und des Gottes Śakra]. Aber selbst die raddrehenden Könige, der König Brahmā und der Gott Śakra kommen nicht an einen Mönch heran, der Haus und Familie verlassen und die Gebote empfangen hat. Wie viel weniger noch könnten sie dem Tathāgata ebenbürtig sein? Die Schriften des Kongzi und des Kitan können sich niemals mit den achtzehn großen Schriften Indiens messen und halten auch keinem Vergleich mit den vier Büchern des Veda[47] stand. Die Lehren der Brahmanen in Indien stehen nicht im gleichen Rang mit der Buddha-Lehre und auch nicht mit der Lehre der Śrāvakas des kleinen Fahrzeugs. Es ist bedauerlich, dass es in diesem kleinen und entlegenen Land China die falsche These gibt, wonach die drei Lehren eins und nicht verschieden seien.

Der vierzehnte Vorfahre, der Bodhisattva Nāgārjuna, sagte: *»Die großen Arhats und die Selbsterwachten [Pratyekabuddhas] wissen um achtzigtausend große Weltzeitalter, aber die großen Bodhisattvas um unzählbare Weltzeitalter.«*[48]

Kongzi, Laozi und ihresgleichen wissen nichts von der Vergangenheit und Zukunft einer Generation, wie könnten sie ein oder zwei vergangene Leben durchdringen? Wie viel weniger noch hätte ihnen ein Weltzeitalter vertraut sein können? Und wie viel weniger noch wären sie in der Lage gewesen, einhundert, tausend oder achtzigtausend große Weltzeitalter zu begreifen, gar nicht zu reden von unzählbaren Weltzeitaltern? Verglichen mit den Buddhas und Bodhisattvas, die unzählbare Weltzeitalter klarer sehen als ein Mensch, der in seine Handflächen blickt, verdienen es Kongzi, Laozi und ihresgleichen nicht einmal, als »unwissend« bezeichnet zu werden. Ihr solltet eure Ohren verschließen und den Worten, die drei Lehren seien eine Einheit, kein Gehör schenken. Von allen falschen Lehren ist dies die falscheste.

Zhuangzi sagte: *»Niedrigkeit und Adel, Freud und Leid, Recht und Unrecht, Gewinn und Verlust: All dies ist nur der natürliche Zustand der Dinge.«*[49]

Diese Anschauung war bereits die der Nachkommen der Naturalisten in Indien, die außerhalb des Buddha-Weges standen. Niedrigkeit und Adel, Freud und Leid, Recht und Unrecht, Gewinn und Verlust sind nur die Auswirkungen rechter und unrechter Taten. Da [Zhuangzi] aber nichts vom »Karma individueller Ausreifung«[50] oder vom »Karma als Ursache [der Existenz]«[51] weiß und die Vergangenheit und Zukunft nicht geklärt hat, bleibt auch die Gegenwart für ihn im Dunkeln. Wie könnte er sich auf die gleiche Stufe mit dem Buddha-Dharma stellen?

Manche wiederum sagen: »Die Buddha-Tathāgatas beweisen und offenbaren weithin die Dharma-Welten. Deshalb sind die Dharma-Welten der kleinsten Staubteilchen alle der Beweis und die Offenbarung der Buddhas. Weil dies so ist, kann das Subjekt und seine Lebensumstände[52] nichts anderes sein als der Gegenstand der Lehre des Tathāgata. Deshalb umfasst die Lehre des Tathāgata alles: die Berge, die Flüsse, die Erde, die Sonne, den Mond und die Sterne, die vier Täuschungen[53] und die drei Gifte.[54] Deshalb bedeutet die Berge und Flüsse zu sehen, den Tathāgata zu sehen. Die drei Gifte und die vier Täuschungen sind nichts anderes als der Buddha-Dharma. Wenn man ein Staubkorn sieht, sieht man die ganze Dharma-Welt, und jeder Augenblick umfasst die ganze Wahrheit. Dies wird ›die große Befreiung‹ genannt oder auch ›die unmittelbar zugängliche und direkt weitergegebene Wahrheit der Vorfahren‹.«

Menschen, die so reden, sind zahlreich wie Reis, Flachs, Bambus und Schilfrohr; die Regierung und die Gesellschaft ist voller solcher Menschen. Dennoch ist nicht klar ersichtlich, wessen Nachkommen sie sind; jedenfalls kennen sie den Weg der Buddhas und Vorfahren nicht. Selbst wenn die Erde, die Berge und die Flüsse der Gegenstand der Lehre aller Buddhas sind, können sie auch zum Gegenstand der Anschauungen gewöhnlicher Menschen werden. Diejenigen, die so reden, haben die Grundwahrheiten der Buddha-Lehre niemals gehört oder sie erlernt. Wenn sie sagen, die kleinsten Staubteilchen zu sehen, bedeute die Dharma-Welt zu sehen, ist es, als ob die Untertanen [eines Königs] von sich behaupten würden, sie seien selbst der König. Ferner, warum sagen sie nicht, die Dharma-Welt zu sehen bedeute, die kleinsten Staubteilchen zu sehen? Wenn wir die Anschauungen dieser Menschen für die große Wahrheit der Buddhas und Vorfahren hielten, hätten die vielen Buddhas nicht in der Welt erscheinen müssen, unser Vorfahre und Meister [Bodhidharma] hätte sich nicht offenbaren müssen, und die Lebewesen wären niemals fähig gewesen, die Wahrheit zu erlangen. Selbst wenn [solche Menschen] mit dem Körper erfahren, dass Entstehen Nicht-Entstehen[55] ist, ist [die Wirklichkeit] jenseits einer solchen Theorie.

*Paramārtha-Sanzō*[56] *sagte: »In China gibt es zwei segensreiche Dinge: Erstens gibt es dort keine Dämonen und zweitens keine Menschen, die nicht Buddhisten wären.«*[57]

Diese Worte wurden in Wahrheit von einem Brahmanen in Indien weitergegeben, der selbst kein Buddhist war. Selbst wenn es [in China] niemanden gäbe, der unbuddhistische Lehren durchdringen kann, würde das noch nicht bedeuten, dass es dort keine Menschen geben könne, die unbuddhistische Anschauungen verbreiten. Dämonen wurden [in China] noch nicht gesehen, was nicht bedeutet, dass es dort keine Anhänger von Lehren gibt, die außerhalb des Buddha-Weges sind. Da [China] eine kleine Nation in einem [von Indien] weit entfernten Land ist und daher nicht, wie Indien, das Zentrum [des Buddha-Dharmas] ist, hat niemand dort den Zustand der Erfahrung so [erfasst] wie in Indien, und dies, obwohl [die Chinesen] den Buddha-Dharma ein wenig erlernt und erforscht haben.

*Ein alter Meister sagte: »Heute sind viele [buddhistische Mönche] wieder in die weltliche Gesellschaft*[58] *zurückgekehrt. Aus Furcht, Dienste für den König*[59] *leisten zu müssen, mischen sie sich unter die Andersgläubigen, stehlen aber die Grundwahrheiten des Buddha-Dharmas, um damit für sich Laozi und Zhuangzi zu begreifen. Letztlich schaffen sie große Verwirrung und täuschen die Anfänger, da sie das Wahre nicht vom Falschen unterscheiden können. Sie nennen dies eine Sicht, die den Dharma der Veden enthüllt.«*[60]

Ihr solltet wissen, dass es Chi-en, Shōju und ihresgleichen sind, die die Verwirrung schaffen, weil sie [selbst] nicht wissen, was wahr und was falsch im Buddha-Dharma, bei Laozi und bei Zhuangzi ist, und [dadurch] die Anfänger täuschen. Dies ist nicht nur der Gipfel der Unwissenheit, es ist auch die äußerste Respektlosigkeit den alten Meistern gegenüber. Unter den Mönchen der heutigen Song-Dynastie ist nicht einer, der weiß, dass Kongzi und Laozi niemals an den Buddha-Dharma heranreichen. Sogar unter den Menschen, die die Nachkommen unseres Buddha-Vorfahren[61] geworden sind und sich wie Reis, Flachs, Bambus und Schilfrohr in den Bergen und Feldern der neun Provinzen [Chinas] ausgebreitet haben, gibt es nicht einen oder einen halben, der sich dessen bewusst wäre, dass der Buddha-Dharma weit über Kongzi und Laozi hinausragt. Nur mein früherer Meister Tendō, der ewige Buddha, war sich vollkommen klar darüber, dass der Buddha-Dharma und [die Lehren] des Kongzi und Laozi nicht eins, sondern verschieden sind, und er lehrte dies Tag und Nacht. Obwohl [andere] sich als Redner und als Lehrer der Sūtren und Kommentare einen Namen gemacht haben, war keinem von ihnen klar, dass der Buddha-Dharma die Ebene des Kongzi und des Laozi weit überragt. In den letzten hundert Jahren haben viele solcher Redner die [überlieferten] Methoden der Zen-Praktizierenden studiert und ihre Wahrheit erforscht, in der Hoffnung, heimlich ihr Verständnis zu stehlen. Man kann sagen, dass sie vollkommen im Irrtum sind. In den Schriften des Kongzi gibt es den Menschen mit angeborenem Wissen.[62] Im Buddha-Dharma gibt es einen solchen Menschen nicht.[63] Im Buddha-Dharma werden wir über die Reliquien[64] belehrt. Kongzi und Laozi wissen nichts von der Existenz oder Nicht-Existenz von Reliquien. Selbst wenn [einige die drei Lehren] zu einer Einzigen machen oder sie vermischen wollen, wird es ihnen letztlich nicht gelingen, die Lehren [des Buddha] bis in alle Einzelheiten zu durchdringen.

*Im Rongo*[65] *heißt es: »Bei der Geburt schon Wissen zu haben, das ist die höchste Stufe. Durch Lernen Wissen zu erwerben, das ist die nächste Stufe. Schwierigkeiten zu haben und doch zu lernen, das ist die übernächste Stufe. Schwierigkeiten zu haben und nicht zu lernen: Das ist die unterste Stufe des gemeinen Volks.«*

Wenn ihr [wie Kongzi] meint, es gebe ein angeborenes Wissen, begeht ihr den Irrtum, die Kausalität zu negieren. Es gibt aber keine Lehre im Buddha-Dharma, in der die Kausalität negiert wird. Als der Mönch der vierten Vertiefung das Ende seines Lebens erreichte, machte er sich nur einen Augenblick lang schuldig, den Buddha zu verleumden [und kam in die Hölle]. Wenn [ihr heutigen Schüler] denkt, der Buddha-Dharma sei ranggleich mit den Lehren des Kongzi und des Laozi, dann verleumdet ihr den Buddha ein ganzes Leben lang, und diese Schuld muss tatsächlich schwer wiegen. Deshalb solltet ihr euch sogleich von der falschen Vorstellung befreien, der Buddha-Dharma stünde auf der gleichen Stufe mit den Lehren des Kongzi und Laozi. Wer an dieser Sicht festhält und sie nicht von sich weist, muss letztlich in eine üble Verfassung geraten. Ihr Schüler solltet also klar verstehen, dass Kongzi und Laozi sowohl den Dharma der drei Zeiten als auch das Gesetz von Ursache und Wirkung ignorieren. Sie wissen nichts von der friedvollen Gründung dieses Kontinents [der Menschen][66], wie viel weniger noch könnten sie von der friedvollen Gründung der vier Kontinente[67] wissen? Sie kennen nicht einmal die sechs Himmel, wie viel weniger noch könnten sie die neun Bereiche der drei Welten[68] kennen? Sie wissen nichts von der kleinen tausendfachen Welt und sind nicht in der Lage, die mittlere tausendfache Welt zu durchdringen; wie könnten sie dann die dreitausendfach große tausendfache Welt sehen oder von ihr wissen? Selbst in dem abgelegenen Land China sind [Kongzi und Laozi] nur kleine Gefolgsmänner, die nicht in den Rang eines Herrschers aufgestiegen sind; sie können sich niemals mit dem Tathāgata, dem König der dreitausendfach großen tausendfachen Welt vergleichen. Der Tathāgata hingegen wird Tag und Nacht von Brahmadeva, dem Gott Śakra und den raddrehenden Königen verehrt. Diese warten ihm auf und bitten ihn ständig, den Dharma zu lehren. Kongzi und Laozi besitzen keine solchen Tugenden; sie sind nur gewöhnliche Menschen, die im Saṃsāra wandern. Niemals kannten sie den Weg der Transzendenz und der Befreiung, wie könnten sie wie der Tathāgata vollkommen die wirkliche Form aller Dharmas ergründen? Wenn sie diese Dharmas nicht vollkommen ergründet haben, wie wäre es dann möglich, sie mit dem weltgeehrten Tathāgata zu vergleichen? Kongzi und Laozi besitzen keine solchen [inneren] Tugenden und keinen solchen [äußeren] Nutzen, und deshalb können sie sich nicht mit dem Weltgeehrten messen. Wie kann man dann die falsche Lehre von der Einheit der drei Lehren verkünden? Kongzi und Laozi können weder die Existenz der Grenzen noch die Nicht-Existenz der Grenzen dieser Welt erfassen. Nicht nur, dass es ihnen nicht möglich ist, das Weite und Große zu sehen, sie können auch nicht die Form des Kleinsten sehen, geschweige denn die Dauer eines kurzen Augenblicks[69] erfassen. Der Weltgeehrte sieht klar die Form des kleinsten Staubkorns und er [allein] kennt die Dauer eines Augenblicks. Wie könnten wir ihn auf die gleiche Stufe mit Kongzi und Laozi stellen? Kongzi, Laozi, Zhuangzi, Keishi[70] und ihresgleichen sind nur gewöhnliche Menschen, die nicht einmal die Stufe eines in den Strom Eingetretenen des kleinen Fahrzeugs erreicht haben. Wie viel weniger noch könnten sie die Ebene der zweiten, dritten oder vierten Wirkung im Buddha-Dharma erlangt haben? Dass manche Schüler sie in ihrer Unwissenheit auf dieselbe Ebene mit den Buddhas erheben, bedeutet, dass sie inmitten der Täuschungen noch größere Täuschungen schaffen. Kongzi und Laozi sind nicht nur unwissend in Bezug auf die drei Zeiten, sie wissen nichts von den unzähligen Weltzeitaltern und sie sind auch nicht fähig, einen [einzigen] Bewusstseinsmoment oder den Geist im gegenwärtigen Augenblick zu erfassen. Sie können sich nicht mit den Göttern der Sonne und des Mondes vergleichen und auch nicht mit den großen Königen der vier Kontinente[71] oder den verschiedenen anderen Göttern. Wenn man sie mit dem Tathāgata vergleicht, gehen [Kongzi, Zhuangzi usw.] sowohl in dieser Welt als auch jenseits davon vollkommen in die Irre.

*In der Biografie[72] heißt es: »Ki war ein großer Mann [in der Dynastie] der Chou.[73] Er war in der Astrologie bewandert, und eines Tages sah er etwas Ungewöhnliches am Himmel. Als er dem Phänomen in Richtung Osten nachging, begegnete er Laozi, wie er es erwartet hatte, und er bat ihn, ein Buch mit fünftausend Worten zu schreiben. Ki war entschlossen, [das Land zu verlassen,] um Laozi[74] folgen zu können.[75] Laozi sagte: ›Wenn du wirklich entschlossen bist, vorwärtszukommen, bring mir die Köpfe von sieben Menschen, einschließlich denen deiner Eltern. Dann wirst du fähig sein, vorwärtszukommen.‹ Ki tat sogleich, wie ihm befohlen wurde, und die sieben Köpfe verwandelten sich alle in die Köpfe von Schweinen.«*

*Ein Meister der Vergangenheit kommentierte diese Worte: »Im Gegensatz zu [Laozi] verehren die Schüler des Kongzi, die in den weltlichen Schriften [bewandert sind] und ihre Kindespflichten kennen, sogar die hölzernen Bildnisse ihrer Eltern. Laozi begründet seine Lehre damit, dass er Ki seine Eltern töten ließ. Das Fundament der Lehre des Tathāgata ist das große Mitgefühl. Wie ist es möglich, dass Laozi ein tödliches Vergehen zum Ausgangspunkt seiner Unterweisungen macht?«*

In früheren Zeiten gab es abwegige Gruppen, die Laozi auf die gleiche Ebene mit dem Weltgeehrten stellten, und heute sagen ein paar unwissende Leute, Kongzi und Laozi seien dem Weltgeehrten ebenbürtig. Wie könnten wir solche Menschen nicht bemitleiden? Kongzi und Laozi kommen nicht einmal den raddrehenden Königen gleich, welche die Welt durch die zehn Arten des Rechten[76] regieren. Wie könnten wir [Chinas legendäre] drei Kaiser und fünf Herrscher auf die gleiche Ebene mit den Königen stellen, die das Gold-, Silber-, Kupfer- und Eisenrad drehen, die mit den sieben Schätzen und Tausenden von Dingen ausgestattet sind und über die vier Kontinente und die dreitausendfache Welt herrschen? Kongzi und Laozi können niemals auch nur mit [diesen drei Kaisern und zehn Herrschern] verglichen werden. Alle Buddhas und Vorfahren der Vergangenheit, Gegenwart und Zukunft haben es als das Fundament ihrer Lehre angesehen, dass wir unseren Eltern und den Mönchen gegenüber, die uns lehren, ehrerbietig sind, dass wir die drei Juwelen verehren, kranken Menschen beistehen und [den Buddhas] Gaben darbringen. Seit anfanglosen Zeiten haben sie es niemals als den Ausgangspunkt ihrer Lehre angesehen, seinen Eltern Schaden zuzufügen. Deshalb ist es unmöglich, dass die Lehren des Laozi dieselben sind wie die des Buddha-Dharmas. Seinen Vater und seine Mutter zu töten, ist in jedem Fall eine Handlung, die sich im nächsten Leben [auswirkt], und es steht fest, dass [ein Mensch, der dies tut,] in der Hölle endet. Auch wenn Laozi willkürlich von der »Leere« und dem »Nichts« redet, kann niemand, der seinen Eltern Schaden zufügt, der Vergeltung entgehen, die dadurch entsteht.

*Im Dentō roku heißt es: »Der zweite Vorfahre [Meister Taiso Eka] drückte sein Bedauern gewöhnlich mit den Worten aus: ›Die Lehren des Kongzi und Laozi befassen sich mit der Kunst der Umgangsformen und den Kriterien des Verhaltens. Die Schriften des Zhuangzi und das Yijing*[77] *genügen nicht, um subtile Wahrheiten auszudrücken. Kürzlich habe ich gehört, dass ein großer Mann, Bodhidharma [genannt], sich in Shaolin aufhält. Ein vollendeter Mensch ist wohl nicht mehr weit, und das Tiefgründige kann nun Gestalt annehmen.‹«*[78]

Die Menschen von heute sollten fest darauf vertrauen, dass die authentische Weitergabe des Buddha-Dharmas allein durch den zweiten Vorfahren nach China gelangt ist, denn dieser hatte die Kraft, die Wahrheit zu erfahren und zu erforschen. Obwohl unser Gründer-Vorfahre [Bodhidharma] aus dem Westen kam, wäre der Buddha-Dharma niemals ohne den zweiten Vorfahren weitergegeben worden. Hätte der zweite Vorfahre den Buddha-Dharma nicht weitergegeben, gäbe es heute im östlichen Land [China] keinen Buddha-Dharma. Grundsätzlich solltet ihr unseren zweiten Vorfahren nicht irgendwelchen anderen Gruppen zuordnen.

*Im Dentō roku heißt es: »Als Meister Taiso Eka noch ein junger Mönch war*[79]*, hatte er außergewöhnliche Fähigkeiten. Er lebte eine lange Zeit in I-raku.*[80] *Er war in vielen Schriften bewandert und konnte hervorragend über tiefgründige Wahrheiten sprechen.«*[81]

Die hervorragenden Kenntnisse des zweiten Vorfahren in den Schriften gehen wohl weit über die Bände hinaus, die die heutigen Menschen lesen. Nachdem er den Dharma erlangt hatte und ihm das Gewand weitergegeben worden war, gab es von ihm keine Aussage [wie z. B.]: »Es war ein Fehler, dass ich früher dachte, Kongzi und Laozi würden sich mit der Kunst der Umgangsformen und den Kriterien des Verhaltens befassen.« Ihr solltet wissen, dass unser zweiter Vorfahre sich vollkommen klar darüber war, dass Kongzi und Laozi sich nicht mit dem Buddha-Dharma messen können. Weshalb kehren die entfernten Nachkommen des zweiten Vorfahren ihrem Vater heute den Rücken zu und behaupten, [Kongzi, Laozi] und der Buddha-Dharma seien gleichwertig? Ihr solltet einfach wissen, dass dies eine Irrlehre ist. Wer unter den entfernten Nachkommen des zweiten Vorfahren könnte sich auf die Erklärungen von Shōju und dergleichen stützen? Wenn ihr die rechtmäßigen Nachkommen des zweiten Vorfahren sein wollt, sagt niemals, die drei Lehren seien eine Einheit.

*Zu Lebzeiten des Buddha gab es einen Andersgläubigen, der »Debattierkraft«*[82] *hieß. Er dachte, dass niemand in [philosophischen] Debatten so beschlagen sei wie er, da niemand die Kraft [seines Wissens] besaß. Deshalb wurde er »Debattierkraft« genannt. Auf die Bitte von fünfhundert Licchavīs*[83] *sammelte er fünfhundert offensichtlich knifflige Fragen und kam zu dem Weltgeehrten, um mit ihm darüber zu diskutieren. Als [Erstes] fragte er ihn: »Gibt es nur eine Wahrheit, die die letztendliche ist, oder viele?«*

*Der Buddha antwortete: »Es gibt nur eine letztendliche Wahrheit.«*

*Debattierkraft sagte: »Wir Lehrer behaupten, dass jeder von uns die letztendliche Wahrheit lehre. Von uns Andersgläubigen hält jeder seine Wahrheit für die Richtige, und deshalb setzen wir die Lehren der anderen herab. Aber [letztlich] finden wir untereinander sowohl Richtiges als auch Falsches, und deshalb gibt es viele Wahrheiten.«*

*Der Weltgeehrte hatte zu jener Zeit bereits [den Brahmanen namens] »Wildkopf«*[84] *bekehrt, und dieser war ein Arhat geworden. Er stand neben dem Buddha. Der Buddha fragte Debattierkraft: »Wer hat die Höchste unter diesen vielen Wahrheiten?«*

*Debattierkraft antwortete: »Wildkopf hat die Höchste.«*

*Der Buddha sagte: »Wenn Wildkopf die höchste Wahrheit hat, weshalb hat er dann seine eigene Wahrheit aufgegeben, ist mein Schüler geworden und in meine Wahrheit eingegangen?«*

*Als Debattierkraft dies sah, neigte er sein Haupt voller Scham. Er nahm Zuflucht und ging in die Wahrheit ein. Dann lehrte der Buddha die folgenden philosophischen Verse:*

*Jeder nimmt das Höchste für sich in Anspruch.*
*Jeder liebt sich selbst am meisten.*
*Jeder sieht sich im Recht und die anderen im Unrecht:*
*Dies kann niemals das Höchste sein!*
*Solche Menschen befassen sich nur mit Streitfragen*
*Und wollen das Nirvāṇa mit dem Verstand erklären.*
*Während sie über richtig und falsch streiten,*
*Triumphieren die Gewinner, und die Verlierer trauern.*
*Wer gewinnt, gerät in die Klauen des Hochmuts.*
*Wer verliert, fällt in die Hölle des Trübsinns.*
*Deshalb hüten sich die Weisen vor diesen beiden Wegen.*
*Debattierkraft, du solltest wissen:*
*In der Wirklichkeit meiner Schüler*
*Gibt es weder Verneinung noch Bejahung.*
*Worauf willst du hinaus?*
*Wenn du meine Argumente zerstören willst,*
*gibt es letztlich nichts, worauf du dich stützen kannst.*
*Es ist unmöglich, das ganze Verstandeswissen zu umspannen.*
*Dadurch wirst du dich nur selbst zerstören.*[85]

Dies waren die goldenen Worte des Weltgeehrten. Die unverständigen und unwissenden Lebewesen im östlichen Land [China] sollten dem Buddha-Dharma nicht einfach den Rücken kehren und grundlos behaupten, es gebe Wege, die dem Buddha-Weg gleichen; damit beleidigen sie den Buddha und den Dharma. Die Menschen des westlichen Himmels [Indien], angefangen von Wildkopf und Debattierkraft bis zu den Brahmanen Lange Nägel[86], Senika[87] usw. hatten alle ein umfassendes Wissen, wie es dies seit alten Zeiten in China niemals gegeben hat. Kongzi und Laozi können sich nicht mit [den Menschen in Indien] messen. Diese gaben ihre eigene Wahrheit auf und nahmen Zuflucht zu Buddhas Wahrheit. Würden wir jetzt weltliche Menschen wie Kongzi und Laozi mit dem Buddha-Dharma vergleichen, dann würden sich sogar die Menschen, die uns hören, eines Vergehens schuldig machen. Außerdem werden sogar Arhats und

Pratyekabuddhas einst Bodhisattvas werden; keiner von ihnen wird im kleinen Fahrzeug enden. Was aber Kongzi und Laozi betrifft, die niemals in Buddhas Wahrheit eingedrungen sind, wie könnten wir behaupten, sie würden den Buddhas gleichen? Dies wäre eine ungeheuerlich falsche Sicht.

Letztlich wird die Tatsache, dass der weltgeehrte Tathāgata bei Weitem alle übertrifft, ausnahmslos von allen Buddha-Tathāgatas, allen großen Bodhisattvas und [den Göttern] Brahmadeva und Śakra anerkannt, verehrt und gepriesen. Die achtundzwanzig Vorfahren in Indien hatten alle Klarheit darüber erlangt. Kurz gesagt: Jene, die die Kraft und Fähigkeit haben, [die Wahrheit] zu erfahren und zu erforschen, wissen dies. Die Menschen des gegenwärtigen dekadenten Zeitalters sollten den unsinnigen Reden der Kleingeister der Song-Dynastie über die Einheit der drei Lehren keine Beachtung schenken. Sie sind der Gipfel der Unwissenheit.

Shōbōgenzō Shizen biku

Ich beendete diese Abschrift nach den letzten Aufzeichnungen meines Meisters an einem Tag des Sommer-Trainings im siebten Jahr der Ära Kenchō [1255].[88]

Ejō

# Anmerkungen

1 Nāgārjuna lebte ca. im zweiten Jahrhundert u. Z. und war einer der bedeutendsten Philosophen des Buddhismus und Begründer der Mādhyamaka-Schule. Sein wichtigstes Werk ist die *Mūla-madhyamaka-kārikā*.

2 *Zōjōman* 増上慢 steht für sanskr. *abhimāna*, eine der sieben Arten des Hochmuts (*māna*).

3 *Shika* 四果, wörtl. »die vierte Wirkung«, die im Hīnayāna als die höchste Stufe der Vollkommenheit im Buddha-Dharma angesehen wird und die nur ein Arhat erlangt. Siehe Kap. 34, *Arakan*.

4 Im Hīnayāna gibt es vier Stufen für die Praktizierenden des Buddha-Weges: 1. diejenigen, die in den Strom des Dharmas eingetreten sind (sanskr. *srotāpatti*), 2. diejenigen, die noch einmal wieder geboren werden müssen (sanskr. *sakṛdāgāmi*), 3. diejenigen, die nicht wieder geboren werden müssen (sanskr. *anāgāmi*) und 4. die Arhats, die in diesem Leben zur vollkommenen Befreiung gelangt sind.

5 *Chūin* 中陰 steht für sanskr. *antarā-bhava*, die mittlere Existenzform zwischen Tod und Neugeburt.

6 *Avīci-niraya* (sanskr.), »die Hölle nie endender Leiden«, ist die schlimmste aller Höllen.

7 *Aranya-biku*. *Araṇya* (sanskr.) bedeutet »Wildnis« oder ein »verlassener Ort«, an dem sich Bettler und Mönche aufhalten. *Biku*, sanskr. *bhikṣu*, bedeutet »Mönch«. Der Mönch praktizierte Zazen allein an einem einsamen Ort und versäumte es, einen Lehrer aufzusuchen.

8 *Rō* 漏, wörtl. »Ausflüsse«, sanskr. *āsrava*, bezieht sich auf die nie endenden Täuschungen, die das gewöhnliche Bewusstsein hervorbringt. *Rō* 漏 ist ein anderer Ausdruck für *bonnō* 煩悩, »Täuschungen«, oder in diesem Fall »Selbsttäuschung«.

9 Siehe *Daichido ron*, Teil 17.

10 *Mumon biku* 無聞比丘, wörtl. »der Mönch, der nichts gehört hat«, das heißt, ein Mönch, der allein Zazen praktiziert, aber nicht genügend über die Buddha-Lehre weiß.

11 Der vierte Vorfahre in Indien. Siehe Kap. 15, *Busso*.

12 Siehe *Maka shikan hōgyō den guketsu*, Band 5, Teil 4. Dies ist ein Kommentar zum *Maka shikan* von Meister Tendai Chigi, dem Begründer der Tendai-Schule.

13 Ebenda.

14 Ebenda.

15 Die dreitausendfach große tausendfache Welt veranschaulicht die unendliche Zahl von Welten, die zum Bereich der Buddhas gehören.

16 Siehe Lotos-Sūtra, Kap. 3, »Ein Gleichnis«. Vgl. Borsig, S. 91.

17 *Fukuzō* 福増 gibt den Sinn von sanskr. *Śrīvaddhi* wieder, das ist der Name eines reichen Mannes, der erst im Alter von hundert Jahren Mönch werden wollte. Wegen seines Alters wollte Śāriputra es ihm nicht erlauben. Als Śrīvaddhi den Buddha selbst fragte, erlaubte dieser es ihm. Die Geschichte des Śrīvaddhi ist im Teil 4 des *Kengu kyō* aufgezeichnet, und er wird auch in Kap. 86, *Shukke kudoku*, erwähnt.

18 Siehe Lotos-Sūtra, Kap. 2, »Geschicklichkeit«. Vgl. Borsig, S. 59.

19 *Korō* 孔老. *Ko* 孔 steht für *koshi* 孔子, das heißt, Kongzi, und *rō* 老 steht für *rōshi* 老子, Laozi. Kongzi (555–479 v. u. Z.) ist der Begründer des Konfuzianismus und Laozi (etwa 6. Jh.) wird als der Begründer des Daoismus angesehen.

20 *Rokushi* 六師 steht für *rokushi gedō* 六師外道, »die sechs nicht-buddhistischen Lehrer«, die zu Lebzeiten des Buddha verschiedene nicht-buddhistische Lehren verbreitet haben.

21 Siehe *Maka shikan hōgyō den guketsu*, Band 4, Teil 1.

22 1201 bis 1205.

23 Meister Rai-an Shōju war ein Nachfolger von Meister Getsudō Dōshō. Er starb 1208 im Alter von 67 Jahren.

24 *Katai futō roku* (»Aufzeichnungen über die universelle Leuchte in der Ära Katai«).

25 Dies war ein Mönch der Tendai-Schule, der 1022 mit 47 Jahren starb.

26 *Kenshō* 見性, wörtl. »in die eigene Natur blicken« oder »in die eigene Natur schauen«. *Kenshō* 見性 hat in der Rinzai-Schule eine gewisse Bedeutung.

27 Zitiert aus dem Vorwort zum *Katai futō roku.*

28 Dies bezieht sich auf eine Stelle in Meister Yōka Genkakus *Shōdōka*, die Meister Dōgen auch in Kap. 89, *Shinjin inga*, zitiert.

29 Dies bezieht sich auf die Worte Meister Nāgārjunas, die Meister Dōgen in Kap. 89, *Shinjn inga*, zitiert: »Wenn wir Ursache und Wirkung jenseits dieser Welt [im Buddha-Dharma] leugnen, dann gibt es keine drei Juwelen, keine vier [edlen] Wahrheiten und auch nicht die vier Stufen eines Śrāvakas.«

30 Man nimmt an, dass das *Rokuso dankyō*, »das Plattform-Sūtra«, von Hōkai und anderen Schülern des sechsten Vorfahren Daikan Enō verfasst wurde. Es gibt mehrere Ausgaben, unter anderem die Tonkō-Ausgabe (Tonkō war ein Stützpunkt auf der Seidenstraße), die Kōshō-ji-Ausgabe (Kōshō-ji ist ein Tempel in Kyōto) und die koreanische Ausgabe. Auch an anderer Stelle zieht Meister Dōgen die Authentizität gewisser Ausgaben in Zweifel.

31 Sōkei ist der Name des Berges, wo Meister Daikan Enō lebte, und daher auch sein Name.

32 Man nimmt an, dass Laozi der Begründer des Daoismus und Zhuangzi sein Schüler war. Die chinesischen Texte des Daoismus werden im Allgemeinen mit den Namen der Autoren betitelt, denen sie zugeschrieben werden. Der Name Zhuangzi steht für die daoistische Lehre und für den, der sie gelehrt hat.

33 Im kleinen Fahrzeug (Hīnayāna) werden Subjekt und Objekt als getrennt diskutiert, während im großen Fahrzeug (Mahāyāna) die Einheit von Subjekt und Objekt im gegenwärtigen Augenblick gelehrt wird.

34 *Dōtoku*, Kurzform für *Rōshi dōtoku kyō* (»Laozis Schrift vom Verdienst des Dao«), Laozi zugeschrieben.

35 *Shōyō* 逍遙, wörtl. »gemächlich dahinschlendern«, drückt das Ideal der Lehre des Zhuangzi aus: das zwanglose Dahinschlendern in der Natur oder das Leben in vollkommener Gelassenheit.

36 *Shōjō hōgyō kyō*, wörtl. »das Sūtra des reinen Dharma-Verhaltens«, gehört nicht zum *Daizō kyō*, der »Gesamtausgabe buddhistischer Sūtren«. Dieses Sūtra war möglicherweise eine Fälschung, die in China in der Form eines indischen Sūtras geschrieben wurde.

37 *Gekkō bosatsu*, der »Bodhisattva des Mondlichts«, steht für sanskr. *Candraprabha*. Bodhisattva ist das Pendant zum *Nikkō bosatsu*, dem »Bodhisattva des Sonnenlichts«. Die Statuen der zwei Bodhisattvas werden im Allgemeinen rechts und links des *Yakushi nyorai*, des »Tathāgata, Meister der Medizin« oder des »Buddhas der Heilung«, aufgestellt. Die Statuen der drei Bodhisattvas waren in China und Japan seit jeher sehr populär.

38 *Gankai* soll der hervorragendste der zehn großen Schüler des Kongzi gewesen sein.

39 *Kōjō* 光浄, »Licht und Reinheit«.

40 *Chūji* 仲尼 war ein anderer Name für Kongzi.

41 Siehe *Maka shikan hōgyō den guketsu*, Band 6, Teil 3.

42 Ebenda.

43 *Wakō ōjaku* 和光応迹. *Wakō* 和光, wörtl. »sein Licht mildern«, beschreibt das Handeln der Buddhas und Bodhisattvas, die ihr Licht und ihre Klarheit verbergen, um die Lebewesen, die sie befreien wollen, nicht zu blenden. *Ōjaku* 応迹, wörtl. »seine Spuren harmonisieren«, freier übersetzt »sich mit den anderen Menschen harmonisieren«, beschreibt das Handeln der Buddhas und Bodhisattvas, die sich auf natürliche Weise verschiedener Formen bedienen, um die Lebewesen zu retten.

44 Kitan ist der Name des alten chinesischen Kaisers Shukō, der die Richtlinien für ein gut funktionierendes politisches System aufstellte.

45 *Gotei* ist eine legendäre Zeit der chinesischen Geschichte (2852–2205 v. u. Z.), die unter dem Namen *Gotei-ki*, »die Zeit der fünf Herrscher«, bekannt ist.

46 Eine ähnliche Passage finden wir im *Maka shikan hōgyō den guketsu*, Band 10, Teil 2.

47 *Veda*, sanskr., »heiliges Wissen«. Es heißt, dass die Veden zwischen 2000 und 500 v. u. Z. zusammengestellt wurden. Sie bestehen aus 1. *ṛg-veda*, der ältesten Sammlung von Hymnen, 2. *sāma-veda*, der Hymnen (hauptsächlich aus dem *ṛg-veda*,) die in Musik gesetzt und für Rituale verwendet wurden, 3. *yajur-veda*, Zauberworte, die in Ritualen verwendet wurden und 4. *atharva-veda*, Zauberworte, die für die täglichen Rituale verwendet wurden.

48 Siehe *Daichido ron*, Kap. 5.

49 Siehe *Maka shikan*, Buch 10, Teil 1.

50 *Mangō* 満業 ist ein Fachausdruck im chinesischen Buddhismus. Er bezeichnet das Karma, das individuelle Unterschiede zwischen einem Mann und einer Frau, einem Weisen und einem Toren, einem Reichen und einem Armen schafft. *Mangō* 満業 ist das Gegenteil von *ingō* 引業.

51 *Ingō* 引業 beschreibt das Karma, das Ursache und Bedingung für eine Existenz ist, wie z. B. für die Geburt als Mensch.

52 *Eshō nihō* 依正二報 steht für *shōhō* 正報 und *ehō* 依報. Dies bezieht sich auf die individuelle und von den Lebensumständen abhängige karmische Vergeltung. *Shōhō* 正報, »die wahre Vergeltung«, beschreibt die individuelle Ausformung des Menschen (des Subjekts), wie z. B. seinen Körper, der das Resultat seiner vergangenen Handlungen ist. *Ehō* 依報, »die Vergeltung als Abhängigkeit«, beschreibt die Welt, das Land und die Lebensumstände, von denen die Existenz des Subjekts abhängt. *E* 依 und *shō* 正 stehen im Allgemeinen für »Subjekt« und »Objekt«.

53 *Shitō* 四倒 ist die Kurzform von *shitendō* 四顛倒, »die vier Umkehrungen«, für sanskr. *viparyāsa*, »Umkehrung«, »Perversion« oder »Täuschung«. Die vier Umkehrungen sind, 1. die Unbeständigkeit als beständig, 2. das Leidhafte als freudhaft, 3. das Unreine als rein, und 4. das Nicht-Selbst als ein Selbst anzusehen.

54 *Sandoku* 三毒, »die drei Gifte«, sind Gier, Hass und Unwissenheit.

55 *Shō soku mushō* 生即無生, »Entstehen ist Nicht-Entstehen«, ist ein Ausdruck der Sanron-Schule, der besagt, dass alles, was entsteht, aus Ursachen und Bedingungen hervorgeht und deshalb keine Eigennatur besitzt, und daher nicht als »Entstehen« bezeichnet werden kann.

56 *Shintai-Sanzō* 真諦三蔵. *Shintai* 真諦, »die letztendliche Wahrheit«, steht für sanskr. *Paramārtha*, den Namen des Mönchs. *Sanzō* 三蔵 war der Titel eines Gelehrten des *tripiṭaka*. Paramārtha (449–569) kam aus dem westlichen Indien und wurde vom Kaiser Wu der Liang-Dynastie im Jahr 546 nach China eingeladen. Er übersetzte 64 Sūtren, unter anderem das Goldglanz-Sūtra, ins Chinesische.

57 Siehe *Maka shikan*, Band 10, Teil 1, und *Maka shikan hōgyō den guketsu*, Band 10, Teil 2.

58 *Genzoku* 還俗 beschreibt jemanden, der das Mönchsleben aufgegeben hat und wieder als Laie in der weltlichen Gesellschaft lebt.

59 *Ō-eki* 王役 war ein Dienst, den buddhistische Mönche anstelle von Steuerabgaben leisten mussten. Zu jener Zeit unterstützte die Regierung den Daoismus und bürdete den buddhistischen Mönchen solche Dienste auf.

60 Siehe *Maka shikan*, Band 10, Teil 1.

61 Dies bezieht sich auf Zazen Praktizierende, die in der Tradition Meister Bodhidharmas üben.

62 *Shōchisha* 生知者, »diejenigen, die von Geburt an wissen«. Der Ausdruck wird auch in Kap. 26, *Daigo*, erläutert.

63 Da Wissen durch Lernen entsteht.

64 *Shari* 舎利, sanskr. *śarīra*, »die Überreste der Knochen«, insbesondere von Buddha, die ein Gegenstand der Verehrung sind. Siehe Lotos-Sūtra, Kap. 10, »Der Gesetzesmeister« (vgl. Borsig, S. 214), und Kap. 71, *Nyorai zenshin*.

65 *Rongo* 論語, »die Reden des Kongzi«, ist ein Basistext des Konfuzianismus. Das Zitat bezieht sich auf »die vier Klassen des Wissens«.

66 *Isshū* 一洲, »ein Kontinent«, bezieht sich auf den südlichen Kontinent *Jambudvīpa*, in dem die Menschen leben.

67 *Shishū* 四洲, »die vier Kontinente«, sanskr. *catvāro-dvīpāh*, die sich gemäß der indischen Kosmologie in den vier Richtungen um den Berg Sumeru befinden. Dies sind im Süden *Jambudvīpa*, im Osten *Pūrva-videha*, im Westen *Apara-godāna* und im Norden *Uttarakuru*.

68 *Sangai kuji* 三界九地 bedeutet hier alle Bereiche der drei Welten. Traditionell werden die drei Welten (*sangai* 三界) in die folgenden neun Bereiche (*kuji* 九地) aufgeteilt: In den einen Bereich der Welt des Begehrens, in vier Bereiche der Welt der Form und in vier Bereiche der Welt der Nicht-Form.

69 Ein *kṣāṇa* oder eine unendlich kurze Zeiteinheit. Siehe Kap. 70, *Hotsu bodaishin*: »Nur der Tathāgata kennt die Dauer eines solchen Augenblicks.«

70 Keishi war ein Gelehrter und Redner, der in der Dynastie der Wei (220–265) Erster Minister war.

71 Die vier großen Könige, die die vier Kontinente beschützen. In Sanskrit *catvāro-mahārājikāḥ*.

72 *Retsuden* 列伝. Dies bezieht sich auf den biografischen Teil eines chinesischen Geschichtsbuches namens *Shiki*.

73 Die Chou-Dynastie regierte China von 1122 bis 222 v. u. Z.

74 Laozi wird im Text mit dem Namen *Tan* bezeichnet.

75 Er wollte seinen Rang als Gelehrter aufgeben, um Laozi folgen zu können.

76 *Jūzen* 十善, »die zehn Arten des rechten Verhaltens«, bedeutet, sich der zehn Übel zu enthalten. Die zehn Übel sind: 1. töten, 2. stehlen, 3. die Ehe brechen, 4. lügen, 5. heuchlerisch sein, 6. missgünstig und beleidigend sprechen, 7. Geschwätz verbreiten, 8. gierig sein, 9. zornig sein und 10. falschen Ansichten anhängen.

77 Im Text *eki* 易, »Wahrsagung«, für *Eki kyō* 易経, »die Schrift der Wahrsagungen«, das heißt, das Yijing. Dieses Werk entstand während der Chou-Dynastie und basiert auf dem Studium von Yin und Yang.

78 Siehe *Keitoku dentō roku*, Kap. 3.

79 Im Text »Shinkō«. Dies war der Mönchsname von Meister Taiso Eka in seinen jungen Jahren.

80 Ein Bezirk, der von den Flüssen I und Raku begrenzt wird.

81 Siehe *Keitoku dentō roku*, Kap. 3.

82 *Ronriki* 論力. Sanskritname unbekannt.

83 Dies war eine ethnische Gruppe in der Republik Vaiśālī.

84 *Rokutō* 鹿頭, aus dem sanskr. Migasīsa. Er war ein Brahmane aus dem Staat Kośala, der früher magische Kräfte praktizierte, später aber Zuflucht zum Buddha nahm und ein Arhat wurde.

85 Siehe *Maka shikan hōgyō den guketsu*, Band 10, Teil 2, und *Daichido ron*, Kap. 18.

86 *Chōso* 長爪 steht für sanskr. *Dirghanakha*, das ist der Name eines Brahmanen, der seine Nägel wachsen ließ und im *Zō agon kyō* erwähnt wird.

87 Ein Brahmane, der im Goldglanz-Sūtra erwähnt wird. Siehe auch Kap. 1, *Bendōwa*, und Kap. 6, *Soku shin zebutsu*.

88 Zwei Jahre nach Meister Dōgens Tod. Dies ist die Aufzeichnung eines der zwölf Kapitel, die er in den letzten Jahren vor seinem Tod niederschrieb. Diese zwölf Kapitel sind: Kap. 12, *Kesa kudoku*, Kap. 70, *Hotsu bodaishin*, Kap. 84, *Sanji no gō*, Kap. 85, *Shime*, Kap. 86, *Shukke kudoku*, Kap. 87, *Kuyō shobutsu*, Kap. 88, *Ki-e sanbō*, Kap. 89, *Shinjin inga*, Kap. 90, *Shizen biku*, Kap. 94, *Jukai*, Kap. 95, *Hachi dainingaku*, und *Ippyakuhachi hōmyōmon*.

# 91

# 唯仏与仏

# Yuibutsu yobutsu

# Nur die Buddhas zusammen mit den Buddhas

*Yui bedeutet »nur« oder »einzig«, butsu ist »Buddha« oder »die Buddhas«, und yo bedeutet »zusammen mit«. So bedeutet yuibutsu yobutsu »nur die Buddhas zusammen mit den Buddhas«. Der Ausdruck yuibutsu yobutsu entstammt dem Lotos-Sūtra, in dem es heißt: »Nur die Buddhas zusammen mit den Buddhas können die wirkliche Form aller Dharmas unmittelbar und vollständig ergründen.« In diesem Kapitel erläutert Meister Dōgen sehr eingehend, was ein Buddha ist und wie ein Buddha handelt.*

Ein gewöhnlicher Mensch ist nicht imstande, den Buddha-Dharma zu ergründen. Deshalb gab es seit alten Zeiten keine gewöhnlichen Menschen, die das Erwachen verwirklicht hätten[1], und auch keine Śrāvakas und Pratyekabuddhas[2], die bis zum Grund des Buddha-Dharmas gelangt wären. Da nur die Buddhas das Erwachen verwirklichen, heißt es: »Nur die Buddhas zusammen mit den Buddhas können den Dharma unmittelbar und vollständig ergründen.«[3]

Wenn ihr [den Dharma] bis zum Grund erforscht habt, seid ihr wohl immer noch der, der ihr seid, aber ihr hättet im Voraus niemals erahnen können, dass das Erwachen so sein würde. Selbst wenn ihr euch das Erwachen vorgestellt hättet, wäre die Vorstellung etwas völlig anderes als das Erwachen gewesen. Das Erwachen selbst ähnelt in keiner Weise der Vorstellung, die wir uns davon machen. Deshalb ist es unnütz, im Voraus darüber nachzudenken. Im Augenblick des Erwachens selbst wissen wir nicht, weshalb es sich gerade jetzt verwirklicht hat.[4]

Lasst uns dies näher betrachten! Es war also nutzlos für das Erwachen, im Voraus darüber nachzudenken, ob es so oder so sein wird. Dass das Erwachen anders ist, als ihr es euch vorher in vielerlei Gedanken vorgestellt habt, bedeutet aber nicht, dass eure Vorstellungen und Gedanken unangebracht gewesen wären oder es ihnen an Kraft gefehlt hätte. Sogar das Denken zu jener Zeit war ein Erwachen, aber weil es in eine andere Richtung ging, habt ihr gedacht und gesagt, es sei kraftlos gewesen. Wann immer ihr fühlt, wie nutzlos [Vorstellungen und Gedanken sind], gibt es etwas, was ihr unbedingt begreifen müsst, nämlich, dass ihr euch nur davor fürchtet, unbedeutend zu sein.[5] Wenn ihr allerdings [nur] durch die Kraft der Gedanken erwacht, die vor dem Erwachen erscheinen, könnte dies ein Erwachen sein, auf das ihr euch nicht verlassen könnt. Da sich das Erwachen nicht auf eine Kraft davor stützt, und da es in jedem Fall weit über den Augenblick vor dem Erwachen hinausgeht, erwacht ihr zweifellos durch nichts anderes als durch die Kraft des Erwachens selbst. Bedenkt, dass »Täuschung« etwas ist, was nicht existiert, und dass »Erwachen« etwas ist, was nicht existiert.[6]

Wenn das höchste Erwachen ein Mensch ist, nennen wir es »Buddha«. Wenn ein Buddha das höchste Erwachen ist, nennen wir ihn [einen Menschen] »des höchsten Erwachens«. Aber wir wären sehr beschränkt, wenn uns nicht daran gelegen wäre, das Gesicht und die Augen dieses Augenblicks des Erwachens zu ergründen. Dieser Augenblick hat unfehlbar das Gesicht und die Augen unbefleckter Reinheit. Rein und unbefleckt zu sein bedeutet nicht, dass ihr euch dazu zwingt, ohne Absicht oder frei von Anhaftungen oder Nicht-Anhaftungen zu sein. Es bedeutet auch nicht, etwas anderes zu bewahren als euer Ziel; vielmehr existiert diese Reinheit, so, wie sie ist, wenn ihr sie nicht beabsichtigt und sie nicht festhaltet oder loslasst.

Wenn ihr zum Beispiel einem Menschen begegnet, prägt ihr euch sein Gesicht und seine Augen ein, und wenn ihr eine Blume oder den Mond seht, fügt ihr ihnen in Gedanken noch ein zusätzliches Licht und eine zusätzliche Farbe hinzu. Ihr solltet aber Folgendes bedenken: Genauso wie der Frühling dem Geist des Frühlings nicht entrinnen und der Herbst immer nur die Schönheit oder Hässlichkeit des Herbstes sein kann, könnt auch ihr immer nur ihr selbst sein, auch wenn ihr versucht, etwas anderes zu sein. Zieht auch in Betracht, dass ihr die Stimmen des Frühlings und Herbstes nicht zu den Euren machen könnt, sie sind jenseits von euch. Diese Stimmen haben sich euch nicht hinzugefügt noch sind sie die Gedanken, die gerade in eurem Geist auftauchen. Dies bedeutet, dass ihr die vier [großen] Elemente und fünf Daseinskomponenten [Skandhas] der Gegenwart weder als euch selbst noch als die Spuren von etwas anderem [außerhalb von euch selbst] sehen könnt. Deshalb solltet ihr nicht denken, dass die Farben eures Geistes, die sich beim Anblick einer Blume oder des Mondes erregen, ihr selbst seid, auch wenn es euch so vorkommt, als seien sie ihr selbst. Wenn ihr euch selbst als etwas denkt, was ihr nicht seid, so können wir dies lassen, wie es ist, aber wenn ihr das Licht nach Innen wendet und es unmöglich wird, [irgendetwas] mit Gedanken der Abneigung oder der Vorliebe zu beflecken, dann ist euer Handeln auf natürliche Weise die Wahrheit, die euer ursprüngliches Gesicht ist und das niemals verborgen war.

Ein Mann aus alter Zeit[7] sagte: *»Die ganze Erde ist unser eigener Dharma-Körper, aber er darf nicht durch den ›Dharma-Körper‹ behindert werden.«* Wenn euer Dharma-Körper durch den ›Dharma-Körper‹ behindert wird, ist es unmöglich, den Körper auch nur ein wenig zu bewegen. Daher muss es einen Weg geben, über den Körper hinauszugehen.[8] Aber was ist das für ein Weg, der die Menschen befähigt, über ihren Körper hinauszugehen? Wenn ein Mensch den Weg dieses Hinausgehens über den Körper nicht [durch sein Handeln] zum Ausdruck[9] bringen kann, ist das Leben des Dharma-Körpers sogleich zu Ende, und er versinkt für eine lange Zeit im Meer des Leidens. Wenn euch jemand fragt, wie man die Tatsache ausdrücken könne, dass der Dharma-Körper leben und der Mensch nicht im Meer des Leidens versinken muss, wie solltet ihr dies tun? In diesem Augenblick solltet ihr ›die ganze Erde ist unser eigener Dharma-Körper‹ zum Ausdruck bringen. Wenn diese Grundwahrheit sich verwirklicht, ist der Augenblick, in dem ihr dies zum Ausdruck bringt, jenseits aller Worte. Ferner, weil es jenseits aller Worte ist, solltet ihr sogleich die Möglichkeit ergreifen, es »nicht auszudrücken«.

Ein alter Buddha, der dies nicht ausgedrückt hat, sagte: »*Im Tod gibt es Augenblicke des Lebens und im Leben gibt es Augenblicke des Todes.*[10] *Es gibt die Toten, die immer tot sind, und es gibt die Lebenden, die immer leben.*« Dies beruht nicht auf den Anstrengungen der Menschen, sondern die Wirklichkeit ist so beschaffen. Deshalb gibt es ein solches Licht und eine solche Stimme, wenn [die Buddhas] das Dharma-Rad drehen, und ihr solltet wissen, dass sie selbst auch so sind, wenn ihre Körper [in der Welt] erscheinen, um die Lebewesen zu befreien.[11] Dies wird »die Weisheit der Nicht-Geburt«[12] genannt. Das Erscheinen ihrer Körper zur Befreiung der Lebewesen ist nichts anderes als die Befreiung der Lebewesen durch das Erscheinen ihrer Körper.[13] Wenn wir die Befreiung sehen, können wir keine Spur ihres Erscheinens erkennen, und wenn wir ihr Erscheinen sehen, mag die Befreiung für sie nicht von Belang sein. Ihr solltet verstehen, anderen darlegen und selbst erfahren, dass sich der Buddha-Dharma in dieser Befreiung vollkommen verwirklicht. Deshalb solltet ihr hören und anderen darlegen, dass der Körper und sein Erscheinen nichts anderes ist als die Befreiung. Es ist so, weil das Erscheinen des Körpers und die Befreiung der Lebewesen ein und dasselbe sind. Wenn ihr dieses Prinzip vom Morgen eures Erwachens bis zum Abend eures Nirvāṇas bekundet, durchdringen eure Worte das ganze Universum, selbst wenn ihr kein einziges Wort ausgesprochen habt.

Ein ewiger Buddha[14] sagte:

*Die ganze Erde ist der wirkliche Körper des Menschen.*
*Die ganze Erde ist das Tor der Befreiung.*
*Die ganze Erde ist das eine Auge des Vairocana.*[15]
*Die ganze Erde ist unser eigener Dharma-Körper.*[16]

Hier ist das Wesentliche, dass die Wirklichkeit selbst euer wirklicher Körper ist. Was ihr wissen solltet, ist dies: »Die ganze Erde« ist nicht etwas Vorgestelltes, sondern euer wirklicher Körper. Wenn jemand euch fragt: »Warum habe ich das bislang nicht bemerkt?«, solltet ihr antworten: »Gebt mir meine Worte ›die ganze Erde ist der wirkliche Körper des Menschen‹ wieder zurück!«[17] Ihr könntet aber auch sagen: »Wir wissen es, weil es so ist!«

Die Aussage »die ganze Erde ist das Tor der Befreiung« beschreibt die Tatsache, dass es [auf der ganzen Erde] nichts gibt, in was man sich verstricken oder was man an sich ziehen müsste. »Die ganze Erde« ist immer etwas sehr Vertrautes und Direktes, was man nicht von der Zeit, den Jahren, dem Geist und den Worten trennen kann. Ihr solltet das, was unendlich und grenzenlos ist, als »die ganze Erde« bezeichnen. Wenn ihr versuchen würdet, in dieses Tor der Befreiung hinein- oder durch es hindurchzugehen, wäre dies ganz und gar unmöglich. Weshalb ist das so? Denkt darüber nach, weshalb ihr eine solche Frage stellt. Es ist nicht möglich, einen Ort aufzusuchen, der gar nicht existiert.

»Die ganze Erde ist das eine Auge des Vairocana.« Obwohl Buddha ein Auge ist, denken wir nicht, dass es unbedingt ein menschliches Auge sein muss. Der Mensch hat zwei Augen[18], aber wenn wir vom Auge[19] sprechen, sprechen wir einfach vom »menschlichen Auge«[20] und nicht von zweien oder dreien. Wenn diejenigen, die die Lehren studieren, ferner vom Buddha-Auge, Dharma-Auge, übernatürlichen Auge[21] usw. sprechen, so bedeutet dies, dass sie nicht die Augen erforschen. Sie so zu verstehen, als wären es [nur] Augen, bezeichnen wir als nicht verlässlich. Jetzt solltet ihr nur das Folgende hören: Das Auge eines Buddhas ist nur ein Auge, und in diesem Auge existiert die ganze Erde. Außerdem gibt es wohl noch die tausend[22] oder zehntausend Augen, aber zunächst ist »die ganze Erde« [nur] eines dieser Augen. Es ist also nicht falsch, zu sagen, dass [das Buddha-Auge] eines von vielen Augen ist, und zugleich ist es auch kein Irrtum, zu erkennen, dass es für einen Buddha nur ein einziges Auge gibt. In Wirklichkeit gibt es jedoch viele Arten von Augen. Manchmal sind es drei, manchmal tausend und manchmal unendlich viele Augen, die gegenwärtig sind. Deshalb sollten eure Ohren nicht erstaunt sein, zu hören, dass das Auge [eines Buddhas] solcherart ist.

Schließlich solltet ihr hören: »Die ganze Erde ist unser eigener Dharma-Körper.« Es ist unausweichlich, dass die lebenden Wesen den Willen haben, sich selbst zu erkennen. Dennoch haben nur wenige die Augen, die sich selbst sehen können. Nur die Buddhas kennen diesen Zustand. Die anderen, die Menschen außerhalb des Buddha-Weges usw. halten nur das, was nicht existiert, für sich selbst. Was die Buddhas »sie selbst« nennen, ist die ganze Erde. Letztlich ist die ganze Erde nichts anderes als ihr selbst, ungeachtet der Tatsache, ob ihr dies erkannt habt oder nicht. Ihr solltet die Zeit einer solchen Erkenntnis einem Menschen [wie Meister Chōsa Keishin] überlassen, der solche Worte ausgesprochen hat.

Vor langer Zeit fragte ein Mönch einen alten Meister[23]: *»Wenn hundert, tausend oder zehntausend Dinge auf ein Mal daherkommen, was sollen wir tun?«* Der alte Meister sagte: *»Kümmere dich nicht darum!«*[24] *Dies bedeutet: Lass kommen, was kommen will! Auf jeden Fall wühlt nichts auf! Hier geht es nicht um Dinge, sondern um die Unmittelbarkeit des Buddha-Dharmas. Ihr solltet diese Aussage auch nicht als eine Warnung verstehen, sondern als eine Art, die Wirklichkeit zu erhellen. Selbst wenn ihr versuchen solltet, die Dinge zu manipulieren, könnt ihr doch keinen Einfluss nehmen.*

Ein alter Buddha sagte: *»Die Berge, die Flüsse, die große Erde und die menschlichen Wesen werden miteinander geboren. Die Buddhas der drei Zeiten und die menschlichen Wesen haben immer zusammen praktiziert.«*

Wenn wir die Berge, die Flüsse und die Erde im Augenblick der Geburt eines Menschen betrachten, sehen wir den Menschen, der geboren wurde, nicht als ein isoliertes Wesen, das den schon vor seiner Geburt existierenden Bergen, Flüssen und der Erde hinzugefügt wurde.[25] Andererseits könnten die Worte [des Meisters] der Vergangenheit noch einen weiteren, vielleicht umfassenderen Sinn haben. Wie sollen wir sie verstehen? Ihr solltet sie keinesfalls außer Acht lassen, nur weil ihr sie nicht begreift, sondern euch entschließen, sie ohne Irrtum zu verstehen. Da dies Worte sind, die bereits gelehrt wurden, solltet ihr sie hören. Wenn ihr sie gehört habt, werdet ihr sie vielleicht verstehen können. Ein Weg, sie zu verstehen [wäre, sich zu fragen]: Was ist dieser Mensch, der Klarheit darüber erlangt hat, was die Sache, die wir »die Geburt« nennen, vom Anfang bis zum Ende ist, indem er sie aus der Sicht eines Menschen untersucht, der geboren wurde? Obwohl wir den Anfang und das Ende nicht kennen, werden wir geboren. Obgleich wir die Grenzen der Berge, der Flüsse und der Erde nicht kennen, sehen wir sie doch hier. Hier an diesem Ort ist es, als ob sie sich bewegen.[26] Beklagt euch nicht darüber, dass die Berge, die Flüsse und die Erde nicht so geboren werden wie [wir Menschen], vielmehr solltet ihr Klarheit darüber erlangen, dass die Berge, die Flüsse und die Erde ganz und gar dasselbe sind wie unser Geborenwerden.

Ferner haben »die Buddhas der drei Zeiten« die Wahrheit durch ihr Handeln verwirklicht und das Erwachen vollendet. Wie aber sollen wir verstehen, dass diese Buddhas genauso sind wie wir? Dazu müssen wir zuerst das Handeln der Buddhas begreifen. Die Buddhas handeln mit der ganzen Erde und zusammen mit allen Lebewesen. Wenn ihr Handeln nicht alles einschließt, ist es niemals das Handeln der Buddhas. Deshalb handeln und erwachen die Buddhas unfehlbar mit der ganzen Erde und zusammen mit allen Lebewesen, und dies angefangen vom Erkennen des Bodhi-Geistes bis zum Erwachen. Diesbezüglich könnten gewisse Zweifel auftreten, aber solche Stimmen werden nur deshalb gehört, weil ihr versucht, euch Klarheit über etwas zu verschaffen, was ihr nicht kennt, aber mit Gedanken und Vorstellungen vermischt. Ihr solltet nicht erstaunt sein, zu hören, dass eure Situation auch die der anderen ist.

Die Lehre, die ihr verstehen müsst, ist die folgende: Wenn ihr den Geist der Buddhas der Vergangenheit, Gegenwart und Zukunft erweckt und [danach] handelt, ist damit unausweichlich das Prinzip verbunden, dass ihr euren Körper und Geist gar nicht entweichen lassen könnt.[27] Dies in Zweifel zu ziehen würde bedeuten, die Buddhas der drei Zeiten zu verleumden. Wenn ihr in Ruhe über euch selbst reflektiert, wird sich zeigen, dass ihr den Geist [der Buddhas] erweckt habt, und ihr werdet klar sehen, dass euer Körper und Geist in Wirklichkeit in der gleichen Weise gehandelt hat wie die Buddhas der drei Zeiten. Wenn ihr über den Augenblick vor und den Augenblick nach diesem Körper und Geist reflektiert und diese Augenblicke erhellt, dann ist der Mensch, den ihr da untersucht, nicht ihr oder ein anderer. Weshalb solltet ihr euch als ein stagnierendes Objekt, weit entfernt von den drei Zeiten, denken? Alle diese Gedanken gehören nicht zu euch. Wie könnte irgendetwas den Augenblick behindern, wenn ihr mit dem ursprünglichen Geist der Buddhas der drei Zeiten handelt? Diese Wahrheit sollten wir einfach »jenseits von Wissen und Nicht-Wissen« nennen.

Ein Mann der Vergangenheit[28] sagte:

*Selbst wenn [der Himmel auf die Erde] fällt, gibt es nichts anderes.*
*Die Wirklichkeit*[29] *ist keine Theorie.*
*Die Berge, die Flüsse und die große Erde*
*enthüllen vollkommen den Körper des Dharma-Königs.*

Auch die Menschen von heute sollten lernen, im Einklang mit den Worten dieses Menschen der Vergangenheit zu sein. [Die Berge, die Flüsse und die große Erde] sind bereits der Körper des Dharma-Königs. Deshalb gab es einen Dharma-König [Gautama Buddha], der durchschaut hat, dass selbst wenn [der Himmel auf die Erde] fällt, es nichts anderes[30] gibt. Dieser Gedanke ist dasselbe wie wenn wir sagen, dass die Berge sich auf die Erde stützen und die Erde ihrerseits die Berge trägt. Wenn ihr das verstanden habt, kehrt die Zeit, in der ihr nicht verstanden habt, niemals zurück, um euer Verstehen zu stören. Ferner gibt es kein Verstehen, das die Zeit des Nichtverstehens zu zerstören vermochte. Dennoch existiert der Geist des Frühlings und die Stimme des Herbstes im Verstehen und im Nichtverstehen. Der Grund, weshalb ihr sogar [den Geist des Frühlings und die Stimme des Herbstes] nicht verstanden habt, liegt darin, dass eure Ohren träge in diesen Stimmen herumgewandert sind, diese Stimmen aber nicht in eure Ohren eingedrungen sind, obwohl [Frühling und Herbst] euch mit lauter Stimme unterwiesen haben. »Verstehen« ereignet sich im Augenblick des Samādhis, wenn die Stimmen bereits in eure Ohren eingedrungen sind. Ihr solltet aber nicht denken, dieses Verstehen sei klein, während das Nichtverstehen groß gewesen sei.[31] Vielmehr solltet ihr wissen, dass der Dharma-König solcherart ist, weil ihr selbst völlig jenseits der Dinge seid, über die ihr als Person nachdenkt. »Der Körper des Dharma-Königs« bedeutet, dass sein Auge so wie sein Körper ist, und es könnte sein, dass sein Geist der gleiche ist wie sein Körper. Sein Körper und Geist offenbaren sich ohne die geringste Trennung in ihrer Ganzheit. Und so verstehen wir, dass der Körper des Dharma-Königs in seiner strahlenden Klarheit den Dharma genau so bekundet, wie es zuvor beschrieben wurde.

Ein altes Sprichwort sagt: Kein anderes Wesen als ein Fisch kennt den Geist der Fische und kein anderes Wesen als ein Vogel kann den Spuren der Vögel folgen. Nur wenige Menschen waren imstande, dieses Sprichwort zu verstehen. Jene, die das Sprichwort so ausgelegt haben, dass nur die Menschen den Geist der Fische nicht verstehen und nur die Menschen den Geist der Vögel nicht begreifen würden, haben es schlecht verstanden. Ein Weg zum Verständnis ist wohl, [zu erkennen,] dass die Fische untereinander stets ihren Geist kennen. Die Fische sind nicht wie die Menschen, die nichts voneinander wissen. Wenn die Fische gegen den Strom durch das Drachentor[32] schwimmen, wissen sie es, und sie sind alle zusammen ein Geist. Auch den Geist, mit dem sie die neun [Stromschnellen] von Zhejiang[33] überwinden, geben sie von einem zum anderen weiter, [aber] wenn man kein Fisch ist, kennt man dies[en Geist] nicht.

In der gleichen Weise können sich die aufrecht gehenden Wesen nicht einmal im Traum die Spuren der Vögel vorstellen, die am Himmel fliegen. Sie kennen solche Spuren nicht, sie sehen sie nicht, und sind nicht fähig, ihnen zu folgen. Da sie nicht einmal wissen, dass solche Spuren existieren, können sie sich diese auch nicht vorstellen. Demgegenüber sind die Vögel in der Lage, auf vielfältige Weise [die Spuren] von Hunderten oder Tausenden kleiner Vögel zu erkennen, die in einem Schwarm zusammengekommen und weggeflogen sind, und sie sind in der Lage, die Spuren großer Vögel zu erkennen, die in Scharen in den Süden oder in den Norden geflogen sind. Solche Spuren sind für die Vögel klarer erkennbar als die Radspuren auf einem Feldweg oder die Spuren der Pferdehufe, die wir im Gras wahrnehmen können. Vögel sehen die Spuren der Vögel, und diese Wahrheit gilt auch für die Buddhas. Buddhas wissen, wie viele Zeitalter lang [andere] Buddhas praktiziert haben, und sie sind fähig, unzählige kleine und große Buddhas zu erkennen. Dies sind Dinge, die man nicht erkennen kann, wenn man kein Buddha ist. Nun mag es Menschen geben, die sich fragen: »Weshalb kann ich dies nicht wissen?« Weil nur das Auge eines Buddhas diese Spuren sehen kann; und wenn man kein Buddha ist, hat man nicht das Auge eines Buddhas. Selbst wenn ihr nicht imstande seid, die Zahl der Buddhas und Dinge zu erfassen, könnt ihr doch alle den Spuren des Buddha-Weges folgen. Wenn ihr diese Spuren mit euren Augen seht, könnte es sein, dass ihr euch in der Gegenwart der Buddhas befindet und in der Lage seid, ihre Spuren zu vergleichen. Durch dieses Vergleichen ist es möglich, der Spuren der Buddhas gewahr zu sein und zu wissen, wie lang, kurz, flach oder tief sie sind. Und wenn ihr der Spuren der Buddhas gewahr seid, könnt ihr auch Klarheit über eure eigenen Spuren erlangen. Wenn solche Spuren tatsächlich verwirklicht werden, nennen wir dies den »Buddha-Dharma«.

SHŌBŌGENZŌ YUIBUTSU YOBUTSU

Die Abschrift [dieses Kapitels nach den Aufzeichnungen des Meisters] wurde am Ende des letzten Frühlingsmonats im elften Jahr der Ära Kōan [1288][34] im südlichen Flügel des Gästereviers des Klosters Eihei auf dem Berg Kichijō im Bezirk Yoshida von Esshū[35] fertiggestellt.

# Anmerkungen

1 *Satoru* さとる, »verstehen«, »begreifen«, »erkennen« oder, wie hier, »das Erwachen verwirklichen«.

2 Wörtl. »die zwei Fahrzeuge«, das heißt, die Hörer (Śrāvakas) und die Selbsterleuchteten (Pratyekabuddhas). Dies legt der Buddha im Lotos-Sūtra in Kap. 2, »Geschicklichkeit«, dar.

3 Siehe Lotos-Sūtra, Kap. 2, »Geschicklichkeit«. Vgl. Borsig, S. 58. Meister Dōgen kommentiert diesen Satz auch sehr eingehend in Kap. 50, *Shohō jissō*.

4 *Satori nuru* さとりぬる steht hier als intransitives Verb im Perfekt und bedeutet wörtl. »gerade verstanden haben« oder, wie hier, das Erwachen »gerade verwirklicht haben«. Wie in Kap. 26, *Daigo*, haben wir das Wort *satori* さとり mit »Erwachen« und nicht mit »Erleuchtung« übersetzt.

5 Wie Meister Dōgen im Folgenden ausführt, bedeutet das »Erwachen«, die Dinge und Phänomene so zu sehen, wie sie sind, und einfach so zu sein, wie man ist. Aber im Allgemeinen zweifeln wir daran, dass dieses Einfach-Sehen, Einfach-so-Sein, das Erwachen sein soll. Der Mensch stellt sich darunter etwas viel Größeres und Außergewöhnliches vor. Die Wirklichkeit vor unseren Augen scheint uns zu unbedeutend, und deshalb »fürchten wir uns nur davor, unbedeutend zu sein«.

6 Das Erwachen ist keine Idee, sondern die Wirklichkeit vor unseren Augen, die wir selbst sind. Deshalb sind »Täuschung« und »Erwachen« nur Begriffe, sie existieren nicht wirklich.

7 Meister Chōsa Keishin (gest. 868) war ein Nachfolger von Meister Nansen Fugan.

8 *Shusshin* 出身, wörtl. »den Körper loslassen«, bedeutet über das gewöhnliche Bewusstsein und die Gefühle hinauszugehen. *Shusshin* 出身 bedeutet, Körper und Geist fallen zu lassen und unmittelbar zu handeln.

9 Meister Dōgen spielt hier mit der Doppeldeutigkeit des Begriffs »Ausdruck« bzw. »ausdrücken« (*iu* いう), der sich entweder nur auf den Inhalt von Worten reduzieren lässt oder im umfassenderen Sinn gebraucht werden kann, hier als eine Handlung im gegenwärtigen Augenblick, mit der man die Wahrheit ausdrückt bzw. selbst manifestiert. Ferner benutzt Meister Dōgen den Begriff »nicht ausdrücken« (*iwanu* いはぬ), was hier bedeutet, dass etwas jenseits aller Worte zum Ausdruck gebracht wird; dies kann aber auch mit Worten geschehen.

10 »Tod« bedeutet hier nicht den physischen Tod, sondern das Überwinden aller Hindernisse und das Abfallen aller Täuschungen in Bezug auf das Ich und die Welt. »Leben« ist Handeln im gegenwärtigen Augenblick, jenseits von Gedanken und Gefühlen, was hier identisch ist mit dem »Tod«.

11 *Genshin doshō* 現身度生, »das Erscheinen eines Körpers zur Befreiung der Lebewesen«. Siehe Lotos-Sūtra, Kap. 25, »Das universale Tor des Bodhisattvas Avalokiteśvara«. Vgl. Borsig, S. 364.

12 *Mushō no chiken* 無生の知見. *Chiken* 知見 ist die Weisheit (sanskr. *prajñā*) eines Buddhas, die über Leben und Tod hinausgeht. *Mushō* 無生 bedeutet »Nicht-Geburt« oder »Nicht-Werden«. Leben ist einerseits nur eine Kette von kurzen Augenblicken, in denen man weder von Geburt noch von Tod im gewöhnlichen Sinn sprechen kann. Andererseits haben diese Augenblicke die Eigenschaft des Ewigen, weil sie immer da sind und

daher weder Anfang noch Ende haben.

13 Mit anderen Worten: Als ein Buddha in dieser Welt zu leben bedeutet nichts anderes, als die Menschen zu befreien. Dies ist eine Tatsache, die Meister Dōgen hier auf zwei verschiedene Weisen ausdrückt.

14 Meister Chōsa Keishin.

15 Vairocana ist der Sonnenbuddha des Universums.

16 Das Zitat findet sich in ähnlicher Form im *Engo Zenji goroku*, Kap. 6.

17 Jemand, der diese Worte nur intellektuell versteht, verdient es nicht, sie gehört zu haben.

18 *Me* 目 sind die gewöhnlichen physischen Augen.

19 *Manako* まなこ ist die japanische Aussprache von *gen* 眼, das nicht nur das physische Auge beschreibt, sondern eine bestimmte Sichtweise oder Erfahrung eines Menschen.

20 *Ningen* 人眼, »das menschliche Auge«, oder weiter gefasst »die (spezifisch) menschliche Sichtweise«, kommt durch die Funktion unseres Gehirns zustande.

21 *Tengen* 天眼 beschreibt die Fähigkeit einer übernatürlichen Vision, die eine der sechs übernatürlichen Fähigkeiten eines Buddhas ist. Siehe Kap. 25, *Jinzū*.

22 *Sengen* 千眼 bezieht sich auf die tausend Augen des Bodhisattvas Avalokiteśvara, die Meister Dōgen in Kap. 33, *Kannon*, erklärt.

23 Meister Chinshū Hōju (Daten unbekannt) war ein Nachfolger von Meister Rinzai Gigen in der zweiten Generation.

24 *Ta [o] kan[suru koto] naka[re]* 莫管佗, wörtl. »Versuche nicht die Außenwelt zu manipulieren!« Siehe *Keitoku dentō roku*, Kap. 12.

25 Aus buddhistischer Sicht wird bei der Geburt eines Menschen auch das ganze Universum neu geboren. Mit dieser Sicht befasst sich Meister Dōgen in diesem Absatz.

26 Meister Fuyō Dōkai sagte: *»Die blauen Berge bewegen sich ständig.«* Siehe Kap. 14, *Sansui gyō*.

27 Genauso wie die Buddhas können wir gar nichts anderes tun, als mit unserem Körper und Geist zu handeln und Zazen zu praktizieren. Insofern unterscheiden sich die menschlichen Wesen nicht von den Buddhas.

28 Meister Kōkyō Shōju, der im *Sekimon rinkan roku* (»Sekimons Wald-Aufzeichnungen«), Band 1, erwähnt wird.

29 *Jūō* 縦横, wörtl. »die Horizontale und die Vertikale«, beschreibt die Wirklichkeit oder das Universum als Ganzes.

30 »Nichts anderes« könnte bedeuten, dass das Erwachen nichts Besonderes ist, denn dem Universum wird dadurch nichts anderes oder Neues hinzugefügt.

31 Verstehen oder Nichtverstehen sind weder klein noch groß.

32 Das »Drachentor« ist in China der Name einer sehr gefährlichen Stromschnelle im Gelben Fluss. Es heißt, dass ein Karpfen, der diese Stromschnelle überwindet, zu einem Drachen wird.

33 *Kyūsetsu* 九浙. *Kyū* 九 ist »neun«. *Setsu* 浙 steht für *sekkō* 浙江, das zwei Bedeutungen hat: 1. der Name der Provinz Zhejiang, und 2. ein schnell dahinfließender Strom mit vielen Stromschnellen.

34 Das heißt, 35 Jahre nach Meister Dōgens Tod. Es ist unklar, wann Meister Dōgen dieses Kapitel beendet hat.

35 Entspricht der heutigen Präfektur Fukui.

# 92
# 生死
# Shōji
# Leben und Tod

*Shō bedeutet »Leben«, »Geburt« oder »Geborenwerden«, und ji »Tod«, »Sterben« oder »Vergehen«. So übersetzen wir shōji mit »Leben und Tod«. Obwohl es die Worte »Leben und Tod« oder »Geborenwerden und Sterben« in allen Sprachen gibt, ist doch kein Mensch in der Lage, wirklich zu verstehen, was diese Worte im täglichen Leben bedeuten. Nach Meister Dōgen existieren Leben und Tod jeweils im gegenwärtigen Augenblick. Anders ausgedrückt: Wir leben und sterben in jedem Augenblick. Nur weil wir das nicht erkennen können, hängen wir am Leben und fürchten den Tod. In diesem Kapitel lehrt Meister Dōgen, nicht aus dem Alltag oder der Augenblicklichkeit von Leben und Tod zu fliehen, denn so, wie sie sind, sind sie das Nirvāṇa oder das verehrungswürdige Leben eines Buddhas.*

Wenn ihr in Leben und Tod Buddha verwirklicht, seid ihr frei von Leben und Tod.[1] Wir können aber auch sagen: Wenn ihr in Leben und Tod nicht nach »Buddha« sucht, täuscht ihr euch nicht über Leben und Tod.[2,3] [Dieser] Sinn wurde von Kassan[4] und Jōzan[5] ausgedrückt; es sind die Worte dieser beiden Zen-Meister. Da sie von Menschen formuliert wurden, die die Wahrheit verwirklicht haben, wurden sie sicherlich nicht grundlos niedergeschrieben. Ein Mensch, der sich von Leben und Tod befreien will, sollte daher unbedingt Klarheit über ihren Sinn erlangen. Wenn ihr Buddha außerhalb von Leben und Tod sucht, seid ihr wie jemand, der mit dem Wagen nach Norden fährt und meint, in [das südliche Land] Etsu zu gelangen, oder wie jemand, der nach Süden blickt und hofft, den Nordstern zu sehen. Auf diese Weise schafft ihr immer mehr Ursachen für Leben und Tod und verliert den Weg der Befreiung vollkommen. Wenn ihr aber versteht, dass Leben und Tod selbst das Nirvāṇa ist, könnt ihr weder Leben und Tod hassen noch das Nirvāṇa ersehnen. Dann könnt ihr euch zum ersten Mal von Leben und Tod befreien.

Es ist ein Irrtum, zu glauben, dass [das Leben] von der Geburt[6] bis zum Tod verläuft. »Leben« ist der Stand eines Augenblicks[7]; es gab bereits einen Augenblick davor und es wird einen Augenblick danach geben. Deshalb sagen wir im Buddha-Dharma, dass Geborenwerden nichts anderes ist als Nicht-Geborenwerden.[8] Genauso verhält es sich mit dem Tod.[9] »Tod« ist der Stand eines Augenblicks; es gab bereits einen Augenblick davor und es wird einen Augenblick danach geben. Deshalb sagen wir, dass Sterben nichts anderes ist als Nicht-Sterben.[10] In der Zeit, die wir »Leben« nennen, gibt es daher nichts anderes als das Leben, und in der Zeit, die wir »Tod« nennen, gibt es nichts anderes als den Tod. Daraus folgt: Wenn wir leben, ist Leben alles, was existiert, und wenn wir sterben, ist Sterben alles, was existiert. Wenn das Leben kommt, ist es nichts als das Leben, und wenn der Tod kommt, ist es nichts als der Tod. Ihr solltet nicht sagen, dass ihr der Sklave [des Todes] seid, und ihr solltet [das Leben] auch nicht herbeiwünschen.

Dieses gegenwärtige Leben und Sterben ist das verehrungswürdige Leben Buddhas. Wenn ihr es hasst oder zurückweist, verliert ihr genau dieses verehrungswürdige Leben Buddhas, und wenn ihr darin verbleibt oder ihm verfallen seid, verliert ihr ebenfalls das verehrungswürdige Leben Buddhas. Beschränkt euch einfach auf die gegenwärtige Situation Buddhas. Wenn ihr im Herzen weder Abneigung noch Zuneigung empfindet, werdet ihr zum ersten Mal den Buddha-Geist erfahren. Ihr solltet ihn nicht mit dem Verstand erklären oder in Worte fassen. Lasst einfach euren eigenen Körper und Geist fallen, werft sie in das Haus Buddhas, und sie werden von Buddhas Seite aus tätig werden. Wenn ihr damit fortfahrt und weder irgendeine Kraft ausübt noch euren Geist ermüdet, werdet ihr euch von Leben und Tod befreien und Buddhas werden. Wer wollte da im [eigenen] Geist verbleiben?

Es gibt einen sehr einfachen Weg, Buddha zu werden: das Unrechte nicht tun, nicht an Leben und Tod hängen, den Lebewesen tiefes Mitgefühl entgegenbringen, die Höhergestellten ehren und sich der Untergebenen erbarmen, nichts hassen und nichts begehren, keine Gedanken hegen und sich niemals sorgen. Dies nennen wir Buddha. Sucht nichts sonst!

Shōbōgenzō Shōji

[Das Jahr wurde nicht aufgezeichnet.]

# Anmerkungen

1 *Shōji no naka ni butsu areba, shōji nashi* 生死の中に仏あれば、生死なし, wörtl. »Wenn Buddha in Leben und Tod existiert, gibt es weder Leben noch Tod.«

2 *Shōji no naka ni butsu nakereba, shōji ni madowazu* 生死の中に仏なければ、生死にまどはず, wörtl. »Wenn kein Buddha in Leben und Tod existiert, gibt es keine Täuschung in Leben und Tod.«

3 Diese ersten beiden Sätze sind Meister Dōgens Abwandlungen der Worte Meister Kassans und Meister Jōzans, die im *Keitoku dentō roku*, Kap. 7, wie folgt aufgezeichnet sind. Jōzan sagte zu Kassan: *»Wenn es keinen Buddha im Leben und im Tod gibt, ist es nicht Leben und Tod.«* Kassan sagte: *»Wenn es Buddha im Leben und im Tod gibt, werden wir nicht vom Leben und vom Tod getäuscht.«*

4 Meister Kassan Zen-e (805–881) war ein Nachfolger von Meister Sensu Tokujō. Auf Empfehlung von Meister Dōgo Enchi suchte er Meister Sensu auf und verwirklichte unter ihm die Wahrheit. (Siehe Kap. 14, *Sansui gyō*, und *Shinji Shōbōgenzō*, Buch 1, Nr. 90.) Später lebte und lehrte auf dem Berg Kassan. Sein posthumer Titel ist »Großer Meister Denmyō«.

5 Meister Jōzan Shin-ei (Daten unbekannt) war ein Nachfolger von Meister Isan Reiyū.

6 *Shō* 生 hat mehrere Bedeutungen: 1. Geburt, 2. Leben, 3. Werden, 4. in Erscheinung treten.

7 Nach buddhistischer Auffassung besteht alles Leben aus einer Kette von einzelnen und unteilbaren Augenblicken des Jetzt. Das heißt, jeder Augenblick des Daseins steht für sich allein, er kommt nicht aus der Vergangenheit und geht nicht in die Zukunft. Dies wird die Augenblicklichkeit des Daseins genannt. Obwohl wir Menschen nur dieses Jetzt gegenwärtiger Augenblicke erleben, können wir sie weder mit dem Verstand noch mit den Sinnen erfassen. Meister Dōgen erläutert dieses Thema tiefgründig in Kap. 11, *Uji*.

8 *Shō sunawachi fushō* 生すなはち不生. Dieser Satz beschreibt die Augenblicklichkeit des Daseins aller Dinge und Phänomene im Universum. Siehe Kap. 3, *Genjō kōan*.

9 *Metsu* 滅 hat mehrere Bedeutungen: 1. Erlöschen, 2. Sterben, 3. Tod, 4. Vergehen.

10 *Metsu sunawachi fumetsu* 滅すなはち不滅.

# 93
# 道心
# Dōshin
## Der Wille zur Wahrheit

*Dōshin steht für sanskr. ›bodhicitta‹. Dō bedeutet »Weg« oder »Erwachen« und steht für sanskr. ›bodhi‹. Shin bedeutet »Geist«, »Bewusstsein« oder »Wille«. In diesem Kapitel lehrt Meister Dōgen, was der Geist des Erwachens oder der Wille zur Wahrheit ist, nämlich die drei Juwelen – Buddha, Dharma und Sangha – zu verehren, Buddha-Bildnisse herzustellen, das Lotos-Sūtra abzuschreiben und Zazen zu praktizieren. Dieses Kapitel ist sehr direkt und konkret, und so gehen einige buddhistische Gelehrte davon aus, dass Meister Dōgen es für Laien dargelegt hat.*

Wenn ihr euch auf den Buddha-Weg begebt, müsst ihr vor allen Dingen den Willen zur Wahrheit haben. Es gibt nur wenige Menschen, die wissen, was dieser Wille zur Wahrheit ist. Ihr solltet darüber [nur] einen Menschen befragen, der Klarheit über diesen Willen erlangt hat. Unter den Menschen dieser Welt gibt es solche, von denen man sagt, sie hätten den Willen zur Wahrheit, die ihn in Wirklichkeit aber nicht haben. Andererseits gibt es Menschen, die den Willen zur Wahrheit haben, aber die anderen wissen es nicht. Deshalb ist es schwer, zu erkennen, ob jemand den Willen zur Wahrheit hat oder nicht. Im Allgemeinen glauben wir den Worten unwissender und schlechter Menschen nicht, und wir werden sie nicht anhören. Andererseits solltet ihr euren eigenen Geist nicht als das Wertvollste betrachten, vielmehr solltet ihr den Dharma, den der Buddha gelehrt hat, als das Wertvollste und Höchste ansehen. Tag und Nacht solltet ihr euch darum bemühen, zu erkennen, wie der Wille zur Wahrheit beschaffen sein muss, und ihr solltet erbitten und euch aufrichtig wünschen, dass das wahre Erwachen auf irgendeine Weise in dieser Welt existieren möge. In diesem Zeitalter des Niedergangs gibt es kaum jemanden, der den echten Willen zur Wahrheit hat. Dennoch, wenn ihr euren Geist einen Augenblick lang auf die Vergänglichkeit richtet, werdet ihr nicht vergessen, wie wechselhaft diese Welt und wie unvorhersehbar euer menschliches Leben ist. Gleichzeitig müsst ihr nicht ständig die Vergänglichkeit in eurem Bewusstsein herumtragen, vielmehr solltet ihr euren Körper und euer Leben nicht so wichtig nehmen, da der Dharma das Wichtigste und Höchste ist. Um des Dharmas willen, hängt nicht an eurem Körper und an eurem Leben!

Als Nächstes solltet ihr die drei Juwelen – Buddha, Dharma und Sangha – zutiefst verehren und euch wünschen, ihnen Gaben darbringen und sie ehren zu dürfen, auch wenn ihr euren Körper[1] und euer Leben dafür hingeben müsstet. Tag und Nacht solltet ihr an die Verdienste der drei Juwelen denken und beim Schlafen und Wachen ihre Namen rezitieren. Sogar in dem Zeitraum zwischen dem Ende eures Lebens und dem Zeitpunkt, wenn ihr in einem nächsten Leben wieder geboren werdet – dem Zeitraum, den man die »Zwischenwelt«[2] nennt und der sieben Tage dauert –, sogar in diesem Zeitraum solltet ihr unaufhörlich die Namen der drei Juwelen rezitieren. Nach sieben Tagen sterbt ihr in dieser Zwischenwelt und erhaltet dort für [weitere] sieben Tage einen anderen Körper. In dieser Zeit sind eure Augen und Ohren voller Klarheit, so als hättet ihr ein übernatürliches Auge[3], mit dem ihr uneingeschränkt alles sehen und hören könnt. Sogar in dieser Zeit solltet ihr euren Geist anspornen und die Worte der Zufluchtnahme zu den drei Juwelen – »ich nehme Zuflucht zu Buddha, ich nehme Zuflucht zum Dharma, ich nehme Zuflucht zum Sangha«[4] – unablässig rezitieren. Wenn diese Zwischenwelt zu Ende geht und ihr euch schon in der Nähe eurer [zukünftigen] Eltern befindet, solltet ihr wachsam sein und ebenfalls die Namen der drei Juwelen rezitieren, selbst wenn ihr euch aufgrund wahrer Weisheit bereits im Bereich des [Mutter-]Schoßes[5] [als menschliches Wesen] befindet. Selbst während eurer Geburt solltet ihr es nicht versäumen, die Namen der drei Juwelen zu rezitieren, und euch zutiefst wünschen, mit euren sechs Sinnen zu den drei Juwelen Zuflucht nehmen, ihnen Gaben darbringen und ihre Namen rezitieren zu dürfen. Des Weiteren, wenn das Ende des Lebens gekommen ist, könnte es sein, dass eure beiden Augen plötzlich dunkel werden; da ihr schon wisst, dass das Leben nun zu Ende geht, solltet ihr ehrerbietig »ich nehme Zuflucht zu Buddha« rezitieren. Dann wird euch sicherlich das Wohlwollen und das Mitgefühl der Buddhas der zehn Richtungen zuteil. Sogar schwere Vergehen, die eine Vergeltung in üblen Welten nach sich ziehen, werden [auf diese Weise] umgewandelt, und ihr werdet in den Himmeln über euch geboren werden, ihr werdet vor einem Buddha geboren werden und ihn verehren und seine Lehre hören. Auch wenn die Dunkelheit vor euren Augen erscheint, solltet ihr niemals aufhören oder davon ablassen, Zuflucht zu den drei Juwelen zu nehmen, und dies bis zur Zwischenwelt und sogar bis zur nächsten Geburt. Ein Leben nach dem anderen und ein Zeitalter nach dem anderen solltet ihr die Namen der drei Juwelen rezitieren. Ihr solltet die Namen der drei Juwelen so lange rezitieren, bis ihr die höchste Frucht des Buddha-Weges erlangt habt. Dies ist der Weg, den alle Buddhas und Bodhisattvas beschritten haben. Wenn ihr es ihnen gleichtut, sagen wir, dass ihr den Dharma in der Tiefe verwirklicht habt, oder auch, dass ihr die Buddha-Wahrheit tatsächlich verkörpert. Ihr solltet erbitten, dies niemals mit anderen Gedanken oder Vorstellungen zu vermischen.

Ferner solltet ihr euch ein Leben lang bemühen, Buddha[-Bildnisse] herzustellen. Wenn ihr sie geschaffen habt, solltet ihr ihnen drei Arten von Gaben darbringen. Diese drei Arten sind: Strohsitze, gezuckertes Wasser und Kerzen. Diese Dinge solltet ihr als Gaben darbringen.

Des Weiteren solltet ihr in diesem Leben ehrerbietig [Abschriften] des Lotos-Sūtras machen. Ihr solltet [das Sūtra] abschreiben, vervielfältigen und bewahren. Ihr solltet es immer ehrerbietig auf euer Haupt legen, euch davor niederwerfen und ihm Gaben wie Blumen, Räucherwerk, Lichter, Essen, Trinken und Bekleidung darbringen.

Ihr solltet euer Haupt immer sauber halten und das Sūtra ehrerbietig auf euer Haupt legen.

Überdies solltet ihr Zazen praktizieren und dabei immer das Kesa tragen. Es gibt Beispiele aus der Vergangenheit, aus denen hervorgeht, dass wir durch das Kesa in einem dritten Leben die Wahrheit erlangen können.[6] Das Kesa ist bereits das Gewand der Buddhas der drei Zeiten, und sein Verdienst ist unvorstellbar. Zazen ist keine Methode der gewöhnlichen Menschen[7], sondern die der Buddhas und Vorfahren.

SHŌBŌGENZŌ DŌSHIN

[Das Jahr und der Monat wurde nicht aufgezeichnet.]

# Anmerkungen

1 Im *Mahā-parinirvāṇa-sūtra* wird die Geschichte eines Bodhisattvas erzählt, der seinen eigenen Körper hingab, um dem Buddha eine Gabe darzubringen. Siehe auch Kap. 87, *Kuyō shobutsu.*

2 *Chū-u* 中有, wörtl. »Zwischen-Sein«, beschreibt in der Tradition des Buddhismus eine Form der Existenz zwischen dem Tod und der Geburt in einer anderen Welt.

3 *Tengen* 天眼, »das übernatürliche Auge«, ist eine der sechs übernatürlichen Kräfte eines Buddhas. Siehe Kap. 25, *Jinzū.*

4 Der japanische Wortlaut der Anrufung der drei Juwelen oder der Zufluchtnahme ist:

| | | |
|---|---|---|
| *namu ki-e butsu* | 南無帰依仏 | »Namas, ich nehme Zuflucht zu Buddha.« |
| *namu ki-e hō* | 南無帰依法 | »Namas, ich nehme Zuflucht zum Dharma.« |
| *namu ki-e sō* | 南無帰依僧 | »Namas, ich nehme Zuflucht zum Sangha.« |

*Namas* ist im Sanskrit eine Verehrungsformel. Siehe Kap. 88, *Ki-e sanbō.*

5 *Taizō* 胎蔵 steht für *taizōkai* 胎蔵界, wörtl. »die Welt der Schatzkammer des Schoßes«, sanskr. *garbha-dhātu.* Der Ausdruck wird im esoterischen Buddhismus verwendet und beschreibt die Welt, die durch Buddhas Wohlwollen erzeugt wurde. *Taizō* 胎蔵 wird oft mit der Lotosblume oder dem Schoß einer Frau gleichgesetzt.

6 Dies bezieht sich auf die Geschichte einer Kurtisane, die aus Übermut das Kesa einer Nonne anzog. Die Geschichte wird in Kap. 12, *Kesa kudoku,* erzählt.

7 Wörtl. »die Methode der drei Welten«, bezieht sich also auf die Welt des Begehrens, der Form und der Nicht-Form, in denen die gewöhnlichen Menschen leben.

# 94
# 受戒
# Jukai
## Die Gebote empfangen

*Ju bedeutet »empfangen« und die* KAI *sind »die buddhistischen Gebote«. So bedeutet* JUKAI *»die Gebote empfangen«. Die Gebote zu empfangen ist der traditionelle Weg, um in einen Sangha oder einen buddhistischen Orden einzutreten. Dies geschieht im Rahmen einer schlichten Zeremonie, die ein Zeichen setzt und dem Eintritt in das Leben als Buddhist Bedeutung verleiht. Meister Dōgen sah diese Handlung als einen wesentlichen Schritt zur Buddhaschaft an. Er erläutert in diesem Kapitel den Wert des Empfangens der Gebote und beschreibt die Zeremonie, in der die sechzehn Bodhisattva-Gebote des Mahāyāna empfangen werden.*

Im Zen en shingi[1] heißt es: *»Alle Buddhas der drei Zeiten sagen, dass Haus und Familie zu verlassen, [um Mönch oder Nonne zu werden,] bedeutet, die Wahrheit zu verwirklichen. Die achtundzwanzig Vorfahren in Indien und die sechs Vorfahren im China der Tang-Dynastie, die das [Geist-]Siegel der Buddhas weitergegeben haben, waren allesamt Mönche. Vielleicht war es ihnen dadurch, dass sie die Regeln und Gebote genau eingehalten haben, möglich, zum universellen Maßstab für die drei Welten zu werden. Wenn ihr Zen praktizieren und euch um die Wahrheit bemühen wollt, ist es daher das Wichtigste, [zuerst] die Gebote zu empfangen. Wie wäre es möglich, dass ihr Buddhas und [Nachfolger unserer] Vorfahren werdet, wenn ihr euch nicht von Irrtümern frei macht und euch davor hütet, Unrecht zu tun?*

*So werden die Gebote empfangen: Die drei Gewänder*[2] *und die Ess-Schalen müssen zur Verfügung stehen, und außerdem neue und saubere Unterkleidung. Solltet ihr keine neue Unterkleidung haben, wascht [die alten] sauber. Ihr solltet euch niemals die Gewänder oder Ess-Schalen anderer ausleihen und damit auf die Plattform treten, um die Gebote zu empfangen. Sammelt euch mit ganzer Kraft und achtet darauf, nicht gegen die Regeln zu verstoßen. Es ist nicht unbedeutend, die Form eines Buddhas anzunehmen und die Gebote zu empfangen, und somit das zu empfangen, was der Buddha selbst empfangen und benutzt hat. Wie könntet ihr diese wichtige Angelegenheit leichtnehmen? Angenommen, ihr würdet euch die Gewänder und Ess-Schalen anderer ausleihen, dann hättet ihr die Gebote nicht wirklich empfangen, selbst wenn ihr auf die Plattform getreten wärt und die Gebote [der Form nach] empfangen hättet. Außer in dem Fall, dass ihr [die Gebote] noch einmal empfangen würdet, müsstet ihr euer ganzes Leben lang ohne die Gebote sein, ihr würdet euch nutzlos mit der Linie des Mahāyāna verbinden und unrechtmäßig die frommen Gaben anderer annehmen. Die Anfänger in der Buddha-Wahrheit können die Gebote des Dharmas noch nicht verinnerlicht haben, aber es sind die Meister, die sie dazu bringen ins [Unrecht] zu fallen, weil sie [die Wichtigkeit der Gebote] nicht lehren. Nun habe ich euch eine sehr strenge Ermahnung erteilt, und es möge mir erlaubt sein zu hoffen, dass sie sich tief in eure Herzen einprägt. Wenn ihr bereits die Gebote für die Śrāvakas*[3] *empfangen habt, solltet ihr jetzt die Bodhisattva-Gebote empfangen. Dies ist euer erster Schritt, um in den Dharma einzutreten.«*

Im westlichen Himmel und im östlichen Land [Indien und China] war der Eintritt in den Dharma immer zuerst mit dem Empfangen der Gebote verbunden, unabhängig davon, wo die Übertragung zwischen den Buddhas und Vorfahren stattgefunden hat. Wenn ihr die Gebote nicht empfangt, seid ihr weder die Schüler der Buddhas noch die Nachkommen der Vorfahren und Meister, weil diese es immer als die Praxis des Zen und als das Erkunden der Wahrheit angesehen haben, sich von den Irrtümern zu befreien und zu vermeiden, das Unrechte zu tun. »[Zuerst] die Gebote zu empfangen« ist bereits die Schatzkammer des wahren Dharma-Auges selbst. Buddha und ein Nachfolger [unserer Vorfahren] zu sein bedeutet, dass ihr unfehlbar diese Schatzkammer des wahren Dharma-Auges empfangt und bewahrt. Deshalb haben die Vorfahren und Meister, denen sie authentisch weitergegeben wurde, ausnahmslos Buddhas Gebote empfangen und bewahrt. Noch nie hat es einen Nachfolger der Buddhas gegeben, der Buddhas Gebote nicht empfangen und bewahrt hätte. Manche haben die Gebote direkt vom Tathāgata empfangen und sie bewahrt, was bedeutet, dass sie sein Lebensblut empfangen haben.

Buddhas Gebote, die authentisch von einem Buddha zum nächsten und von einem Vorfahren zum anderen übermittelt wurden, wurden zweifellos nur von unserem Vorfahren [Meister Bodhidharma] vom Kloster Sūgaku weitergegeben. Danach wurden die Gebote fünf Mal in China weitergegeben, bis sie unseren großen Vorfahren Sōkei [Meister Daikan Enō] erreichten. Nachdem sie anschließend an Seigen, Nangaku[4] usw. übermittelt wurden, wurden sie uns bis zum heutigen Tag weitergereicht. Dennoch gibt es heutzutage erfahrene Praktizierende, die davon nichts wissen. Ihnen solltet ihr nicht vertrauen. Sie sind sehr zu bedauern. Letztlich müssen diejenigen, die den Buddha-Weg erfahren und erforschen wollen, unbedingt wissen, dass sie die Bodhisattva-Gebote empfangen sollen und dass dies der erste Schritt ist, um in den Dharma einzutreten. Die Menschen, die über lange Zeit im inneren Heiligtum der Buddhas und Vorfahren praktiziert haben, haben die Form der Zeremonie, bei der die Bodhisattva-Gebote empfangen werden, zweifellos authentisch weitergegeben, während nachlässige und träge Menschen dies niemals getan haben.

In dieser Zeremonie verbrennen wir Räucherwerk und werfen uns vor dem Meister-Vorfahren[5] nieder und bitten formell darum, die Bodhisattva-Gebote empfangen zu dürfen. Wenn uns dies erlaubt wurde, baden und reinigen wir uns und ziehen neue und saubere Kleidung an. Es ist auch erlaubt, [alte] Kleidung zu waschen und anzuziehen. Dann streuen wir Blumen aus, verbrennen Räucherwerk und bekunden unsere Ehrerbietung, indem wir uns niederwerfen. Durch die Niederwerfungen vor den Statuen und Buddha-Bildnissen, vor den drei Juwelen und vor den ehrwürdigen Meistern können wir unseren Körper und Geist reinigen und uns von den verschiedenen Hindernissen befreien. Im inneren Heiligtum der Buddhas und Vorfahren wurde [diese Form] seit Langem weitergegeben. Danach erklärt der Priester oder Meister dem Empfänger der Gebote dort, wo die Zeremonie stattfindet, wie er sich niederwerfen oder niederknien[6] und mit in Gasshō zusammengelegten Händen die folgenden Worte sprechen soll:

*»Ich nehme Zuflucht zu Buddha, ich nehme Zuflucht zum Dharma, und ich nehme Zuflucht zum Sangha.*

*Ich nehme Zuflucht zu Buddha, dem verehrungswürdigsten aller Menschen.*

*Ich nehme Zuflucht zum Dharma, dem verehrungswürdigsten [Gesetz], das jenseits menschlicher Begierden ist.*

*Ich nehme Zuflucht zum Sangha, der verehrungswürdigsten aller Gemeinschaften.*

*Ich habe Zuflucht zu Buddha genommen, ich habe Zuflucht zum Dharma genommen, und ich habe Zuflucht zum Sangha genommen.«* (Dieses alles drei Mal.)

*»Der Tathāgata, der das höchste, rechte und ausgeglichene Erwachen erlangt hat, ist mein großer Lehrer, zu dem ich nunmehr Zuflucht nehme. Von jetzt an werde ich mich keinen üblen Dämonen oder unbuddhistischen [Lehren] zuwenden. Dies ist dem Mitgefühl [des Tathāgata] zu verdanken. Es ist seinem Mitgefühl zu verdanken.«* (Drei Mal zu sprechen.)

*»Guter Sohn!*[7] *Da du nun das Falsche aufgegeben und dich dem Wahren zugewendet hast, umgeben dich bereits die Gebote. Empfange nunmehr die drei Gebote der Reinheit.«*

*»Erstens: Du solltest die festgelegten Regeln respektieren. Kannst du dieses Gebot einhalten, von jetzt an, bis du den Körper eines Buddhas erlangt hast?«* Antwort: *»Ja, ich kann.«* Dies wird drei Mal gefragt und drei Mal beantwortet.

*»Zweitens: Du solltest gemäß den Gesetzen der Ethik handeln. Kannst du dieses Gebot einhalten, von jetzt an, bis du den Körper eines Buddhas erlangt hast?«* Antwort: *»Ja, ich kann.«* Dies wird drei Mal gefragt und drei Mal beantwortet.

*»Drittens: Du solltest allen Lebewesen großzügige Unterstützung geben. Kannst du dieses Gebot einhalten, von jetzt an, bis du den Körper eines Buddhas erlangt hast?«* Antwort: *»Ja, ich kann.«* Dies wird drei Mal gefragt und drei Mal beantwortet.

*»Du solltest gegen keines der drei reinen Gebote verstoßen. Kannst du diese drei Gebote einhalten, von jetzt an, bis du den Körper eines Buddhas erlangt hast?«* Antwort: *»Ja, ich kann.«* Dies wird drei Mal gefragt und drei Mal beantwortet.

*»Diese Dinge solltest du einhalten.«* Der Empfänger wirft sich drei Mal nieder und kniet [vor dem Meister] mit den Händen in Gasshō.

*»Guter Sohn, gute Tochter! Du hast jetzt die drei reinen Gebote empfangen. Empfange nunmehr die zehn Hauptgebote. Dies sind die großen Gebote der Reinheit aller Buddhas und Bodhisattvas.«*

*»Erstens: Kein Leben zerstören. Kannst du dieses Gebot einhalten, von jetzt an, bis du den Körper eines Buddhas erlangt hast?«* Antwort: *»Ja, ich kann.«* Dies wird drei Mal gefragt und drei Mal beantwortet.

*»Zweitens: Nicht stehlen. Kannst du dieses Gebot einhalten, von jetzt an, bis du den Körper eines Buddhas erlangt hast?«* Antwort: *»Ja, ich kann.«* Dies wird drei Mal gefragt und drei Mal beantwortet.

*»Drittens: Nichts Unzüchtiges begehren. Kannst du dieses Gebot einhalten, von jetzt an, bis du den Körper eines Buddhas erlangt hast?«* Antwort: *»Ja, ich kann.«* Dies wird drei Mal gefragt und drei Mal beantwortet.

*»Viertens: Nicht lügen. Kannst du dieses Gebot einhalten, von jetzt an, bis du den Körper eines Buddhas erlangt hast?«* Antwort: *»Ja, ich kann.«* Dies wird drei Mal gefragt und drei Mal beantwortet.

*»Fünftens: Nicht mit Alkohol Handel treiben. Kannst du dieses Gebot einhalten, von jetzt an, bis du den Körper eines Buddhas erlangt hast?«* Antwort: *»Ja, ich kann.«* Dies wird drei Mal gefragt und drei Mal beantwortet.

*»Sechstens: Nicht über die Verfehlungen und Irrtümer anderer Bodhisattvas sprechen, seien es Laien oder Mönche. Kannst du dieses Gebot einhalten, von jetzt an, bis du den Körper eines Buddhas erlangt hast?«* Antwort: *»Ja, ich kann.«* Dies wird drei Mal gefragt und drei Mal beantwortet.

*»Siebtens: Sich nicht selbst loben, indem man andere kritisiert, verunglimpft oder erniedrigt. Kannst du dieses Gebot einhalten, von jetzt an, bis du den Körper eines Buddhas erlangt hast?«* Antwort: *»Ja, ich kann.«* Dies wird drei Mal gefragt und drei Mal beantwortet.

*»Achtens: Buddhas Lehre und andere Dinge großzügig geben. Kannst du dieses Gebot einhalten, von jetzt an, bis du den Körper eines Buddhas erlangt hast?«* Antwort: *»Ja, ich kann.«* Dies wird drei Mal gefragt und drei Mal beantwortet.

*»Neuntens: Nicht zornig sein. Kannst du dieses Gebot einhalten, von jetzt an, bis du den Körper eines Buddhas erlangt hast?«* Antwort: *»Ja, ich kann.«* Dies wird drei Mal gefragt und drei Mal beantwortet.

*»Zehntens: Nicht über die drei Juwelen lästern. Kannst du dieses Gebot einhalten, von jetzt an, bis du den Körper eines Buddhas erlangt hast?«* Antwort: *»Ja, ich kann.«* Dies wird drei Mal gefragt und drei Mal beantwortet.

*»Gegen diese zehn Gebote solltest du nicht verstoßen. Kannst du diese Gebote einhalten, von jetzt an, bis du den Körper eines Buddhas erlangt hast?«* Antwort: *»Ja, ich kann.«* Dies wird drei Mal gefragt und drei Mal beantwortet.

*»Diese Dinge solltest du einhalten.«* Der Empfänger der Gebote wirft sich nun drei Mal nieder.

*»Die obigen drei Zufluchtnahmen, die drei reinen Gebote und die zehn Grundgebote wurden von allen Buddhas empfangen und eingehalten. Du solltest diese Gebote bewahren, von jetzt an, bis du den Körper eines Buddhas erlangt hast.«*

Der Empfänger der Gebote wirft sich drei Mal nieder. Als Nächstes rezitiert man das Shishikai.[8] Danach sprechen wir: *»Ich nehme Zuflucht zu Buddha, ich nehme Zu-*

*flucht zum Dharma, ich nehme Zuflucht zum Sangha.*« Dann verlässt der Empfänger der Gebote den Ort der Zeremonie.

In dieser Form empfangen wir die Gebote, welche die Buddhas und Vorfahren authentisch weitergegeben haben. Tanka Tennen[9] und der Mönch Kō von Berg Yaku[10] haben sie in der gleichen Form empfangen und bewahrt. Es hat Vorfahren und Meister gegeben, die die Mönchsgebote des Hīnayāna[11] nicht empfangen haben, aber keiner unserer Vorfahren und Meister hat es unterlassen, die Bodhisattva-Gebote zu empfangen, die uns die Buddhas und Vorfahren authentisch weitergegeben haben. Deshalb solltet ihr sie unbedingt empfangen und bewahren.

Shōbōgenzō Jukai

[Das Jahr wurde nicht aufgezeichnet.]

# Anmerkungen

1 Das *Zen en shingi* (»Die reinen Regeln der Zen-Klöster«) ist ein Text in zehn Bänden, der 1103 von Meister Chōrō Sōsaku zusammengestellt wurde. Dieses Zitat aus dem ersten Band findet sich im *Shōbōgenzō* auch in Kap. 83, *Shukke*, und teilweise in Kap. 86, *Shukke kudoku*.

2 Traditionell gibt es für Mönche und Nonnen drei Gewänder oder Kesa: das Kesa mit fünf Streifen (Rakusu genannt), das Kesa mit sieben Streifen und das große Kesa mit neun und mehr Streifen. Siehe Kap. 12, *Kesa kudoku*.

3 Die Gebote der Śrāvakas sind die 250 Gebote für Mönche und 348 für Nonnen des Hīnayāna. Im Mahāyāna gibt es die 16 Bodhisattva-Gebote, von denen Meister Dōgen in diesem Kapitel spricht.

4 Meister Seigen Gyōshi und Meister Nangaku Ejō waren zwei von Meister Daikan Enōs Nachfolgern. Die Meister der Sōtō-Linie gehen auf Seigen Gyōshi zurück und die Meister der Rinzai-Linie auf Nangaku Ejō.

5 *Soshi* 祖師, wörtl. »Meister-Vorfahre«, wird im Allgemeinen mit »alter Meister« übertragen. Der Ausdruck wird auch für Meister Bodhidharma verwendet. Hier bezeichnet er einen lebenden Meister und Nachfolger Buddhas, der die Zeremonie leitet.

6 *Chōki* 長跪, wörtl. »aufrechtes Knien«, bedeutet, dass sich Unterschenkel und Knie am Boden befinden und der Rest des Körpers aufrecht ist.

7 Im Text *zen-nanshi* 善男子, die Kurzform von *zen-nanshi zen-nyonin* 善男子善女人, »gute Söhne und gute Töchter«. Das sind die Worte, mit dem der Buddha sich in den Sūtren an seine Schüler wendet.

8 Der chinesische Vers, ursprünglich in Sanskrit, befindet sich im ersten Band des *Bussetsu chōjitsu-myō zanmai kyō*. Die vier Zeilen des Gedichts lauten:

*Shi shi kai ji ki kun* 処世界如虚空、
*Ji ren ka fu ja shī* 如蓮華不著水、
*Shin shin jin chō i hi* 心清浄超於彼、
*Ki shu rin bu jō son* 稽首礼無上尊。

*»Diese Welt ist wie der weite Raum, wie wie der Lotos, der vom Wasser nicht berührt wird. Der Geist ist rein und überschreitet die objektive Welt. Ehrerbietig werfe ich mein Haupt vor dem höchst verehrungswürdigen [Buddha] nieder.«*

9 Meister Tanka Ten-nen (739–824) war ein Schüler von Meister Sekitō Kisen. Er war berühmt für sein undogmatisches Verhalten, wie z. B., dass er einen Holzbuddha verbrannte, um sich warm zu halten. Er schulte sich auch unter Meister Baso Dō-itsu. Im *Keitoku dentō roku*, Kap. 14, ist aufgezeichnet, dass er die Bodhisattva-Gebote empfing, aber nicht die 250 Mönchsgebote des Hīnayāna.

10 Kō war ein Schüler von Meister Yakusan, siehe Kap. 21, *Kankin*. Nachdem er Yakusans Orden verlassen hatte, lebte er in einer Hütte an der Straße und unterwies die Reisenden, die vorbeikamen. Im *Keitoku dentō roku* wird auch er als jemand erwähnt, der nur die Bodhisattva-Gebote und nicht die Mönchsgebote des Hīnayāna empfing.

11 *Biku kai* 比丘戒 sind die 250 Gebote der Mönche des Hīnayāna.

# 95
# 八大人覚
# Hachi dainingaku
## Die acht Wahrheiten eines großen Menschen

*HACHI ist die Zahl »acht«. DAININ bedeutet »ein großer Mensch«, das heißt, ein Erwachter oder ein Buddha. KAKU, in der Kombination hier GAKU ausgesprochen, steht für sanskr. ›bodhi‹, was »Erwachen« oder »Wahrheit« bedeutet. Die Lehrrede über die acht Wahrheiten eines großen Menschen war die letzte, die Gautama Buddha in der Nacht vor seinem Eintritt ins Parinirvāṇa gehalten hat, und sie ist im Yuikyō-gyō, dem »Sūtra der hinterlassenen Lehren«, aufgezeichnet. Meister Dōgen lehrte dieses Kapitel, als er fühlte, dass sein Tod nah war, und so war dieses Kapitel auch für ihn seine letzte Unterweisung. Dieses Kapitel ist das letzte in der 95-Kapitel-Ausgabe des Shōbōgenzō.*

Alle Buddhas sind große Menschen. »Die acht Wahrheiten eines großen Menschen« sind jene Dinge, deren sich ein Erwachter bewusst ist.[1] Sich dieser Dinge bewusst zu sein, ist der Grundstein des Nirvāṇas.[2]

Dies war die letzte Lehrrede unseres ursprünglichen Meisters, Śākyamuni Buddha, die er am letzten Abend vor seinem Eintreten ins Parinirvāṇa[3] hielt.

*Erstens: Wenig Wünsche haben.*[4] *(Nicht überall nach den noch nicht erlangten Objekten der fünf Sinne*[5] *zu suchen, nennt man »wenige Wünsche haben«.)*[6]

Der Buddha sagte: »*Ihr Mönche solltet wissen, dass einer, der viele Wünsche hat, auch viel Mühe und Leid ertragen muss, denn er versucht, viel zu erreichen. Einer, der wenige Wünsche hat, sucht und begehrt nichts, und deshalb ist er ohne Sorgen. Nicht nur aus diesem Grund solltet ihr lernen und üben, wenige Wünsche zu haben, denn ein Leben mit wenigen Wünschen bringt alle Arten von Tugenden und Verdiensten hervor. Ein Mensch mit wenigen Wünschen braucht nicht schönzutun, um die Gunst anderer zu gewinnen, und er wird auch nicht von seinen Sinnen hin und her gerissen. Einer, der sich darin übt, wenige Wünsche zu haben, sorgt und ängstigt sich nicht, denn sein Geist ist friedlich und ausgeglichen. Was immer ihm begegnet, er empfindet es als genügend, und es fehlt ihm an nichts. Da er wenige Wünsche hat, weilt er im Nirvāṇa. Dies nennt man ›wenige Wünsche haben‹*«.[7]

*Zweitens: Sich zu bescheiden wissen.*[8] *(Zu wissen, wie man maßvoll mit den Dingen umgeht, die man bereits hat, nennen wir »sich zu bescheiden wissen«.)*

Der Buddha sagte: »*Wenn ihr Mönche euch von allen Arten des Leidens befreien wollt, solltet ihr genau erkennen, wie ihr euch bescheiden könnt. Die Lehre vom Wissen über das Sichbescheiden ist der Bereich des Reichtums, der Freiheit von Sorgen und des Friedens. Ein Mensch, der sich zu bescheiden weiß, ist glücklich und zufrieden, selbst wenn er auf dem Erdboden schläft. Wer sich nicht zu bescheiden weiß, ist nicht zufrieden, selbst wenn er in einem himmlischen Palast wohnt. Jene, die sich nicht zu bescheiden wissen, sind arm, auch wenn sie reich sind, und jene, die sich zu bescheiden wissen, sind reich, auch wenn sie nur wenig besitzen. Wer sich nicht zu bescheiden weiß, unterliegt stets den Versuchungen der fünf Sinne und wird von denen bemitleidet, die sich zu bescheiden wissen. Dies nennt man ›sich zu bescheiden wissen‹.«*

*Drittens: Sich an der Stille erfreuen.*[9] *(Sich von lärmender Geschäftigkeit fernzuhalten und allein an einem ruhigen Ort zu leben, nennt man »sich an der Stille erfreuen«.)*

Der Buddha sagte: *»Wenn ihr Mönche Friede und Glück in der Stille und Abgeschiedenheit sucht, solltet ihr euch fernhalten von lärmender Geschäftigkeit und allein an einem ruhigen Ort leben. Der Gott Śakra und andere himmlische Wesen verehren jene, die an ruhigen Orten leben. Deshalb solltet ihr die Gesellschaft derer, die euch nahestehen, genauso meiden wie die anderer Menschen und allein in Ruhe darüber nachdenken, wie die Wurzel des Leidens zu beseitigen ist. Wer die Gesellschaft anderer begehrt, lockt damit auch die Gesellschaft von Sorge und Leid an. Es ist wie mit einem großen Baum – wenn zu viele Vögel sich darauf niederlassen, muss man sich um vertrocknete und abgebrochene Äste sorgen. Wer sich zu sehr an die weltlichen Dinge fesselt, wird in die verschiedenartigsten Leiden verwickelt, so wie ein alter Elefant im Schlamm versinkt und sich nicht aus eigener Kraft befreien kann. Dies nennt man ›sich fernhalten‹.«*

*Viertens: Sich mit größter Sorgfalt bemühen.*[10] *(Sich mit größter Sorgfalt und ohne Unterlass zu bemühen, gute Taten auszuführen, nennt man »sich mit größter Sorgfalt bemühen«. Deshalb strengt euch an, geht vorwärts, und nicht zurück.)*

Der Buddha sagte: *»Wenn ihr Mönche euch mit größter Sorgfalt bemüht, gibt es nichts, was euch Schwierigkeiten bereiten könnte. Deshalb solltet ihr euch mit größter Sorgfalt bemühen. Selbst ein kleiner Wassertropfen kann ein tiefes Loch höhlen, wenn er beständig auf den Stein tropft. Wenn der Geist eines Übenden oft nachlässig ist und er aufhört sich zu bemühen, ist er wie jemand, der ein Feuer entzünden will, indem er zwei Hölzer aneinander reibt; hört er mit dem Reiben auf, bevor das Holz heiß geworden ist, wird das Feuer niemals entfacht werden, so sehr er es sich auch wünscht. Dies nennt man ›sich mit größter Sorgfalt bemühen‹.«*

*Fünftens: Nie die Geistesgegenwart verlieren.*[11] *Nie die Geistesgegenwart zu verlieren, nennen wir auch »die rechte Geistesgegenwart pflegen«. (Den Dharma zu bewahren und ihn nicht zu verlieren, dies wird »nie die Geistesgegenwart verlieren« genannt.)*

Der Buddha sagte: *»Für euch Mönche, die ihr gute Lehrer und deren Beistand sucht, gibt es nichts Besseres, als nie eure Geistesgegenwart zu verlieren. Wer nie seine Geistesgegenwart verliert, bei dem kann die räuberische Bande der Leidenschaften nicht einbrechen. Deshalb solltet ihr eure Aufmerksamkeit schulen und sie im Geist behalten, denn wer seine Geistesgegenwart verliert, verliert alle möglichen Tugenden und Verdienste. Ist die Kraft, gegenwärtig zu sein, stark, dann können die Räuber der Begierden der* *fünf Sinne euch nichts antun, selbst wenn ihr mitten unter ihnen lebt. Ihr seid dann wie ein Krieger, der gut gerüstet in den Kampf geht und nichts zu befürchten hat. Dies nennt man ›nie die Geistesgegenwart verlieren‹.«*

*Sechstens: Sich im Zen-Gleichgewicht üben.*[12] *(Durch nichts beeinträchtigt im Dharma zu weilen, nennt man »Zen-Gleichgewicht«.)*

Der Buddha sagte: *»Wenn ihr Mönche euren Geist zur Ruhe bringt, dann befindet er sich im Gleichgewicht. Da euer Geist im Gleichgewicht ist, erkennt ihr die Formen des Entstehens und Vergehens aller Dinge in dieser Welt. Deshalb solltet ihr euch unablässig bemühen, alle Arten des Gleichgewichts zu lernen und zu üben. Wenn ihr im Gleichgewicht seid, bewahrt ihr euren Geist vor der Zerstreuung. Das ist wie ein Haushalt, der sein Wasser wertschätzt und die Zuleitung sorgfältig ausbessert. Die Übenden sind ebenso. Um das Wasser der Weisheit zu bewahren, solltet ihr euch im Zen-Gleichgewicht üben und vermeiden, dass es entrinnt. Dies nennt man ›sich im Zen-Gleichgewicht üben‹.«*

*Siebtens: Sich in Weisheit üben.*[13] *(Weisheit entsteht durch das Hören, das Überdenken, die Praxis und die Erfahrung der Wirklichkeit.)*

Der Buddha sagte: *»Ihr Mönche, wenn ihr Weisheit besitzt, seid ihr ohne Gier und Anhaftung. Indem ihr beständig nach innen blickt und euch selbst ergründet, vermeidet ihr, dass die Weisheit verloren geht. Sicherlich werdet ihr dann in meiner Lehre Befreiung finden. Wer jedoch nicht so handelt, den kann man weder einen Menschen des Weges [einen Mönch] noch einen weiß Gekleideten [einen Laien] nennen, und es gibt keinen anderen passenden Namen, dem man ihm geben könnte. Wahre Weisheit ist ein tragfähiges Boot, das den Ozean des Alterns, der Krankheit und des Todes überquert, und ein helles Licht im Dunkel der Unwissenheit. Sie ist eine gute Medizin für die Kranken und eine scharfe Axt, die den Baum der Illusionen fällt. Deshalb solltet ihr Mönche eure Verdienste vermehren, indem ihr die Weisheit hört, sie überdenkt und praktiziert. Wer das Licht der Weisheit besitzt, ist ein Mensch mit klarem Blick, auch wenn er nur physische Augen hat. Dies nennt man ›Weisheit‹.«*

*Achtens: Nutzlose Diskussionen vermeiden.*[14] *(Wirklich frei von Unterscheidung zu sein bedeutet, »nutzlose Diskussionen zu vermeiden«. Nutzlose Diskussionen zu vermeiden bedeutet, vollkommen die wirkliche Form aller Dharmas zu erkennen.)*

Der Buddha sagte: *»Wenn ihr Mönche euch auf alle Arten nutzloser Diskussionen einlasst, gerät euer Geist in Unruhe und Verwirrung. Obwohl ihr euer Zuhause verlassen habt [und Mönche geworden seid], seid ihr immer noch nicht befreit. Deshalb solltet ihr sogleich solche störenden und nutzlosen Diskussionen aufgeben. Wenn ihr wirklich das Glück des Nirvāṇas genießen wollt, macht euch einfach von dem Irrtum nutzloser Diskussionen frei. Dies nennt man ›nutzlose Diskussionen vermeiden‹.«*

Dies sind die acht Wahrheiten eines großen Menschen. In jeder von ihnen sind alle acht enthalten, und so sind es insgesamt vierundsechzig. Würden wir sie noch weiter fassen, wären sie zahllos, aber kurz gefasst sind es vierundsechzig. Dies war die letzte Lehrrede unseres großen Meisters, des verehrten Śākyamuni, und gleichzeitig die Lehre und Unterweisung des großen Fahrzeugs [des Mahāyāna]. Der Buddha sprach dies in der Nacht des fünfzehnten Tages im zweiten Monat. Danach ging er ins Parinirvāṇa ein, ohne weitere Belehrungen zu erteilen.

Der Buddha sagte: *»Ihr Mönche solltet euch mit Leib und Seele und ohne Unterlass der Wahrheit der Befreiung widmen. Alle Dinge dieser Welt, bewegt oder unbewegt, sind ausnahmslos wechselhafte Formen, die der Zerstörung anheimfallen. Ihr solltet jetzt innehalten und nicht mehr reden. Meine Zeit ist vorüber, und ich werde hinübergehen. Dies ist meine letzte Unterweisung.«*

Alle Schüler Buddhas lernen und praktizieren daher ehrerbietig diese Unterweisung. Wer sie nicht kennt, erlernt und praktiziert, ist kein Schüler Buddhas; sie ist des Tathāgatas Schatzkammer des wahren Dharma-Auges und der wunderbare Geist des Nirvāṇas. Dessen ungeachtet gibt es heutzutage viele, die sie nicht kennen, und nur wenige haben sie gesehen oder davon gehört. Ihre Unkenntnis ist darauf zurückzuführen, dass sie den Versuchungen der Dämonen erlegen sind und nicht lange die Wurzeln des Guten angesammelt haben. Deshalb können sie diese Unterweisung nicht hören oder sehen. In den längst vergangenen Zeiten des wahren und des nachgeahmten Dharmas kannten alle Schüler Buddhas diese Lehre, und sie erlernten, erfuhren und erforschten sie. Heutzutage weiß kaum einer oder zwei von tausend Mönchen etwas von den acht Wahrheiten eines großen Menschen. Dies ist höchst bedauerlich. Nichts lässt sich mit den Barbaren unserer dekadenten Zeit vergleichen!

Solange der wahre Dharma des Tathāgata noch in der großen tausendfachen [Welt] gegenwärtig und die reine Lehre noch nicht verschwunden ist, solltet ihr euch umgehend bemühen, sie zu erlernen. Seid nicht träge oder nachlässig. Selbst in unzähligen Zeitaltern ist es schwer, dem Buddha-Dharma zu begegnen. Es ist auch schwer, einen menschlichen Körper zu empfangen. Und selbst wenn man einen menschlichen Körper hat, ist es besser, ein menschliches Wesen auf einem der drei Kontinente[15] zu sein. Am besten ist es, eine menschliche Gestalt auf dem südlichen Kontinent anzunehmen, denn dort kann man dem Buddha begegnen, den Dharma hören, in die Hauslosigkeit gehen und den Weg vollenden. Die Menschen, die starben, bevor der Tathāgata ins Parinirvāṇa einging, konnten von diesen acht Wahrheiten eines großen Menschen weder hören noch konnten sie diese erlernen. Dass ihr sie heute sehen, hören, erlernen und praktizieren könnt, liegt an der Kraft lange angesammelter guter Wurzeln. Sie jetzt zu erlernen, sie von Leben zu Leben weiterzuentwickeln, ohne Fehl die höchste Weisheit zu erlangen und sie zum Wohl aller Lebewesen darzulegen, heißt so zu sein wie Śākyamuni Buddha – ohne einen Unterschied.

Shōbōgenzō Hachi dainingaku

Niedergeschrieben im Kloster Eihei am sechsten Tag des ersten Mondmonats im fünften Jahr der Ära Kenchō [1253].[16]

Heute, am Tag vor dem Ende des Sommer-Trainings im siebten Jahr der Ära Kenchō [1255] habe ich dies von dem Sekretär[17] Gi-en vollständig abschreiben lassen und sorgfältig geprüft. Dies war die letzte Aufzeichnung unseres verstorbenen Meisters während seiner Krankheit. Ich erinnere mich noch, ihn davon sprechen zu hören, dass er das ganze bereits verfasste Kana-Shōbōgenzō[18] noch einmal umschreiben und neue Texte hinzufügen wollte, um das Shōbōgenzō mit hundert Kapiteln vollenden zu können. Dieses Kapitel, das eine neue Aufzeichnung[19] ist, sollte das zwölfte [der hundert] Kapitel sein. Danach verschlimmerte sich die Krankheit des Meisters jedoch zusehends, und seine Arbeit an den früheren Kapiteln und dergleichen musste aufgegeben werden. Deshalb ist diese Aufzeichnung die letzte Unterweisung, die wir von unserem verstorbenen Meister bekommen haben. Es ist höchst bedauerlich, dass wir die Vollendung der einhundert Kapitel nicht mehr erleben durften. Jene, die den verstorbenen Meister verehren und ihn vermissen, sollten dieses Kapitel unbedingt abschreiben und es gut aufbewahren. Dies ist die letzte Unterweisung des Śākyamuni und zugleich das Vermächtnis unseres verstorbenen Meisters.

Dies schrieb Ejō.

# Anmerkungen

1 *Kaku-chi* 覚知 bedeutet hier »intuitiv wissen«, »gewahr« oder »sich bewusst sein«. *Kaku* 覚, »die Wahrheit« im Titel dieses Kapitels, ist der Gegenstand von Buddhas intuitivem Wissen, Gewahrsein oder Bewusstsein.

2 Der ausgeglichene und friedvolle Zustand beim Zazen.

3 Das vollkommene Erlöschen, der Tod.

4 *Shōyoku* 少欲, sanskr. *alpecchuḥ.*

5 Die Begierden der Augen, der Ohren, der Nase, der Zunge und der Haut. Manchmal auch als die Begierde nach materiellem Reichtum, Sex, Essen, Ruhm und Bequemlichkeit bezeichnet.

6 Die Kommentare in Klammern sind im Quellentext klein gedruckt und wurden dem Sūtra wohl später als Kommentare hinzugefügt.

7 Dieser und die folgenden Abschnitte sind Zitate aus dem *Yuikyō gyō*, dem »Sūtra der hinterlassenen Lehren«.

8 *Chisoku* 知足, sanskr. *saṃtuṣṭaḥ.*

9 *Jakujō* 寂静, sanskr. *śānta.*

10 *Gonshōjin* 勤精進, sanskr. *vīrya.*

11 *Fumo-nen* 不忘念. *Nen* 念 steht für sanskr. *smṛti.*

12 *Shūzenjō* 修禅定. *Zenjō* 禅定 steht für sanskr. *dhyāna.*

13 *Shūchi-e* 修智慧. *Chi-e* 智慧, steht für sanskr. *prajñā.*

14 *Keron* 戯論, »nutzlose Diskussion«, sanskr. *prapañca*, bedeutet »Langatmigkeit« oder »Geschwätz«.

15 *Sanshū* 三洲, drei der vier Kontinente, die sich gemäß der indischen Kosmologie in den vier Richtungen um den Berg Sumeru befinden. Diese drei sind *Jambudvīpa* im Süden, *Pūrva-videha* im Osten und *Apara-godāna* im Westen.

16 Dies ist das Jahr von Meister Dōgens Tod. Er soll am 28. Tag des achten Mondmonats verstorben sein.

17 *Shoki* 書記 war der Sekretär des Hauptmönchs, einer der sechs hohen Verwaltungsmönche eines Klosters.

18 *Kaji shōbōgenzō* 仮字正法眼蔵 bezeichnet hier diejenige Fassung des *Shōbōgenzō*, bei der Meister Dōgen auch die japanische Silbenschrift benutzte (und die die Grundlage der vorliegenden Ausgabe ist), im Gegensatz zum *Shinji shōbōgenzō*, das ausschließlich in chinesischer Schrift verfasst ist.

19 »Eine neue Aufzeichnung« bedeutet, dass Meister Dōgen in den letzten Jahren seines Lebens noch damit begann, neue Kapitel zu schreiben. Die 12-Kapitel-Ausgabe des *Shōbōgenzō* enthält solche neuen Aufzeichnungen, die im Allgemeinen auf das Jahr 1255 datiert werden, weil Meister Ejō sie zu diesem Zeitpunkt kopiert oder vorgetragen hat. Diese 12-Kapitel-Ausgabe (siehe Anhang 1) enthält aber auch frühere Aufzeichnungen oder Kapitel, wie z. B. das *Kesa kudoku* (Kap. 12 in der 95-Kapitel-Ausgabe).

# Anhang 1

## Die Ausgaben des Shōbōgenzō

Es gibt mehrere Ausgaben des *Shōbōgenzō*. Der Text, der unserer Übertragung zugrunde liegt, ist die 95-Kapitel-Ausgabe, die das Verlagshaus Iwanami zwischen 1935 und 1943 im Rahmen der Reihe »Iwanami Bunko« herausgegeben hat. In deren Anhang waren die folgenden Kapitel aus anderen Ausgaben beigefügt:
1. *Butsu kōjō no ji* (»Der Bereich jenseits von Buddha«) aus »Das geheime Shōbōgenzō« mit 28 Kapiteln, das damals gerade veröffentlicht wurde,
2. *Ippyakuhachi hōmyōmon* (»Die einhundertacht Tore der Dharma-Klarheit«), das in der 12-Kapitel-Ausgabe, aber nicht in der 95-Kapitel-Ausgabe enthalten ist,
3. *Hensan* (»Das umfassende Erforschen«) und
4. *Senmen* (»Das Gesicht waschen«), die beide in der 60-Kapitel-Ausgabe enthalten sind, und
5. *Sanji no gō* (»Karma in den drei Zeiten«) aus der 12-Kapitel-Ausgabe.

Da sich das Kapitel *Butsu kōjō no ji* aus »Das geheime Shōbōgenzō« mit 28 Kapiteln in vielerlei Hinsicht von dem gleichnamigen Kapitel der 95-Kapitel-Ausgabe (Kapitel 28 in Band 2 der vorliegenden Ausgabe) unterscheidet, haben wir es übersetzt und als Anhang 2 beigefügt. Dasselbe gilt für das Kapitel *Ippyakuhachi hōmyōmon*, das nicht in der 95-Kapitel-Ausgabe enthalten ist und als Anhang 3 beigefügt ist. Die Kapitel *Hensan* und *Senmen* aus der 60-Kapitel-Ausgabe und *Sanji no gō* aus der 12-Kapitel-Ausgabe haben wir nicht noch einmal übersetzt, da sie den gleichnamigen Kapiteln der 95-Kapitel-Ausgabe sehr ähnlich sind.

Die verschiedenen Ausgaben des *Shōbōgenzō* sind die folgenden:

DIE 95-KAPITEL-AUSGABE

Auch bekannt als die Kōzen-Ausgabe, da sie um 1690 von Meister Han-gyō Kōzen zusammengestellt wurde.

DIE 75-KAPITEL-AUSGABE

DIE 60-KAPITEL-AUSGABE

DAS GEHEIME SHŌBŌGENZŌ[I] (28 KAPITEL IN DREI TEILEN)

Teil 1

1. *Butsu kōjō no ji*
2. *Shōji*
3. *Shin fukatoku* (1)

4. *Shin fukatoku* (2)
5. *Shinjin inga*
6. *Shohō jisso*
7. *Butsudō*
8. *Raihai tokuzui*
9. *Butsudō2*
10. *Zanmai ō zanmai*
11. *Sanjūshichibon bodai bunpō*

Teil 2

1. *Den-e*
2. *Bukkyō* (»Buddhas Lehren«)
3. *Sansui gyō*
4. *Mitsugo*
5. *Tenbōrin*
6. *Jishō zanmai*
7. *Daishugyō*
8. *Shisho*
9. *Hachi dainingaku*
10. *Jukai*

Teil 3

1. *Busso*
2. *Shizen biku*
3. *Shukke*
4. *Bukkyō* (»Buddhas Sūtren«)
5. *Menju*
6. *Sesshin sesshō*
7. *Yuibutsu yobutsu*

Die 12-Kapitel-Ausgabe

1. *Shukke kudoku*
2. *Jukai*
3. *Kesa kudoku*
4. *Hotsu bodaishin*
5. *Kuyō shobutsu*
6. *Ki-e buppōsō hō*
7. *Shinjin inga*
8. *Sanji no gō*
9. *Shime*
10. *Shizen biku*
11. *Ippyakuhachi hōmyōmon*
12. *Hachi dainingaku*

Die Bonshin-Ausgabe
Herausgegeben von Meister Bonshin (84 Kapitel).

Die Manzan-Ausgabe
Herausgegeben von Meister Manzan (89 Kapitel).

# Anmerkungen

1 *Himitsu shōbōgenzō* 秘密正法眼蔵, »Das geheime Shōbōgenzō«. Es wird so genannt, weil es im Eihei-ji geheim aufbewahrt wurde. Meister Keizan Jōkin schrieb ein gleichnamiges Buch, das aber in keiner Beziehung zu Meister Dōgens »Geheimen Shōbōgenzō« steht. Meister Keizan war ein Nachfolger von Meister Dōgen in der dritten Generation. Er gründete das Sōji-ji.

2 Es gibt hier zwei Kapitel mit dem Namen *Butsudō* 仏道, »Buddhas Wahrheit«. Eines davon entspricht jedoch dem Kapitel 93 der 95-Kapitel-Ausgabe, *Dōshin* 道心, »Der Wille zur Wahrheit«.

# Anhang 2

# 仏向上事

## Butsu kōjō no ji

## Der Bereich jenseits von Buddha

*Der Ausdruck* BUTSU KŌJŌ NO JI, *wörtl. »die Sache, die über Buddha hinausgeht«, veranschaulicht die Tatsache, dass die buddhistischen Meister, nachdem sie die Wahrheit verwirklicht haben, ihr Alltagsleben weiterführen, so wie sie es vorher getan haben. Sie erlangen keinen speziellen Zustand, »Erleuchtung« genannt, und sind nicht grundsätzlich anders, als sie vorher waren. Das folgende Kapitel ist ein undatiertes Manuskript von Meister Dōgen und gleichzeitig das erste Kapitel der 28-Kapitel-Ausgabe, des so genannten »geheimen Shōbōgenzō«. Wenn wir dieses Kapitel mit dem Kapitel 28 in der vorliegenden Ausgabe vergleichen, stellen wir fest, dass Letzteres viele Geschichten buddhistischer Meister in China enthält, während das hier folgende eine sehr umfassende philosophische Darlegung von* BUTSU KŌJŌ NO JI *ist. Es ist wichtig, sich mit diesem Kapitel zu befassen, da Meister Dōgen darin sehr eingehend erläutert, was unter* BUTSU KŌJŌ NO JI *zu verstehen ist.*

Der große Meister Gohon vom Berg Tōzan[1] sagte: *»Ihr solltet unbedingt wissen, dass es etwas gibt, was sogar über Buddha hinausgeht. Wenn ihr dies wisst, seid ihr tatsächlich in der Lage, ein wenig zu sprechen.«*[2] »In der Lage sein, ein wenig zu sprechen« bedeutet fähig zu sein, das Dharma-Rad zu drehen. Wenn ihr nicht wisst, was sogar über Buddha hinausgeht, werdet ihr stecken bleiben und [die Sache] jenseits von Buddha nicht durchdringen und euch nicht befreien. Wenn ihr sie nicht durchdrungen und euch nicht befreit habt, könnt ihr niemals die Welt der Dämonen überschreiten. Wenn ihr aber den Weg findet, der direkt zu Buddha führt, verlasst ihr sogleich den Bereich der gewöhnlichen Menschen. Es gibt nur wenige Menschen, die diesen Weg wirklich gemeistert haben. Ihr solltet es aber nicht einfach dabei belassen, nur weil ihr nicht in der Lage seid, diesen Weg zu verstehen. Seid ihr aber fest entschlossen, unter einem guten Lehrer, der den klaren Blick hat, zu lernen und zu praktizieren, dann werdet ihr ihn zweifellos erreichen. Deshalb sagte Tōzan: »Ihr solltet wissen ...« Das Wesentliche dieses Gedankens ist: Nehmen wir zum Beispiel an, ihr seid schon bei Buddha angekommen. Dennoch ist es für diesen Buddha schwer, sich als den Buddha zu erkennen, den er gestern erwartet hat und welcher er heute geworden ist. Diesem Buddha immer wieder bewusst zu machen, dass der Buddha von heute nicht nur seit heute existiert, nennen wir »den Bereich jenseits von Buddha«. Nachdem ihr das, was sogar jenseits von Buddha ist, verwirklicht habt, sind eure Darlegungen ein Sprechen, das bis heute niemals aufgehört hat, das Sprechen von der Wahrheit zu sein, auch wenn die Worte von gestern die Worte von gestern waren. Ferner, wenn ihr dies als den Bereich jenseits von Buddha erkannt und verstanden habt, dann benutzt euch das Dharma-Rad, das ihr dann erlangt habt, als Sprach-[Rohr], um das kleine und das große [Fahrzeug][3] zu lehren. Dies bewirkt gleichzeitig, dass ihr, als das Dharma-Rad selbst, in der Lage seid, wirklich zu sprechen. Das ist der Bereich jenseits von Buddha.

Ein Buddha lehrte: »*Buddhas Drehen des Dharma-Rades unterscheidet sich vom Staub [gewöhnlicher] Klänge und Formen.*«[4] *In seinem grenzenlosen Sinn hat der Buddha-Dharma in seiner Lehre, Praxis und Erfahrung seit jeher nichts mit einem Anfang oder einem Ende zu tun.*[5] *Er wird auch nicht durch [die Idee] eines »Jetzt« getrübt. Daher solltet ihr die Stimme des Buddha erkennen und ihr solltet die Worte des Buddha erlernen. Für einen solchen Buddha gibt es keinen Ort und auch kein Ding, das seine Stimme nicht erreichen könnte. Daher gleicht sie nicht der Stimme der gewöhnlichen Menschen, der Anhänger der zwei Fahrzeuge, der Menschen außerhalb des Buddha-Weges usw., die einen Anfang und ein Ende hat. [Buddhas] strahlen ihr Licht und ihre Klarheit durch die Stimme aus, und sie verwirklichen die Wahrheit durch die Stimme. Nur die Buddhas besitzen die Stimme, die sich schon vor dem Körper erhebt und noch nach dem Körper gehört wird. Deshalb gibt es im Kommen und im Gehen, im Leben und im Tod [die Zeit, in der ihr] Buddhas Stimme versteht, und es gibt [die Zeit, in der] der Wind, der Regen, das Wasser und das Feuer Buddhas Stimme erheben. Das Klostertor und die Küche verkünden weithin die Stimme Buddhas, und sie ertönt laut in der Buddha- und in der Zazen-Halle. Und nicht nur das: Alle Dinge und Phänomene lassen euch unfehlbar einen Teil von Buddhas Stimme hören, und keine der drei Welten*[6] *vergisst auch nur den winzigsten Teil dieser Stimme Buddhas. Wer wollte sich daher sorgen, ob diese Stimme kommt oder vergeht? In ihr gibt es auf natürliche Weise nichts Falsches oder Irrtümliches.*[7]

Wenn ihr Buddhas Stimme hört, hört ihr sie im Allgemeinen mit den Ohren und mit den Augen. Egal, ob ihr schlaft oder wacht, es ist unmöglich, dass auch nur einer der sechs Sinne nicht imstande wäre, Buddhas Stimme zu vernehmen. Umgekehrt gibt es auch keinen Ort, an dem Buddhas Stimme nicht vorhanden wäre, sei es innerhalb oder außerhalb der Dharma-Welt, sei es in der Vergangenheit und der Zukunft eines Ortes oder an irgendeinem Ort der Vergangenheit und der Zukunft. Buddhas Stimme existiert [immer] an einem Ort und zu einer Zeit. Außerdem gibt es das Prinzip, dass Buddhas Stimme mit der Stimme verkündet und mit der Stimme gehört wird. Wenn ihr die wirkliche Offenbarung von Buddhas Worten bedenkt, so gibt es kein Beispiel dafür, dass sie getrennt von der Stimme verkündet worden wären. Da [seine Worte] durch das Ganze der Stimme verkündet werden, gibt es ein Wort oder zwei Sätze, und es ist unmöglich, dass ihr in einem Wort oder in zwei Sätzen nicht das Ganze der Stimme hört. An dem Ort dieser Stimme gibt es nichts, was ihr nicht durchdringend erforschen und verstehen könntet. Weder ein Mensch noch irgendetwas sonst sollten jemals eine Stimme haben, die [der Stimme Buddhas] entfliehen will, indem sie sagt: »Ich werde sie nicht verstehen und durchdringen können.« Buddhas Worte werden nicht unter solchen Bedingungen gelehrt, die von emotionalen Gedanken beeinflusst werden. Es gibt eine Stimme, die, während sie etwas mit der Stimme lehrt, auch Gedanke ist.[8] [Buddhas Stimme oder die Wirklichkeit] ist niemals fremd oder unklar, ganz gleich, ob sie die Hälfte oder das Ganze lehrt. Nicht nur die hundert konkreten Dinge sind sonnenklar, sondern auch die Gedanken der Meister und Vorfahren.[9] [Aber die gewöhnlichen Menschen] stützen sich nicht auf diese Gedanken, wenn sie die Wirklichkeit der Dinge erforschen, und sie vertrauen auch nicht auf die Praxis, die selbst nichts anderes ist als Buddhas Stimme und Buddhas Worte.

Wenn ihr die Wahrheit erlernt, solltet ihr sie durch die Praxis erlernen, und das bedeutet, unbedingt mit großem Eifer Zazen zu üben. Dies haben die Buddhas seit den alten Zeiten bis heute unablässig weitergegeben. Wenn ihr euch [von dieser Praxis] entfernt, könnt ihr keine Buddhas werden. Da sie nur von den Buddhas weitergegeben wurde, ist sie jenseits menschlicher Erwägungen. Es ist nicht unsere Tradition, zu versuchen, die Wahrheit durch Erwägungen erlernen zu wollen. In der Praxis [des Zazen] gibt es zwar Dinge, die wir erfassen können, aber die genauen Konturen, die wir ergründen wollen, bleiben unklar und verschwommen. Da es [im Augenblick der Praxis] keine fassbaren Konturen gibt, ist sie unergründlich, und dies gilt selbst dann, wenn wir meinen, sie durch höchste Anstrengungen erfassen zu können. Letztlich gleichen [solche Anstrengungen] nur dem Pferdewillen und dem Affengeist. Wenn euch aber ein wahrer Meister die Lehre weitergibt und die Spuren eines Buddhas und Vorfahren hinterlässt, und wenn ihr in der Lage seid, die Praxis zu verwirklichen, könnt ihr auch klar sehen, dass das tagtägliche Erlernen der Wahrheit nicht vergeblich war und euer Tun und Handeln in diesem Augenblick nicht nutzlos ist. Zu diesem Zeitpunkt bleibt euch [die Einheit] von Körper und Geist nicht verborgen. Wenn ihr jedoch versucht, diesen Zustand mit dem Denken zu verbinden, ist er sehr schwer zu begreifen. Noch weniger können die Gelehrten, die nur Sandkörner zählen, ihn im Traum verstehen. Nur Menschen, die das unbewegte Sitzen, das Zazen jenseits des Denkens, erfahren haben, können dies verstehen.

Kurz, das Erlernen der Wahrheit umfasst zwei Aspekte: das Lernen mit dem Geist und das Lernen mit dem Körper. »Das Lernen mit dem Körper« beschreibt den praktizierenden Buddha, der sich beim Zazen um die Wahrheit bemüht und dabei nicht willentlich danach strebt, ein Buddha zu werden. Wenn das Universum sich verwirklicht, ist der Buddha-Körper von Anfang an jenseits von »Buddha-werden-Wollen«, und wenn alle Netze und Käfige durchstoßen sind, hindert den sitzenden Buddha nichts daran, tatsächlich ein Buddha zu werden.[10] Wenn ihr den Körper auf diese Weise erforscht, habt ihr die Kraft, Tausende und Zehntausende von Zeitaltern lang [in den Zustand] eines Buddhas oder eines Dämons einzugehen. Dann bewirkt ihr mit jedem Schritt vorwärts und rückwärts, dass die Gräben und Täler [dieser Welt] mit Licht erfüllt werden. Wer könnte dies nicht euer Gesicht vor der Geburt eurer Eltern nennen?

»Die Wahrheit mit dem Geist erlernen« bedeutet Klarheit darüber zu erlangen, was der Geist ist. Klarheit über den Geist zu erlangen bedeutet nicht, dass ihr den Geist der gewöhnlichen Menschen, der Menschen außerhalb des Buddha-Weges, der Anhänger der zwei Fahrzeuge usw. klärt, sondern, dass ihr Klarheit über den Geist der Buddhas erlangt. In früherer Zeit fragte ein Mönch den Landesmeister Echū[11]: »*Was ist der Geist der ewigen Buddhas?*« Der Landesmeister antwortete: »*Die Zäune, die Mauern, die Ziegel und die Kieselsteine.*« Diese Worte solltet ihr eine Weile lang hören und diesen Geist in der Stille erlernen. Wenn ihr euch dafür entschieden habt, Buddhas Wahrheit zu erlernen, und von Beginn an erforscht, was der Geist der ewigen Buddhas ist, dann könnte dies »die Wahrheit mit dem Geist erlernen« genannt werden. Euer eigener Geist, der nutzlos stolz auf sein Wissen und sein Verständnis ist, verfügt nur über das gewöhnliche Denken und Unterscheiden. [Aber] der alte Śākyamuni sagte: »Diesen Dharma kann man nicht durch Denken und Unterscheiden verstehen.«[12] Seid euch also klar darüber, dass ihr selbst keinen Geist habt, den ihr erfassen müsstet, ihr solltet nur den Geist der ewigen Buddhas erlernen. Wenn ihr diesen Geist erforschen wollt, so befindet er sich in den sichtbaren Zäunen, Mauern, Ziegeln und Kieselsteinen, und wenn ihr diesen Geist erfahren wollt, ist er die Verwirklichung der Zäune, der Mauern, der Ziegel und der Kieselsteine. Obwohl diese Zäune, Mauern, Ziegel und Kieselsteine von menschlichen Wesen geschaffen wurden, sind sie doch auch der Ausdruck und die Aktivität des Dharmas. Wer könnte diese Tatsache verändern? Wenn ihr sie auf diese Weise betrachtet, ist es offensichtlich, dass die Zäune, die Mauern, die Ziegel und die Kieselsteine vor euren Augen nicht nur materielle Dinge sind und die materiellen Dinge vor euren Augen nicht nur Zäune, Mauern, Ziegel und Kieselsteine. Kurz: Die Zäune, die Mauern, die Ziegel und die Kieselsteine werfen von ihrer Seite das Licht auf euch, und ihr werdet auf eurer Seite von den Zäunen, den Mauern, den Ziegeln und den Kieselsteinen dort drüben bestrahlt.[13] Die Tugend und die strahlende Klarheit der Zäune, der Mauern, der Ziegel und der Kieselsteine, die sich auf diese Weise als der Geist der ewigen Buddhas offenbaren, sind deutlich sichtbar; ihr solltet [die Tugenden] zählen, die ihr zählen könnt, und euch an [die strahlende Klarheit] erinnern, die ihr erkennen könnt. Im Wissen um diese Dinge und selbst in ihrer Unterscheidung solltet ihr den Geist der ewigen Buddhas erlernen und nicht den der gewöhnlichen Menschen, der Anhänger der zwei Fahrzeuge, der Menschen außerhalb des Buddha-Weges usw. Tag und Nacht und sogar im Alltag der vierundzwanzig Stunden solltet ihr euch unablässig bemühen, den Geist der ewigen Buddhas zu erlernen. Dort, wo der Geist der ewigen Buddhas gelehrt wird, könnt ihr den Geist der ewigen Buddhas hören. Da ihr dem Geist der ewigen Buddhas nun schon begegnet seid, solltet ihr ihn immer gründlicher erforschen und erlernen. Nicht einmal im Traum solltet ihr denken, dass der Geist der ewigen Buddhas dem der gewöhnlichen Menschen gleichen könnte.

Obwohl dies so ist, gibt es die Unverständigen, die leichtfertig mit dem Wissen der gewöhnlichen Menschen umgehen und fälschlicherweise meinen, dass der Buddha-Geist der Geist der gewöhnlichen Menschen sei. Solche Menschen sprechen von einem Wissenden und von dem Gewussten, und sie reden über die Klarheit [des Buddha-Geistes als] »friedvolles Strahlen« oder »spirituelles Leuchten«. Solche verkehrten Sichtweisen solltet ihr sogleich von euch weisen und einfach die Zäune, die Mauern, die

Ziegel und die Kieselsteine erlernen, die der Geist der ewigen Buddhas sind. Wir beschreiben die Zäune, die Mauern, die Ziegel und die Kieselsteine nicht auf diese Weise, weil sie aus dem Geist der ewigen Buddhas entstanden und ihrem Schöpfer nachgebildet wären, sondern wir sagen einfach und direkt und ohne irgendetwas zu verändern, dass sie den ewigen Buddhas angehören. Ihr solltet lernen, dass die ewigen Buddhas ausnahmslos diesen Geist zu ihrem Geist gemacht haben, ganz gleich, ob sie sich geschult, den Dharma gelehrt, die Wahrheit verwirklicht oder das Nirvāṇa erfahren haben. Daher machte unser großer Meister Śākyamuni diesen Geist zu seinem Geist, er weilte darin und bewahrte ihn, und unser Vorfahre und Meister [Bodhidharma] machte diesen Geist zu seinem Geist, und er beschützte und bewahrte ihn. Gleicht er dem der Zäune, der Mauern, der Ziegel und der Kieselsteine, oder nicht? Dies müsst ihr sehr gründlich untersuchen. Wann immer euch die Natur nah und vertraut ist, lehrt der Geist der ewigen Buddhas auf natürliche Weise den Geist der ewigen Buddhas, und ihr solltet lernen, ihn auf diese Weise zu verstehen. Wenn ihr diesen Geist erkennt und verwirklicht, ist er unaufhaltbar. Und weil er unaufhaltbar ist, werden das Verständnis der Grundwahrheiten und Lehren [im Buddha-Dharma] ganz und gar diesem Geist überlassen, und es gibt keine Praxis des Weges und keinen ethischen Pfad, die nicht vollkommen diesem Geist überlassen wären. Es könnte sein, dass die ewigen Buddhas solcherart sind, wenn sie [die Menschen] unterweisen und verändern. Diesen Geist zu [eurem] Geist zu machen, bedeutet die Wahrheit zu erlernen.

Der große Meister Shinsai von Jōshū[14] fragte einst Nansen[15]: »*Was ist die Wahrheit?*« Nansen lehrte ihn: »*Der normale Geist ist die Wahrheit.*«[16] Mit anderen Worten: Der alltägliche[17] Geist ist die Wahrheit. Zu lernen, dass dieser normale Geist die Wahrheit ist, ist wohl höchst selten. Es bedeutet nämlich [zu lernen], dass Körper und Geist im gegenwärtigen Augenblick völlig normal sind. Zum Beispiel findet sich da weder die geringste Befleckung[18] noch irgendeine Absicht. In diesem Zustand von Körper und Geist sagen wir nicht, gestern sei heute, und wir handeln nicht so, als ob heute morgen sei, und wir machen den Körper nicht zum Geist oder begeben uns vom Geist in den Körper.[19] Dies wird »der normale Geist«[20] genannt, aber [viele] missverstehen das Wort »normal« als eine Kategorie gewöhnlicher Dinge und Phänomene.[21] Wenn ihr in diesem [Zustand des normalen Bewusstseins] verbleibt, könnt ihr verstehen und bestätigen, dass die vielen Dinge und Phänomene einfach normal sind. Weil der normale Geist die Wahrheit ist, verdorren und altern die Dinge und Phänomene nicht.[22]

Die Buddhas und Vorfahren hätten sich niemals von der Welt befreien, sich selbst vergessen und den Weg praktizieren können, wenn ihr Geist nicht normal gewesen wäre, denn die Praxis der Wahrheit ist natürlicherweise normal. Auch ihr habt euch von euren früheren weltlichen Gefühlen befreit und seid bereit, den Weg zu praktizieren und auf den Fußspuren der Buddhas und Vorfahren fortzuschreiten. Ihr könntet das Normale aber völlig missverstehen, würdet ihr denken, die Wahrheit sei ja schon der normale Geist und deshalb sei es nicht notwendig, sie zu praktizieren. Die Praxis und die Erfahrung [der Wirklichkeit] existieren, und es gibt nichts, was normaler wäre. Und weil es nichts gibt, was normaler wäre, können sie gar nicht befleckt werden. Vor langer

Zeit, als Gautama Buddha unter dem Bodhibaum den Morgenstern sah, erkannte er plötzlich die Wahrheit. Diese Tatsache veranschaulicht deutlich das Prinzip, dass er dabei nichts [von außen] herbeigeholt hat. Davor hatte der Buddha den Morgenstern erfahren, doch von diesem Zeitpunkt an erfuhr der Morgenstern den Buddha. Aus welchem Grund [sagen wir], dass [der Buddha] vom Morgenstern erfahren wurde und er selbst den Morgenstern erfuhr? Wir sagen es, weil es [diesen normalen Geist] in der Praxis und Erfahrung gibt und es unmöglich ist, ihn zu beflecken.

Ein Mönch namens Chōkei[23] fragte Meister Hofuku[24]: »*Man sagt, Formen zu sehen bedeute, den Geist zu sehen? Siehst du denn das Boot?*«

Hofuku erwiderte: »*Ich sehe es.*«

Chōkei sagte: »*Lassen wir das Boot vorerst beiseite, was ist der Geist?*«

Hofuku zeigte mit dem Finger auf das Boot.[25]

Selbst wenn ihr die Wahrheit in der heutigen Zeit erlernt, solltet ihr wissen, dass die Gespräche über den Geist der Buddhas und Vorfahren solcherart waren. Habt ihr dies einmal erkannt, werdet ihr nicht mehr von den Anhängern der zwei Fahrzeuge, den Menschen außerhalb des Buddha-Weges usw. angezogen. Wenn die Buddha-Tathāgatas beständig im Samādhi weilen und ihn genießen, nennen wir dies die Buddha-Wahrheit, und wir sagen, dass sie dabei ihre Körper für den Dharma aufgeben. Um zu klären und zu lernen, was der Sinn dieses Bootes ist, müsst ihr wissen, was der Buddha-Dharma ist. Was wir den »Buddha-Dharma« nennen, sind zum Beispiel die ganze Welt der Erscheinungen[26], die hundert Gräser, die verschiedenartigen Dharmas und die drei Welten.[27] Da die Buddhas niemals aufgehört haben, dies vollkommen zu ergründen, gibt es auch kein Einziges, das nicht derart von den Buddhas vollkommen ergründet worden wäre. Wenn ihr also erforscht, was das Leben ist, gibt es nichts darin, was sich von diesen verschiedenartigen Dharmas unterschiede, und wenn ihr euch fragt, was der Tod ist, könnt ihr ihn nicht von diesen verschiedenartigen Dharmas trennen. Und selbst wenn ihr um des Lebens und des Todes willen [fragt und forscht], ist dies auch der Dharma. Deshalb ist der Sinn des Ausdrucks »seinen Körper für den Dharma hingeben« klar. Dieses Leben und dieser Tod ist schon seit Langem das Eure; ihr habt sie nicht von anderen erhalten, und sie sind auch nicht in der Hand des Menschen. An diesem Ort hier ein- und auszuatmen, ist das Leben des Körpers, und dieser Körper ist nichts anderes als die Wirklichkeit hier und jetzt. Wenn ihr also gar nicht anders könnt, als euer Leben hinzugeben, tut ihr dies von Anfang an für den Dharma [die Wirklichkeit]. Und wenn ihr nicht vergesst, dass der Tod auch ein »Sichhingeben« ist, werdet ihr jetzt eins mit dem Dharma. Und selbst wenn ihr euren Körper an einem Ort hingeben wolltet, der jenseits des Dharmas ist, wäre dies völlig unmöglich. Was wir »Hingabe« nennen, ist unfehlbar mit dem Körper verbunden, [denn] wenn ihr euer Licht [nach innen] wendet und euch selbst erhellt und euren Körper für den Dharma hingebt, gebt ihr gleichzeitig den Dharma für den Körper hin.[28] Mit anderen Worten: Wenn der Dharma die eigene Stimme erhebt und sich selbst verkündet, verwirklichen sich die Worte »den Körper für den Dharma hingeben«, und wenn der Körper die eigene Stimme erhebt und sich selbst ausdrückt, werden die Worte »den Dharma für den Körper hingeben« weitergegeben. Ihr solltet wissen, dass ihr selbst die Menschen seid, zu denen diese Praxis eines Buddhas gekommen ist, und dass ihr sie schon seit Langem erlernt habt. Jetzt und für ewig praktiziert ihr euch selbst in dieser gegenwärtigen Praxis, ohne dass ihr zurückfallt oder davon abgeht, und es gibt keine Praxis, die nicht von euch selbst [auf das ganze Universum] überströmen würde.

Seit alten Zeiten wird gesagt, dass ein Mensch, der die Wahrheit verwirklicht hat, Leben und Tod dem Geist[29] anvertraut. Dies könnte tatsächlich so sein, und ihr solltet nicht daran zweifeln. Wenn sich diese Wahrheit offenbart, versteht ihr auch euren eigenen Geist, und wenn ihr euren eigenen Geist versteht, offenbart sich diese Wahrheit. Gleichzeitig begreift ihr auch, was euer eigener Körper ist, und ihr lernt und klärt das würdevolle Handeln, das eurem Körper innewohnt. Wenn ihr dies lernt, seht ihr auch klar, wie das Leben und wie der Tod beschaffen sind. [Leben und Tod] klar zu sehen, bedeutet nicht, dass ihr abwegig Licht auf etwas werft, was sonst im Dunkeln geblieben wäre. Vielmehr solltet ihr wissen, dass diese Art der Klärung stattfindet, wenn ihr das Augenscheinliche klar seht. Um diese Grundwahrheit wirklich zu begreifen, müsst ihr wissen, wie der Geist beschaffen ist, und ihr solltet lernen, wie der Geist beschaffen ist. Die tatsächliche Beschaffenheit des Geistes zu erlernen bedeutet, mit anderen Worten, sich klar darüber zu sein, dass die zehntausend Dharmas [die ganze Erscheinungswelt] ebendieser Geist sind, und es bedeutet zu verstehen, dass die drei Welten [die ganze Wirklichkeit] nichts anderes als dieser Geist sind.[30] Selbst das, was wir als »wissen« und »verstehen« bezeichnen, sind die zehntausend Dharmas und die drei Welten, die solcherart [beschaffen] sind. Deshalb solltet ihr sehr genau und gründlich untersuchen, was das, was dem Leben und dem Tod anvertraut wird, ist. Und im Zuge eurer Untersuchungen wird eine Sache augenfällig, nämlich die kraftvolle Aktivität des Geistes selbst.[31] Sie wurde von nichts anderem erzeugt, sie ist der wirkliche Zustand des Geistes und wird von keinem Objekt beeinflusst. Deshalb ist der wirkliche Zustand von Leben und Tod, dass man sich einzig diesem Geist anvertraut. Wenn ihr danach fragt, so ist der Grund hierfür, dass der Geist nicht ohne die zehntausend Dharmas[32] existieren kann, und dass umgekehrt die zehntausend Dharmas nicht ohne diesen Geist existieren können. Selbst wenn ihr Leben und Tod an einen Ort verbannen wolltet, der nicht dieser Geist ist, wäre es unmöglich, von diesem Geist nicht erkannt zu werden. In Wirklichkeit wissen die Anhänger der zwei Fahrzeuge und die Menschen außerhalb des Buddha-Weges nicht, dass »sich den zehntausend Dharmas anzuvertrauen« bedeutet, sich diesem Geist anzuvertrauen. Wie viel weniger noch könnten die gewöhnlichen Menschen dies im Traum erkennen? Deshalb solltet ihr das Wissen um euren Körper und das Wissen um euren Geist allein durch diesen Geist und die zehntausend Dharmas erlernen. Ihr solltet dabei nicht hastig vorgehen. Untersucht ihn genau und gründlich! Dies ist der Zustand, den wir »Leben und Tod dem Geist anvertrauen« nennen. Es wäre aber nicht gut, zu denken, es würde sich hier um das nutzlose Vertrauen in den Geist der gewöhnlichen Menschen handeln. Selbst in den mündlichen Lehren des Buddha haben wir niemals gehört, dass man Leben und Tod dem Geist der gewöhnlichen Menschen anvertrauen solle. Außerdem solltet ihr wissen, dass euer eigener Geist nicht [der Geist

ist], dem Leben und Tod anvertraut wird; ihr solltet nicht wie die gewöhnlichen Menschen sein!

Im Haus der Buddhas gibt es den Bodhisattva, der die Rufe der Welt hört.[33] Alle haben ihn schon gesehen[34], und kaum ein Mensch kennt ihn wirklich. Es ist unnötig, Münzen zu spenden[35], um sich den natürlichen Lauf der Dinge zu erkaufen, und wenn ihr in seine [vielen] Gesichter blickt, welches ist das wahre und welches das falsche? Um [mit euch] zu sprechen, dreht er [eure] Körper und steigt auf die Zazen-Plattform; um [euch] zuzuhören, steht er am Boden und nimmt eure Hand. An den Orten, die kein einziges Ding behindert, bescheinen euch seine mitfühlenden Augen. Die Art, wie er [euch] erwidert[36], ist genau so wie ein Esel, der in den Brunnen hinabschaut, und ein Brunnen, der zu dem Esel hochschaut.[37] Kein Mensch ist wohl in der Lage, diesen Zustand klar zu verstehen, und wir vermeiden es tunlichst, darüber zu reden.[38] Wenn ihr es in Worte fasst, werden euch Hörner auf dem Kopf wachsen.[39] Letztlich erhellt ihr den Geist allein durch das Sehen von Formen und ihr erkennt die Wahrheit allein durch das Hören von Klängen. Den Geist, von dem wir sagen, dass ihr ihn erhellt, mag der Geist der Buddhas sein. Die Wahrheit, von der wir sagen, dass ihr sie erkennt, könnte die Wahrheit der Buddhas sein. In der Wirklichkeit der Buddhas und in ihrem Haus erhellen wir unseren Geist einzig durch das Sehen der Formen, und wir erkennen die Wahrheit einzig durch das Hören der Klänge – abgesehen davon gibt es nichts!

Wenn die Wirklichkeit so beschaffen ist [wie zuvor beschrieben] und sie bereits das Erkennen und Erfahren Buddhas ist, mag sie verkünden: »Jenen, die durch diesen Körper befreit werden sollen, werde ich sogleich diesen Körper offenbaren und den Dharma lehren.«[40] In Wahrheit gibt es keine Darlegung des Dharmas ohne einen sich offenbarenden Körper, und ohne die Darlegung des Dharmas gibt es keine Befreiung. Einer der Alten sagte: »Es ist schon lange her, dass ich dir dieses Reisfeld[41] verkauft habe. Aber manchmal kannst du seine vier Ränder nicht erkennen. Obwohl ich dir dieses Feld stets vorbehaltlos überlassen habe, habe ich dir noch nicht das Wesentliche gegeben, nämlich den Baum, der in seiner Mitte steht. Von jetzt an werde ich dir auch den Baum nicht mehr vorenthalten.«[42] Wenn ihr dies erfahrt und erforscht, solltet ihr nicht vergessen, dass euch dieses Reisfeld schon seit Langem überlassen wurde. Seine Furchen sind gerade und seine vier Ränder klar. Sich auf diesem Reisfeld zu vergnügen, bringt Glück und erschafft günstige Vorzeichen. Unweigerlich müsst ihr zu dem Schluss kommen, dass es schon immer auf diese Weise da war.

# Anmerkungen

1 Meister Tōzan Ryōkai (807–869) war ein Nachfolger von Meister Ungan Donjō. »Großer Meister Gohon« ist sein posthumer Titel.

2 Diese Geschichte ist im *Shinji shōbōgenzō*, Buch 1, Nr. 12, aufgezeichnet.

3 Das kleine und das große Fahrzeug sind das Hīnayāna und das Mahāyāna.

4 Shō 声 (oder koe in der japanischen Leseart) bedeutet sowohl »Ton« oder »Klang« als auch »Stimme«. Meister Dōgen erläutert in den folgenden Sätzen seine Auslegung von hotoke no koe 仏の声, »die Stimme des Buddha«, die nichts anderes ist als die Wirklichkeit selbst.

5 Das heißt, die Lehre, Praxis und Erfahrung finden im zeitlosen Jetzt statt.

6 Die Welt des Begehrens, der Form und der Nicht-Form. Kurz: die ganze Wirklichkeit.

7 Buddhas Stimme ist ein Symbol für die Wahrheit oder Wirklichkeit, die sich vor uns offenbart.

8 Im Allgemeinen unterscheiden wir die Gedanken von der Stimme, die sie ausdrückt. Aber im gegenwärtigen Augenblick der Wirklichkeit gibt es keine Unterscheidung zwischen der Stimme und den Gedanken.

9 Dies bezieht sich auf die berühmte Aussage: *»Sonnenklar sind die hundert Gräser [die konkreten Dinge und Phänomene], sonnenklar sind die Gedanken der Meister und Vorfahren.«* (*Meimei taru hyaku sōtō, meimei taru soshi no i* 明明百草頭、明明祖師意.) Sie wurde von dem Laienschüler Hō-on zitiert. Dies ist im *Shinji shōbōgenzō*, Buch 1, Nr. 88, aufgezeichnet.

10 Dieser und die zwei vorhergehenden Sätze finden sich in sehr ähnlicher Formulierung in Kap. 27, *Zazenshin*.

11 Meister Nan-yō Echū (starb 775), der ein Nachfolger von Meister Daikan Enō war. Meister Dōgen erläutert das Zitat auch in Kap. 44, *Kobusshin*.

12 Dies ist ein Zitat aus dem Lotos-Sūtra, Kap. 1, »Geschicklichkeit«. Vgl. Borsig, S. 66.

13 Der Satz bezieht sich auf die vielschichtigen Verflechtungen zwischen Materie und Geist, bzw. die wechselseitige Beziehung zwischen dem Konkreten und dem Geistigen.

14 Meister Jōshū Jūshin (778–897) war ein Nachfolger von Meister Nansen Fugan. »Großer Meister Shinsai« ist sein posthumer Titel.

15 Meister Nansen Fugan (748–834) war ein Nachfolger von Meister Baso Dō-itsu.

16 Siehe *Shinji shōbōgenzō*, Buch 1, Nr. 19.

17 Meister Dōgen erklärt die sino-japanischen Begriffe *byōjō* oder *heijō* 平常, wörtl. »ausgeglichen und normal«, mit dem Äquivalent in der japanischen Umgangssprache, *yo no tsune* 世の常. *Yo* 世 ist »die Welt« und *tsune* 常 »der gewöhnliche Zustand der Dinge«.

18 *Zenna* 染汚, »die Befleckung«, entsteht, wenn wir die Wahrheit bewusst suchen oder sie mit irgendwelchen äußerlichen Elementen versehen, wie zum Beispiel der Unterscheidung zwischen der Praxis und der Erfahrung beim Zazen.

19 Weil Vergangenes und Zukünftiges wie auch die Trennung von Körper und Geist irrelevant, das heißt, eine Täuschung sind.

20 Den »normalen Geist« könnte man auch unser »natürliches Bewusstsein« oder unsere »natürliche Intelligenz« nennen. Der Unterschied zwischen diesem normalen Bewusst- oder Gewahrsein – auf dem alles Denken basiert – und dem gewöhnlichen Bewusstsein ist sehr subtil und nicht leicht zu erkennen.

21 *Hyakusō* 百草, wörtl. »hundert Gräser«, beschreibt die Vielfalt gewöhnlicher Dinge und Phänomene.

22 Dinge und Phänomene, so wie sie Augenblick für Augenblick sind, sind die Wahrheit selbst, und diese Tatsache ist dem Altern nicht unterworfen.

23 Meister Chōkei Eryō (854–932) war ein Nachfolger von Meister Seppō Gison. »Großer Meister Chōkaku« ist sein posthumer Name.

24 Meister Hofuku Jūten (gestorben 928) war ebenfalls ein Nachfolger von Meister Seppō Gison. Es gibt viele Geschichten der Gespräche zwischen ihm und Meister Chōkei, der sein älterer Bruder im Orden Meister Seppōs war.

25 Siehe *Shinji shōbōgenzō*, Buch 2, Nr. 92.

26 Wörtl. »die zehntausend Dinge«.

27 Das heißt, die ganze Wirklichkeit.

28 Dieser Satz bezieht sich offensichtlich auf die Praxis des Zazen.

29 »Geist« ist *kokoro* こころ. In der nun folgenden philosophischen Abhandlung über den Geist ist dieser immer als die Wirklichkeit des ganzen Universums zu verstehen.

30 *Yui-shin* 唯心, wörtl. »nur der Geist« oder »nichts anderes als der Geist«, wie auch in dem Ausdruck *sangai yuishin* 三界唯心, »die drei Welten sind nichts anderes als der Geist«. Siehe Kap. 47, *Sangai yuishin*.

31 *Yui-shin* 唯心.

32 *Banpō* 万法, wörtl. »die zehntausend Dharmas«.

33 *Kanzeon* 観世音, »der die Rufe der Welt hört«, steht für sanskr. *Avalokiteśvara*. Siehe Kap. 33, *Kannon*.

34 Bildnisse und Statuen dieses Bodhisattvas, die manchmal in weiblicher und manchmal in männlicher Form dargestellt werden, findet man überall in Japan und China.

35 In Japan ist es Brauch, Münzen vor den Altar des Bodhisattvas zu werfen, um sich sein Wohlwollen zu sichern.

36 *Ō to ōzeraru koto* 応と応ぜらること, »erwidern und erwidert werden«, bezieht sich auf den Glauben, dass der Bodhisattva die Rufe derer erwidert, die ihn anrufen. Siehe Lotos-Sūtra, Kap. 25, »Das universale Tor des Bodhisattvas Avalokiteśvara«. Borsig, S. 362.

37 Siehe *Shinji shōbōgenzō*, Buch 2, Nr. 25.

38 Dies sind die Worte von Meister Dōgo Enchi. Siehe *Shinji shōbōgenzō*, Buch 1, Nr. 57.

39 Menschliche Wesen werden zu Dämonen.

40 Dies bezieht sich auf den Bodhisattva Avalokiteśvara, der sich in der Welt durch vielerlei Formen und Gestalten offenbart, um den Dharma zu lehren und die Lebewesen zu retten. Siehe Lotos-Sūtra, Kap. 25.

41 Der Ausdruck *denchi* 田地, wörtl. »Reisfeld«, findet sich im *Shōbōgenzō* des Öfteren als eine Metapher für die konkrete Wirklichkeit. Da der Reis in Asien das essenzielle Grundnahrungsmittel ist, wie bei uns das Brot, symbolisiert das Reisfeld auch Glück und Zufriedenheit.

42 Die Quelle dieses Zitats in japanischer Sprache konnte nicht ausfindig gemacht werden.

# Anhang 3
# 一百八法明門
# Ippyakuhachi hōmyōmon
# Die einhundertacht Tore der Dharma-Klarheit

*IPPYAKUHACHI ist die Zahl 108, HŌ ist sanskr. ›dharma‹, »Buddhas Lehren« oder »das ganze Universum«. MYŌ bedeutet »Klarheit«, MON »das Tor«. So bedeutet IPPYAKUHACHI HŌMYŌMON »die einhundertacht Tore der Dharma-Klarheit«. Als Meister Dōgen dieses Kapitel zusammenstellte, zitierte er zwei lange Passagen aus dem Sūtra BUTSU HONGYŌ JIKKYŌ, das von Śākyamuni Buddhas früheren Leben handelt.*

*Zu jener Zeit hatte der Bodhisattva Bewahrer der Klarheit*[1] *gerade die Familie betrachtet, in die er hineingeboren werden sollte. Im Tuṣita-Himmel*[2] *gab es damals einen himmlischen Palast mit dem Namen »Erhabenes Banner«, der genauso hoch wie breit war, nämlich sechzig Yojanas.*[3] *Zuweilen stieg der Bodhisattva zu diesem Palast hinauf und lehrte den Göttern des Tuṣita-Himmels das Wesentliche des Dharmas. Als der Bodhisattva wieder einmal zu dem Palast hinaufgestiegen war und sich dort in Frieden niedergelassen*[4] *hatte, wandte er sich mit diesen Worten an die große Schar der himmlischen Wesen: »Kommt, ihr Götter, und versammelt euch um mich! Es wird nicht mehr lange dauern, und mein Körper wird in die Welt der Menschen hinabsteigen. Ich möchte euch jetzt die Tore der Dharma-Klarheit in ihrer Gesamtheit lehren. Sie sind auch als geschickte Mittel bekannt, um alle Dharmas und Formen zu durchdringen. Ich hinterlasse sie euch als meine letzte Unterweisung, sodass ihr euch daran erinnern könnt. Wenn ihr von diesen Dharma-Toren*[5] *hört, werdet ihr große Freude empfinden.« Als die große Schar der Götter, die von juwelengeschmückten Göttinnen und einem umfangreichen Anhang begleitet wurden, diese Worte des Bodhisattvas hörten, versammelten sie sich sogleich und stiegen gemeinsam zu dem Palast hinauf. Als der Bodhisattva Bewahrer der Klarheit sah, dass die himmlischen Scharen sich versammelt hatten, hatte er den Wunsch, ihnen den Dharma zu lehren. Augenblicklich ließ er auf übernatürliche Weise über dem ursprünglichen Palast »Erhabenes Banner« einen anderen himmlischen Palast Gestalt annehmen, der so hoch, groß und weit war, dass er die vier Kontinente bedeckte. [Dieser neue Palast] war unvergleichlich in seiner außerordentlichen Schönheit und Ausgewogenheit. Majestätisch stand er da wie ein Turm und war mit einer unendlichen Zahl von Juwelen geschmückt. Nicht einer der himmlischen Paläste der Welt der Begierden wäre mit ihm vergleichbar gewesen. Als die Götter der Welt der Form diesen übernatürlichen Palast sahen, empfanden sie ihre eigenen Paläste wie Grabhügel.*

*Der Bodhisattva Bewahrer der Klarheit, der schon in früheren Zeitaltern unendlich viele verdienstvolle Werke vollbracht und gute Wurzeln gepflanzt hatte und durch seine zahlreichen Tugenden bereits großes Glück vollendet hatte, stieg auf den geschmückten Löwensitz*[6] *und ließ sich auf ihm nieder. Dieser Sitz war mit unzähligen Juwelen geschmückt und eine große Zahl himmlischer Stoffe war über ihn gebreitet; er war mit feinstem Räucherwerk parfümiert, das in unzähligen und mit Juwelen besetzten Räucherfässchen verbrannt wurde; alle Arten von fein duftenden Blumen waren über den ganzen Boden unter ihm ausgestreut. Um den hohen Sitz herum standen viele seltene Kostbarkeiten, und Hunderte, Tausende, Zehntausende, ja hundert Millionen glitzernder Schmuckstücke und Verzierungen ließen den Palast hell erstrahlen. Ferner waren über und unter dem Palast juwelenbesetzte Netze gespannt, an denen unzählige goldene Glöckchen hingen, deren Klänge fein und hell ertönten. Dieser große Juwelen-Palast sandte aus sich selbst heraus zahllose und in allen Farben strahlende Lichter aus. Über dem Palast wehten Tausende, ja Zehntausende von Fahnen und Bannern im Wind, und er war mit den verschiedenartigsten Quasten*[7] *geschmückt. All dieser Schmuck bildete einen Mantel, der in den vielfältigsten und wunderbarsten Farben glitzerte. Hunderte, Tausende, Zehntausende, ja hundert Millionen mit Juwelen geschmückte Göttinnen, von denen jede die mannigfaltigsten Arten der sieben Edelsteine trug, spielten [dem Bodhisattva] mit Musik auf und priesen mit ihren Stimmen seine unzählbaren und unvorstellbaren Verdienste in der Vergangenheit. Hunderte, Tausende, Zehntausende, ja hundert Millionen Könige des Himmels, die die vier Kontinente beschützten, standen als Hüter zur Rechten und zur Linken des Palastes. Tausende, ja Zehntausende von Śakra-devānām-indra-Göttern warfen sich vor diesem Palast nieder und Tausende, ja Zehntausende von Brāhmadevas priesen und verehrten ihn. Weiterhin wurde der Palast von Hunderten, Tausenden, Zehntausenden, ja hundert Millionen Nayutas*[8] *von Scharen von Bodhisattvas beschützt, und Zehntausende, ja hundert Millionen Nayutas von Buddhas der zehn Richtungen wachten über den Palast. Alle Handlungen, Werke und Pāramitās, die in Hunderten, Tausenden, Zehntausenden, ja hundert Millionen Nayutas von Zeitaltern praktiziert wurden, vollendeten hier ihre Glück bringenden Wirkungen. Außerdem wurden dort die direkten und indirekten Ursachen [guter Werke] verwirklicht, und sie vermehrten und vergrößerten sich Tag um Tag, sodass unendlich viele Tugenden und Verdienste alles ins Wunderbare verwandelten, und dies ohne Ende und ganz und gar unvorstellbar und unmöglich zu beschreiben.*

*Der Bodhisattva saß nun auf diesem herrlich exquisiten Löwensitz und wandte sich mit diesen Worten an die Versammlung göttlicher Wesen: »Wenn die Bodhisattva-Mahāsattvas an dem Ort ihrer Bestimmung in einem Leben in diesem Palast des Tuṣita-Himmels weilen und es nicht mehr lange dauert, bis sie herabsteigen, um in der Welt der Menschen gezeugt und geboren zu werden, verkünden sie der Versammlung himmlischer Wesen immer diese einhundertacht Tore der Dharma-Klarheit, um sie den Göttern zur Erinnerung zu hinterlassen. Erst danach steigen sie [in die Menschenwelt] hinab und werden geboren. Ihr Götter! Jetzt solltet ihr mit größter Aufrichtigkeit diese [einhundertacht Tore] hören und sie annehmen. Welches sind die einhundertacht Tore der Dharma-Klarheit?*

*WAHRER GLAUBE ist ein Tor der Dharma-Klarheit, denn [auf diese Weise] bleibt der Geist unerschütterlich.*

*REINER GEIST ist ein Tor der Dharma-Klarheit, denn er ist ohne Befleckungen.*

*FREUDE ist ein Tor der Dharma-Klarheit, denn sie ist der friedvolle und gelassene Geist.*

*GÜTE UND FREUNDLICHKEIT sind ein Tor der Dharma-Klarheit, denn sie machen den Geist rein.*

*RICHTIGES HANDELN MIT DEM KÖRPER ist ein Tor der Dharma-Klarheit, denn [auf diese Weise] sind die drei Verhaltensweisen*[9] *rein.*

*REINES HANDELN IN DER REDE ist ein Tor der Dharma-Klarheit, denn [auf diese Weise] vermeidet man die vier Übel.*[10]

*REINES HANDELN MIT DEM GEIST ist ein Tor der Dharma-Klarheit, denn [auf diese Weise] beseitigt man die drei Gifte.*[11]

*SICH DES BUDDHA BEWUSST ZU SEIN, ist ein Tor der Dharma-Klarheit, denn [auf diese Weise] ist die Betrachtung Buddhas rein.*

*SICH DES DHARMAS BEWUSST ZU SEIN, ist ein Tor der Dharma-Klarheit, denn [auf diese Weise] ist die Betrachtung des Dharmas rein.*

*SICH DES SANGHAS BEWUSST ZU SEIN, ist ein Tor der Dharma-Klarheit, denn [auf* [10]
*diese Weise] ist man standfest in der Verwirklichung der Wahrheit.*

*SICH DER FREIGEBIGKEIT BEWUSST ZU SEIN, ist ein Tor der Dharma-Klarheit, denn [auf diese Weise] erwartet man keine Belohnung.*

*SICH DER GEBOTE BEWUSST ZU SEIN, ist ein Tor der Dharma-Klarheit, denn [auf diese Weise] erfüllt man alle Gelübde.*

*SICH DES HIMMELS BEWUSST ZU SEIN, ist ein Tor der Dharma-Klarheit, denn [auf diese Weise] erwacht der weite und große Geist.*

*WOHLWOLLEN UND GÜTE sind ein Tor der Dharma-Klarheit, denn [auf diese Weise] überwiegen die guten Wurzeln in allen Lebenslagen.*

*MITGEFÜHL ist ein Tor der Dharma-Klarheit, denn [auf diese Weise] zerstört man keine lebenden Wesen und tut ihnen kein Leid an.*

*HEITERKEIT ist ein Tor der Dharma-Klarheit, denn [auf diese Weise] löst man sich von allen Unannehmlichkeiten.*

*VERZICHT ist ein Tor der Dharma-Klarheit, denn [auf diese Weise] gibt man die fünf Begierden auf.*

*DAS GEWAHRSEIN DER VERGÄNGLICHKEIT ist ein Tor der Dharma-Klarheit, denn [auf diese Weise] erkennt man die Begierden der drei Welten.*

*DAS GEWAHRSEIN DES LEIDENS ist ein Tor der Dharma-Klarheit, denn [auf diese Weise] beendet man alles Trachten und Sehnen.*

*DAS GEWAHRSEIN DES NICHT-SELBST ist ein Tor der Dharma-Klarheit, denn [auf* [20]
*diese Weise] fällt man nicht in Selbsttäuschung.*

*DAS GEWAHRSEIN DER STILLE DES SAMĀDHIS ist ein Tor der Dharma-Klarheit, denn [auf diese Weise] stört man den Geist nicht.*

*SCHAM UND REUE ist ein Tor der Dharma-Klarheit, denn [auf diese Weise] kommt das Innere zur Ruhe.*

*Demut und Bescheidenheit ist ein Tor der Dharma-Klarheit, denn [auf diese Weise] verschwindet alles Unrecht.*

*Wahrhaftigkeit ist ein Tor der Dharma-Klarheit, denn [auf diese Weise] täuscht man die Götter und Menschen nicht.*

*Aufrichtigkeit ist ein Tor der Dharma-Klarheit, denn [auf diese Weise] verfällt man nicht der Selbsttäuschung.*

*Dem Dharma entsprechend zu handeln ist ein Tor der Dharma-Klarheit, denn [auf diese Weise] lebt man im Einklang mit dem Dharma.*

*Die Zuflucht zu den drei Juwelen*[12] *ist ein Tor der Dharma-Klarheit, denn [auf diese Weise] reinigt man die drei üblen Zustände.*[13]

*Die Freundlichkeit [anderer] zu schätzen ist ein Tor der Dharma-Klarheit, denn [auf diese Weise] wirft man seine guten Wurzeln nicht weg.*

*Die Freundlichkeit [anderer] zu erwidern ist ein Tor der Dharma-Klarheit, denn [auf diese Weise] betrügt und missachtet man andere nicht.*

[30] *Ohne Selbsttäuschung zu sein ist ein Tor der Dharma-Klarheit, denn [auf diese Weise] erhöht man sich selbst nicht.*

*Für die Lebewesen zu arbeiten ist ein Tor der Dharma-Klarheit, denn [auf diese Weise] verletzt man andere nicht.*

*Für den Dharma zu arbeiten ist ein Tor der Dharma-Klarheit, denn [auf diese Weise] handelt man im Einklang mit dem Dharma.*

*Das Wissen um die Zeit ist ein Tor der Dharma-Klarheit, denn [auf diese Weise] unterschätzt man die gesprochene Lehre nicht.*

*Die Ichsucht zu überwinden ist ein Tor der Dharma-Klarheit, denn [auf diese Weise] offenbart sich die Weisheit.*

*Den übelwollenden Geist nicht auftreten zu lassen ist ein Tor der Dharma-Klarheit, denn [auf diese Weise] beschützt man sich selbst und die anderen.*

*Hindernisse zu überwinden ist ein Tor der Dharma-Klarheit, denn [auf diese Weise] wird der Geist frei von Zweifeln.*

*Glaube und Verständnis sind ein Tor der Dharma-Klarheit, denn [auf diese Weise] entschließt man sich, die höchste Wahrheit zu ergründen.*

*Das Gewahrsein der Unreinheit ist ein Tor der Dharma-Klarheit, denn [auf diese Weise] gibt man den Geist auf, der durch die Begierden getrübt ist.*

*Nicht streiten ist ein Tor der Dharma-Klarheit, denn [auf diese Weise] beendet man zornige Anschuldigungen.*

[40] *Nicht töricht zu sein ist ein Tor der Dharma-Klarheit, denn [auf diese Weise] vermeidet man Lebendiges zu töten.*

*Sich am Sinn der Dharma-Lehren zu erfreuen ist ein Tor der Dharma-Klarheit, denn [auf diese Weise] sucht man die Bedeutung des Dharmas.*

*Die Dharma-Klarheit zu lieben ist ein Tor der Dharma-Klarheit, denn [auf diese Weise] verwirklicht man sie.*

*Nach umfassendem Wissen zu streben ist ein Tor der Dharma-Klarheit, denn [auf diese Weise] kennt man die Formen des Dharmas.*

*RECHTE MITTEL sind ein Tor der Dharma-Klarheit, denn sie werden vom rechten Handeln begleitet.*

*DIE KENNTNIS DER NAMEN UND FORMEN ist ein Tor der Dharma-Klarheit, denn [auf diese Weise] beseitigt man viele Barrieren und Hindernisse.*

*DIE SICHT, DASS MAN DIE URSACHEN [DES UNRECHTS] VERMEIDET, ist ein Tor der Dharma-Klarheit, denn [auf diese Weise] befreit man sich.*

*DER GEIST JENSEITS VON FEINDSCHAFT ODER FREUNDSCHAFT ist ein Tor der Dharma-Klarheit, denn [auf diese Weise] lebt man unter Feinden wie Freunden, ohne Partei zu ergreifen.*

*GESCHICKTE MITTEL, DIE VERBORGEN BLEIBEN, sind ein Tor der Dharma-Klarheit, denn [auf diese Weise] erkennt man vielfältiges Leiden.*

*DIE AUSGEWOGENHEIT ALLER ELEMENTE ist ein Tor der Dharma-Klarheit, denn [auf diese Weise] versteht man die wechselseitigen Beziehungen [dieser Welt].*

*DIE SINNESORGANE sind ein Tor der Dharma-Klarheit, denn durch sie praktiziert* [50] *man den rechten Weg.*

*DAS WISSEN UM DIE NICHT-GEBURT*[14] *ist ein Tor der Dharma-Klarheit, denn [auf diese Weise] erfährt man die Wahrheit der Auflösung.*[15]

*DER KÖRPER ALS EIN BEREICH DER BEWUSSTHEIT*[16] *ist ein Tor der Dharma-Klarheit, denn [auf diese Weise] betrachtet man alle Dharmas mit Gelassenheit.*

*DIE GEFÜHLE ALS EIN BEREICH DER BEWUSSTHEIT*[17] *ist ein Tor der Dharma-Klarheit, denn [auf diese Weise] löst man sich von allen Arten von Gefühlen.*

*DER GEIST ALS EIN BEREICH DER BEWUSSTHEIT*[18] *ist ein Tor der Dharma-Klarheit, denn [auf diese Weise] weiß man, dass der Geist wie ein Phantom ist.*

*DER DHARMA ALS EIN BEREICH DER BEWUSSTHEIT*[19] *ist ein Tor der Dharma-Klarheit, denn [auf diese Weise] ist die Weisheit ohne Befleckung.*

*DIE VIER ARTEN RECHTER ANSTRENGUNG*[20] *sind ein Tor der Dharma-Klarheit, denn sie vernichten alles Unrechte und verwirklichen die vielen Arten des Rechten.*

*DIE VIER PFEILER ÜBERNATÜRLICHER KRÄFTE*[21] *sind ein Tor der Dharma-Klarheit, denn [auf diese Weise] werden Körper und Geist leicht.*

*DIE WURZEL DES VERTRAUENS*[22] *ist ein Tor der Dharma-Klarheit, denn [auf diese Weise] folgt man nicht [blind] den Worten anderer.*

*DIE WURZEL DER HINGABE*[23] *ist ein Tor der Dharma-Klarheit, denn [auf diese Weise] erlangt man durch und durch viele Arten von Weisheit.*

*DIE WURZEL DES GEWAHRSEINS*[24] *ist ein Tor der Dharma-Klarheit, denn [auf die-* [60] *se Weise] vollbringt man gründlich viele Arten von Werken.*

*DIE WURZEL DES GLEICHGEWICHTS*[25] *[Samādhi] ist ein Tor der Dharma-Klarheit, denn [auf diese Weise] bleibt der Geist rein.*

*DIE WURZEL DER WEISHEIT*[26] *ist ein Tor der Dharma-Klarheit, denn [auf diese Weise] sieht man alle Dharmas so, wie sie sind.*

*DIE KRAFT DES VERTRAUENS*[27] *ist ein Tor der Dharma-Klarheit, denn sie überschreitet die Macht der Dämonen.*

*DIE KRAFT DER HINGABE*[28] *ist ein Tor der Dharma-Klarheit, denn [auf diese Wei-*

*se] fällt man nicht zurück und kommt nicht vom Weg ab.*

*Die Kraft der Bewusstheit*[29] *ist ein Tor der Dharma-Klarheit, denn [auf diese Weise] schließt man sich nicht [blind] den anderen an.*

*Die Kraft des Gleichgewichts [Samādhi]*[30] *ist ein Tor der Dharma-Klarheit, denn [auf diese Weise] kann man alle Gedanken abschneiden.*

*Die Kraft der Weisheit*[31] *ist ein Tor der Dharma-Klarheit, denn [auf diese Weise] entfernt man sich von den zwei extremen Sichtweisen.*[32]

*Die Bewusstheit als Glied des Erwachens*[33] *ist ein Tor der Dharma-Klarheit, denn es ist Weisheit, die der Wirklichkeit entspricht.*

*Die Entscheidung für den Dharma*[34] *als Glied des Erwachens ist ein Tor der Dharma-Klarheit, denn [auf diese Weise] klärt man alle Dharmas.*

[70] *Die Anstrengung*[35] *als Glied des Erwachens ist ein Tor der Dharma-Klarheit, denn [auf diese Weise] wird man sehr geschickt in der Wahrnehmung.*

*Die Freude*[36] *als Glied des Erwachens ist ein Tor der Dharma-Klarheit, denn [auf diese Weise] erlangt man die vielen Arten des Gleichgewichts.*

*Die Geistesruhe*[37] *als Glied des Erwachens ist ein Tor der Dharma-Klarheit, denn [auf diese Weise] haben wir Einsicht in unsere Handlungen.*

*Das Gleichgewicht [Samādhi]*[38] *als Glied des Erwachens ist ein Tor der Dharma-Klarheit, denn [auf diese Weise] erkennt man die Ausgewogenheit aller Dharmas.*

*Der Gleichmut*[39] *als Glied des Erwachens ist ein Tor der Dharma-Klarheit, denn wendet man sich von allen [Verstrickungen] des Lebens ab.*

*Rechte Sicht*[40] *ist ein Tor der Dharma-Klarheit, denn [auf diese Weise] erlangt man den edlen Pfad, durch den sich alles Überflüssige erschöpft.*

*Rechte Unterscheidung*[41] *ist ein Tor der Dharma-Klarheit, denn [auf diese Weise] beseitigt man sowohl Unterscheidung als auch Nicht-Unterscheidung.*

*Rechte Rede*[42] *ist ein Tor der Dharma-Klarheit, denn [auf diese Weise] kann man Begriffe, Stimmen und Worte als Ton erkennen.*

*Rechtes Handeln*[43] *ist ein Tor der Dharma-Klarheit, denn [auf diese Weise] gibt es kein Karma und keine Vergeltung.*

*Rechtes Leben*[44] *ist ein Tor der Dharma-Klarheit, denn [auf diese Weise] kann man sich von allen unheilsamen Wegen befreien.*

[80] *Rechte Praxis*[45] *ist ein Tor der Dharma-Klarheit, denn [auf diese Weise] gelangt man zum fernen Ufer.*

*Rechte Bewusstheit*[46] *ist ein Tor der Dharma-Klarheit, denn [auf diese Weise] ergründet man die Dharmas nicht mit dem verstandesmäßigen Denken.*

*Rechtes Gleichgewicht*[47] *ist ein Tor der Dharma-Klarheit, denn [auf diese Weise] verwirklicht man den Samādhi der Nicht-Zerstreutheit.*

*Der Geist des Erwachens ist ein Tor der Dharma-Klarheit, denn [auf diese Weise] entfernt man sich nicht von den drei Juwelen.*

*Vollkommenes Vertrauen ist ein Tor der Dharma-Klarheit, denn [auf diese Weise] wird man nicht vom Hīnayāna angezogen.*

*Wahrer Glaube*[48] *ist ein Tor der Dharma-Klarheit, denn [auf diese Weise] erlangt man den höchsten Buddha-Dharma.*

*Entwicklung ist ein Tor der Dharma-Klarheit, denn [auf diese Weise] verwirklicht man den Dharma, der alle Wurzeln des Guten enthält.*

*Die Praxis der Freigebigkeit*[49] *ist ein Tor der Dharma-Klarheit, denn [auf diese Weise] vollendet man in jedem Augenblick alle Formen des Rechten und schmückt das Buddha-Land, auch unterweist und verwandelt man die Lebewesen, die geizig oder gierig sind.*

*Die Praxis der Gebote*[50] *ist ein Tor der Dharma-Klarheit, denn [auf diese Weise] entfernt man sich vom Elend der üblen Zustände und unterweist und verwandelt die Lebewesen, die die Gebote brechen.*

*Die Praxis der Geduld und Nachsicht*[51] *ist ein Tor der Dharma-Klarheit, denn [auf diese Weise] beseitigt man Zorn, Arroganz, Schmeichelei und Torheit, und man unterweist und verwandelt die Lebewesen, die solche Laster haben.*

*Die Praxis der Anstrengung*[52] *ist ein Tor der Dharma-Klarheit, denn [auf diese* [90]
*Weise] erlangt man vollkommen alle guten Dharmas und unterweist und verwandelt die Lebewesen, die faul und träge sind.*

*Die Praxis der Vertiefung*[53] *ist ein Tor der Dharma-Klarheit, denn [auf diese Weise] erlangt man alle Gleichgewichte und übernatürlichen Kräfte und unterweist und verwandelt die Lebewesen, die zerstreut sind.*

*Die Praxis der Weisheit*[54] *ist ein Tor der Dharma-Klarheit, denn [auf diese Weise] beseitigt man das Dunkel der Unwissenheit und das Haften an Sichtweisen, und man unterweist und verwandelt die Lebewesen, die töricht sind.*

*Geschickte Mittel sind ein Tor der Dharma-Klarheit, denn [auf diese Weise] verwirklicht man den Dharma aller Buddhas. Man lehrt und führt die Lebewesen, indem man das würdevolle Handeln offenbart, das alle Lebewesen erkennen.*

*Die vier Arten des sozialen Handelns*[55] *sind ein Tor der Dharma-Klarheit, denn [auf diese Weise] nimmt man alle lebenden Wesen an und beglückt sie mit dem Dharma, nachdem man die Wahrheit verwirklicht hat.*

*Die Lebewesen zu unterweisen und zu führen ist ein Tor der Dharma-Klarheit, denn [auf diese Weise] gibt man sich nicht den Freuden der Sinne hin noch wird man müde oder überdrüssig.*

*Den wahren Dharma zu empfangen ist ein Tor der Dharma-Klarheit, denn [auf diese Weise] beseitigt man alle Täuschungen der Lebewesen.*

*Vielerlei Glück anzusammeln ist ein Tor der Dharma-Klarheit, denn [auf diese Weise] kann man es allen Lebewesen zugutekommen lassen.*

*Die Praxis des Gleichgewichts im Zen ist ein Tor der Dharma-Klarheit, denn [auf diese Weise] erfreut man sich der zehn Kräfte.*[56]

*Stille ist ein Tor der Dharma-Klarheit, denn sie ist die Verwirklichung des Samādhis der Tathāgatas.*

*Die Sicht der Weisheit ist ein Tor der Dharma-Klarheit, denn [auf diese Weise]* [100]
*verwirklicht man die Weisheit vollkommen.*

*In den Bereich der unbeschränkten Rede einzutreten ist ein Tor der*

*Dharma-Klarheit, denn [auf diese Weise] verwirklicht man das Dharma-Auge.*
*In den Bereich allen Handelns und Wirkens einzutauchen ist ein Tor der Dharma-Klarheit, denn [auf diese Weise] verwirklicht man das Buddha-Auge.*
*Die Dhāranīs*[57] *zu vollenden ist ein Tor der Dharma-Klarheit, denn [auf diese Weise] hört man den Dharma aller Buddhas und empfängt und bewahrt ihn wirklich.*
*Den Bereich der unbeschränkten Rede zu erlangen ist ein Tor der Dharma-Klarheit, denn [auf diese Weise] lässt man alle Lebewesen Freude und Glück empfinden.*
*Ausdauer im Gehorsam ist ein Tor der Dharma-Klarheit, denn [auf diese Weise] folgt man dem Dharma aller Buddhas.*
*Den Dharma der Nicht-Geburt*[58] *zu verwirklichen ist ein Tor der Dharma-Klarheit, denn [auf diese Weise] erlangt man die Bestätigung [der Buddhaschaft].*
*Der Bereich jenseits von Ablenkung und Rückschritt ist ein Tor der Dharma-Klarheit, denn er ist angefüllt mit dem Dharma vergangener Buddhas.*
*Die Weisheit, die von einer Ebene zur anderen führt, ist ein Tor der Dharma-Klarheit, denn wenn das Haupt mit Wasser besprengt wurde*[59]*, vollendet man die vollkommene Weisheit.*
*Der Zustand, in dem Wasser auf das Haupt gesprengt wird, ist ein Tor der Dharma-Klarheit, denn danach wird man in einer Familie geboren, in der man letztlich Anuttarā-samyak-saṃbodhi verwirklichen wird.«*
*Als der Bodhisattva Bewahrer der Klarheit diese Worte ausgesprochen hatte, wandte er sich an alle himmlischen Wesen: »Götter, ihr solltet wissen, dass dies die einhundertacht Tore der Dharma-Klarheit sind. Ich hinterlasse sie euch. Ihr solltet sie annehmen und bewahren, sie immer im Geist behalten und niemals vergessen.«*

Dies sind die einhundertacht Tore der Dharma-Klarheit. Es ist ein gleichbleibendes Gesetz für alle Buddhas, dass die Bodhisattvas, die ihr letztes Leben im Tuṣita-Himmel verbringen, bevor sie hinabsteigen, um in der Menschenwelt geboren zu werden, den himmlischen Scharen des Tuṣita-Himmels unfehlbar diese einhundertacht Tore der Dharma-Klarheit darlegen und die Götter auf diese Weise belehren. »Bodhisattva Bewahrer der Klarheit« war der Name von Śākyamuni Buddha, als er sein letztes Leben [als Bodhisattva] im Tuṣita-Himmel verbrachte. Als Ri Fuma[60] das Tenshō kōtō roku[61] zusammenstellte, schrieb er diese einhundertacht Tore der Dharma-Klarheit nieder. [Aber] nur wenige Schüler haben sie geklärt, und jene, die sie nicht kennen, sind [so zahlreich] wie Reis, Flachs, Bambus und Schilfrohr. Nun habe ich sie zum Wohl der Anfänger und älteren Schüler zusammengetragen. Wer auf den Löwensitz steigt und ein Lehrer der Menschen und Götter wird, sollte diese Tore mit größter Sorgfalt erforschen und ergründen. Es ist ganz unmöglich, ein Buddha zu sein, wenn man sein letztes Leben nicht am Ort der Bestimmung [im Tuṣita-Himmel] verbracht hat. Ihr Praktizierenden, seid nicht grundlos überheblich und stolz auf euch. Für einen Bodhisattva, der nur noch an ein einziges Leben gebunden ist, gibt es kein Zwischenstadium[62] mehr.

Shōbōgenzō Ippyakuhachi hōmyōmon

Nummer 11.[63]

# Anmerkungen

1 *Gomyō,* »der Bewahrer der Klarheit«, war ein legendärer Bodhisattva, der für Śākyamuni Buddha auf seiner Suche nach der Wahrheit steht.

2 *Tuṣita,* »die Stillzufriedenen«, ist der von den Göttern (Devas) bewohnte Himmel. Es heißt, dass die Bodhisattvas, die in ihrem nächsten Leben Buddhas werden, im Tuṣita-Himmel weilen, der der vierte der sechs Himmel in der Welt der Begierden ist. Śākyamuni Buddha soll dort früher in der Gestalt des Bodhisattvas Bewahrer der Klarheit und in anderen Bodhisattva-Gestalten gelebt haben. Manche glauben, dass der Bodhisattva Maitreya, der künftige Buddha, jetzt dort lebt.

3 *Yojana* (sanskr.) ist ein altes indisches Längenmaß, allerdings variieren die Angaben hierzu zwischen 64, 120 und 160 Kilometern.

4 *Anza* 安座, »in Frieden sitzen«, ist ein Synonym für Zazen.

5 *Hōmon* 法門, »Dharma-Tor«, steht für sanskr. *dharma-paryāya.* Es bedeutet, dass die Lehren des Buddha wie Tore sind, durch deren Durchschreiten die Lebewesen die Wahrheit verwirklichen können.

6 *Shishi [no] kōza* 師子高座流蘇, wörtl. »der hohe Sitz des Löwen«. Wenn der Buddha lehrte, wurde dies oft mit dem Brüllen eines Löwen verglichen. *Shishi-za* 師子座, »der Löwensitz«, ist eine übliche Bezeichnung für den Sitz des Meisters oder Lehrers.

7 *Ryūso* 流蘇. Diese Quasten wurden im alten Indien zur Verzierung von Kutschen, Pferden, Betten, Vorhängen, Bannern, Flaggen usw. verwendet. Jede Quaste wurde aus handgewebten Fäden in den fünf Grundfarben hergestellt.

8 *Nayuta* ist eine altindische Bezeichnung für eine sehr große Menge. Die genaue Bedeutung ist unklar, möglicherweise sind es hundert oder sogar tausend Milliarden.

9 *Sangō* 三業, »die drei Verhaltensweisen«, durch den Körper, die Rede und den Geist.

10 *Shi-aku* 四悪, »die vier Übel« in der Rede, sind: 1. Lügen, 2. Schweigen, wenn man reden sollte, 3. Verleumdung, und 4. Schöntuerei.

11 *Sandoku* 三毒, »die drei Gifte«, sind Zorn, Begierde und Unwissenheit.

12 *Sanki* 三帰, »dreifache Zuflucht«, das heißt, Zuflucht zu Buddha, Dharma und Sangha.

13 *San-aku-dō* 三悪道無生, »die drei üblen Zustände«, das heißt, den Zustand der Hölle, der hungrigen Geister und der Tiere.

14 *Mushōnin* 無生忍 ist die Kurzform von *Mushō hōnin* 無生法忍. *Nin* 忍 bedeutet »das Wissen um« oder »Verwirklichung« und *mushō* 無生, »Nicht-Auftreten« oder »Nicht-Geburt«, ist hier ein Synonym für Nirvāṇa, den Zustand der Ruhe und Gelassenheit ohne Hindernisse oder Störungen.

15 *Mettai* 滅諦, sanskr. *nirodharya-satya,* »die Wahrheit der Auflösung (des Leidens)«, ist die dritte der vier edlen Wahrheiten.

16 *Shin-nenjo* 身念処, sanskr. *kāya-smṛtyupasthāna,* ist das Gewahrsein der Unreinheit des Körpers. Dieser und die drei folgenden Punkte sind auch als *shi-nenjo* 四念処, »die vier Bereiche der Bewusstheit«, bekannt; sie sind die ersten vier der siebenunddreißig Faktoren des Erwachens, die Meister Dōgen in Kap. 73, *Sanjūshichibon bodai bunpō,* erläutert.

17 *Junenjo* 受念処, sanskr. *vedanā-smṛtyupasthāna,* ist das Gewahrsein, dass aus Gefühlen Leiden entsteht.

18 *Shin-nenjo* 心念処, sanskr. *citta-smṛtyupasthāna,* ist das Gewahrsein, dass der Geist der Unbeständigkeit unterworfen ist.

19 *Hōnenjo* 法念処, sanskr. *dharma-smṛtyupasthāna*, ist das Gewahrsein der Selbst-losigkeit aller Dinge und Phänomene.
20 *Shishōgon* 四正勲, sanskr. *catavāri-samyakprahāṇāni*. Die vier Arten rechter Überwindung, auch die vier Arten rechter Anstrengung genannt, sind die Punkte 5 bis 8 der siebenunddreißig Faktoren des Erwachens. Siehe Kap. 73, *Sanjūshichibon bodai bunpō*.
21 *Shi nyo-i soku* 四如意足, sanskr. *catur-ṛddhipāda*. Die vier Grundlagen zur Bildung übernatürlicher Kräfte sind die Punkte 9 bis 12 der siebenunddreißig Faktoren des Erwachens.
22 *Shinkon* 信根, »die Wurzel des Vertrauens« oder »die Wurzel des Glaubens«, sanskr. *śraddhendriya*, ist die erste der fünf Wurzeln (*gokon* 五根), Fähigkeiten oder inneren Kräfte, die die Grundlage der nachfolgenden fünf Kräfte (*goriki* 五力) bilden. Die fünf Wurzeln sind die Punkte 13 bis 17 der siebenunddreißig Faktoren des Erwachens.
23 *Shōjinkon* 精進根, sanskr. *vīryendriya*.
24 *Nenkon* 念根, sanskr. *smṛtindriya*.
25 *Jōkon* 定根, sanskr. *samādhindriya*.
26 *Ekon*慧根, sanskr. *prajñendriya*.
27 *Shinriki* 信力, sanskr. *śraddhā-bala*. Die Kraft des Vertrauens ist die erste der fünf Kräfte (*goriki* 五力), die aus den vorhergehenden fünf Wurzeln (*gokon* 五根), Fähigkeiten oder inneren Kräften hervorgeht. Diese fünf Kräfte sind die Punkte 18 bis 22 der siebenunddreißig Faktoren des Erwachens.
28 *Shōjinriki* 精進力, sanskr. *vīrya-bala*.
29 *Nenriki* 念力, sanskr. *smṛti-bala*.
30 *Jōriki* 定力, sanskr. *samādhi-bala*.
31 *Eriki* 慧力, sanskr. *prajñā-bala*.
32 Von den beiden Extremen Ewigkeitssicht (Idealismus) und Nihilismus (Materialismus).
33 *Nen kakubun* 念覚分, sanskr. *smṛti-bodhyaṅga*. Die Bewusstheit als Glied des Erwachens ist das erste der sieben Glieder des Erwachens (*shichi kakubun* 七覚分). Diese sieben Glieder sind die Punkte 23 bis 29 der siebenunddreißig Faktoren des Erwachens. In Kap. 73, *Sanjūshichibon bodai bunpō*, sind sie in einer anderen Reihenfolge aufgeführt.
34 *Takuhō kakubun* 択法覚分, sanskr. *dharmapravicaya bodhyaṅga*.
35 *Shōjin kakubun* 精進覚分, sanskr. *vīrya bodhyaṅga*.
36 *Ki kakubun* 喜覚分, sanskr. *prīti bodhyaṅga*.
37 *Jo kakubun* 除覚分, sanskr. *praśrabdhi bodhyaṅga*.
38 *Jō kakubun* 定覚分, sanskr. *samādhi bodhyaṅga*.
39 *Sha kakubun* 捨覚分, sanskr. *upekṣa bodhyaṅga*.
40 *Shōken* 正見, sanskr. *samyag-dṛṣṭi*, ist das erste Glied des edlen achtfachen Pfades. Die acht Glieder des edlen achtfachen Pfades sind die letzten acht der siebenunddreißig Faktoren des Erwachens. Einige dieser Glieder werden in diesem Kapitel in einer anderen Formulierung wiedergegeben als in Kap. 73, *Sanjūshichibon bodai bunpō*.
41 *Shōfunbetsu* 正分別, sanskr. *samyag-saṃkalpa*. In Kap. 73 wird es als »rechtes Denken« (*shōshi-i* 正思惟) wiedergegeben.
42 *Shōgo* 正語, sanskr. *samyag-vāc*.
43 *Shōgō* 正業, sanskr. *samyak-karmānta*.
44 *Shōmyō* 正命, sanskr. *samyag-ājīva*.
45 *Shōgyō* 正行, sanskr. *samyag-vyāyāma*. In Kap. 73 wird es als »rechte Anstrengung« (*shōshojin* 正精進) wiedergegeben.
46 *Shōnen* 正念, sanskr. *samyag-smṛti*.
47 *Shōjō* 正定, sanskr. *samyag-samādhi*.
48 *Shōshin* 正信. Genau dieselbe Bezeichnung *shōshin* 正信 steht in der Liste der 108 Tore

der Dharma-Klarheit an erster Stelle. Wenn die zwei Tore »rechten Glaubens« als ein Tor gezählt werden, dann werden in dem Sūtra tatsächlich 108 Tore aufgezählt, sonst wären es 109.

49 *Dando* 檀度. *Dan* 檀 gibt den Klang von sanskr. *dāna*, »Geben«, wieder, und *do* 度 steht für sanskr. *pāramitā*, das zum einen »das andere Ufer erreichen« bedeutet und zum anderen die sechs Arten der Praxis eines Bodhisattvas bezeichnet.

50 *Kaido* 戒度, sanskr. *śīla-pāramitā*.

51 *Nindo* 忍度, sanskr. *kṣānti-pāramitā*.

52 *Shōjindo* 精進度, sanskr. *vīrya-pāramitā*.

53 *Zendo* 禅度, sanskr. *dhyāna-pāramitā*.

54 *Chido* 智度, sanskr. *prajñā-pāramitā*.

55 *Shishōbō* 四摂法, sanskr. *catvāri saṃgraha-vastūni*. Diese vier sind: 1. großzügig geben (*dāna*), 2. gütig und wohlwollend reden (*priya-ākhyāna*), 3. hilfreich handeln (*artha-carya*), und 4. mit anderen gut zusammenarbeiten (*samāna-arthatā*). Meister Dōgen erläutert sie in Kap. 45, *Bodaisatta shishōbō*.

56 *Jūriki* 十力, »die zehn Kräfte«, sind Kräfte, die einem Buddha zugeschrieben werden. Eine Interpretation der zehn Kräfte ist: 1. Rechtes und Unrechtes zu unterscheiden, 2. Ursachen und Wirkungen zu verstehen, 3. die verschiedenen Zustände des Gleichgewichts und der Sammlung zu durchdringen, 4. die höheren und niederen Fähigkeiten der Lebewesen zu erkennen, 5. ihre Neigungen zu verstehen, 6. die mannigfaltigen Bestandteile der Welt zu erkennen, 7. das Gesetz der Wiedergeburten zu verstehen, 8. sich an vergangene Ereignisse zu erinnern, 9. um die Geburt und den Tod der Menschen in den drei Zeiten zu wissen, 10. zu wissen, wie man jegliche Nöte in sich selbst und in anderen vernichten kann.

57 Siehe Kap. 55, *Darani*.

58 Siehe Punkt 51 und die dazugehörige Anm. 15.

59 *Kanchō* 灌頂 ist eine Zeremonie, bei der das Haupt des Bodhisattvas mit Wasser besprengt wird. Es heißt, dass sie ausgeführt wird, wenn ein Bodhisattva die höchste Ebene erlangt hat und Buddha wird.

60 Ri Fuma oder »Li, Berater des Kaisers« ist auch unter dem Namen Ri Junkyoku bekannt. Ri, »Li«, war sein Nachname und Fuma ein offizieller Titel. Ri Fuma praktizierte im Orden von Meister Koku-on Unsō und wurde sein Nachfolger. Er starb 1038 und wird auch in Kap. 73, *Sanjūshishibon bodai bunpō*, erwähnt.

61 *Tenshō kōtō roku*, »Aufzeichnung zur Verbreitung der Leuchte aus der Ära Tenshō«.

62 Dies bedeutet, dass ein Bodhisattva unmittelbar Buddha wird.

63 Dies ist das 11. Kapitel der 12-Kapitel-Ausgabe des *Shōbōgenzō*, aber es ist weder in der 95-Kapitel- noch in der 75-Kapitel-Ausgabe vorhanden.

# Anhang 4

## Die chinesischen Meister

| | |
|---|---|
| Banzan Hōshaku | Panshan Baoji |
| Baso Dō-itsu | Mazu Daoyi |
| Busshō Hōtai | Fuxing Fatai |
| Chōkei Eryō | Changqing Huileng |
| Chōsa Keishin | Changsha Jingcen |
| Dai-e Sōkō | Dahui Zonggao |
| Daikan Enō | Dajian Huineng |
| Engo Kokugon | Yuanwu Keqin |
| Fun-yō Zenshō | Fenyang Shanzhao |
| Fuyō Dōkai | Furong Daokai |
| Gensa Shibi | Xuansha Shibei |
| Godai Inpō | Wutai Yinfeng |
| Goso Hō-en | Wuzu Fayan |
| Gutei | Juzhi |
| Hō-on (Laie) | Pangyun |
| Hofuku Jūten | Baofu Congzhan |
| Hokken | Faxian |
| Hyakujō Ekai | Baizhang Huaihai |
| Jōshū Jūshin | Zhaozhou Congshen |
| Jōzan Shin-ei | Dingshan Shenying |
| Kai-e (Haku-un) Shūtan | Haihui (Baiyun) Shouduan |
| Kassan Zen-e | Jiashan Shanhui |
| Koboku Hōjō | Kumu Facheng |
| Kozan Chi-en | Gushan Zhiyuan |
| Kyōgen Chikan | Xiangyan Zhixian |
| Kyōzan Ejaku | Yangshan Huiji |
| Myōkyō Shōri | Mingjiao Shaoli |
| Nangaku Ejō | Nanyue Huairang |
| Nangaku Eshi | Nanyue Huisi |
| Nansen Fugan | Nanquan Puyuan |
| Nan-yō Echū | Nanyang Huizhong |
| Ōbaku Ki-un | Huangbo Xiyun |
| Ōryū Shishin (Goshin) | Huanglong Sixin (Wuxin) |
| Rai-an Shōju | Leian Zhengshou |
| Ri Fuma | Li Fuma |
| Rinzai Gigen | Linji Yixuan |
| Sakei Genrō | Zuoxi Xuanlang |

| | |
|---|---|
| Seidō Chizō | Xitang Zhizang |
| Seigen Gyōshi | Qingyuan Xingsi |
| Seizan Ryō | Xishan Liang |
| Setchō Jūken | Xuedou Chongxian |
| Shakkyō Ezō | Shigong Huicang |
| Sōkei Reitō | Caoxi Lingtao |
| Taiso Eka | Dazu Huike |
| Tandō Bunjun | Zhantang Wenzhun |
| Tanka Shijun | Danxia Zichun |
| Tanka Ten-nen | Danxia Tianran |
| Tendō Nyojō | Tiantong Rujing |
| Tōzan Dōbi | Dongshan Daowei |
| Tōzan Ryōkai | Dongshan Liangjie |
| Unmon Bun-en | Yunmen Wenyan |
| Wanshi Shōkaku | Hongzhi Zhengjue |
| Yakusan Igen | Yueshan Weiyan |
| Yakusan Kō | Yueshan Gao |
| Yō-Bunkō | Yang Wengong |
| Yōka Genkaku | Yongjia Xuanjue |

# Bibliografie

I. DIE WICHTIGSTEN CHINESISCHEN QUELLENTEXTE, AUS DENEN MEISTER DŌGEN IM SHŌBŌGENZŌ ZITIERT:

A. DIE SŪTREN (Viele der hier zitierten Sūtren des indischen und chinesischen Kanon wurden noch nicht in europäische Sprachen übersetzt. Unsere Übertragung der Namen der Sūtren ist in diesen Fällen nur annähernd und dient lediglich der Orientierung.)

AGON KYŌ 阿含経 – Die Āgama-Sūtren bezeichnen die Sammlung der Lehrreden Buddhas des Sanskrit-Kanons, die sich im Wesentlichen mit dem Pāli-Terminus Nikāya deckt. Die Āgama-Sūtren existieren in vier chinesischen Übersetzungen:

CHŌ AGON KYŌ 長阿含経 – Die Sammlung der langen Lehrreden, in Pāli Dighanikāya.

CHŪ AGON KYŌ 中阿含経 – Die Sammlung der mittleren Lehrreden, in Sanskrit Madhyamāgama; in Pāli Majjhima-nikāya.

ZŌ AGON KYŌ 雑阿含経 – Die Sammlung der gruppierten Lehrreden, in Sanskrit Saṃyuktāgama; in Pāli Samyutta-nikāya.

ZŌ ITSU AGON KYŌ 増一阿含経 – Die Sammlung der angegliederten Lehrreden, in Sanskrit Ekottarāgama; in Pāli Aṅguttara-nikāya.

Diese vier Sammlungen werden noch ergänzt durch eine fünfte Sammlung, SHŌ AGON KYŌ 小阿含経 – Die Sammlung der kurzen Lehrreden, in Sanskrit Kṣudrakāgama; in Pāli Khuddaka-nikāya. Im Pālikanon ist das Khuddaka-nikāya das fünfte der fünf Nikāyas und besteht aus fünfzehn kurzen Abschnitten.

AIKU Ō KYŌ 阿育王経 – Das Sūtra des Königs Aśoka.

BUTSU HONGYŌ JIKKYŌ 佛本行集経 – Die Sammlung der vergangenen Handlungen Buddhas.

DAIBONTEN Ō MONBUTSU KETSUGI KYŌ 大梵天王問佛決疑経 – Das Sūtra der Fragen und Antworten zwischen Mahābrahman und dem Buddha.

DAI HANNYA KYŌ 大般若経 – Das Sūtra von der Großen Prajñā – Kurzform von DAI HANNYA HARAMITA KYŌ 大般若波羅密多経 – Das Sūtra von der Großen Prajñāpāramitā, in Sanskrit Mahā-prajñā-pāramitā-sūtra.

DAIHATSU NEHAN KYŌ 大般涅槃経 – Das große Parinirvāṇa-Sūtra, in Sanskrit Mahāparinirvāṇa-sūtra.

DAIHŌKŌ HŌKYŌ GYŌ 大方廣寶篋経 – Das Mahāvaipulya-Sūtra der Schatztruhe.

DAIHŌKŌ ENGAKU SHŪTARA RYŌGI KYŌ 大方廣円覚修多羅了義経 – Das Sūtra des großen universellen und vollkommenen Erwachens.

DAIHŌ SHAKKYŌ 大寶積経 – Das Sūtra der großen Schatz-Ansammlung, in Sanskrit Mahā-ratnakūta-sūtra.

DAIJŌ HONSHŌ SHIN CHIKAN KYŌ 大乗本生心地観経 – Das Mahāyāna-Sūtra der Betrachtung geistiger Zustände in früheren Leben.

DAISHŪ KYŌ 大集経 – Das Sūtra der großen Ansammlung, in Sanskrit Mahā-saṃnipāta-sūtra.
ENGAKU KYŌ 円覚経 – Das Sūtra der vollkommenen Erweckung.
FUYŌ KYŌ 普曜経 – Das Sūtra von der Ausbreitung der Natürlichkeit, in Sanskrit Lalita-vistara-sūtra.
HIGE KYŌ 悲華経 – Das Sūtra der Blume des Mitgefühls, in Sanskrit Karuṇā-puṇḍarīka-sūtra.
HOKKE KYŌ 法華経 – Das Sūtra der Blume des Dharmas, Kurzform von MYŌHŌ RENGE KYŌ 妙法蓮華経, Das Sūtra der Lotosblume des wunderbaren Dharmas, in Sanskrit Saddharma-puṇḍarīka-sūtra.
HŌKU KYŌ 法句経 – Das Sūtra der Dharma-Worte, in Pāli Dhammapada.
HONSHŌ KYŌ 本生経 – Das Sūtra von [Buddhas] früheren Leben, in Sanskrit Jātaka-sūtra.
JŪ Ō KYŌ 十王経 – Das Sūtra der zehn Könige.
KAN FUGEN BOSATSU GYŌBŌ KYŌ 観普賢菩薩行法経 – Das Sūtra von der Betrachtung der Dharma-Praxis durch den Bodhisattva der universellen Tugend.
KEGON KYŌ 華厳経 – Das Girlanden-Sūtra, in Sanskrit Avataṃsaka-sūtra.
KENGU KYŌ 賢愚経 – Das Sūtra von den Weisen und den Toren.
KE U KŌRYŌ KUDOKU KYŌ 希有校量功徳経 – Das Sūtra über den Vergleich der Verdienste seltener Ereignisse.
KON KŌMYŌ KYŌ 金光明経 – Das Goldglanz-Sūtra. Kurzform von KON KŌMYŌ SAISHŌ Ō KYŌ 金光明最勝王経 – Das Goldglanz-Sūtra des höchsten Königs, in Sanskrit Suvarṇa-prabhāsottama-rāja-sūtra.
KONGŌ KYŌ 金剛経 – Das Diamant-Sūtra. Kurzform von KONGŌ HANNYA HARAMITSU KYŌ 金剛般若波羅密経, das Diamant-Prajñāpāramitā-Sūtra, in Sanskrit Vajracchedikā-prajñā-pāramitā-sūtra.
MIROKU JŌSHŌ KYŌ 弥勒上生経 – Das Sūtra von Maitreyas Aufstieg und Geburt [im Tuṣita-Himmel].
MIZO U INNEN KYŌ 未曾有因縁経 – Das Sūtra nie dagewesener Ereignisse.
NIN-Ō GYŌ 仁王経 – Das Sūtra des gütigen Königs. Kurzform von NIN-Ō GOKOKU HANNYA HARAMITSU GYŌ 仁王般若波羅密経, das Prajñāparamita-Sūtra des gütigen Königs.
SENJŪ HYAKUEN KYŌ 撰集百縁経 – Die Sammlung der hundert Episoden.
SHOBUTSU YŌSHŪ KYŌ 諸佛要集経 – Die Sammlung der wichtigen Eckpunkte der Buddhas.
SHURYŌGON KYŌ 首楞厳経 Das Śūraṃgama-Sūtra, in Sanskrit Śūraṃgama-samādhinirdeśa-sūtra.
SHAKUBUKU RAKAN KYŌ 折伏羅漢経 – Das Sūtra der Niederlage eines Arhats.
SHUGYŌ HONGI KYŌ 修行本起経 – Das Sūtra über die früher vollzogene Praxis.
YŌRAKU HONGYŌ KYŌ 瓔珞本起経 – Das Sūtra von der Perlenkette früherer Taten.
YUIMA GYŌ 維摩経 Das Vimalakīrti-Sūtra, in Sanskrit Vimalakīrti-nirdeśa-sūtra.
ZUIŌ HONGI KYŌ 瑞應本起経 – Das Sūtra über günstige frühere Ereignisse.

## B. ORDENSREGELN UND GEBOTE

BONMŌ KYŌ 梵網経 – Das Sūtra vom reinen Netz.

DAIBIKU SANZEN YUIGI KYŌ 大比丘三千威儀経 – Das Sūtra der dreitausend würdevollen Formen für ordinierte Mönche.

JŪJU RITSU 十誦律 – Ordensregeln in zehn Teilen. Übersetzung des Vinaya der Sarvāstivādin-Schule in 61 Bänden.

KONPON ISSAI UBU HYAKUICHI KATSUMA 根本説一切有部百一羯磨 – Die 101 Bräuche der Mūla-Sarvāstivādin Schule.

MAKASŌGI RITSU 摩訶僧祇律 – Regeln für den Großen Sangha. Übersetzung des Vinaya der Mahāsaṃghika-Schule des Hīnayāna in 40 Bänden.

SHIBUN RITSU 四分律 – Ordensregeln in vier Teilen. Übersetzung des Vinaya der Dharmagupta-Schule in 60 Bänden.

ZEN EN SHINGI 禪苑清規 – Die reinen Regeln für Zen-Klöster.

## C. KOMMENTARE

BOSATSUCHI JI KYŌ 菩薩地持経 – Das Sūtra über die Erhaltung des Bodhisattva-Zustandes.

DAIBIBASHA RON 大毘婆沙論 – Abhidharma-mahāvibhāṣa-śāstra.

DAICHIDO RON 大智度論 – Kommentar über die Vollendung der Großen Weisheit.

DAIJŌGI SHŌ 大乗義章 – Schriften zu den Mahāyāna-Lehren.

HOKKE ZANMAI SENGI 法華三昧懺儀 – Schlichte Formen des Samādhis der Dharma-Blume.

KUSHA RON 倶舎論 – Abhidharma-kośa-śāstra.

MAKA SHIKAN 摩訶止観 – Große Stille und Betrachtung. Aufzeichnung der Darlegungen von Meister Tendai Chigi, dem Begründer der Tendai-Schule.

MAKA SHIKAN HOGYŌ DEN GUKETSU 摩訶止観輔行伝弘決 – Die Weitergabe des Willens zur Großen Stille und Betrachtung. Ein chinesischer Kommentar zum MAKA SHIKAN von Meister Keikei Tannen.

## D. CHINESISCHE ZEN-TEXTE

DAITŌ SAI IKI KI 大唐西域記 – Aufzeichnungen zur großen Tang[-Dynastie] des westlichen Landes.

GOTŌ ROKU 五燈録 – Fünf Aufzeichnungen zur Leuchte. Fünf unabhängige komplementäre Aufzeichnungen, die während der Song-Dynastie (960–1279) kompiliert wurden. Zusammenfasst finden sie sich im GOTŌ EGEN 五燈会元 – Sammlung über das Wesentliche der fünf Leuchten. Die fünf Aufzeichnungen sind die folgenden:

KEITOKU DENTŌ ROKU 景徳伝燈録 – Aufzeichnung zur Weitergabe der Leuchte aus der Ära Keitoku.

TENSHŌ KŌTŌ ROKU 天聖廣燈録 – Aufzeichnung zur Verbreitung der Leuchte aus der Ära Tenshō.

Zokutō roku 続燈録 – Fortsetzung der Aufzeichnungen über die Leuchte.
Rentō eyō 聯燈會要 – Sammlung zum Verständnis des Wesentlichen zur Leuchte.
Katai futō roku 嘉泰普燈録 – Aufzeichnungen über die universelle Leuchte in der Ära Katai.
Hekigan roku 碧巌録 – Aufzeichnungen des Meisters vom blauen Fels.
Hō en shu rin 法苑珠林 – Ein Perlenwald im Garten des Dharmas. Eine Art buddhistischer Enzyklopädie in 100 Bänden.
Kaigen shakkyō roku 開元釈教録 – Aufzeichnung über die Lehren des Śākyamuni aus der Ära Kaigen.
Kosonshuku goroku 古尊宿語録 – Aufzeichnung der Worte alter und ehrwürdiger Meister.
Rinkan roku 林間録 – Wald-Aufzeichnungen. Kurzform von Sekimon rinkan roku 石門林間録 – Sekimons Wald-Aufzeichnungen.
Sō kōsō den 宋高僧伝 – Biografien der großen Mönche aus der Ära der Song.
Zenmon shososhi geju 禪門諸祖師偈頌 – Verse und Lobreden der alten Meister der Zen-Linien.
Zenrin hōkun 禪林寶訓 – Schatz-Darlegungen aus dem Zen-Wald.
Zenshū juko renju tsūshū 禪宗頌古聯珠通集 – Vollständige Sammlung von der Perlenkette der Lobreden auf die alten Meister der Zen-Schulen.
Zoku dentō roku 続伝燈録 – Fortsetzung der Aufzeichnung von der Weitergabe der Leuchte. Im Jahr 1635 als Fortsetzung zum Keitoku dentō roku in China herausgegeben.
Zokukan kosonshuku goyō 続刊古尊宿語要 – Fortsetzung der Aufzeichnung der Worte alter und ehrwürdiger Meister.

## E. CHINESISCHE TEXTE und AUFZEICHNUNGEN ÜBER DIE ZEN-MEISTER sowie EIGENE WERKE DER ZEN-MEISTER

Baso Dō-itsu Zenji goroku 馬祖道一禪師語録 – Aufzeichnung der Worte von Zen-Meister Baso Dō-itsu.
Bukka geki setsu roku 佛果擊節録 – Aufzeichnung von Bukkas Angriffen auf knifflige Probleme. Bukka ist der Deckname von Meister Setchō Jūken.
Chōrei Shutaku Zenji goroku 長霊守卓禪師語録 – Aufzeichnung der Worte von Zen-Meister Chōrei Shutaku.
Dai-e Fugaku Zenji shūmon buko 大慧普覚禪師宗門武庫 – Rüstzeug der Schule von Zen-Meister Dai-e Fugaku. Es handelt sich um Meister Dai-e Sōkō.
Dai-e goroku 大慧語録 – Aufzeichnung der Worte von Dai-e [Sōkō].
Dai-e Zenji tōmei 大慧禪師塔銘 – Inschriften auf dem Stūpa von Zen-Meister Dai-e [Sōkō].
Engo Zenji goroku 圜悟禪師語録 – Aufzeichnung der Worte von Zen-Meister Engo [Kokugon].
Jōshū roku 趙州録 – Aufzeichnungen von Jōshū [Jūshin].

Jūgendan 十玄談 – Abhandlung über die zehn Arten der Tiefgründigkeit, von Meister Dōan Jōsatsu.

Hō-en Zenji goroku 法演禪師語録 – Aufzeichnung der Worte von Zen-Meister [Yōgi] Hō-en.

Hōkyō zanmai 寶鏡三昧 – Der Samādhi des Schatzspiegels, von Meister Tōzan Ryōkai.

Hōnei Nin-yu Zenji goroku 法寧仁勇禪師語録 – Aufzeichnung der Worte von Zen-Meister Hōnei Nin-yu.

Hyakujō roku 百丈録 – Aufzeichnungen von Hyakujō [Ekai Zenji]. Kurzform von Hyakujō Ekai Zenji roku 百丈懐海禪師語録.

Kōke Zenji goroku 興化禪師語録 – Aufzeichnung der Worte von Zen-Meister Kōke [Sonshō].

Kidō shū 虚堂集 – Die Kidō-Sammlung. Eine Sammlung der Worte von Meister Tanka Shijun, zusammengestellt von Rinsen Jūrin.

Nyojō oshō goroku 如浄和尚語録 – Aufzeichnung der Worte des großen Meisters Tendō Nyojō.

Ō-an Donge Zenji goroku 応菴曇華禪師語録 – Aufzeichnung der Worte von Zen-Meister Ō-an Donge.

Rinzai Zenji goroku 臨済禪師語録 – Worte und Handlungen von Zen-Meister Rinzai [Gigen].

Rokuso dankyō 六祖壇経 – Das Plattform-Sūtra des sechsten Vorfahren. Meister Daikan Enō zugeschrieben.

Sandōkai 参同契 – Die Einheit von Essenz und Erscheinung, von Meister Sekitō Kisen.

Setchō Myōkaku Zenji goroku 雪竇明覚禪師語録 – Aufzeichnung der Worte von Zen-Meister Setchō Myōkaku (Setchō Jūken).

Sekitō soan no uta 石頭草庵歌 – Gesänge aus Sekitōs Schilfhütte, von Meister Sekitō Kisen.

Shōdōka 証道歌 – Das Lied von der Erfahrung der Wahrheit, von Meister Yōka Genkaku.

Shinjinmei 信心銘 – Die Meißelschrift vom Glaubensgeist, von Meister Kanchi Sōsan.

Sōtai roku 奏対録 – Aufzeichnung der Antworten an den Kaiser, von Meister Busshō Tokkō.

Tōzan goroku 洞山語録 – Aufzeichnung der Worte von Tōzan [Ryōkai].

Unmon kōroku 雲門廣録 – Die umfassenden Aufzeichnungen von Unmon [Bun-en].

Wanshi Zenji goroku 宏智禪師語録 – Aufzeichnung der Worte von Zen-Meister Wanshi [Shōkaku].

Wanshi kōroku 宏智廣録 – Die umfassenden Aufzeichnungen von Wanshi [Shōkaku].

Wanshi juko 宏智頌古 – Wanshis Lobreden auf die alten Meister, auch bekannt als Shōyō roku 従容録 – Aufzeichnungen [aus der Klause] der Ruhe und Gelassenheit.

Yafu Dōsen kongō kyō 冶父道川金剛経 – Yafu Dōsens Diamant-Sūtra.

## F. SONSTIGE CHINESISCHE TEXTE

*Aus dem Konfuzianismus:*

KOKYŌ 孝経 – Das Buch über die Kindespflichten.
RONGO 論語 – Die Abhandlungen [des *Kongzi* (Konfuzius)].

*Aus dem Daoismus:*

BUNSHI 文子 – aus dem Chinesischen *Wenzi*, der Name des Autors, dem dieser Text zugeschrieben wird.
KANSHI 管子 – aus dem Chinesischen *Guanzi*, der Name des angenommenen Autors.
SHISHI 尸子 – aus dem Chinesischen *Shizi*, der Name des angenommenen Autors.
SŌJI 荘子 – aus dem Chinesischen *Zhuangzi*, der Name eines Schülers von Laozi, der als der Begründer des Daoismus angesehen wird.
INZUI 韻瑞 – Der Rhythmus günstiger Umstände.
RIKUTŌ 六韜 – Die sechs Strategien.
SANGO RYAKU KI 三五暦記 – Die Geschichte der drei und der fünf [Elemente].

*Verschiedenes:*

JIRUI SENSHŪ 事類撰集 – Sammlung von Dingen und Beispielen.
JIBUTSU GEN KI 事物原記 – Aufzeichnungen über den Ursprung der Dinge.
JŌKAN SEIYŌ 貞観政要 – Über das Wesentliche für die Regierung der Ära Jōkan.
MEI HŌKI 冥報記 – Chronik der Unterwelt.
TAIHEI KŌKI 太平弘記 – Umfassende Aufzeichnungen aus der Ära Taihei.

## II. WEITERE WERKE VON MEISTER DŌGEN

FUKAN ZAZENGI 普勧坐禅儀 – Allgemeine Richtlinien für Zazen.
GAKUDŌ YŌJIN SHŪ 學道用心集 – Sammlung der wesentlichen Eckpunkte für das Studium des Weges.
HŌGYŌ KI 寶慶記 – Aufzeichnungen aus der Ära Hōgyō.
SHINJI SHŌBŌGENZŌ 真字正法眼蔵, auch als SANBYAKU SOKU 三百則 bekannt – Die Schatzkammer des wahren Dharma-Auges in den ursprünglichen [chinesischen] Schriftzeichen; engl.: G. W. Nishijima: *Master Dōgen's Shinji Shōbōgenzō*, London (Windbell) 2003; dt.: G. W. Nishijima: *Die Schatzkammer der wahren buddhistischen Weisheit*, Frankfurt (Barth) 2005.
EIHEI KŌROKU 永平廣録 – Die umfassenden Aufzeichnungen von Eihei.
EIHEI SHINGI 永平清規 – Die reinen Regeln von Eihei, mit folgenden Werken:
TENZO KYŌKUN 典座教訓 – Anleitungen für den Küchenchef.
BENDŌ HŌ 辨道法 – Die Methode des Strebens nach der Wahrheit.

Fushuku han hō 赴粥飯法 – Die Methode der Einnahme von Mahlzeiten.
Shūryō shingi 衆寮清規 – Die reinen Regeln für die Schlafhalle der Mönche.
Tai daiko gogejari hō 對大己五夏闍梨法 – Die Methode des Umgangs mit alten Praktizierenden der fünf Sommer-Sesshin.
Chiji shingi 知事清規 – Die reinen Regeln für die Hauptvorsteher des Klosters.

## III. JAPANISCHE QUELLEN (eine Auswahl der Lexika, Monografien und Studien zu Dōgen)

Bukkyō jiten – Lexikon des Buddhismus, hrsg. von Ui Hakuju, Tokyō (Daitō Shuppansha) 1975
Bukkyōgo daijiten – Großes Lexikon buddhistischer Termini, hrsg. von Hajime Nakamura, Tōkyō (Shoseki) 1975
Dai kanwa jiten – Großes Chinesisch-Japanisches Lexikon, hrsg. von Tetsuji Morohashi, Tōkyō (Taishūkan Shoten) 1960
Dōgen no kenkyū – Studien über Dōgen, von Hanji Akiyama, Nagoya (Reimeisha) 1965
Dōgen Zenji den no kenkyū – Studien zur Biografie des Zen-Meisters Dōgen, von Dōshū Ōkubo, Tōkyō (Chikuma Shobō) 1966
Dōgen Zenji no hanashi – Gespräch über Dōgen Zenji, von Ton Satomi, Tōkyō (Iwanami Shoten) 1978
Hokke kyō – Das Lotos-Sūtra, Tōkyō (Iwanami Shoten) 1953
Jikai – Ozean der Worte, hrsg. von Kyōsuke Kinta-ichi, Tōkyō (Sanseidō) 1955
Sawaki Kōdō zenshū – Gesammelte Werke von Kōdō Sawaki, Tōkyō (Daihōrinkaku) 1967
Shin bukkyō jiten – Neues Lexikon des Buddhismus, hrsg. von Hajime Nakamura, Tōkyō (Seishin Shobō) 1962
Shinshū kanwa daijiten – Großes chinesisch-japanisches Wörterbuch, von Shikita Koyanagi, Tōkyō (Hakuyūsha) 1958
Shinshū taishō daizōkyō – Neue große Sammlung der Sūtren, Tōkyō (Shinshū-taishō-daizōkyō kankōkai) 1976
Shōbōgenzō, von Meister Dōgen, mit Kommentaren von Nishio, Kagamishima, Sakai und Mizuno, Tōkyō (Iwanami Shoten) 1953
Shōbōgenzō chūkai zensho – Kompendium der Kommentare zum Shōbōgenzō, hrsg. von Nyoten Jinbo & Bunei Ando in 10 Bänden, Tōkyō 1957
Shōbōgenzō ji i – Kompendium der Kommentare zum Shōbōgenzō, von Sokuō Etō, Tōkyō (Iwanami Shoten) 1943
Shōbōgenzō keiteki – Leitfaden zum Shōbōgenzō, von Bokuzan Nishi-ari, Tōkyō (Daihōrinkaku) 1965
Shōbōgenzō shaku i – Erläuterungen zum Shōbōgenzō, von Kunihiko Hashida in 4 Bänden, Tōkyō (Sankibō Busshorin) 1949

SHŌTEN ZOKU CHŌ – Zusätzliche schlichte Erläuterungen zum Shōbōgenzō, von Ōsen Mujaku, im Selbstverlag 1822–1836
SŌGŌ REKISHI NENPYŌ – eine chronologische Zusammenfassung der Geschichte, hrsg. von Kenzō Nakajima, Tōkyō (Nichi Shuppansha) 1954
TETSUGAKU JITEN – Wörterbuch der Philosophie, Tōkyō (Heibon Sha) 1992
TETSUGAKU SHŌJITEN – Kleines Wörterbuch der Philosophie, Tōkyō (Iwanami Shoten) 1979
WATSUJI TETSURŌ ZENSHŪ – Gesammelte Werke von Watsuji Tetsurō, Tōkyō (Iwanami Shoten) 1963 (Band 4 + 5)
ZENGAKU DAIJITEN – Großes Lexikon der Zen-Forschung, hrsg. von der Universität Komazawa, Tōkyō (Taishūkan Shoten) 1978
ZENGAKU JITEN – Lexikon der Zen-Forschung, hrsg. von Nyoten Jinbo & Bun-ei Ando, Tōkyō 1979

*In Taiwan gedruckte Texte:*

KEITOKU DENTŌ ROKU, Taipei (Shinzenbi Shuppansha) 1980
ZOKU ZŌKYŌ – Eine Sammlung buddhistischer Sūtren, die nicht im SHINSHŪ TAISHŌ DAIZŌKYŌ enthalten sind, Taipei (Shizenbi Shuppansha) 1979

*Das Shōbōgenzō in modernem Japanisch:*

GENDAIGO YAKU SHŌBŌGENZŌ 現代語訳正法眼蔵 – Das Shōbōgenzō in modernem Japanisch, von Nishijima-Rōshi in 12 Bänden und einem Band Anhang, Tōkyō (Kanzawa Bunko) 1979
SHŌBŌGENZŌ TEISHŌ ROKU 正法眼蔵提唱録 – Aufzeichnung der Vorträge zum Shōbōgenzō) von Nishijima-Rōshi in 34 Bänden, Tōkyō (Kanazawa Bunko) 1986

## IV. NACHSCHLAGEWERKE

*in englischer Sprache:*

Nelson, Andrew N.: *Japanese Character Dictionary*. Rutland, Vermont, & Tōkyō (Tuttle) 1962
Spahn, Mark, und Wolfgang Hadamitzky: *The Kanji Dictionary*. Rutland, Vermont, & Tōkyō (Tuttle) 1996
Williams, Sir Monier: *A Sanskrit-English Dictionary*. Oxford (Oxford Clarindon Press) 1899, Neudruck 1998
*Japanese-English Buddhist Dictionary*. Tōkyō (Daitō Shuppansha) 1979, Neuauflage 1991

*in deutscher Sprache:*

Kimura, Kinji: *Großes Japanisch-Deutsches Wörterbuch.* Hakuyūsha [35]1990
Nyanatiloka: *Buddhistisches Wörterbuch.* Konstanz (Christiani) [3]1983 (jetzt Verlag Beierlein/Steinschulte)
Mylius, Klaus: *Wörterbuch Sanskrit-Deutsch.* Leipzig (Verlag Enzyklopädie) 1975, Langenscheidt [6]1999

LITERATURHINWEISE (AUSWAHL):

*Lotos-Sūtra – Das Sūtra von der Lotosblume des wunderbaren Gesetzes.* Nach dem chinesischen Text von Kumārajīva ins Deutsche übersetzt von Margareta von Borsig, Verlag Lambert Schneider, 1992
*Das dreifache Lotos-Sūtra.* Aus dem Englischen »The Threefold Lotos-Sūtra« ins Deutsche übersetzt von Heinz W. Kuhlmann. Wien (Octopus) 1989
Conze, Edward: *Buddhistisches Denken in Indien.* Frankfurt (Insel) 1988
Chang, Garma C. C.: *Die buddhistische Lehre von der Ganzheit des Seins.* München (O. W. Barth) 1989
*Mahāvagga – Die große Gruppe aus der Sammlung der buddhistischen Ordensregeln.* Aus dem Pāli neu übersetzt und mit Anmerkungsteil versehen v. Santuṭṭho. Heidelberg (Kristkeitz) 2011
Okumura, Shōhaku: Die Verwirklichung der Wirklichkeit. «Genjōkōan» – der Schlüssel zu Dōgen-Zenjis Shōbōgenzō. Heidelberg (Kristkeitz) 2014
Schumann, Hans Wolfgang: *Der historische Buddha.* Diederichs Gelbe Reihe, 1994
Schumann, Hans Wolfgang: *Buddhabildnisse. Ihre Symbolik und Geschichte.* Heidelberg (Kristkeitz) 2003
Dumoulin, Heinrich: *Geschichte des Zen-Buddhismus.* Zürich (Francke) 1986. Bd. 1: Indien und China; Bd. 2: Japan.